To Christina,

Good luck with

The project!

ANDREI S. MARKOVITS & SIMON REICH

Das deutsche Dilemma

ANDREI S. MARKOVITS & SIMON REICH

Das deutsche Dilemma

Die Berliner Republik zwischen Macht und Machtverzicht

MIT EINEM VORWORT
VON JOSCHKA FISCHER

Aus dem Amerikanischen
von Gisela Schillings

ALEXANDER FEST VERLAG

INHALT

Von der Macht und ihrer Verantwortung

Gibt es heute, im Jahre 1998, noch eine offene deutsche Frage? Dieses politische Problem aufzuwerfen mutet aus verschiedenen Gründen weltfremd an: Deutschland wurde nicht nur friedlich und mit der Zustimmung aller wichtigen Mächte und sämtlicher seiner Nachbarn und ehemaligen Kriegsgegner des Zweiten Weltkriegs im Jahre 1990 wiedervereinigt, sondern es verfügt zudem über keinerlei offene Gebietsansprüche mehr und ist sowohl international als auch europäisch durch vielfältige Verträge eingebunden und in hohem Maße integriert. Die deutsche Frage sei so lange offen, wie das Brandenburger Tor geschlossen ist, formulierte einmal der ehemalige Bundespräsident Richard von Weizsäcker im europäischen Schicksalsjahr 1989/90. Trifft diese Metapher zu, so wird man von einer nach wie vor offenen deutschen Frage aber kaum mehr sprechen können, denn heute ist eben dieses Brandenburger Tor weit geöffnet und markiert das Zentrum der neuen alten Hauptstadt der gesamtdeutschen Demokratie. Was also soll, wenn man die Weizsäckersche Symbolik zum Maßstab nimmt, dann an der deutschen Frage noch offen sein?

Die deutsche Frage – genauer: die territorialen Grenzen, das politisch-kulturelle Selbstverständnis und die strategische Macht Deutschlands oder, noch einfacher, die Gefahr einer deutschen Hegemonie in und über Europa – war spätestens seit der ersten deutschen Nationalstaatsbildung von 1871 *die* zentrale historische Frage des Kontinents, deren Beantwortung durch Deutschland und dessen Hegemonialstreben zu dem unbeschreiblichen Elend unserer modernen Nationalgeschichte geführt hat: zwei Weltkriege, Hitler, Auschwitz und der Völkermord am europäischen Judentum, die vierzigjährige Teilung Deutschlands und Europas sowie der Kalte Krieg zwischen Ost und West waren deren Ergebnis. Seit dem 19. Jahrhundert war die deutsche Frage eine der gefährlichsten Herausforderungen für das europäische Gleichgewichtssystem gewesen, wie es sich nach dem Ende der Religionskriege und dem Westfälischen Frieden von 1648 herausgebildet hatte. Denn vor allem in Deutschland wurde über die Machtverteilung auf dem Kontinent entschieden. Solange Deutschland in verschiedene Territorien und Staaten unterschiedlicher Größe und Macht aufgeteilt war, so lange konnte hier – wie in Italien – das Gleichgewicht der europäischen Mächte austariert und auch ausgekämpft werden. Die Schaffung eines deutschen Nationalstaates allerdings mußte dieses europäische Gleichgewichtssystem auf den Kopf stellen, denn mit dem Entstehen einer starken Zentralmacht wurde es fundamental in Frage gestellt. Damit einhergehend hatte auch die sogenannte deutsche Frage das Licht der Welt erblickt.

Die deutsche Nationalstaatsbildung übertraf in ihrer destabilisierenden, ja die ganze europäische Staatenordnung gefährdenden Wirkung noch die Große Französische Revolution von 1789, und in der Tat waren die Folgen jener »Deutschen Revolution« von 1871 noch um einiges verheerender als die ihrer französischen Vorläuferin. Zudem gab es noch einen wichtigen kulturell-zivilisatorischen Unterschied zwischen den beiden Revolutionen: Das revolutionäre Frankreich hatte nicht nur eine Macht-, sondern auch eine Freiheitsutopie und damit einen Zivilisationsanspruch, der Europa selbst dort positiv veränderte, wo die französische Militärmacht als Unterdrückerin auftrat. Die deutsche Hegemonie hingegen gründete allein auf dem nackten Machtanspruch, war kulturell antimodern und politisch gegen die Freiheit gerichtet. Sie endete in den Greueltaten der Nationalsozialisten, in Hitlers Rassekrieg im Osten und in der industriellen Vernichtung des europäischen Judentums. Deutschland war, anders als Frankreich, Großbritannien und selbst das revolutionäre Rußland, niemals zur kulturellen Hegemonie in der Lage gewesen; bestenfalls blieb ihm nur die nackte Macht, schlimmstenfalls deren Verbindung mit dem verbrecherischen Irrsinn der Nazis.

Dieser Bruch Deutschlands mit der modernen Freiheitsgeschichte der europäischen Völker – bei Lichte besehen das eigentliche Problem der neueren deutschen Nationalgeschichte und der Kern des Sonderwegsverdachts – ist nicht zuletzt darauf zurückzuführen, daß jene pervertierte »deutsche Revolution« von 1871 im Gewande der Gegenrevolution daherkam, gründend auf »Blut und Eisen« und nicht auf dem Pathos der Freiheit der bürgerlichen Revolution und ihrer Menschenrechte. Das Scheitern der demokratischen Revolution von 1848 erweist sich aus dieser Perspektive als der eigentliche tragische Wendepunkt der deutschen Nationalstaatsbildung. Freiheit und Nation begannen sich voneinander zu trennen, und die Übernahme der deutschen Nationalbewegung durch die preußische Gegenrevolution unter Bismarck verhalf in Deutschland dann dem militärischen Machtstaat zum Durchbruch.

Nur wenn der deutsche Nationalstaat stark genug gewesen wäre, in Europa seine Hegemonie durchzusetzen, was Gott sei Dank ganz offensichtlich nicht der Fall war, oder wenn Deutschland in seiner nationalstaatlich gefundenen Macht weise genug gewesen wäre, diese im europäischen Interesse selbstbeschränkend und antihegemonial einzusetzen, was leider ebenfalls nicht der Fall war, hätte ein Weg an den letzten beiden großen europäischen Hegemonialkriegen des 20. Jahrhunderts vorbeigeführt. Freilich taugt der Konjunktiv wenig zur Geschichtsschreibung, denn die Geschichte findet im Indikativ statt, und so ist die deutsche Geschichte der vergangenen 150 Jahre eben nicht weise verlaufen, sondern extrem brutal, blutig und zerstörerisch. Das bis auf den heutigen Tag anhaltende, tiefsitzende Mißtrauen aller unserer Nachbarn gegen die Unkalkulierbarkeiten deutscher Macht rührt nicht von der Tatsache her, daß die Deutschen Kriege führten, um sich an der Hegemonie über Europa zu versuchen – das hatten andere vor ihnen auch schon getan –, sondern der anhaltende Schrecken und das durch ihn verursachte Mißtrauen entspringen vielmehr der Erfahrung, mit welch brutaler Konsequenz und Effizienz, mit welch bestialischer Rücksichtslosigkeit und skrupellosem Machtgebrauch, mit welchem Rückfall in eine unvorstellbare Barbarei, für die auf unabsehbare Zeit der Name Auschwitz stehen wird, Deutschland um die europäische Hegemonie zwei Weltkriege geführt hat.

Erst als sich Deutschland im wahrsten Sinne des Wortes ausgekämpft hatte, als sein aggressiver Nationalismus erschöpft, seine Macht vernichtet und seine Selbstzerstörung vollständig war, erst als das Land 1945 nach furchtbaren Opfern und Verbrechen moralisch und physisch völlig zerstört am Boden lag und der deutsche Staat unter den Siegermächten des Zweiten Weltkriegs aufgeteilt wurde und aufgehört hatte zu bestehen, erst da war ein wirklicher Neuanfang im Westen des Landes unter der fürsorglichen Anleitung der USA und der anderen westlichen Demokratien möglich. Deutschlands neue »europäische Rolle«, seine Abkehr vom hegemonialen Militär- und Machtstaat und seine Hinwendung zum europäisch sich integrierenden demokratischen Handelsstaat, der erzwungene Übergang von Hegemonie zu Integration und Frankreichs positive Antwort darauf (die zwar völlig anderen Interessen entsprungen war, gleichwohl aber zu identischen Ergebnissen kam, was das Geheimnis und die europäische Produktivität der deutsch-französischen Beziehungen bis auf den heutigen Tag ausmacht), abgesichert durch die machtpolitische Ordnungsfunktion und die Sicherheitsgarantie der USA für den alten Kontinent, ermöglichten dann eine friedliche und demokratische Entwicklung, die mit der deutschen Einheit »in Frieden und Freiheit« 1990 ihren ersten Höhepunkt fand und mit der Vollendung der Europäischen Union als politischer Union abgeschlossen sein wird.

Worin also soll die deutsche Frage heute noch bestehen? Die Grenzen des Landes sind abschließend definiert und international anerkannt, und territoriale Ansprüche gibt es nicht mehr. Die deutsche Frage als Territorialfrage ist demnach definitiv ad acta gelegt. Und bei aller Kritik an der EU, der Brüsseler Bürokratie und den Kosten der europäischen Integration ist auch in Zukunft das europäische und westliche Selbstverständnis der überwiegenden Mehrheit des Landes nicht gefährdet. Zudem gebieten die wirtschaftlichen und die Sicherheitsinteressen Deutschlands ein unbedingtes Festhalten an Europa und der Westintegration. Von daher ist also eine Neuauflage des deutschen Sonderwegs ebenfalls auszuschließen. Demnach bleibt lediglich offen, wie das wiedervereinigte Deutschland mit seiner gewachsenen Macht künftig umgehen wird.

Es ist diese Frage nach dem richtigen Gebrauch seiner wiedererlangten Macht durch das vereinigte Deutschland, welche die beiden Autoren Andrei S. Markovits und Simon Reich aufgeworfen haben, ja, die sie richtiggehend umtreibt. Vor dem Hintergrund der deutschen Geschichte ist das nur zu verständlich, und es ist schon mehr als einen Gedanken wert, daß die Debatte von zwei Deutschlandexperten aus den USA geführt wird. Markovits und Reich vertreten die These, daß ein Land auf seine Macht nicht einfach verzichten kann, ohne daß dieses höchst fatale Folgen zeitigen wird. Vor allem wenn es sich um eine regionale oder globale Führungsmacht handelt. Ein Staat kann von seinem strategischen Potential, das sich aus seiner Bevölkerungsgröße, seiner Wirtschaft, seiner Rüstung und seinen Interessen ergibt, nicht einfach zurücktreten, kann seine geopolitische Lage nicht ignorieren und bleibt demnach ein objektiver Machtfaktor, ob er das politisch will oder nicht. Handeln wie auch Nichthandeln können in der internationalen Politik äußerst mißliche, ja gefährliche Ergebnisse zur Folge haben. Markovits und Reich führen als negatives Beispiel den Rückzug der USA nach dem Ersten Weltkrieg aus Europa an, der in der Tat höchst verderbliche Folgen zeitigte, wohingegen dieselben USA nach dem Zweiten Weltkrieg in Europa geblieben sind und damit eine positive politische Entwicklung auf dem alten Kontinent garantierten.

Das wiedervereinigte Deutschland, so die beiden Autoren, ist erneut zu der entscheidenden europäischen Zentralmacht geworden, ob es den Deutschen selbst und ihren Nachbarn wie Verbündeten paßt oder nicht. Die für Europa noch offene und in der näheren Zukunft zu beantwortende »deutsche Frage« wird nunmehr sein, was Deutschland mit seiner wiedererlangten Macht anzustellen gedenkt. Wie verantwortlich und vernünftig wird dieses unter historischem Generalverdacht stehende Deutschland mit seiner Macht umgehen? Freilich ist die deutsche Lage kompliziert. Denn es sind nicht nur das strategische Potential des Landes und seine geopolitische Lage – also objektive Faktoren –, die dabei eine beherrschende Rolle spielen werden, sondern angesichts der furchtbaren deutschen Geschichte im 20. Jahrhundert ist im Inland wie im Ausland auch ein subjektiver Faktor von außerordentlicher Bedeutung, nämlich die Macht der kollektiven Erinnerung. Und diese beiden Faktoren, Deutschlands strategisches Potential und die Macht der kollektiven Erinnerung, stehen in einem Widerspruch zueinander, der das »deutsche Dilemma«, ja die deutsche Zwangslage ausmacht. Deutschland, obwohl zur Hegemonie zu schwach und kulturell dazu absolut ungeeignet, wird dennoch kraft seines Potentials mehr und mehr in eine Führungsrolle hineinwachsen, ja durch die politischen Verhältnisse Europas in diese Rolle hineingedrängt, während die anhaltende kollektive Erinnerung bei seinen Nachbarn und Partnern exakt jene Führungsrolle mit anhaltendem Mißtrauen begleiten wird. Anders gesagt, die deutsche Außenpolitik befindet sich, bedingt durch dieses Dilemma, in einer klassischen Double-bind-Situation: Verweigert sich Deutschland einer Führungsrolle, gerät es in die Kritik. Nimmt es die Rolle aber wahr, schlägt ihm sehr schnell Mißtrauen und die Angst vor einer drohenden »Germanisierung« entgegen.

Für die deutsche Politik ist das Dilemma nicht neu. Die alte Bundesrepublik hat ihre Zwangslage akzeptiert und Wege gefunden, sich mit ihr zu arrangieren und sie Schritt für Schritt aufzulösen. Das vereinigte Deutschland wäre sehr schlecht beraten, wenn es sich von der positiven außenpolitischen Tradition der alten Westrepublik verabschieden wollte, denn es käme sehr schnell in des Teufels Küche seines außenpolitisch-historischen Dilemmas. Der Alleingang Deutschlands in der Frage der Anerkennung Kroatiens und die dadurch ausgelöste sofortige Isolation Bonns von seinen wichtigsten westlichen Partnern, welche eine rasche Kurskorrektur erzwangen, machten die gefährlichen Risiken des deutschen Dilemmas sinnfällig klar. Die alte Bundesrepublik setzte im Arrangement mit ihrer Zwangslage auf folgende Grundsätze: im Innern die unbedingte Achtung von Menschenwürde und Menschenrechten, Demokratie und Verfassungsstaat; nach außen eine Politik der Selbstbeschränkung; Westbindung und Transatlantismus; europäische Integration und das deutsch-französische Verhältnis; Gewaltverzicht und Anerkennung der Grenzen; Aussöhnung mit allen ehemaligen Kriegsgegnern und eine vertragliche Lösung der vorhandenen Konflikte; eine besondere Verpflichtung gegenüber Israel, die sich aus der deutschen Verantwortung für den Völkermord am europäischen Judentum ergibt.

Dies waren die Kontinuitäten der westdeutschen Außenpolitik über die verschiedenen Bundesregierungen und Jahrzehnte hinweg, durchgesetzt oft im heißen innenpolitischen Streit, und das vereinigte Deutschland sollte sie unbedingt fortführen, denn sie bilden die Grundlage für die Verläßlichkeit und Berechenbarkeit, die beiden Grundtugenden einer jeden deutschen Außenpolitik angesichts des beschriebenen Dilemmas. Es bleiben dies auch die Grundtugenden für den richtigen Gebrauch der Macht durch das vereinigte Deutschland. Die Eckpfeiler der westdeutschen Tradition von Verläßlichkeit und Berechenbarkeit sind aber eine Außenpolitik der Selbstbeschränkung, die Westintegration und damit einhergehend die europäische Integration gewesen. Auf diesen Eckpfeilern wird auch die zukünftige Außenpolitik des mächtiger gewordenen Deutschlands ruhen müssen. Eine Abkehr von einer Politik der Selbstbeschränkung, selbst wenn sie weiter im westlich und europäisch integrierten Rahmen verbliebe, könnte Deutschland beim Verfolgen seiner zweifellos vorhandenen nationalen Interessen nur schaden, weil das Mißtrauen ihm gegenüber zunehmen und sich damit sein Dilemma verschärfen würde.

Wenn gegenwärtig in der deutschen Innenpolitik wieder von »mehr Selbstbewußtsein« und verstärkt von »deutschen Interessen« die Rede ist, weil man meint, die nationale Pauke bedienen zu müssen, so führt das in eine Richtung, die die Widerstände gegen Deutschland verstärken wird. Das demokratische Westdeutschland hat viel Geschick in der Entwicklung einer Politik der indirekten Interessendurchsetzung durch und mittels Europa bewiesen, und es war damit alles andere als erfolglos. Die Rückkehr zu einer direkten Interessenpolitik wird vom Ergebnis her eher Mißerfolge mit sich bringen. Gegen »mehr Selbstbewußtsein« ist nun überhaupt nichts einzuwenden, wenn damit tatsächlich ein Mehr an Bewußtsein über uns selbst, über unsere Lage, unsere Geschichte und unsere gewachsene Verantwortung als Land in einem veränderten Europa gemeint ist. Denn Deutschland befindet sich in der Tat noch auf der Suche nach seiner neuen Rolle, und dabei kann »Selbstbewußtsein« im Sinne von Selbstreflexion niemals schaden, im Gegenteil. Das innenpolitische Bedienen nationaler Stimmungen führt allerdings in die völlig falsche Richtung.

Die eigentliche Lösung des deutschen Dilemmas liegt in der europäischen Integration. Ein Stocken oder gar eine rückläufige Entwicklung des europäischen Integrationsprozesses würde

Deutschland als den großen historischen Verlierer sehen, denn kein Land hat von ihm mehr profitiert als Deutschland, und zwar ökonomisch, politisch und kulturell gleichermaßen. Die deutsche Einheit von 1990 ist das Ergebnis dieses erfolgreichen europäischen Integrationsprozesses, und vom Fall der Mauer in Berlin führt ein direkter Weg nach Maastricht und zur Währungsunion. Die deutsche Politik sollte das in ihrem eigenen Interesse niemals vergessen. Deutschland konnte, so wie alle seine Partner in der EU und im westlichen Bündnis, erfolgreich Interessenpolitik betreiben, solange es seine Interessen integriert verfolgte, das heißt mit den Interessen anderer Staaten institutionell harmonisierte. Galt dies schon für das kleinere Westdeutschland, so muß das noch viel mehr für das größer und mächtiger gewordene vereinigte Deutschland gelten, denn mit seiner gewachsenen Macht hat der Bedarf an institutioneller Harmonisierung der deutschen Interessen in Europa und im westlichen Bündnis eher zu- als abgenommen. Auch täusche man sich hierzulande bloß nicht über die anhaltende Kraft kollektiver Erinnerungen, denn bereits in der ersten Krise würde man deren Wirkung massiv zu spüren bekommen.

Die Lösung des deutschen Dilemmas liegt, wie gesagt, in der Vollendung der europäischen Integration, im Zusammenschluß der beteiligten Nationalstaaten zu einer souveränen Europäischen Union. Die Vollendung der EU in einer vollendeten politischen und wirtschaftlichen Integration der Nationalstaaten ist demnach das oberste nationale Interesse Deutschlands. Daraus erwächst dem Land aber eine große Verantwortung und auch eine große Last, denn dieser Schritt – und die Übertragung der D-Mark auf den Euro hat das zum ersten Mal wirklich klargemacht – wird vom vereinigten Deutschland erhebliche, auch materielle und politische Anstrengungen verlangen. Eine solche politische Anstrengung innenpolitisch mehrheitsfähig zu machen wird alles andere als einfach sein und zu neuen, wohl auch harten Auseinandersetzungen führen. Aber die Anstrengung zu unterlassen würde für Deutschland politisch und ökonomisch auf mittlere Sicht noch viel teurer und zudem sehr viel riskanter. Dem Verhältnis zu Frankreich kommt im Fortgang des europäischen Einigungsprozesses eine zunehmend wichtigere Bedeutung zu, denn nur beide Länder zusammen werden, in ihrer ganzen Widersprüchlichkeit, den Motor der Einheit Europas bilden können. Wenn eine jüngere Generation im vereinigten Deutschland allerdings meinen sollte, diese europäische Berufung Deutschlands in Frage stellen und Europa statt dessen lediglich für deutsche Interessenpolitik instrumentalisieren zu können, so wird es ein bitteres Erwachen geben, denn dann kämen die ganzen Zwänge unserer Lage und unserer Geschichte erneut und mit Macht über uns. Die Deutschen können es sich nicht aussuchen, ob sie Europäer sein wollen, sie müssen es sein, wenn sie ihrer Vernunft folgen, ihre Interessen wägen und die Lehren aus ihrer Geschichte ziehen.

»But what happens after Kohl?« fragen Markovits und Reich. Die Antwort ist einfach: Auch das größer und mächtiger gewordene Deutschland wird an seiner europäischen Berufung festhalten, weil das seine Interessen, seine Geschichte und auch seine Zwangslage – sein heiliger Egoismus also – gebieten. »There is no alternative but defeat«, lautete der Lieblingssatz von Margaret Thatcher. Und recht hat sie, zumindest in diesem einen Fall, denn für Deutschland gibt es zu Europa keine andere Alternative als eine erneute Niederlage.

Joschka Fischer

Das jüngste Stadium der
deutschen Frage

Anscheinend wird Deutschland im Moment von Immigranten geradezu überschwemmt. Ich frage mich, warum, denn die Geschichte hat doch gezeigt, daß sie nur ein bißchen Geduld haben müssen, dann kommt Deutschland schon zu ihnen.

Jay Leno in der *Tonight Show*

In wenigen Worten fängt Jay Leno die ganze Zwiespältigkeit ein, welche die Europäer gegenüber Deutschland empfinden. Sie haben sich oft gewünscht, es den Deutschen gleichtun zu können, an ihren Errungenschaften teilzuhaben – aber gehören wollten sie ihnen nie. Immer wieder standen sie vor der Frage, wie sich Deutschlands nationalistische – und in der jüngeren Vergangenheit destruktive – Impulse bremsen lassen, eine Problematik, die mit Preußens ersten erfolgreichen Expansionsversuchen in den sechziger Jahren des 19. Jahrhunderts ihren Ausgang nahm.[1] Europas größte Volkswirtschaft, in der Mitte des Kontinents gelegen und mit natürlichen Reichtümern nur mangelhaft ausgestattet, verfolgte lange Zeit eine aggressive Militär- und Wirtschaftsstrategie.

Deutschland hat die Welt ein ums andere Mal verblüfft, und die deutsche Frage ist in vielen Erscheinungsformen aufgetreten. Wieso gab es eine ökonomische Industrialisierung ohne politische Modernisierung? Wie konnte man zwei Weltkriege anzetteln? Womit sind das Versagen der Demokratie und der Aufstieg des Nationalsozialismus im Jahre 1933 zu erklären? Wie konnte es zu Auschwitz kommen? Warum war die alte Bundesrepublik

ein wirtschaftlicher Riese, aber ein politischer Zwerg? Heute
Deutscher zu sein heißt, die Berechtigung dieser Fragen zu akzeptieren und zu erkennen, daß die Antworten darauf damit
zusammenhängen, welche Vorstellung die Deutschen selbst von
der Rolle ihres Landes in der Welt haben.

Das jüngste Stadium der deutschen Frage unterscheidet sich auf-
fallend von seinen historischen Vorläufern. Früher hat man mit
vielfältigen Sicherheitsvorkehrungen versucht, Deutschland im
Zaum zu halten. Manchmal geschah das in Form geregelter Zusammenarbeit, wie etwa bei der Triple-Entente zwischen Großbritannien, Frankreich und Rußland oder heute im Rahmen der
NATO. Zu anderen Zeiten haben sich eher informelle Übereinkünfte entwickelt, und dann konnte die Angst vor Deutschland merkwürdige Bundesgenossen zusammenführen, zum Beispiel in den vereinten Bemühungen Stalins, Churchills und Roo-
sevelts gegen Hitler. Letztlich ist es diesen Allianzen gelungen,
die deutschen Expansionsgelüste zu bändigen, wenn auch zwischen 1939 und 1945 lange nicht abzusehen war, ob die Dämme
des europäischen Widerstands halten würden.

In den neunziger Jahren des 20. Jahrhunderts gibt es keine vergleichbare Konstellation. Die sowjetischen Truppen haben Ostdeutschland verlassen, und die Vereinigten Staaten werden trotz
ihres derzeitigen Engagements in Bosnien ihre militärische Rolle
in Europa reduzieren. Zwar gibt es Beobachter, die behaupten,
daß die Europäische Union und die NATO Deutschland immer
noch bremsen. Wir glauben aber, daß das größte Hindernis für
deutsche Ambitionen kein äußeres, sondern ein inneres ist: nämlich die vorherrschenden Überzeugungen seiner Bürger und die
Politik des kollektiven Gedächtnisses. Das kollektive Gedächtnis
verknüpft Geschichte mit Ideologie, es definiert den Bereich, in
dem die Außenpolitik operiert, und in Deutschland sind Erinnerungen wach, die der Ausübung deutscher Macht enge Grenzen setzen.

Die beinahe ausschließliche Beschäftigung der Russen mit sich

18

selbst, die Konzentration der Amerikaner auf den Pazifik, die Schwäche Westeuropas und die Naivität Osteuropas haben dazu geführt, daß Deutschlands Autonomie auf ein Maß angewachsen ist, wie es seit einem halben Jahrhundert nicht mehr der Fall war. Die potentielle Reichweite deutscher Einflußnahme – wirtschaftlich, diplomatisch, kulturell, sogar militärisch – ist enorm. Doch tiefsitzende Erinnerungen an die Folgen früheren Machtstrebens lassen die Deutschen auf ihre neue Stärke in einer Weise reagieren, die eher nach Vorsicht als nach Raublust aussieht.

Deutschland wollte immer mehr – mehr Land, mehr Bodenschätze, mehr Nahrungsmittel. In jüngster Zeit stehen wir jedoch einer völlig neuen Situation gegenüber: Die Bundesrepublik übt weit mehr Macht aus, als sie eigentlich will. Sie verfügt über Möglichkeiten der Machtausübung, die sie am liebsten gar nicht hätte. Deutsche Macht tritt heutzutage nicht in Form von Panzern und Kanonen auf. Es handelt sich auch nicht um Macht, die aus zweckgerichteter Absicht entstanden ist, und ebensowenig um die Fähigkeit, andere dahin zu bringen, das zu tun, was man selber möchte. Deutschlands Macht liegt vielmehr in dem Vermögen, Prioritäten setzen und die Handlungsalternativen seiner Nachbarn begrenzen zu können. Steven Lukes hat in diesem Zusammenhang bemerkt, daß »die effektivste und tückischste Art der Machtausübung darin besteht, Konflikte gar nicht erst entstehen zu lassen«[2].

Die strukturelle Macht der Bundesrepublik beruht vor allem auf der Größe und Stärke ihrer Wirtschaft. Sie äußert sich auch im diplomatischen Einfluß der Deutschen in multilateralen Organisationen und in ihrer Fähigkeit zu unabhängigem Handeln. In den letzten fünfzig Jahren hat die Bundesrepublik es jedoch vorgezogen, keine Alleingänge zu machen, sondern als vollendeter Mannschaftsspieler aufzutreten – als vorbildlicher Europäer. Gänzlich aufgegeben hat Deutschland seine Interessen indes nur während der kurzen Phase zwischen Kriegsende und Gründung der Bundesrepublik im Jahre 1949. Wie jeder andere Staat war die Bonner Republik dann bestrebt, die eigene Lage zu verbessern. Und auch wenn sie keineswegs ohne politisches Gewicht blieb, besitzt doch erst die neue Berliner Republik eine derart gewaltige und weiterhin wachsende strukturelle Macht, daß die Regierung sie endlich zur Kenntnis nehmen und bewußt gestalten muß.

Bisher von einer Ideologie der Kleinheit durchdrungen, muß Deutschland nunmehr einsehen, daß es nur zu niesen braucht, damit sich andere gleich einen Schnupfen, vielleicht sogar eine Lungenentzündung holen. Die Bürger und wohl auch die meisten Politiker des Landes sind davon überzeugt, daß Deutschland weder Großmacht ist noch werden sollte, und folglich wollen sie auch keine internationale Verantwortung übernehmen.[3] Zwar hat der Bundestag im Dezember 1995 beschlossen, Friedenstruppen nach Bosnien zu entsenden, aber der heftige Widerstand gegen diese Entscheidung – vor allem bei der diskussionsfreudigen und lebhaften Linken – zeigt, daß die neue Rolle ihres Landes viele Bürger mit Unbehagen erfüllt.[4]

Die Stellung Deutschlands in Europa entspricht heute in etwa der Position der Vereinigten Staaten in der Zeit zwischen den beiden Weltkriegen, als sie zwar in der Lage, doch nicht gewillt waren, die Regeln des internationalen Systems anzuerkennen. Großbritannien hingegen war damals nicht imstande, aber bereit, den Retter in der Not zu spielen. Die strukturelle Macht der USA stand im Widerspruch zu ihrer ideologisch begründeten Zurückhaltung, während Großbritanniens leicht größenwahnsinniger Selbsteinschätzung jegliche Basis fehlte, um bestimmte politische Strategien durchzusetzen. Das Ergebnis war eine weltweite Depression.[5]

Übernimmt Deutschland jetzt die Rolle, welche die USA in den Zwischenkriegsjahren gespielt haben? Amerika wird zur Zeit entweder als Staat im Niedergang gesehen oder als Supermacht in einer Ära, die Supermächten keine allzu große Bedeutung mehr beimißt.[6] Trotz ihrer Intervention in Bosnien scheint der

Einfluß der Vereinigten Staaten auf die europäische Politik zu schwinden. Sie können längst nicht mehr auf jede Situation angemessen reagieren, haben aber nach wie vor eine ausgeprägte ideologische Neigung, sich auch dann verantwortlich zu fühlen, wenn amerikanische Interessen nicht unmittelbar betroffen sind. Im Golfkrieg zeigte sich diese Diskrepanz: Deutschland und Japan waren auf Öl aus der Golfregion angewiesen und hatten daher ein klares nationales Interesse am Erhalt der regionalen Stabilität, aber die Truppen wurden dann doch von den Vereinigten Staaten entsandt.

Natürlich wird dieses Verhalten von einer hitzigen Dauerdebatte begleitet. Der einen Seite gilt die amerikanische Politik als kurzsichtig und egoistisch, der anderen als hilfreich und nützlich für alle. Wir wollen hier lediglich festhalten, daß die Amerikaner zu einer Haltung neigen, die den USA die vorrangige, wenn nicht alleinige Verantwortung für die Bewahrung des herrschenden Gleichgewichts zuweist. Wie einst Großbritannien, erleiden die Vereinigten Staaten möglicherweise das frustrierende Schicksal einer niedergehenden Hegemonialmacht.[7]

Mit Deutschland verhält es sich umgekehrt: Sein ideologisches Kleinheitsdenken hinkt seiner wachsenden strukturellen Macht hinterher. Zwar wird die Bundesrepublik wohl niemals über die politisch-kulturelle, militärische oder ökonomische Basis verfügen, sich zum Großbritannien oder Amerika des 21. Jahrhunderts aufzuschwingen. Aber sie ist – zumindest in Europa – auf dem Wege, eine Position einzunehmen, die Nicos Kotzias als Hegesie bezeichnet: ein potentiell aufsteigender Hegemon, dem allerdings letztlich sowohl die breite politische Basis als auch die kulturellen oder »weichen« Dimensionen der Macht fehlen, die zur Realisierung einer hegemonialen Stellung notwendig sind.[8] Oft wird behauptet, daß alle Staaten nach den Insignien des Hegemonen streben.[9] Mit Deutschland könnte jedoch ein Fall gegeben sein, der das Gegenteil beweist. Denn die Kluft zwischen der Ideologie und der tatsächlichen Stellung Deutschlands deutet auf eine bewußte Begrenzung des Großmachtstrebens, die sich in der Weigerung äußert, Verantwortung für das eigene Handeln zu übernehmen. Ganz entgegen der realistischen Konzeption internationaler Beziehungen, beruht die deutsche Außenpolitik auf einer innerstaatlichen Ideologie – geprägt von den kollektiven Erinnerungen der Deutschen und ihrer Nachbarn – und nicht auf irgendwelchen strukturellen Faktoren.

François Mauriacs ironischer Ausspruch, er möge Deutschland so gern, daß ihm zwei davon sehr recht seien, wird immer wieder zitiert. Gegenwärtig jedoch sind die Deutschen bei ihren Nachbarn außerordentlich gut angesehen, obwohl längst nicht geklärt ist, wem ihr Verhalten nützt.[10] Tatsächlich haben sich in Deutschland und vielen seiner Nachbarländer bestimmte Einstellungen sogar ins Gegenteil verkehrt. Während die Bundesrepublik vorsichtig nach Formen des begrenzten Engagements zu sehr begrenzten Kosten sucht – die Entscheidung, Truppen nach Bosnien zu entsenden, signalisierte möglicherweise einen langsamen Wandel –, drängen seine Nachbarn auf weitere Integration und stärkere Beteiligung. Hier herrscht offenbar eine Diskrepanz zwischen den gegenwärtigen Interessen dieser Länder und ihrem kollektiven Gedächtnis. Zur Zeit möchten sie die Bundesrepublik ihrer Wirtschaftskraft entsprechend an den militärischen Belastungen beteiligen; ihre Erinnerungen an den Nationalsozialismus dagegen haben sie gelehrt, jegliche Demonstration deutscher Macht mit Skepsis zu betrachten.

Deutschlands Ideologie der begrenzten Aspirationen mag auf den ersten Blick umsichtig und bescheiden wirken. Ursprung dieser Zurückhaltung ist ein übermächtiges kollektives Gedächtnis, das sowohl dem Handeln der Deutschen als auch den Befürchtungen ihrer Nachbarn zugrunde liegt. Allerdings ignoriert solche Umsicht den realen Machtzuwachs. Macht wird nicht allein durch ihren zweckgerichteten Gebrauch definiert. Sie wird ausgeübt, ob beabsichtigt oder nicht.

Wir sind entschiedene Gegner der Rezepte, wie sie die deutsche

Rechte, die nach größerer Interventionsbereitschaft verlangt, in letzter Zeit recht forsch artikuliert.[11] Zweifellos haben die Ungewißheiten der gegenwärtigen Situation, der Rückgang des amerikanischen Einflusses in Europa und Deutschlands Weg zur »Normalität« bei einigen Bürgern wieder den Wunsch geweckt, ihren Staat mit einem »normalen« Maß an Macht auszustatten. Sie sind der Auffassung, daß der zurückhaltende Machtgebrauch der Bundesrepublik mit der Vereinigung sein Ende gefunden habe. Dieser Sicht zufolge besteht der auffälligste qualitative Unterschied zwischen der Bonner und der Berliner Republik in der Notwendigkeit für letztere, die Hemmungen der ersteren abzuschütteln – ein Abbau von Schranken, der die Grenzen des erlaubten politischen Diskurses verschieben und sich auf die öffentliche Kultur im allgemeinen auswirken wird. Kurzum, die Schamgrenze der alten Bundesrepublik wird im neuen Deutschland langsam, aber sicher absinken. Auch im linksnationalen Umfeld sind Stimmen laut geworden, die eine Normalisierung fordern; prominentestes Beispiel ist wohl Brigitte Seebacher-Brandt, die hauptsächlich wegen grundsätzlicher Meinungsverschiedenheiten zu ebendiesem Thema die SPD verließ.

Wir lehnen ein solches Normalitätsdenken als gefährlich und ungeeignet für Europa wie für Deutschland ab. Weder wollen wir eine deutsche Aggression rechtfertigen noch eine Politik, die allein deutschen Präferenzen gehorcht. Ein rücksichtsloserer Machtgebrauch wäre mit Sicherheit keine angemessene Reaktion auf die neue politische Lage. Entscheidend ist vielmehr, daß Deutschland mehr Sensibilität für die Folgen seines Handelns aufbringt. Die Bundesbank etwa kann ihre Aktivitäten nicht nur mit der inneren monetären Disziplin begründen. Sie muß auch erkennen, daß sie die einflußreichste europäische Bank ist und ihre D-Mark als Richtwährung dient.[12] Kursschwankungen der Mark haben erhebliche regionale, wenn nicht weltweite Auswirkungen, und so sollten übergreifende Stabilitätserwägungen vor bestimmten politischen Strategiemanövern unbedingten

Vorrang genießen. Die deutsche Rechte möchte die Ressourcen des Landes nutzen, um Europa nach deutschen Prinzipien zu leiten. Eine solche Strategie verweigert sich der Verantwortung und damit der Übernahme von Kosten; sie setzt Macht als Mittel ein, um Kosten nach außen weiterzugeben.

Selbst wenn wir auf empirischer Ebene zustimmen, daß die Macht der Berliner Republik sich normalisiert, so teilen wir doch nicht die Vorstellung, daß sie auf normale Weise ausgeübt werden sollte. In dieser Analyse stimmen wir mit Teilen der SPD und der Grünen überein, wenn wir auch deren Wunschdenken zurückweisen, daß sich Deutschland durch verschiedene, meist nicht näher erläuterte Mechanismen irgendwie austrianisieren ließe, also durch Austritt aus der NATO, Neutralität und Entwicklung eines pazifistischen Ethos zum harmlosen Kinde in der Mitte Europas werden könnte. Selbst ein vollständig demilitarisiertes, gutwilliges, zurückhaltendes Deutschland mit einer pazifistischen Linksregierung wäre noch immer ein mächtiges Land, dessen Handeln, im Guten wie im Schlechten, erhebliche Auswirkungen auf seine Nachbarn hätte.

Deutschlands Macht ist ein unvermeidliches Produkt aus der Größe des Landes, seiner geographischen Lage und seiner ökonomischen Leistungsfähigkeit. Die Frage ist also, ob andere dazu gezwungen werden sollen, sich Deutschlands Bedingungen anzupassen, wie es einige Konservative fordern, oder ob es sich selbst anpassen soll. In der Vergangenheit ist es Deutschland gelungen, durch imperiale Expansion und die Ideologie der »Weltpolitik« Kosten nach außen zu verlagern.[13] Die gegenwärtige Situation stellt sich insofern anders dar, als die meisten Deutschen die Lösung in minimalem oder gar keinem Engagement sehen. Die deutsche Kleinheitsideologie ist zutiefst selbstsüchtig, denn sie schert sich nicht um die Kosten und den Nutzen für andere. Es besteht ein Widerspruch zwischen der Ideologie der Kleinheit und der Überzeugung, daß Deutschland – seine Werte, seine politischen Institutionen und seine Wirtschaft – im Rahmen des größeren Europa internationalisiert worden sei. Die deutsche Entwicklung von einer Regionalmacht zu einem maßgeblichen Akteur auf der Weltbühne wird diesen Widerspruch nur weiter verschärfen.

Deutschland befindet sich zur Zeit in einer beispiellosen Situation. Historisch gesehen ein Land, das vom Großmachtstreben regiert wurde, im Zaum gehalten von seinen Nachbarn und seinen begrenzten natürlichen Ressourcen, ist es jetzt ein Land, dem freier Handel und friedliche politische Beziehungen Zugang zu mehr Ressourcen gewähren als jemals in der Vergangenheit, ein Land, dem seine Nachbarn größeren Respekt zollen und mehr Verantwortung übertragen als je zuvor. Doch es wird von einem Denken bestimmt, das zwar internationalistisch orientiert ist, aber immer noch zögert, seiner zentralen Stellung in der neuen Weltordnung Rechnung zu tragen.

Für Deutschlands Nachbarn birgt der widerstrebende Machtgebrauch erhebliche Risiken, auch wenn die Gefahr nicht mehr von deutschen Waffen ausgeht, sondern von dem beharrlichen Bemühen, die eigenen Einflußmöglichkeiten nicht zu nutzen. In dieser Anomalie kommt die aktuelle Form der deutschen Sonderstellung zum Ausdruck – eine verschämte Machtausübung, die auf einer einzigartigen Konstellation von nationaler Identität und kollektiver Erinnerung beruht.

Die Konsequenzen des unwilligen und oft unwissentlichen Machtgebrauchs lassen sich an zwei Entwicklungen der jüngeren Vergangenheit aufzeigen. Erstens stürzte die selbstbezogene deutsche Antiinflationspolitik die europäischen Ökonomien in heftige finanzielle Turbulenzen. Einige Nationen wurden in die Rezession geschleudert, und trotzdem wies die Bundesbank alle Verantwortung von sich: Sie habe »nur« auf eine Kombination systemischer und innerer Belastungen reagiert, die aus der Vereinigung resultierten.[14] Zweitens beschleunigte der voreilige überparteiliche Konsens zwischen Regierung und Opposition, Kroatien und Slowenien anzuerkennen, den Zerfall Jugoslawiens und den Bürgerkrieg zu nicht geringen Teilen.[15] Deutschlands Alleingang war allerdings mehr von den liberalen und wilsonistischen Impulsen des Landes bestimmt als von den traditionellen Sympathien der deutschen Rechten für Kroatien und dessen feindselige Haltung zu Serbien.[16]

Diese Ereignisse sind in ihrer Größenordnung gewiß nicht mit jener Politik zu vergleichen, die zwei Weltkriege heraufbeschworen hat. Aber sie haben schwerwiegende Folgen mit sich gebracht. Der Versuch der Deutschen, klein zu denken, sich selbst als ein nur etwas größer geratenes Österreich oder als überdimensionierte Schweiz zu verstehen, ist unverantwortlich und kann das Wohlergehen Europas durchaus beeinträchtigen, obwohl er gerade dazu dienen soll, die Europäer der eigenen guten Absichten zu versichern.

Daß die Angst der Europäer vor deutschem Expansionismus unbegründet ist, mag objektiv wahr sein; im großen und ganzen erfreuen sich die Bundesrepublik und ihre Nachbarn in der Tat fruchtbarer Beziehungen. Aber es bleibt die Tatsache, daß eine Politik, die bewußt vermeiden will, was viele Deutsche für aggressives Engagement halten, fatale (wenn auch unbeabsichtigte) Folgen gezeitigt hat. Die historische deutsche Neigung, groß zu denken, hat die Europäer in der Vergangenheit vor gewaltige Probleme gestellt; nun bedroht die Tendenz, klein zu denken, Europas Zukunft auf ganz andere Weise.[17]

Es gibt mehrere mögliche Reaktionen auf Deutschlands veränderte Stellung. Zum ersten könnte man den Deutschen raten, ihre Macht zu akzeptieren und Europa in eine glänzende Zukunft zu führen – ein Vorschlag, auf dem die Ängste der Vergangenheit lasten und der zudem die restriktive Kraft des kollektiven Gedächtnisses ignoriert. Eine andere Möglichkeit besteht darin, vor den Gefahren der deutschen Politik zu warnen, die zu eigennützigem Großmachtstreben neigt. Mit dem vorliegenden Buch wollen wir beide Sichtweisen untersuchen, und zwar indem wir analysieren, wie die breite Bevölkerung und die Eliten, innerhalb wie außerhalb Deutschlands, die Entwicklung der Bundesrepublik seit der Vereinigung beurteilen.

Wir behaupten, daß Deutschland, wenn es stärker im eigenen Interesse handeln will, effektivere Wege des Machtgebrauchs finden kann. Auf gewisse Weise steckt das Land wieder einmal in einem Dilemma. Es ist verloren, wenn es sich seiner strukturellen Macht entsprechend verhält, und es ist ebenso verloren, wenn es abseits bleibt und sich klein macht. Deutschland sitzt fest zwischen der Skylla des kollektiven Gedächtnisses, das ihm den normalen Machtgebrauch versagt, und der Charybdis gegenwärtiger Erfordernisse, die darauf drängen, daß es seine Verantwortung in Europa und vielleicht sogar weltweit akzeptiert.

Wenn wir es in Albert O. Hirschmans berühmt gewordenen Begriffen formulieren, kommen wir zu folgender Schlußfolgerung: Die deutsche Linke und viele Liberale wünschen, daß die Bundesrepublik aus der Welt der Macht ausscheidet und der Welt des kollektiven Gedächtnisses treu bleibt. Große Teile des konservativen Lagers wollen das Gegenteil: Abwendung vom kollektiven Gedächtnis – exakt das, was mit dem Begriff »Schlußstrich« gemeint ist – und zunehmende Interessenwahrnehmung innerhalb der Welt der Macht.

Mit derselben Begrifflichkeit läßt sich verdeutlichen, welchen Konflikten und Spannungen die Nachbarn ausgesetzt sind. Die Vorstellung einer deutschen Abwendung löst allseits Entsetzen aus. Nicht ohne Grund handelt es sich bei dem Maastrichter Abkommen um einen Versuch der Franzosen und des damaligen Staatspräsidenten François Mitterrand, Deutschland institutionell einzubinden und ihm somit alle denkbaren Rückzugsmöglichkeiten aus Europa zu verstellen. Diese Ängste reflektieren die noch immer übermächtige Erinnerung an die grauenhaften Ergebnisse des spezifisch deutschen Entwicklungsmusters, besser bekannt als »Sonderweg«. Europa und die Vereinigten Staaten wollen, daß Deutschland innerhalb der institutionellen Netzwerke der Nachkriegsära verbleibt, die ihre Existenz wesentlich dem Bestreben verdanken, die Bundesrepublik an den Westen zu binden. Doch die meisten Mitglieder der europäischen politischen Klasse sind – ebenso wie viele Amerikaner – sehr wachsam, um nicht zu sagen: argwöhnisch und feindselig, wenn es Anzeichen dafür gibt, daß Deutschland vielleicht zuviel Mitspracherecht in der neuen Weltordnung erhalten könnte. Lieber sähen sie ein Deutschland, das ähnliche Strukturen wie die Bonner Republik aufweist. Viele Deutsche teilen diesen Wunsch. Aber leider, behaupten wir, bereitet diese Loyalitätsoption zur Bonner Republik der neuen Berliner Republik zunehmend Probleme. Zwischen dem wachsenden Druck, auf der internationalen Bühne mehr Präsenz zu zeigen, und dem Wunsch nach Abwendung wird Loyalität zu einer schwierigen, frustrierenden und gelegentlich kostspieligen Gratwanderung.

Die Macht des kollektiven Gedächtnisses

Unterscheidet sich das neue Deutschland von seinen Vorläufern seit 1871? Man fühlt sich an Tschou En-lais Worte erinnert, mit denen er angeblich auf die Bitte um eine Bewertung der Französischen Revolution antwortete: »Es ist noch zu früh, um das zu beurteilen.« Ebenso ist es immer noch zu früh, die Folgen des Jahres 1989 in all ihrer Komplexität zu erfassen.

Wir möchten hier das konventionelle Politikverständnis in Frage stellen, dem die Durchsetzung von Interessen mittels staatlichen Machtgebrauchs als Haupttriebkraft politischen Handelns gilt. Die sogenannten Realisten begreifen Interessen und ihre entschiedene Verfolgung als die eigentliche Quelle politischen Wirkens. Akteure tun bestimmte Dinge und verhalten sich auf bestimmte Weise, weil dies in ihrem Interesse (definiert als Macht) liegt. Nationalstaaten handeln erst recht so. Für Realisten – ebenso wie für Marxisten und Weberianer – ist Interesse aufs engste verbunden mit Macht, ganz so, wie es in der folgenden Aussage zum Ausdruck kommt: »A hat so viel Macht über B, daß A B dazu bringen kann, etwas zu tun, das B sonst nicht tun würde.«[18] Das Deutschland und das Japan der Nachkriegszeit sind die einzigen Länder, deren politische und militärische Einflußmöglichkeiten sich nicht entsprechend ihrer wirtschaftlichen Stärke entwickelten. Sie können also die von der realistischen Theorie aufgestellten Annahmen nationalstaatlicher Handlungslogik in Zweifel ziehen.

Bis 1989 war Deutschland aufgrund seiner Teilung entlang der Frontlinie des Kalten Krieges alles andere als normal. Die Bonner Republik erwies sich als eine idealtypische Manifestation neoliberaler Konzepte internationaler Beziehungen, die eine Analyse von Institutionen und strukturellen Interessen erfordern. Damit soll nicht gesagt sein, daß die Bundesrepublik keine Macht hatte, ihre Interessen nicht durchsetzen konnte und den Launen anderer ausgeliefert war. Weit gefehlt. Das Land war eine starke politische Kraft von dem Augenblick an, in dem Konrad Adenauer die Mitgliedschaft in der Europäischen Gemeinschaft für Kohle und Stahl als Vehikel für die Betreibung nationaler Interessen und als neue Form der politischen Steuerung im internationalen System erkannte. Diese supranationale Steuerung bremste die deutsche Macht nicht, sondern bot ihr einen institutionellen Rahmen, in dem die Bundesrepublik, immer in Koalition mit anderen Staaten, mit Frankreich, aber ebenso mit Italien und den Beneluxländern, auf eine politische Union hinarbeitete, in der sie den ersten Rang einnehmen würde. Dasselbe gilt für die NATO als maßgebliches politisches und militärisches Rahmenwerk bei der Neuordnung Westeuropas in der Nachkriegszeit. Auch hier finden sich ausreichend Belege dafür, daß die alte Bundesrepublik eine politische Schlüsselstellung einnahm und darauf achtete, daß ihre Interessen gewahrt blieben. Wird die Berliner Republik so agieren wie die Bonner Republik? In den Institutionen gab es so gut wie keinen Bruch.[19]

Trotzdem haben sich einschneidende Veränderungen vollzogen. Verschiebungen in Werten und Neigungen, vor allem bei den Angehörigen der politischen Klasse, sind für das Verständnis der Entscheidungen eines Landes wichtiger als die Kontinuität seiner Institutionen. Das Ansprechen bisher tabuisierter Themen und das Nachdenken über früher undenkbare Optionen deuten auf einen Wandel. Wir sind der Auffassung, daß sich die Berliner Republik von ihrer Bonner Vorläuferin fundamental unterscheidet – dies gilt besonders für die merkliche Veränderung dessen, was im öffentlichen Diskurs als »akzeptabel« gilt.

Die grundlegende Frage ist einfach: Wird dieses neue Land auch weiterhin im Bann seines kollektiven Gedächtnisses stehen? Wir werden untersuchen, inwieweit die Geschichte Deutschlands gegenwärtige Aktivitäten und Handlungsmöglichkeiten, besonders im Bereich der Außenpolitik, immer noch überschattet. Dabei unterscheiden wir zwischen Geschichte und kollektivem Gedächtnis und zeigen, daß vornehmlich letzteres – in seiner Vielschichtigkeit, Undeutlichkeit und Formbarkeit – einen immensen Einfluß auf die Ideologie der Zurückhaltung ausübt, von der die deutsche Außenpolitik geprägt ist.

Die Politik des kollektiven Gedächtnisses – unmöglich zu quantifizieren, mit den Methoden der Meinungsforschung schwer zu erfassen und dennoch sehr real – stellt einen der wichtigsten Faktoren in der öffentlichen Auseinandersetzung dar. Sie bestimmt die Grenzen des Gebilligten und definiert für einen großen Teil der Bürger elementare Gefühle wie Stolz, Scham, Angst, Rache und Trost. Sie hat größte Bedeutung, wenn man die Triebkräfte des Nationalismus verstehen will. In wenigen Bereichen des öffentlichen Lebens ist die Politik des kollektiven Gedächtnisses stärker spürbar als in der Außenpolitik, doch genau dieser Bereich wurde bisher am wenigsten erforscht.

Wir geben nicht vor, die Lücke schließen zu können, aber wir werden anhand einiger Beispiele zeigen, wie gemeinsame Erinnerungen die deutsche Politik tiefgreifend beeinflußt haben. In

Deutschlands lebhafter pluralistischer Gesellschaft konkurrieren natürlich zahllose Erinnerungen miteinander. Daher werden wir uns insbesondere den Wendepunkten widmen, die neue kollektive Erinnerungen und Werte hervorgebracht haben. Man könnte beinahe von konkurrierenden Generationen kollektiver Erinnerungen sprechen, die sich nicht linear entwickeln, sondern zirkulär, repetitiv und gänzlich unvorhersehbar.

Das kollektive Gedächtnis der Deutschen

Der Realismus ist nicht einfach eine Theorie internationaler Beziehungen. Er ist eine »Weltanschauung« und umfaßt außer einer Kausalitätstheorie Thesen darüber, wer die Handelnden sind, worin ihre Motive bestehen und wie diese miteinander zusammenhängen. Den Kern der realistischen Theorie bilden Annahmen über die Dominanz des Eigeninteresses, definiert als Macht, über Staaten als die Einheiten der Analyse, über Akteure in einem hierarchisch geordneten Binnensystem, in dem Politik (für alle praktischen Zwecke) perfekt etabliert ist. Die vorherrschende Form der Machtausübung ist Gewalt.[20]

Im Laufe der Entwicklung, die der Realismus seit seiner ersten umfassenden Formulierung bei Thukydides vollzogen hat, ließ das Interesse an den innerstaatlichen Fragen allmählich nach und konzentrierte sich zunehmend auf die systemischen Aspekte zwischenstaatlicher Beziehungen.[21] Die innere »Zähmung« des deutschen Staates in der Bonner Republik blieb für die Realisten daher ohne Bedeutung. Was Deutschland aus dem Rahmen fallen ließ, waren seine Außenbeziehungen, ein weitgespanntes Netz, dessen vier Stützen sich jenseits der exklusiven Souveränität der deutschen Regierung befanden: Osthandel, Ostpolitik, EU und NATO.[22] Diese Pfeiler erhöhten die Sicherheit der Bundesrepublik, weil sie die Kriegsgefahr verringerten, aber sie haben die deutschen Politiker von der Verantwortung für viele Entscheidungen entbunden.

Paradoxerweise stand der Aufbau der Bundeswehr, der größten Armee in Westeuropa, nicht im Widerspruch zur Entwicklung der Bonner Republik zu einem »Handelsstaat«, der eine multinationale Außen- und Sicherheitspolitik voraussetzt. Die Realisten haben die ungeheuren Fortschritte der deutschen Wirtschaft niemals als Störung der empfindlichen innereuropäischen Machtbalance angesehen. Für sie war es vielmehr ein glücklicher Zufall, daß gerade die starke Bundesrepublik die vorderste Bastion gegen den Kommunismus bildete. Der unmittelbare europäische Rahmen blieb stets dem größeren globalen Zusammenhang untergeordnet, der der Ausübung politischer Macht als einzige Arena angemessen erschien.[23] Deutschlands innere institutionelle Reformen wurden somit ignoriert, und seine Außenbeziehungen lagen außerhalb der Reichweite realistischer Theorie. Wenn es Macht ausübte, dann nicht durch den Staat als einen hierarchischen Akteur, sondern durch private und quasiöffentliche Institutionen. Deutschlands Einflußmöglichkeiten äußerten sich nicht in militärischen Aktionen, sondern im Handel oder in der Fähigkeit seiner Diplomatie, Brücken zwischen Ost und West zu schlagen.[24] Den Realisten, stets um Verallgemeinerung ihres Konzepts bemüht, galt die Bundesrepublik daher nicht als repräsentativer Fall. Die Merkmale ihrer Außenpolitik sprengten den Rahmen der Normalität. Unlogischerweise wurde Deutschland von den Realisten als Prüfstein für die von ihnen entwickelte Theorie vollkommen übergangen, obwohl es doch im Mittelpunkt ihrer Analyse der Ost-West-Beziehungen stand.

Was ist nun von der neuen Bundesrepublik zu halten – der Berliner Variante? In einem einflußreichen Artikel, der nach der Vereinigung erschien, konstatiert der amerikanische Politologe John Mearsheimer, daß Deutschland wieder zu einem normalen Land geworden sei. Eine der Konsequenzen sollte seiner Meinung nach darin bestehen, die Zahl der Atomwaffen unter deut-

scher Souveränität zu erhöhen, um damit den Frieden zu sichern.[25] Mearsheimer hielt sich nicht lange mit der Möglichkeit
auf, daß die Regierenden der Berliner Republik die Bewaffnung
mit Atomraketen ablehnen oder ihre engsten Verbündeten auf
einen solchen Schritt mit Panik reagieren könnten. Macht, definiert als Interesse, das mitunter auch mit militärischen Mitteln
durchgesetzt wird, müßte, so Mearsheimer, zur Folge haben,
daß Deutschlands führende Politiker die Verantwortung für
Massenvernichtungswaffen übernehmen.

Aber ist die Berliner Republik »normal« – zumindest im Sinne
der Realisten? Bundeskanzler Kohls Parole »Ein guter Deutscher
ist ein guter Europäer« bleibt als Richtlinie gültig. Selbst wenn
die Bonner Republik noch nicht mit normalen Maßstäben zu
messen war, so schickte spätestens die Berliner Republik das
Land auf den Weg in die Normalität, jedenfalls was wachsende
Souveränität und Autonomie betrifft. Mit den Worten Außenminister Kinkels: »Deutschland zu einem Partner zu machen,
der in der Lage ist, das gesamte Spektrum an Pflichten zu übernehmen ... ist eine vorrangige Aufgabe, mit der wir uns auf die
Zukunft vorbereiten. Unsere Bürger wissen, daß die Zeiten
vorbei sind, in denen wir uns in einer außergewöhnlichen Situation befanden. Wir sollten unsere Fähigkeit zur Normalität zu
Hause und im Ausland demonstrieren, wenn wir nicht ernsthaften politischen Schaden davontragen wollen.«[26]
Die Debatte über Auslandseinsätze der Bundeswehr, die schließlich zu der parlamentarischen Entscheidung führte, solche Engagements auszuweiten und rechtlich abzusichern, wie 1993,
1994 und 1995 geschehen, weist sowohl auf eine Normalisierung
hin wie auf die Flexibilität der deutschen Institutionen. Das gilt
auch für die Kontroverse um Joschka Fischers Brief vom 2. August 1995, in dem er seine grünen Parteigenossen mahnte, ihren
dogmatischen Pazifismus angesichts so dramatischer Vorfälle
wie dem Völkermord in Bosnien zu überdenken. Die Schärfe
der daraufhin einsetzenden Diskussion zeigt nicht nur, welch

hochsensibles Thema die Normalität noch immer ist. Sie zeigt auch, daß dem kollektiven Gedächtnis offenbar ganz unterschiedliche Verpflichtungen entspringen. Denn was hat Auschwitz die Deutschen schließlich gelehrt? Sich unter keinen Umständen an irgendeinem militärischen Engagement zu beteiligen, wie dringlich der Fall und wie edel die Tat auch sein mögen? Oder niemals einen Genozid und die Unterwerfung Wehrloser zu dulden? Eine solch leidenschaftliche Auseinandersetzung ist in keinem anderen NATO-Staat aufgeflammt, der Truppen entsenden sollte, weder in Großbritannien noch in Frankreich, Italien oder den Vereinigten Staaten. Der Unterschied lag in der einen, alles entscheidenden Variable: dem kollektiven Gedächtnis.

Wenn man davon ausgeht, daß Deutschland den Weg in die Normalität eingeschlagen hat, dann müßten sich seine führenden Politiker doch auf eine Weise verhalten, die der realistischen Theorie besser entspricht. Wir behaupten aber, daß dies nicht der Fall ist. Für Deutsche ist die Definition von Sicherheit nicht einmal mit der schwächsten Formulierung des realistischen Arguments zu vereinbaren – was zu einem guten Teil an der deutschen Geschichte liegt. Als stärkste Volkswirtschaft im Herzen Europas hat sich das Land in der Vergangenheit an den Ideologien der »Weltpolitik« und des »Lebensraums« orientiert. Von den europäischen Großmächten hat Deutschland, historisch gesehen, die engste Annäherung an das realistische Paradigma vollzogen – ein machtgieriges Land, dessen Verhalten von Eigeninteresse, oft als territoriale Expansion definiert, militärischem Größenwahn und wirtschaftlicher Vorherrschaft bestimmt wurde. Doch heute besitzt Deutschland ein anderes Gesicht. Es gibt gegenwärtig keine andere Großmacht, in der Geschichte, Erinnerung und Außenpolitik so eng miteinander verflochten sind wie in der Bundesrepublik (mit Ausnahme Japans vielleicht, aber dort auf gänzlich andere Weise).[27] Die außenpolitische Orientierung, die Deutschland früher gehabt hat, stimmt mit den realistischen Annahmen überein, doch seine moderne Entwicklung widerspricht ihnen.

Wissenschaftler, die sich mit den kognitiven Prozessen der Entscheidungsfindung befassen, stellen für den Realismus eine Herausforderung dar. Im allgemeinen ist ihre analytische Einheit das Individuum in seinem nichtrationalen Verhalten, obwohl einige Forscher auch die Nettoeffekte des »Gruppendenkens« hervorgehoben haben.[28] Bislang fehlt der Werteforschung das Bindeglied zwischen denen, die sich mit Individuen beschäftigen, und jenen, die hochaggregierte Zahlen zugrunde legen (wie in der Diskussion um Normen oder Ideologien). Das kollektive Gedächtnis bietet eine Möglichkeit, beide Richtungen zu verbinden. Es spiegelt die Anhäufung individueller Präferenzen wider oder das, was Richard Ned Lebow als »generationsabhängiges Lernen« bezeichnet.[29] Kollektive Erinnerungen sind ein Filter, durch den sowohl zufällige, bruchstückhafte und populistische Einstellungen als auch zusammenhängende Weltanschauungen fließen. Sie bilden die Brücke zwischen Geschichte (als Faktum) und Ideologie (als Mythos).

Um solche Verknüpfungen zu illustrieren, untersuchen wir, wie die verschiedenen Komplexe des Kollektivgedächtnisses in der Bonner Republik zunächst miteinander konkurrierten, bevor sich dann eine gemeinsame Sicht herausbildete, die Deutschland ausschließlich als Handelsstaat und nicht als Großmacht begriff.[30] In gewisser Weise hieß das, daß sich die Bürger wie auch die Regierung internationaler Kontrolle und Verantwortung weitgehend entzogen. Durch die starke Wirtschaft verfügte die alte Bundesrepublik zweifellos über enorme Einflußmöglichkeiten, doch ihre militärische Macht wollte sie nicht ausbauen.

Heute ist Deutschland nicht nur der einflußreichste Staat der Region, es steht auch an der Schwelle zur internationalen Großmacht. Wird es die Stellung des Hegemonen anstreben, oder wird es eine Hegesie vorziehen – als ein Land, das strukturell gesehen einer Vorherrschaft durchaus fähig wäre, aber aus ideologischen Gründen jedes Führungsverhalten scheut?[31] Sollte die Berliner Republik absichtlich ein »kleines« Land bleiben, so liegt es nahe,

daß das deutsche Verhalten ideologische Gründe hat. Und das wiederum würde bedeuten, daß die realistische Theorie für die Analyse der deutschen Außenpolitik wenig taugt. In einer Studie zu den Folgen der Wiedervereinigung kommt Stanley Hoffmann zu dem Schluß: »Nur mit einem extremen Maß an Böswilligkeit ließe sich der neue deutsche Staat in eine moderne Version des Deutschen Reiches verwandeln. Weder die Partner der Bundesrepublik noch ihre Gegner haben die Absicht, sich mit ihr zu überwerfen oder sie zu provozieren; und die deutschen Eliten zeigen ihrerseits keinerlei Verlangen, zu einer verhängnisvollen Vergangenheit zurückzukehren.«[32]
Der Realismus ist natürlich nicht die einzige Möglichkeit, internationale Beziehungen zu erklären; vor allem von neoliberalen Positionen wird er, wie bereits gezeigt, zunehmend angezweifelt. Doch wie groß die Differenzen auch sein mögen, beide Ansätze unterschätzen die Bedeutung von Ideologien, insbesondere ihren enormen Einfluß auf Politik. Im Gegensatz zu Realisten und Neoliberalen glauben wir nicht, daß die Grundlagen der deutschen Außenpolitik rational sind. Ihr ideologisches Fundament ist das kollektive Gedächtnis, und das wird von gänzlich anderen Kriterien als nüchterner Interessenmaximierung bestimmt. Schließlich versucht die Bundesrepublik nicht, sich nach und nach eine größere Machtbasis zu verschaffen, ihre Außenpolitik ist vielmehr von einer als Bedürfnis empfundenen Zurückhaltung geprägt.
Dem Begriff Ideologie wenden wir uns deshalb zu, weil wir Verhaltensmuster erklären wollen, die rationalen Begründungen widersprechen. Es gibt uns ein besonderes Rätsel auf, warum die Deutschen sich manchmal dafür entschieden, keine Macht auszuüben, obwohl ihnen das Gegenteil handfeste Vorteile eingebracht hätte. Wir wollen auch zeigen, daß manches Übel nicht aus ehrgeizigen Bestrebungen Deutschlands erwachsen ist, sondern aus seinem Zögern, seine Macht zu akzeptieren – wie im Fall der Jugoslawienkrise.

Gleichwohl gehört das Widerstreben gegen militärisches Engagement und expansionistische Außenpolitik zu den Errungenschaften der Bonner Republik, hat es doch das Vertrauen in Deutschland weltweit gestärkt. Die kollektiven Erinnerungen der Deutschen und ihrer Nachbarn haben dazu beigetragen, daß sich Europa zum Guten verändert hat. Wird die Außenpolitik der Nachkriegszeit auch von der Berliner Republik fortgesetzt, oder muß man befürchten, daß die Impulse früherer, dunklerer Perioden der deutschen Geschichte wieder durchbrechen? Ein erster Politikwandel hat bereits eingesetzt, doch bislang läßt sich nicht sagen, wohin er führen wird.

Was wir aber darstellen können, ist die faszinierende Debatte über das kollektive Gedächtnis der Deutschen, eine Debatte, die von den Eliten und der politischen Klasse des Landes mit Leidenschaft ausgetragen wird und schon jetzt zur Herausbildung einer neuen Denkweise geführt hat. Entfacht wurde sie in der Spätzeit der alten Bundesrepublik – mit Ronald Reagans Besuch auf dem Bitburger Friedhof und dem Historikerstreit gegen Ende der Achtziger –, und die folgenreichen Ereignisse der Jahre 1989 und 1990 gaben ihr zusätzliche politische Bedeutung. Wir glauben, daß das Ergebnis dieser Auseinandersetzung – und die Tatsache, daß sie überhaupt stattfindet – erheblichen Nachhall in der künftigen deutschen Außenpolitik finden wird.

Kollektives Gedächtnis und Außenpolitik

In einer außerordentlich wichtigen Studie hat Maurice Halbwachs präzise zwischen historischem Gedächtnis und kollektivem Gedächtnis unterschieden.[33] Geschichte ist auf Tatsachen bezogen, unvoreingenommen und darum bemüht, die Vergangenheit auf eine verständliche Weise zu überliefern. Geschichte registriert frühere Ereignisse; zu ihrem Metier gehört, die Vergangenheit zu kennen und zu verstehen.

Das kollektive Gedächtnis dagegen zeichnet keine Geschehnisse auf, sondern bildet eine Instanz der Tradition. Während Geschichte universal ist, ist das kollektive Gedächtnis partikular. Während Geschichte zeitlos ist, ist das kollektive Gedächtnis zeitgebunden. Vor allem gibt es das kollektive Gedächtnis nur im Plural. Jede Gruppe besitzt ihre eigenen Erinnerungen. Bezieht sich Geschichte auf Erkenntnis und Wissen, kreist das kollektive Gedächtnis um Erfahrung und Gefühl. Findet Geschichte ihren Gegenstand in der Vergangenheit, erweist sich kollektives Erinnern als ein Phänomen der Gegenwart. Tatsächlich könnte man es als ein gegenwärtiges Erfahren, als eine beständige Neuinterpretation der Vergangenheit bezeichnen. Das kollektive Gedächtnis ist immer gegenwärtig. Es befindet sich in unablässiger Bewegung und kann recht abrupte Wendungen vollziehen. In jeder Gesellschaft existieren zahllose Erinnerungen, manchmal in Harmonie und manchmal im Konflikt miteinander. Häufig überlagern sie sich, und selbst durch offensichtliche Widersprüche verlieren sie nicht ihre Kraft – auch Mythen sind ja nur lose mit der empirischen Wahrheit verbunden. Im öffentlichen Diskurs spielt das kollektive Gedächtnis eine Schlüsselrolle, etwa bei der Legitimierung politischer Strukturen oder bei der Suche nach gemeinsamen Handlungsmöglichkeiten. Einige nützliche Erkenntnisse zum kollektiven Gedächtnis als einem Hauptbestandteil neuzeitlicher Politik seien hier aufgeführt:[34]

Es besteht eine klare Beziehung zwischen kollektivem Gedächtnis und der Moderne. Aufgrund seiner engen Verknüpfung mit zwei Pfeilern moderner Politik – dem Individuum und dem Nationalismus – ist das kollektive Gedächtnis ein Konstrukt der Neuzeit oder doch zumindest weitgehend durch sie bedingt. Auf jeden Fall sind moderne Mittel notwendig, um gemeinsame Erinnerungen zu politisieren, zu mobilisieren, neu zu beleben, zu bewahren, zu unterdrücken oder gar auszulöschen.

Gemeinsames Erinnern hat viel mehr mit der Gegenwart als mit der Vergangenheit zu tun. Tatsächlich bedient es sich der Vergangenheit für gegenwärtige Zwecke. Somit steht es eindeutig im Dienst des Hier und Jetzt. Das kollektive Gedächtnis ist der selektive Zugriff auf Geschehenes, ausgeführt mit der Absicht, bestehende Machtverhältnisse zu legitimieren. Dies geschieht sowohl strukturell als auch durch die Instrumentalisierung von Personen. Selbst wenn die Individuen dabei ganz andere Ziele verfolgen, werden sie doch für Legitimationszwecke eingespannt. Grob gesagt, sind die herrschenden Erinnerungen einer gegebenen Gesellschaft zu einer gegebenen Zeit die Erinnerungen ihrer herrschenden Klasse. (Man kann hier auch die Begriffe Eliten oder Machthaber einsetzen, wenn man den marxistischen Terminus »herrschende Klasse« scheut.)

Viele der angeblich archaischen Haßgefühle, die den Wunsch nach Rache im kollektiven Gedächtnis bestimmter Völker des Balkans geschürt haben, stammen keineswegs aus grauer Vorzeit. Sie sind im Gegenteil recht neuen Datums, und ihre derzeitige Schärfe hat mehr mit aktuellen Machtkämpfen als mit dem tatsächlichen Geschichtsverlauf zu tun. Der Völkermord im früheren Jugoslawien ist vor allem der Politik von Milošević und Tudjman geschuldet, die sich in ihrem Größenwahn gegenseitig aufstachelten. In diesem Fall sind die zerstörerischen Dimensionen des kollektiven Gedächtnisses eindeutig von oben angefacht worden.[35] Das heißt jedoch nicht, daß Erinnerungen beliebig herstellbar sind, vielmehr müssen sie bis zu einem gewissen Grad in realen Geschehnissen verankert sein.

Je größer die zeitliche und räumliche Distanz zu einem Ereignis, desto geringer fällt im Regelfall die Rolle aus, die es im kollektiven Gedächtnis spielt. Gewiß, die Serben sind immer noch von schmerzhaften Erinnerungen an die Schlacht auf dem Amselfeld erfüllt, in der ihre Armeen von den osmanischen Türken 1389 geschlagen wurden; die Juden beklagen heute noch die Zerstörung des Zweiten Tempels in Jerusalem durch die Legionen des Titus im Jahre 70 n. Chr.; und der Sieg Wilhelms III. über die katholischen Armeen in der Schlacht am Boyne 1690 führt alljährlich zu heftigen Zusammenstößen zwischen Katholiken und Protestanten in Ulster. Doch sind es nicht die ursprünglichen Ereignisse, die in den genannten Gemeinschaften solche Erbitterung hervorrufen; es ist eher ihr ständiger Gebrauch als »Ikonen«, ihre fortlaufende Inszenierung, die sie so real erscheinen läßt. Zusätzliche Wirkung erhalten sie, wenn sie auch für jüngere und möglicherweise selbst erlebte Härten stehen: Jasenovac im Falle der Serben, Jahrhunderte der Verfolgung und des Antisemitismus für die Juden, Diskriminierung und Unterdrückung bei den irischen Katholiken.

Das kollektive Gedächtnis wird unablässig für bestimmte Zwecke mobilisiert. Auch wenn der Blick der Bürger Quebecs viele Tausende Male auf die Autokennzeichen ihrer Provinz mit dem Aufdruck »Je me souviens« fällt, erinnert sich dabei doch niemand wirklich an die Niederlage des Generals Montcalm auf der Abrahamebene Anfang September 1759. Mit diesen Nummernschildern wird nicht die Geschichte vergegenwärtigt, sondern an das kollektive Gedächtnis appelliert; die frankophonen Bewohner von Quebec sollen die Jahrhunderte der Unterdrückung durch die Engländer nicht vergessen. Ohne de Gaulles epochemachende Rede *Vive le Québec libre* im Juni 1967 wäre die symbolische Bedeutung der Ereignisse von 1759 für die zeitgenössische Politik Quebecs erheblich geringer. Zugespitzt formuliert: Die Geschichte ist in die Bibliotheken verbannt; das kollektive Gedächtnis dagegen hat seinen Platz auf den Autokennzeichen gefunden. Die reale Erfahrung reicht nicht weiter zurück als ein Jahrhundert, umfaßt also die Lebensspanne von Menschen, die bestimmte Ereignisse entweder selbst oder als Zeitzeugen erlebt haben. Mit dem Tod der Zeitzeugen tritt das kollektive Gedächtnis ins Reich der Mythen ein. Es verknüpft Ideologie mit Geschichtsdeutung, und es ist fest an Generationen gebunden; ein Punkt, auf den wir noch zurückkommen werden.

Auf nationaler Ebene schwelgt das kollektive Gedächtnis mit Vorliebe in negativen Erlebnissen. Dabei kommt der Erfahrung, unterdrückt worden zu sein, besonderes Gewicht zu. Jedes Land scheint zumindest eine schreckliche Erfahrung durchlebt zu haben, die es in seinem kollektiven Gedächtnis aufbewahrt. Immer wieder kämpfen Nationen mit ihrem letzten Trauma: dem Ereignis, in dessen Verlauf ihnen auf irgendeine Weise Unrecht geschah und sie zum Opfer wurden. Egal, wer die wirklichen Täter oder Anstifter waren, das Gedächtnis der Nation kristallisiert sich schließlich um die Achse von Unrecht und Opfererfahrung. Im Kollektivgedächtnis der Vereinigten Staaten sind die Amerikaner die Leidtragenden des Vietnamkrieges, obwohl doch einiges dafür spricht, daß sie es waren, die Vietnam zerstört haben. Doch seien es die zahllosen Kriegsgefangenen, die 58.000 Toten oder das Ausbleiben eines abschließenden Sieges – die »Vietnamerfahrung« lastet auf dem Land und zeigt, daß sich die Amerikaner als eigentliche Opfer dieses grauenhaften Krieges sehen.

Gemeinsame Erinnerungen sind nicht nur eine Quelle der Macht; sie stiften Identität und stärken das Zusammengehörigkeitsgefühl. Meist kreisen sie um Tragödien und Niederlagen eines Landes oder Volkes: in Frankreich ist das Vichy-Regime präsent, in Israel der Holocaust, in Argentinien steht der »schmutzige Krieg« im Vordergrund, in Japan Hiroshima.[36]

Die meisten Europäer begegnen der wiedererstarkten deutschen Macht mit großer Skepsis, weil sie nie vergessen haben, daß sie den Nationalsozialisten zum Opfer fielen. Tony Judt hat dargelegt, wie die Erfahrung, Opfer deutscher Aggression geworden zu sein, in der Nachkriegszeit zum unverzichtbaren Bestandteil des Kollektivgedächtnisses der meisten europäischen Völker wurde, sogar bei denen, die von der NS-Zeit eher profitierten.[37] So entstand der Mythos vom ausnahmslosen Widerstand gegen die Nationalsozialisten, nach Judt eine unerläßliche Bedingung für das »reine Gewissen« Europas, in dessen »Gründungsmythos« die brutale Unterdrückung durch die Deutschen einging.

Natürlich hat Hitlers Regime Millionen von Europäern unterjocht. Aber auch diejenigen, denen dieses Schicksal erspart blieb,

entwickelten einen Opfermythos, der ihnen – insgesamt gesehen – bei der Legitimierung ihrer Nachkriegspolitik gute Dienste leistete. Den Österreichern etwa gelang es, als erste Opfer des
nationalsozialistischen Deutschlands anerkannt zu werden – in
der Moskauer Deklaration von 1943 wurden sie offiziell entla-
stet –, und die Franzosen konnten ihren Mythos einer Nation
von Résistance-Kämpfern fünfzig Jahre lang aufrechterhalten.
So haben viele Länder in der Nachkriegszeit erheblichen Nutzen daraus gezogen, den Nationalsozialisten ausgeliefert gewesen zu sein.[38]
Zu dieser Gruppe gehören natürlich auch die Deutschen selbst,
denn sie haben sich ebenfalls als Opfer des Nationalsozialismus
stilisiert. Darüber hinaus begriffen sie sich auch in anderer Hinsicht als Leidtragende: durch die Vertreibung von Millionen
Deutschen aus den Ostgebieten, die alliierte Besetzung und durch
die Teilung des Landes. Kurzum, es gibt nur sehr wenige Staaten, in deren kollektivem Gedächtnis nicht irgendeine Art von
Affront oder Unrecht eine bedeutende mythenstiftende Rolle
spielt (vielleicht einige sehr kleine und reiche Länder wie San
Marino oder Liechtenstein, doch Kuwait ganz gewiß nicht
mehr). Warum sich menschliche Gemeinschaften so anhaltend
mit schlechten Erfahrungen beschäftigen, wissen wir nicht, aber
daß sie es tun, ist offenkundig.
Auf nationaler Ebene gibt das kollektive Gedächtnis vor allem
Aufschluß darüber, wie die Vergangenheit von den Eliten und
der politischen Klasse gedeutet wird. Ihre Erinnerungen weisen
drei miteinander verknüpfte Dimensionen auf: sie sind narrativ,
evaluativ und normativ. Die narrative Dimension leuchtet unmittelbar ein: Die Eliten neigen dazu, verschiedene Elemente
aus der nationalen Erfahrung auszuwählen und in sinnstiftender
Weise zu verbinden. Erzählungen berichten von Urereignissen
wie der Gründung eines Staates und seinen Revolutionen, Kriegen und ökonomischen Krisen. So werden bestimmte Geschehnisse der jüngeren oder der weit zurückliegenden Vergangen-

heit, der inneren oder der äußeren Entwicklung stärker betont als andere. Die evaluative Dimension ist in die narrative eingebettet: Wenn nationale Eliten die Vergangenheit darstellen, nehmen sie immer schon eine Bewertung vor, indem sie sich teils einer eher nüchternen und sachlichen, teils einer emotionalen und metaphorischen Rhetorik bedienen – im übrigen ist bereits die Hervorhebung einzelner Ereignisse ein wertender Akt. Drittens überliefert und bewertet das kollektive Gedächtnis die Vergangenheit nicht nur, es dient auch dazu, den Kurs für gegenwärtiges und künftiges Handeln festzulegen. Die Beschwörung historischer Geschehnisse hat oft den Zweck, jetziges Tun mit früheren Erfolgen in Verbindung zu bringen oder aber von früheren Fehlschlägen abzusetzen.

Die Erinnerungen der Führungsschicht sind nicht einfach das Ergebnis individueller Reflexion. Sie speisen sich aus vielfältigen nationalen und internationalen Quellen. Auf nationaler Ebene schöpfen die politischen, sozialen und kulturellen Eliten aus maßgeblichen Texten, öffentlichen Ritualen und Gedenkanlässen der wichtigsten Institutionen (Verwaltung, Parteien, Interessengruppen, Medien und Bildungseinrichtungen). Auf internationaler Ebene befinden sich die jeweiligen Eliten in zunehmendem Austausch miteinander und prägen sich dadurch wechselseitig. Auch politische Zwänge fließen in das kollektive Gedächtnis ein, denn der Wunsch von Politikern, in ein Amt gewählt zu werden und es zu behalten, wird ihren Zugriff auf die Vergangenheit mit Sicherheit beeinflussen. Regierende sind auf die Unterstützung gesellschaftlicher Gruppen und wechselnder Koalitionen angewiesen, und deshalb übernehmen sie gern diejenigen Interpretationen der nationalen Vergangenheit, die mit relativ breiter Zustimmung rechnen können.

Letztlich jedoch behält die individuelle Reflexion in zweierlei Hinsicht ihre Bedeutung. Erstens gibt es ein Moment der Autonomie bei der Artikulation von Erinnerungen. Was die Eliten äußern, läßt sich nicht allein auf nationalen oder internationalen

Druck zurückführen. Sind solche individuell motivierten Erinnerungen erst einmal formuliert worden – und das ist der zweite Punkt –, gerinnen sie oftmals zu Grundsätzen, die wiederum das Fundament jeder Ideologie bilden – ein deutliches Beispiel dafür stammt aus dem kollektiven Gedächtnis der Vereinigten Staaten, nämlich die Verbindung zwischen der Großen Depression und der Pflicht jedes amerikanischen Präsidenten seit Roosevelt, sich als Anhänger des Freihandels zu anzugeben.

Wir behaupten also, daß das kollektive Gedächtnis eines Landes die Konzeption seiner Außenpolitik entscheidend beeinflußt. Ohne die Vietnamerfahrung und die Erinnerung an den Kalten Krieg kann man die jüngere amerikanische Außenpolitik und ihre Suche nach einer neuen Weltordnung nicht verstehen, die französische nicht ohne Algerien, die britische nicht ohne den Rückzug aus Suez und das »besondere Verhältnis« zu den Vereinigten Staaten. Israels Außenpolitik erklärt sich aus der Erinnerung an den Holocaust,[39] die japanische aus der Restauration der Meiji-Ära und den Folgen des Zweiten Weltkriegs, und die russische schwankt zwischen Bewunderung für den Westen und gleichzeitiger Angst vor ihm, gekoppelt mit der machtvollen Präsenz des Großen Vaterländischen Krieges und des Kalten Krieges.

Wir haben hier einige unserer Annahmen dargelegt und damit auch bestimmte Aufgaben für dieses Buch vorgegeben. Im ersten Teil des Bandes müssen wir herausfinden, welche Merkmale die jüngste Variante der deutschen Frage mit ihren historischen Vorläufern gemein hat und warum sie sich andererseits von ihnen abhebt. Wir möchten die ideologische Prägung der Deutschen, ihrer europäischen Nachbarn und ihrer transatlantischen Partner aufdecken und die Konsequenzen einer zögernden und zurückhaltenden Machtausübung beschreiben. Wir skizzieren nicht nur die Umrisse der deutschen Frage, sondern verknüpfen sie auch mit den kollektiven Erinnerungen und mit der nationalen Ideologie. Anschließend stehen zwei Positionen zur Debatte, die sich auf den künftigen außenpolitischen Kurs beziehen, die optimistische und die pessimistische.

Der zweite Teil des Buches untersucht die Verbindung von kollektivem Gedächtnis und öffentlicher Meinung. Wir stellen die Reaktionen auf die deutsche Vereinigung dar und die Bedenken, die sie bei Israelis, Amerikanern und verschiedenen europäischen Nationen ausgelöst hat.

Der dritte Teil erforscht die unterschiedlichen Dimensionen deutscher Macht. Wir analysieren die Debatte um militärische Einsätze und wenden uns dann dem Herzstück bundesrepublikanischer Einflußmöglichkeiten zu: der wirtschaftlichen Stärke deutscher Unternehmen in Ost- und Westeuropa. Der Abschnitt schließt mit der Untersuchung desjenigen Bereichs, den die Deutschen als dritten Pfeiler ihrer Außenpolitik betrachten: der Kulturpolitik. In vieler Hinsicht bildet sie das schwächste Glied der deutschen Außenpolitik. Hier läge sicherlich Deutschlands Achillesferse, falls sich die öffentliche Meinung des Landes ändern sollte und doch mit einer hegemonialen Rolle in Europa zu liebäugeln begänne.

Das Buch endet mit einem kurzen Ausblick auf die politische Landschaft nach der Ära Kohl. Wir sind nicht unbedingt davon überzeugt, daß sein Abschied ein gutes Omen für die weitere europäische Integration der Bundesrepublik ist.

ERSTER TEIL

Geschichte und Analyse

1. KAPITEL

Europa und die deutsche Frage

Sie haben bestimmt schon gehört, daß die Deutschen sich
wieder zusammengetan haben. Da bleibt wohl nur noch die
Frage, wann sie wieder auf Tournee gehen.

Jay Leno in der *Tonight Show*

Wenn es darum geht, zum Wesentlichen vorzudringen, kann
man sich getrost auf die Komödianten verlassen. Den respektlo-
sen Ausdrucksformen der Populärkultur gelingt es häufig, heikle
Themen, vor denen andere noch zurückschrecken, höchst treffend darzustellen. Die Politiker meiden solch heiße Eisen aus
Scheinheiligkeit, die Intellektuellen aus Vorsicht, und die Wissenschaftler brauchen viel zu lange für ihre Erforschung. Wie die
Hofnarren vergangener Zeiten sind die Komiker lebenswichtig
für jedes politische Gemeinwesen, eben weil sie vor Tabus nicht
haltmachen.

Die deutsche Frage hat in der jüngeren europäischen Geschichte eine entscheidende Rolle gespielt und auch nach den Ereignissen des 9. November 1989 und des 3. Oktober 1990 nichts
von ihrer Bedeutung verloren.[1] Mit der Berliner Republik hat
sie allerdings einen bisher unbekannten Charakter, eine neue
Gestalt angenommen. Wie wird das vereinigte Deutschland aus-
sehen? Ist die Band nicht schon einmal unterwegs gewesen, unter dem Künstlernamen Bundesrepublik und mit weniger Mitgliedern? Wie wird ihre Tournee verlaufen? Erfolgreich, von
Fans aus ganz Europa bejubelt und bei den lokalen Veranstal-
tern begehrt? Oder wird die vergrößerte Band, die mit anderem
Repertoire und neuer Choreographie auftritt, bei ihren frühe-

ren Anhängern eher Unbehagen, Ängste, vielleicht sogar Zorn wecken?

Fragen dieser Art beschäftigen die Europäer nun schon seit geraumer Zeit, und eine Fülle von Meinungen, Ausblicken, Hoffnungen und Analysen liegt dazu vor. Sie kreisen allesamt um eine Vorstellung von Normalität, die zutiefst verwoben ist mit Erinnerung und Geschichte. Nie zuvor trat das offener zutage als 1995, im »Superjahr« des Gedenkens: zum fünfzigsten Mal jährten sich die Befreiung von Auschwitz, die Bombardierung Dresdens, der Victory Europe Day, die Gründung der Vereinten Nationen und der Abwurf der Atombomben auf Hiroshima und Nagasaki. Von diesen Jahrestagen ist die Debatte um Geschichte und kollektives Gedächtnis in Deutschland erfüllt, denn sie verweisen immer wieder auf die deutsche Identität und eine bisher unerreichte Normalität. Was ist »normal« für die Deutschen? Die vierzig Jahre der prosperierenden, aber politisch harmlosen Bundesrepublik und der repressiven, grauen DDR? Weimar? Das Dritte Reich? Oder das neue Deutschland, dem zwar eine günstige Prognose als liberale Demokratie gestellt wird, doch unter dem Vorbehalt, daß ihre eigentliche Bewährungsprobe noch aussteht?

Letztlich zielt die Frage darauf, wie Deutschland seine neue politische Identität gestalten, das heißt Macht und Demokratie vereinbaren wird. Vor 1945 schienen Macht und Demokratie in ein brutales Nullsummenspiel verstrickt. Dies änderte sich mit der Bundesrepublik und ihrer Entwicklung zu einem mustergültigen Rechtsstaat. Die Skeptiker befürchten allerdings, daß damit das letzte Wort noch nicht gesprochen ist: Der alten Bundesrepublik fiel demokratisches Verhalten leicht, da sie nicht zu den Großmächten gehörte. Doch mit der Rückkehr Deutschlands zur Normalität stellt sich erneut die Frage der Macht. Wie wird sie sich auf das Gemeinwesen auswirken? Auf die Demokratie? Und vor allem: Wie wird sie die Rolle Deutschlands in Europa und der Welt verändern? Die alte Bundesrepublik ist unzweifelhaft tot. Mit dem Ende der DDR und der damit verbundenen geographischen wie demographischen Expansion haben sich nicht nur rein quantitative Veränderungen eingestellt. Das neue Deutschland beweist auch neue Qualitäten, und sein veränderter Status läßt sich schon heute an jedem Aspekt deutscher und europäischer Politik ablesen.

Die alte Bundesrepublik wies zwei wichtige Merkmale auf: Das erste bestand darin, daß sie ihre Außenpolitik nicht unabhängig gestalten konnte, das zweite in ihrer untergeordneten Rolle als Militärmacht. Beides war Ausdruck der unvollkommenen Souveränität der Bundesrepublik und ihrer damit einhergehenden Abhängigkeit von den Vereinigten Staaten in der Weltpolitik und von Frankreich in Europa. Diese Konstellation begründete das Erscheinungsbild des bundesdeutschen Staates vor der Wende: »wirtschaftlicher Riese, politischer Zwerg.« Als sich am 3. Oktober 1990 die Berliner Republik konstituierte, erlangte sie auch die volle Souveränität. Wird sich das neue Gemeinwesen zwangsläufig zum politischen Riesen auswachsen? Und wenn ja, wird er ein grobes oder ein sanftes Wesen haben? Muß Deutschland, auch wenn es das gar nicht will, zum Riesen werden, oder kann es sich zu einer durchschnittlichen, »normalen« Person entwickeln?

Welche Resultate die Verbindung von Macht und Demokratie zeitigen wird, ist noch längst nicht abzusehen. Dennoch können wir derzeit drei Trends aufzeigen. Auf institutioneller und rechtlicher Ebene läßt sich eine bemerkenswerte Kontinuität zwischen alter und neuer Bundesrepublik feststellen. Mit Ausnahme des vergrößerten Bundestags und des vergrößerten Bundesrats, in dem fünf neue Länder vertreten sind, haben sich nur wenige Institutionen seit dem Fall der Berliner Mauer wesentlich verändert. In Parteien, Interessengruppen und der öffentlichen Verwaltung lebt die alte Bundesrepublik im Grunde fort. Mit der Vereinigung hat kaum mehr als eine Übernahme der DDR durch die Bundesrepublik stattgefunden.

Allerdings scheint sich diese Kontinuität auf politischer Ebene nicht so nahtlos fortzusetzen. Ob es um Einwanderung, Asyl oder Sozialleistungen für an den Rand geratene Mitglieder einer krisengeschüttelten Gesellschaft geht: im neuen Deutschland weht ein schärferer Wind als in der alten Bundesrepublik. Zugleich künden außenpolitische Änderungen von einer wiedererwachten Macht, die das Land zur Geltung bringen möchte. Sowohl Deutschlands verhängnisvoller Vorstoß in der Jugoslawienkrise als auch seine Probleme mit der lang gepriesenen französisch-deutschen Allianz – in der die Bundesrepublik eindeutig eine untergeordnete Rolle spielte, zumindest was den politischen Führungsanspruch betrifft – deuten an, daß sich die Politik der Berliner Republik zunehmend an der Logik von Macht und Souveränität und weniger an Kooperation und Koexistenz orientiert.

Die deutlichsten Veränderungen sind jedoch auf der Ebene der politischen Kultur zu beobachten. Aus Gründen der Fairneß muß man allerdings dazu sagen, daß sich der diagnostizierte Klimawechsel bereits in den achtziger Jahren ankündigte. Die Affäre Bitburg im Frühjahr 1985 und der Historikerstreit, der im Sommer 1986 begann, waren Ereignisse, die das tiefste und innerste Wesen der Bundesrepublik zum Gegenstand erbitterter Kontroversen machten. Trotzdem unterscheidet sich das neue Deutschland von der alten Bundesrepublik. Die Kommentare der renommierten *Frankfurter Allgemeinen Zeitung* dokumentieren diesen Umschwung.

Besonders nachdrücklich – und das kann nicht wundern – läßt sich der vollzogene Wandel auf dem rechten Flügel des politischen Spektrums ablesen. Die extreme Rechte hat politisch und thematisch, wenn nicht sogar zahlenmäßig, an Bedeutung gewonnen. Weit alarmierender jedoch erscheint die Neuorientierung der etablierten und salonfähigen Rechten, die von ihrem traditionellen populistischen Verfassungskonservatismus abrückt und mehr und mehr zum nationalistischen Lager tendiert. Zwei Jahrhunderte hat Deutschland die Prognosen von Forschern und Beobachtern immer wieder widerlegt. Auch wenn feststehende Begriffe wie »Wende«, »Sonderweg« und »deutsche Frage« dem Unvorhersehbaren den Anschein des Erwarteten verliehen, so hat sich dennoch die Meinung durchgesetzt, daß das einzig Berechenbare an Deutschland seine Unberechenbarkeit ist. Obwohl sich die neuere deutsche Geschichte in klar umgrenzte Perioden gliedern läßt – die Epoche Bismarcks, die Wilhelminische Ära, Weimar, Nationalsozialismus, Bundesrepublik –, haben die deutschen Historiker mit Vorliebe große Bogen gespannt, um eine Kohärenz zu beweisen, die kaum existiert.[2] Die deutsche Frage war dabei ein nützlicher Begriff, mit dem sie die abrupten und verwirrenden Wendungen ihrer Geschichte zu glätten suchten. Und selbst wenn sich die Frage im Laufe der Zeit in ihrer Erscheinungsform verändert hat, bildet sie doch nach wie vor die groben Stiche, die den Flickenteppich der deutschen Geschichte zusammenhalten sollen.[3]

Die symbolische Bedeutung der deutschen Frage

Als die Dänen über die Maastrichter Verträge abzustimmen hatten, offenbarte sich in ihrer Entscheidung ein doppeltes Trauma: die deutsche Besetzung im Jahre 1940 und die Erinnerung an 1864, als Preußen und Österreich Dänemark zwangen, die Herzogtümer Schleswig, Holstein und Lauenburg abzutreten. Erst beim zweiten Anlauf gelang es den Dänen, sich über die Vergangenheit hinwegzusetzen und mit dem Kopf und nicht mit dem Herzen abzustimmen.[4] Dieser Fall zeigt, welche Tragweite Symbolik und kollektives Gedächtnis für die gegenwärtige Politik besitzen.

Kopf (Interesse) und Herz (kollektives Gedächtnis) sind feste Bestandteile der Politik. Für die meisten Europäer besitzen beide Elemente einen sehr hohen Stellenwert in ihren Beziehungen zu

Deutschland. In allen Bereichen, die ihre Interessen berühren, ist die Bundesrepublik für sie erheblich wichtiger als die meisten anderen Länder. Aber da sie so schwer unter dem Zweiten Weltkrieg und den nationalsozialistischen Verbrechen litten, sind auch ihre kollektiven Erinnerungen weit stärker von den Deutschen als von irgendeiner anderen Nation besetzt. Aufgrund dieser Spannung zwischen kollektivem Gedächtnis und Interesse – ein Däne charakterisierte die Wahl als eine zwischen »Herz und Geldbeutel« – wird das Verhalten der Deutschen mit ungewöhnlicher Aufmerksamkeit verfolgt.

Auch die Amerikaner besitzen Symbole, die sie ständig zitieren, von Christoph Kolumbus bis zum Sternenbanner – Dinge, die sie kollektiv zu Amerikanern machen. Der Unabhängigkeitskrieg, der Bürgerkrieg, Pearl Harbor – sie alle liefern unablässig beschworene Analogien für zeitgenössische Ereignisse. Einerseits repräsentieren diese Symbole Werte wie Demokratie und Freiheit, denen die Amerikaner mit leidenschaftlicher Begeisterung anhängen, andererseits beziehen sie sich auf Institutionen wie die Verfassung, den Kongreß, die Präsidentschaft, das Rechtswesen – eben auf jenes Sicherungssystem aus »checks and balances«, das den Amerikanern heilig ist, ungeachtet ihrer gnadenlosen Kritik an denen, die schließlich die Administration bilden und die Büros bevölkern. All diese Symbole sind tief im kollektiven Bewußtsein der Amerikaner verankert. Sie gehören zum Prozeß der Nationbildung, der Entwicklung einer nationalen Identität. In ihrer Gesamtheit wirken sie an der Herausbildung von gemeinsamen Überzeugungen mit.

Die Bedeutung mancher Symbole verschiebt sich im Lauf der Zeit. Zum Beispiel haben die USA ausgedehnte und erfolgreiche Eroberungskriege gegen Mexiko geführt, sind ihren Nachbarn inzwischen aber durch friedliche Beziehungen verbunden. Die Amerikaner sehen darin den Beweis für ihre eigene hochherzige Natur und die segensreichen Auswirkungen der Tatsache, die Vereinigten Staaten zum Nachbarn zu haben. Kanadier und Mexikaner erinnern sich dagegen an frühere Konflikte und fühlen sich in ihrem Handeln durch die USA unter Druck gesetzt. Außerdem, so ergänzen sie, kann sich die Dominanz des großen Nachbarn höchst nachteilig auf ihr ökonomisches und kulturelles Wohlergehen auswirken. Die Bürger der Vereinigten Staaten haben nach eigenem Bekunden keinerlei Interesse daran, Kanada »kulturell zu dominieren«. Trotzdem fürchten die Kanadier um ihre kulturelle Souveränität. Für sie sind die USA ein mächtiger Riese, dessen Politik ihre eigenen Möglichkeiten häufig begrenzt, wenn nicht gar diktiert. Ein deutliches Beispiel dafür liefern die kanadischen Reaktionen auf die US-amerikanischen Bemühungen um das Nordamerikanische Freihandelsabkommen (NAFTA). Viele Kanadier waren der Auffassung, daß die Mitgliedschaft Kanadas eine ebenso schlechte Option sei wie seine Nichtmitgliedschaft. Sie standen vor der beunruhigenden Wahl, im Falle eines Beitritts Arbeitsplätze an Mexiko zu verlieren oder sich als Folge eines Nichtbeitritts den Zugang zum amerikanischen Markt zu versperren. 1995 schien Kanada zwar der Gewinner unter den drei NAFTA-Mitgliedern zu sein, da es erheblich stärker als die USA und Mexiko von dem Abkommen profitierte. Doch damit sind die anfänglichen Bedenken der Kanadier keineswegs entkräftet, denn sie hatten weniger mit realen Ergebnissen zu tun als mit dem Bewußtsein, daß ihnen die Entscheidung aufgezwungen wurde.

Die Rolle, die die Vereinigten Staaten in Nordamerika spielen, nimmt Deutschland im europäischen Rahmen ein. Seit dem Ende der Napoleonischen Kriege ist Europas politische Entwicklung weitgehend von Deutschland geprägt worden. Aber damit endet die Parallele zu den USA auch schon, denn Deutschlands Nachbarn mußten annehmen, daß Deutschland ihren Interessen unmittelbar feindselig gegenüberstand. Selbst den glühendsten kanadischen und mexikanischen Nationalisten blieb nicht verborgen, daß sie zwar harte, aber keineswegs beabsichtigte Folgen amerikanischen Handelns zu spüren bekamen. Bei den Nachbarn der Deutschen dagegen wuchs der Verdacht, daß diese böswillige Absichten verfolgten und als vorrangiges Ziel die militärische wie wirtschaftliche Vorherrschaft in Europa anstrebten. Erst seit die Bonner Republik existiert, können sich andere Länder überhaupt vorstellen, daß deutsche Absichten und Interessen nicht zwangsläufig eine Bedrohung bedeuten.

Deutschland hat die europäischen Regierungen oft unter Zugzwang gesetzt: sei es Großbritanniens Entscheidung im 19. Jahrhundert, die deutsche Macht mit einer gewaltigen Kriegsflotte auszugleichen, die französische Politik des frühen 20. Jahrhunderts, ein großes Heer aufzustellen und damit der berechtigten Furcht vor einem deutschen Angriff Rechnung zu tragen, Stalins forcierte Industrialisierung, mit der er unter anderem auch der wachsenden Bedrohung durch die Nationalsozialisten begegnen wollte, oder die Nachkriegsentscheidung vieler Länder, der Europäischen Gemeinschaft und der NATO beizutreten, um die Bundesrepublik auf diese Weise in Schach zu halten.

Es ist noch nicht allzu lange her, daß Bismarcks Säbel, die Pickelhauben der kaiserlichen Soldaten, das Hakenkreuz der Nationalsozialisten, die Konzentrationslager und die bedrohliche, wenn auch bewunderte wirtschaftliche Stärke das Deutschlandbild der meisten Europäer bestimmten. In seltenen Fällen brechen diese Stereotype und der chauvinistische Überschwang, den sie auslösen, wieder hervor, und dann fällt auch die sonst so vornehme Kunst der Diplomatie in etwas schrillere Tonlagen. 1991 zum Beispiel, als die Europäische Gemeinschaft die Anerkennung Kroatiens diskutierte, tauchten die Deutschen in einigen britischen Zeitungen und vereinzelten Politikeräußerungen als »übermächtige Hunnen« auf.[5] Wenn Nationalstolz, beflügelt von übermäßiger Begeisterung, in Chauvinismus übergeht, sei es beim Fußball oder in der Politik, drückt er sich gern in Stereotypen aus. Ein wirtschaftlich so mächtiges und in der Vergangenheit so gefährliches Land wie Deutschland zwingt seine meist kleineren Nachbarn zur Aufmerksamkeit.

Doch neben der anhaltenden Erinnerung an die deutsche Aggression gibt es heute auch eine allgemeine Wertschätzung der Deutschen, die diesem finsteren Bild widerspricht. Die Niederlage des Nationalsozialismus, die alliierte Besetzung und der Aufstieg der Bonner Republik haben eine grundlegende Neuorientierung der bundesdeutschen Außenpolitik bewirkt und damit den Deutschen im Lauf der Zeit weitgehende Anerkennung als verläßliche Mitglieder der internationalen Gemeinschaft eingebracht. Das anfängliche Zögern der Bundesrepublik, sich in die hohe Diplomatie einzumischen, förderte ihre Reputation in der Nachkriegszeit als wirtschaftlicher Riese, aber politischer Zwerg, als weniger aggressives Land und ökonomisches Wunderkind. Bemerkenswert dabei ist, daß die Bürger Europas den deutschen Sinneswandel insgesamt erheblich zuversichtlicher beurteilten als seine politischen Eliten.

Auch nach der Wiedervereinigung waren die meisten Europäer bereit, dem neuen Deutschland nicht von vornherein die Möglichkeit einer positiven Entwicklung abzusprechen, selbst wenn sie seine Absichten weiterhin mit Skepsis betrachten. Gewisse Befürchtungen bestehen fort, und das gilt nicht nur für die Nachbarn der Deutschen. Die Identifikation mit Europa hat nationales Empfinden nicht ausgelöscht. So hat sich die deutsche Bevölkerung zur europäischen Integration erheblich zurückhaltender geäußert als ihre führenden Politiker. Der Vorschlag, die D-Mark, der Deutschen liebstes Symbol ökonomischer Stärke und Stabilität, durch den Euro zu ersetzen, rief öffentlichen Unmut hervor. Und im Oktober 1992 ergab eine Umfrage des Allensbacher Meinungsforschungsinstituts, daß nur 39 Prozent der Deutschen das Abkommen von Maastricht billigten – welches Kritiker immerhin als eine deutsche Schöpfung bezeichnen.[6] Dabei geht der Name der neuen europäischen Währung, 1995 in Madrid festgelegt, auf einen Vorschlag von Finanzminister Waigel zurück.

Erscheinungsformen der
deutschen Frage

Wenn Symbole eine Bedeutung besitzen, dann gibt es keine mächtigeren für die Europäer als die, die aus ihrer Konfrontation mit der deutschen Frage hervorgegangen sind. Wir werden im folgenden einige historische Entwicklungen skizzieren, die zu dem Gefühl des Unbehagens gegenüber Deutschland beigetragen haben. Diese Vorgänge und ihre Folgen bilden Elemente der deutschen Frage oder der, wie die Franzosen sagen, »incertitudes allemandes«.

Preußen: Nationenbildung
durch Eroberung

Die deutsche Frage dreht sich oft um das Thema, wie Deutschlands Nachbarn dessen Stärke eindämmen können. Schon vor der Reichsgründung 1871 spielten die deutschen Fürstentümer und Staaten eine maßgebliche Rolle für die militärische und wirtschaftliche Struktur Europas. Ausschlaggebend für die Entstehung des militaristischen Deutschlandbildes war das allmähliche Erstarken Preußens.[7] Mit dem Sieg über das erheblich größere und reichere Österreich im Siebenjährigen Krieg (1756–1763) brach für Preußen ein Jahrhundert erfolgreicher Feldzüge und diplomatischer Manöver an, die schließlich von der unumstrittenen Vorherrschaft im Deutschen Bund gekrönt wurden. Aus den Napoleonischen Kriegen als eine der drei konservativen Mächte Kontinentaleuropas hervorgegangen – neben Österreich und Rußland –, tat sich Preußen während des gesamten 19. Jahrhunderts als leidenschaftlicher Gegner aller demokratischen Bestrebungen hervor. Sein Hang zu autoritären Regierungsformen und seine eindrucksvolle militärische Stärke brachten Preußen den Ruf ein, das »Sparta des Nordens« zu sein. Nachdem Preußen 1864 Dänemark geschlagen hatte, wandte es sich 1866 gegen seinen Rivalen Österreich, um die Frage der Vorherrschaft im künftigen deutschen Staat zu klären. Preußens Sieg kündigte die Gründung des Deutschen Reichs unter seiner Führung an; ein Prozeß, der durch den Sieg über Frankreich im Krieg von 1870/71 vollendet wurde. Vereinigt unter der Ägide eines seiner militaristischsten Staaten, erschien Deutschland als Inbegriff einer kriegslüsternen und autoritären Nation.

Zwei weitere Faktoren wirkten an der Herausbildung des Stereotyps vom fleißigen, aber kriegerischen Volk mit: das ungeheure Wachstum der deutschen Industrie im 19. Jahrhundert und eine Reihe von Strategien um die Jahrhundertwende, die eindeutig imperialistische Absichten verrieten. Sie basierten auf der aggressiven Ideologie der Weltpolitik, einer besonders besitzgierigen Form von Politik, die Deutschlands verspäteten Einstieg in das Spiel der Mächte kompensieren sollte.

Offensichtlich blieb das Verhältnis von wirtschaftlicher Modernisierung und liberaler Demokratie ungeklärt. Dasselbe gilt für die Spannung zwischen Staat und Nationbildung, die bis 1945 immer wieder für gravierende Probleme sorgte. Das geeinte Deutschland stand weiterhin unter preußischer Kontrolle oder, genauer, unter der Kontrolle der aristokratischen, konservativen, antiliberalen, etatistischen und antisemitischen Grundbesitzer, die in Preußen herrschten. Die politische Macht im Deutschland der Bismarck-Ära verteilte sich derart, daß »Preußen und das Deutsche Reich insgesamt letztlich von einer Elite regiert wurden, angeführt von der Krone und einer ›strategischen Clique‹, deren soziale und ökonomische Machtbasis auf dem Lande lag«[8].
Den Junkern gelang es, die reformerischen Impulse der Massen in Begeisterung für ausländische Eroberungen, ein Weltreich und größeres internationales Prestige umzulenken.[9]
Die Effizienz der Junkerstrategien in Bismarcks, später im Wilhelminischen und dann im nationalsozialistischen Deutschland führt uns zurück zum ersten Thema, das wir im Zusammenhang mit der deutschen Frage angeschnitten haben: Wie konnte Deutsch-

land wirtschaftliche Fortschritte machen, ohne die Grundzüge einer liberalen Demokratie zu übernehmen? Schließlich behauptet die Modernisierungstheorie, Kapitalismus und Demokratie seien miteinander gekoppelt. Aber die deutsche Entwicklung, die so ganz anders verlief als die der Vereinigten Staaten und Großbritanniens, widersprach diesen Erwartungen. Vielmehr entstand ein großes, industriell geprägtes Land, das Europa auch deshalb bedrohte, weil es nicht vermocht hatte, ein freiheitlich-demokratisches Gemeinwesen auszubilden.

Deutschlands Schuld am Ersten Weltkrieg

Der Krieg, der im Jahr 1914 ausbrach, überzog Europa mit bis dahin beispiellosem Grauen und Leiden. Die Sieger zeigten sich daher wenig versöhnungsbereit und übten Vergeltung in Form erdrückender Reparationen. Unter den Deutschen regte sich Zweifel, ob sie wirklich die alleinige Schuld an diesem Krieg trugen.[10] Zugleich aber warfen sie die Frage auf, warum sie politische Strategien verfolgten, die offenbar zwangsläufig zum Krieg führten.

Die Konservativen verschmolzen Prinzipien, die auf Hegel und Ranke zurückgehen, um die Überlegenheit des autonomen, vergöttlichten Staates als Synthese von Macht und Geist zu begründen. Danach war der Staat der idealtypische Ausdruck des politischen Geistes seiner Bevölkerung, und sein vorrangiges Ziel bestand darin, sich in einer amoralischen, anarchischen Umwelt erfolgreich zu behaupten. Da sie keine international gültigen Gesetze erlassen konnten, mehrten die Staaten ihre Macht, und das zwangsläufige Ergebnis waren Kriege. Durch Stärke meinte Deutschland also sein Überleben sichern zu können, denn damit nahm es anderen Staaten die Möglichkeit eines Angriffs – eine Strategie, die angeblich das internationale Konfliktpotential verringern wollte.[11]

Die provinzielle Junkerideologie der Weltpolitik rechtfertigte die deutsche Expansion als ein Mittel, das das nationale Überleben durch Eintritt in den Kreis der Großmächte zu sichern vermochte. Mit Abschreckung konnten die Deutschen »den Frieden befehlen«.[12] Ein solcher Ansatz widersprach der Auffassung, der Ausbruch des Ersten Weltkriegs sei eine Folge der deutschen Sozialstruktur gewesen.[13] Er legitimierte die Ausdehnung deutscher Macht auf der Basis aggressiver Außenpolitik, denn nur Expansion gab Sicherheit, besonders der Sieg über Frankreich, die Gründung einer mitteleuropäischen Föderation unter deutscher Führung und der Aufstieg des Deutschen Reichs zur Weltmacht durch die Eroberung neuer Kolonien.[14] Mit dieser Argumentation ließen sich die expansionistische Wilhelminische Außenpolitik der Vorkriegsperiode verteidigen und die Vorwürfe der Nachkriegszeit entkräften, die Deutschland für 1914 verantwortlich machten: Wie andere Staaten auch, hatte das Reich lediglich eine Politik verfolgt, die seinen nationalen Interessen entsprach. Durch eine unglückliche Kombination von Fehleinschätzungen und Interessenkonflikten war dann der Krieg ausgelöst worden; Mangel an Kommunikation und das Versagen seiner Führung erklärten Deutschlands Niederlage.[15]

Eine andere Reaktion bestand darin, die deutsche Schuld anzuerkennen und sich mit der Frage auseinanderzusetzen, warum die Deutschen den Krieg begonnen hatten. Im Gegensatz zur konservativen Position hob diese Ansicht, wie Eckart Kehr formulierte, den »Primat der Innenpolitik« hervor.[16] Der Krieg entsprang nicht den Zwängen des internationalen Systems, sondern der Binnenstruktur des Deutschen Reichs. Verschiedene Historiker und Politikwissenschaftler haben die Klassenstruktur daraufhin untersucht, vor allem die Zusammensetzung und die Einstellungen der konservativen politischen Eliten.[17] Unter weitgehender Vernachlässigung der deutschen Reparationsverpflichtungen erklärt diese Gruppe von Wissenschaftlern Deutschlands Bellizismus mit dem Unvermögen, vor 1914 eine liberale Demokratie zu errichten.[18]

Der Zusammenbruch der Weimarer Republik und die
Machtergreifung der Nationalsozialisten

Die Weimarer Verfassung kann man sicherlich als die demokratischste Verfassung bezeichnen, die je niedergeschrieben wurde. Mit dem Zusammenbruch der Weimarer Republik und Hitlers Machtergreifung wurde eine Entwicklung von solcher Tragweite eingeleitet, daß die Wissenschaft seit mehr als fünfzig Jahren ihre Ursachen diskutiert. In der Tat hat die vergleichende Politikwissenschaft der frühen Nachkriegszeit wohl keinen Gegenstand so ausführlich behandelt wie die Auslieferung der liberalen Demokratie an die Nationalsozialisten.[19] Den Schwerpunkt der Forschung bildeten wieder Deutschlands ökonomische und politische Eliten. Alexander Gerschenkron hat auf die antidemokratischen, antiliberalen Tendenzen der Junker und ihre Bereitschaft zum Bündnis mit anderen antidemokratischen Klassen hingewiesen. Ihre Stärke habe in deutlichem Kontrast zur Schwäche der deutschen Industriellen und mittelständischen Gruppierungen gestanden, die politische gegen wirtschaftliche Macht eingetauscht hatten. Das Gegenteil behauptete David Abraham, also die aktive Beteiligung der deutschen Großindustriellen an der Zerstörung der Weimarer Republik.[20]

Andere führten den Untergang der Demokratie bis zu einem gewissen Grad auf die verspätete nationale Einigung und die schleppende Industrialisierung zurück.[21] Eine befriedigende Erklärung für den Zusammenbruch der Weimarer Republik scheint aber keiner Argumentation gelungen zu sein. Denn trotz der offenkundigen Schwächen der Republik und trotz der Weltwirtschaftskrise, die ihren Niedergang beschleunigte, diskutieren die Wissenschaftler immer noch, warum ein solch hochentwickelter Industriestaat der brutalsten Form des Faschismus, dem Nationalsozialismus, zum Opfer fiel.

Wie konnte es zu Auschwitz kommen?

Von allen Erscheinungsformen der deutschen Frage ist diese die zugleich grauenhafteste und unbegreiflichste. Wie ein Land einen Völkermord organisieren konnte – und wie es dann mit der Erinnerung daran lebt –, das hat ganze Forschungsfelder von der Politologie bis zur Psychologie beschäftigt.[22] Letztlich, so glauben wir, wird die Ungeheuerlichkeit dieses Ereignisses sich auf immer der Erklärung entziehen.

Konzeption, Organisation und Durchführung des Massenmords an Juden, Homosexuellen, Behinderten und anderen Gruppen bleiben nach Auffassung vieler ein singulärer Akt in der jüngeren europäischen Geschichte – vielleicht mehr noch deshalb, weil er in so systematischer, umfassender Absicht und als staatliche Politik erfolgte, als wegen der Brutalität seiner Ausführung, obwohl die Deutschen in ihrem Vorgehen gegen die Juden ein Ausmaß an Gewalttätigkeit zeigten, das in Europa ohne Beispiel war. Auschwitz bleibt unfaßlich und übt zweifellos stärksten Einfluß auf das heutige Verhalten der Deutschen aus – und auf die Einstellung der anderen zu ihnen. Es ist bei weitem die stabilste und grauenvollste Komponente des kollektiven Gedächtnisses.

Ökonomischer Riese und politischer Zwerg?

Nach zwei Weltkriegen schien die deutsche Frage 1945 durch Besetzung und Teilung des Landes gelöst. Die folgenden Versuche der Alliierten, Deutschland zu zähmen und in ein friedfertiges, wenn auch sicher nicht pazifistisches Land zu verwandeln, sollten Europa endgültig von dieser Bedrohung befreien. Der Prozeß verlief von der Einführung einer demokratischen Verfassung im westlichen Landesteil über die Stationierung von Truppen der Supermächte auf beiden Seiten der Grenze bis zur Integration der Bundesrepublik in die größere europäische Ökonomie durch die EWG. Vor allem die internationale Einbindung sollte das Problem des Sicherheitsrisikos lösen, und in der Tat wurden allmählich die Befürchtungen von Deutschlands Nachbarn zerstreut.

Die Bundesrepublik konzentrierte sich ganz auf ihre wirtschaftliche Entwicklung und verlor die weiter reichenden militärischen und politischen Überlegungen einer Supermacht dabei völlig aus den Augen. Westdeutschland kam zu Wohlstand. Seine ökonomischen Eliten paßten sich in Erscheinung und Ausbildung den internationalen Maßstäben an, sie lernten die demokratische Ordnung der Republik zu unterstützen und trafen komplizierte korporatistische Vereinbarungen mit den Arbeitnehmern als voll akzeptiertem Juniorpartner im Team »Modell Deutschland«, das nun nach dem Weltmeistertitel im Export strebte – ein Ziel, das 1988 erreicht wurde. Aber diese Antwort auf die deutsche Frage wartete mit einem neuen Rätsel auf: Wie kann ein Land, das unzweifelhaft eine wirtschaftliche Supermacht ist, politisch so im Hintergrund bleiben? Eine berechtigte Frage, denn die beschriebene Kombination barg durchaus ihre Spannungen: die Westdeutschen rieben sich daran und stritten über ihre Stellung in Europa und der Welt.

Wenn sie auch meistens zurückhaltend auftraten, verfolgten die Bonner Regierungen einige außenpolitische Ziele doch mit Entschiedenheit. Zwei Themen waren es, die unabdingbar zur deutschen Identität gehörten und daher nicht umgangen werden konnten. Das erste tauchte in den fünfziger Jahren auf: die Wiedervereinigung. Während die ostdeutschen Regierungen sie strikt ablehnten, strebten die Westdeutschen unbeirrt danach und drängten die jeweilige amerikanische Administration, sie in diesem Vorhaben zu unterstützen.[23] Das zweite Thema nahm in den siebziger Jahren Gestalt an: die Beziehungen der Bundesrepublik zum Ostblock, die im Osthandel und in der Ostpolitik bestanden. Die Vereinigten Staaten zögerten zunächst, diese Initiativen zu unterstützen, und besonders kritisch reagierten sie auf den Bau einer Gaspipeline zwischen der Bundesrepublik und der Sowjetunion.[24] Aber Washington hatte gute Gründe, seine Zurückhaltung zu überdenken, und wandelte sich schließlich zum Fürsprecher der Ostpolitik. Mit der Entspannung bot sich eine Möglichkeit, die Sowjets stärker vom Westen abhängig zu machen und damit die Kriegsgefahr zu verringern.

Obwohl das außenpolitische Engagement der Bundesrepublik im allgemeinen auf diplomatische Manöver beschränkt blieb – mit den beiden genannten bemerkenswerten Ausnahmen –, erregte das Muster seiner ökonomischen Entwicklung internationales Aufsehen. Deutschland hatte eine fordistische Kombination dreier Elemente entwickelt: 1. Innerhalb einer korporatistischen institutionellen Struktur handelten mächtige, die Arbeitnehmerschaft tatsächlich repräsentierende Gewerkschaften und kompromißbereite Arbeitgeber national gültige Vereinbarungen aus. Die Arbeitnehmer waren damit – trotz der gelegentlichen Notwendigkeit von Lohnmäßigungen – gut beraten. 2. Ein breitangelegtes System der Sozialfürsorge stellte umfangreiche Sozialleistungen für diejenigen bereit, die in Not geraten waren. 3. Die industrielle Massenfertigung verfügte über hochqualifizierte Arbeitskräfte, die Produkte mit hoher Wertschöpfung – wie teure, hochwertige Konsum- und Investitionsgüter – herstellten. Um diese Kombination wurde die Bundesrepublik in der gesamten Welt beneidet. Sie schien einer der wenigen modernen Industriestaaten zu sein, die auch wirtschaftliche Schwierigkeiten überstehen und dauerhaften Wohlstand für ihre Bevölkerung garantieren konnte.

Für viele Beobachter änderte sich damit die Fragestellung. Deutschlands militärische Eindämmung trat nun immer mehr in den Hintergrund, denn inzwischen hatte sich die Bundesrepublik eine Reputation als westliches Land mit einer aufgeklärten freiheitlich-demokratischen Kultur erworben. Nun zielte die Frage eher darauf, wie sich die gelungene deutsche Verbindung von wirtschaftlicher Prosperität und friedlichen Außenbeziehungen auf andere Länder übertragen ließe.

1989 ein *annus mirabilis* zu nennen, mag eine gewaltige Untertreibung sein. Dieses Jahr markiert einen der seltenen Wendepunkte, die den Verlauf der Weltgeschichte ändern. Wenn der Begriff Revolution die grundlegende Umwälzung der Machtbeziehungen in Staat und Gesellschaft bezeichnet, also Elitenaustausch, vollständige Neubestimmung der privaten und der öffentlichen Sphäre sowie die Einführung einer neuen Wirtschaftsordnung, dann müssen die Ereignisse in Ungarn, der Tschechoslowakei, Polen, der DDR – in geringerem Maß auch in Rumänien und Bulgarien und etwas später der Sowjetunion – als wahrhaft revolutionär gelten. Mit Ausnahme Rumäniens – und natürlich des früheren Jugoslawien – haben sie sich ohne große Gewaltausbrüche vollzogen, was ihre Bedeutung noch steigert.

Die Revolutionen von 1989 haben weit über die jeweils betroffenen Länder hinausgewirkt und die internationale Ordnung erheblich verändert. Sie leiteten das Ende jener Weltordnung ein, die 1945 mit den Abkommen von Jalta und Potsdam begründet worden war. Auf globaler Ebene verlor die Sowjetunion – später Rußland – ihren Rang als den Vereinigten Staaten ebenbürtige Supermacht. Aber statt zur *pax americana* der unmittelbaren Nachkriegszeit zurückzukehren, als die USA die unbestritten führende Weltmacht waren, scheinen wir derzeit eher eine Ära der Multipolarität anzusteuern, in der – zumindest in Wirtschaft, Wissenschaft und Technologie – Europa und Japan trotz zeitweiliger ökonomischer Schwierigkeiten sich den USA als zunehmend gleichrangig erweisen.[25]

Mit den Ereignissen von 1989 ist Europa zur Konstellation der Zeit vor 1945 zurückgekehrt, denn sie ermöglichten dem lange vergessenen Osteuropa die Wiederannäherung an seine Partner im Westen. Ganz sicher war 1989 das Jahr der Deutschen. Nach dem Fall der Berliner Mauer am 9. November handelte es sich nur um eine Frage der Zeit, bis die beiden deutschen Staaten verschmelzen würden. Die Vereinigung am 3. Oktober 1990 signalisierte das Ende der Existenz von zwei Europas – zumindest im Sinne des Kalten Krieges. Die bereits vorgenommene und geplante Erweiterung der EU hat diese Rückkehr zu einem einzigen Europa weitgehend institutionalisiert und in die Wege geleitet.

Allerdings fanden die revolutionären Umwälzungen keinen uneingeschränkten Beifall. Die Wiedervereinigung hat unter Wissenschaftlern ein eher seltenes Phänomen hervorgebracht: eine Fülle von simplen Behauptungen, die unverkennbar persönliche Emotionen durchscheinen lassen. Die meisten haben sie entweder als Symbol für das Ende des Kalten Krieges und für die Verbreitung demokratischer Werte begrüßt oder sich sehr besorgt über die wirtschaftliche und politische Zukunft Europas gezeigt. *Time, Newsweek, U. S. News and World Report* und *Economist* – um nur ein paar englischsprachige Publikationen zu nennen – widmeten der künftigen Rolle des vereinten Deutschland in einem ebenfalls der Vereinigung entgegengehenden Europa umfangreiche Titelgeschichten. Nachdem die Grenze zwischen Ost- und Westdeutschland gefallen war, stürmten akademische Experten aller Schattierungen die Meinungs- und Leserbriefseiten der führenden Zeitungen, um ihre Erkenntnisse zu Deutschlands neuer Stellung mit ungewohnter Offenheit kundzutun. Dabei wurde deutlich, daß die traditionellen Formen der deutschen Frage nicht überwunden, sondern lediglich unterdrückt waren. Ein Teil der Europäer hat wieder Angst vor einer deutschen Vorherrschaft, wenngleich nur wenige ernsthaft behaupten, daß sich die deutsche Macht ihren Weg mit Waffengewalt bahnen werde.

Die innerdeutsche Diskussion nimmt diese Befürchtungen durchaus auf. Wie ihre europäischen Nachbarn sehen auch die Deutschen die Gegenwart durch die Linse der gemeinsamen Erinnerungen. Aber das kollektive Gedächtnis steht, wie gesagt, in einer interpretierenden Beziehung zur Geschichte und ist daher immer umstritten. Wenn auch nicht vollständig deckungsgleich mit den Stadien oder Formen der deutschen Frage, die wir bereits skizziert haben, spiegelt die bundesrepublikanische Topographie der Erinnerungen doch viele altbekannte Ängste und Vorbehalte wider. Die Bundesrepublik kann ihrer Vergangenheit nicht entkommen.

Die Topographie der deutschen Erinnerungen nach dem Zweiten Weltkrieg

Ereignisse der Vergangenheit mit den Leitlinien gegenwärtiger Politik in Einklang zu bringen fällt allen Gesellschaften schwer, aber sicherlich haben nur wenige diese Aufgabe als so schmerzhaft empfunden wie die Deutschen. Immerhin ist Deutschland das einzige europäische Land, das im Verlauf des letzten Jahrhunderts all das erlebt hat: eine autoritäre Monarchie; das Scheitern einer liberalen Demokratie; einen mörderischen, expansionistischen Faschismus in Gestalt des Nationalsozialismus; die fast ein halbes Jahrhundert währende Teilung in eine stabile und freiheitliche Demokratie und ein ebenso brutales wie wirtschaftlich ineffektives stalinistisches Regime; und schließlich eine Vereinigung, die zwar die Erfolgsgeschichte der alten Bundesrepublik fortsetzte, aber gleichzeitig neue Probleme aufwarf. Wie kein anderes Land ist Deutschland ein Mikrokosmos der politischen Entwicklungen des 20. Jahrhunderts. Daher ist die Topographie der Erinnerungen nirgendwo derart komplex und vielfältig wie hier.

Wir unterscheiden mehrere Gedächtniskomplexe und Gedächtnisgenerationen in der zeitgenössischen deutschen Gesellschaft. Nicht alle Erinnerungen kristallisieren sich um negative Erfahrungen oder kreisen um Unterdrückung und Opferbewußtsein.

Insbesondere die Erinnerungen und Werte, die wir der Bundesrepublik zuschreiben, sind positiver Natur, jedenfalls zum jetzigen Zeitpunkt. Die Institutionen der Bundesrepublik haben die
Gesellschaft tiefgreifend verändert und damit Werte etabliert, die
in das Kollektivgedächtnis des deutschen Gemeinwesens eingegangen sind. Institutionen begründen soziale Praktiken und
letztlich kulturelle Normen und Werte. Die Bundesrepublik ist
ein herausragendes Beispiel für die Maxime, daß »die richtige
Anlage der Institutionen« von entscheidender Bedeutung für die
soziale und kulturelle Umgestaltung ist. Herrschende Klassen
bringen herrschende Erinnerungen hervor, und für Institutionen gilt dasselbe. In der Tat dienen die Institutionen der Feinein-
stellung einer Reihe von Werten und Erinnerungen im Interesse
– wenn nicht auf Geheiß – der herrschenden Klassen. Klassen
und Institutionen verhalten sich komplementär zueinander:
Eine Konzentration allein auf Institutionen kann zu einer rein
formalen Interpretation der Macht führen, der entscheidende
Feinheiten und historische Kontinuitäten entgehen. Daher stellt
die Bundesrepublik kraft der institutionellen Erneuerung, für
die zweifellos die sogenannte Stunde Null steht, in den Augen
vieler einen Neubeginn dar.[26] Diese Version ist zwar nicht falsch,
aber unvollständig, denn simpler Institutionalismus vernachlässigt die Analyse von Klassen, das heißt von gesellschaftlichen Ak-
teuren, und berücksichtigt daher den Faktor Handlung nicht
ausreichend.

Welche sind die kritischen Momente in der jüngeren deutschen
Geschichte? Wir haben mehrere Eckpunkte bestimmt: 1945, das
Jahr der Niederlage (nicht des Zusammenbruchs) des Dritten
Reiches; 1949 mit der Gründung der beiden Republiken; das
Jahr 1968, in dem sich ein so gewaltiger und folgenschwerer Ge-
nerationskonflikt entlud, wie ihn kein anderes Land der moder-
nen kapitalistischen Welt erlebt hat; 1985 mit dem Vorfall von
Bitburg und den ersten Bemühungen, ein verdecktes und teil-
weise illegitimes kollektives Gedächtnis zu beleben; und die Er-

eignisse von 1989, die ein ganzes System zerstörten, die Berliner Mauer schleiften und schließlich zur Vereinigung im Oktober 1990 führten. Keine dieser Weichen änderte den Gehalt der vorhandenen Erinnerungen. Doch jede von ihnen schuf neue Orientierungen, neue Koalitionen, neue Konfigurationen der Gedächtnisinhalte.

Weimar

Ein starker Strang des deutschen Kollektivgedächtnisses ist darauf gerichtet, jene Fehler der Weimarer Republik zu vermeiden, die Hitler zur Macht verhalfen. Ob es sich um das System der Tarifpartnerschaft, den Einfluß der Gewerkschaften oder die Einsicht der Unternehmer handelt, die Arbeitnehmerschaft als Juniorpartner und nicht als tödlichen Rivalen zu betrachten, die Erinnerungen an Weimar sind im öffentlichen Diskurs der Bundesrepublik immer noch lebendig. Und nirgends kommen sie deutlicher zum Ausdruck als in der Sensibilität, mit der die Deutschen auf Inflationstendenzen reagieren. Folglich genießt die Bundesbank den Ruf, Deutschlands verläßlichste Institution zu sein, und hat die Vollmacht, die Inflation mit allen zu Gebote stehenden Mitteln zu bekämpfen. Diese Rolle hat sie in den Rang eines unantastbaren und vielleicht sogar geliebten Symbols der Bundesrepublik erhoben. Allgemeiner gesehen, lebt Weimar als riesiges Warnsystem fort, als überlebensgroße Mahnung, daß ungelöste soziale Konflikte, mangelhafte wirtschaftliche Leistung und unverantwortliche politische Entscheidungen fürchterliches Unheil heraufbeschwören können. Bonn bezog große Legitimation aus der Tatsache, nicht wie Weimar zu sein, und was immer aus der Berliner Republik werden mag, die meisten Deutschen wollen auf keinen Fall, daß sie auch nur im entferntesten an Weimar erinnert.

Der Nationalsozialismus

Die Erinnerungen an den Nationalsozialismus sind so überwältigend, so allgegenwärtig, daß sie buchstäblich jeden Aspekt des öffentlichen Lebens auf irgendeine Weise berühren. Sie überlagern alles andere, wenn es darum geht, wie Deutschland von außen und von innen wahrgenommen wird; sie prägen das Verhalten der Deutschen zu Hause wie im Ausland. In diesem vielschichtigen, ständig präsenten Komplex unterscheiden wir vier miteinander verknüpfte Stränge:

a) Die Deutschen als Opfer. Ost- und Westdeutsche haben sich jeweils als Opfer der Nationalsozialisten dargestellt. In der ostdeutschen *conscience collective* nahm das Opferbewußtsein derart mythische Dimensionen an, daß die Schulkinder Loblieder auf die »progressiven Kräfte« sangen, die, gemeinsam mit der Roten Armee, Deutschland vom Faschismus befreiten. Die Ostdeutschen waren dem Kapitalismus zum Opfer gefallen, der im Nationalsozialismus nur eine besonders perfide Ausdrucksform gefunden hatte. Die Westdeutschen deuteten das NS-Regime als eine verbrecherische Verschwörung einiger weniger skrupelloser Männer, denen es irgendwie gelungen war, die Nation auf einen Weg der Eroberung zu locken, der schließlich in Zerstörung und politischer Entmachtung endete. Vermutlich ist dieses kollektive Gedächtnis der Deutschen als Opfer des Nationalsozialismus noch verstärkt worden durch die Ereignisse um Bitburg, die Feiern vom Juni 1994, mit denen der 50. Jahrestag der alliierten Landung in der Normandie begangen wurde, und durch das weltweite Gedenken an das Ende des Zweiten Weltkriegs im August 1995.

b) Die Deutschen als Täter. Meinungsumfragen haben bestätigt, daß auch dieser Aspekt im kollektiven Gedächtnis der Deutschen lebendig ist. Im Verlauf der Zeit gelangten immer mehr Menschen zu der Überzeugung, daß der Nationalsozialismus ein verbrecherisches Regime war, dem zahllose Deutsche gedient hatten, wenn nicht mit offener Begeisterung, so doch zumindest als stillschweigende Komplizen. In den Fünfzigern herrschte noch eine Atmosphäre, die Theodor W. Adorno als »kaltes und leeres Vergessen« charakterisierte. Aber mit dem Auschwitzprozeß setzte 1963 ein Umschwung ein, der sich in den parlamentarischen Debatten der späten sechziger und siebziger Jahre um die Aufhebung der Verjährungsfrist für den nationalsozialistischen Völkermord fortsetzte, von der Ausstrahlung der Fernsehserie *Holocaust* im Jahr 1979 unterstützt wurde und schließlich in Richard von Weizsäckers Rede vor dem Bundestag am 8. Mai 1985 gipfelte. Langsam verbreitete sich die Einsicht, daß die Deutschen etwas mit den nationalsozialistischen Verbrechen zu tun hatten, daß es sich dabei nicht nur um die Machenschaften einer Bande von Kriminellen oder einen Auswuchs des Kapitalismus handelte, denen sie als unbeteiligte Zuschauer oder unschuldige Opfer anheimgefallen waren, sondern um das Resultat von Entwicklungen, an denen das deutsche Volk aktiv mitgewirkt hatte. Dieses kollektive Gedächtnis identifiziert sich mit den Opfern des Nationalsozialismus, im eigenen Land wie im Ausland. Man denke nur an die Deutschen, die sich der Aktion Sühnezeichen/ Friedensdienste anschließen und ihren Wehrersatzdienst dort ableisten, wo die Nazis mit besonderer Grausamkeit gewütet haben; sie unternehmen Exkursionen nach Auschwitz, besuchen israelische Kibbuzim, freuen sich an Klezmer-Musik, lernen Jiddisch, bekämpfen den Rassismus und kommen verfolgten Ausländern zu Hilfe. In vielerlei Hinsicht spricht die Präsenz dieses Strangs des kollektiven Gedächtnisses gegen die Möglichkeit, daß ein ähnlicher Alptraum wie der Nationalsozialismus sich im heutigen Deutschland wiederholen könnte.

c) Verdrängung der nationalsozialistischen Vergangenheit. Daneben existiert eine kollektive Amnesie. Wir könnten sie auch als bewußt herbeigeführtes Nicht-Gedächtnis bezeichnen, als gemeinsames Bemühen, die Vergangenheit zu vergessen. Vertreter dieser Haltung leugnen weder die Greuel des NS-Regimes noch die Beteiligung der Deutschen, aber sie wollen sich dazu nicht mehr äußern, sondern »die Vergangenheit ruhen lassen«. Hier kommt der Wunsch zum Ausdruck, endlich einen »Schlußstrich« zu ziehen.

d) Festhalten an nationalsozialistischen Überzeugungen. Zwar handelt es sich dabei um den kleinsten unserer vier Erinnerungsbereiche, doch die Gruppe der Anhänger des Nationalsozialismus kann nicht als völlig bedeutungslos abgetan werden. Diese Art kollektives Gedächtnis tritt in vielerlei Gestalt auf, von der weitverbreiteten Ansicht, daß der Nationalsozialismus eine grundsätzlich gute Idee war, die nur schlecht ausgeführt wurde, bis zu den vielen Leugnungen der Singularität des Holocaust, die sich wachsender Popularität erfreuen, seit revisionistische Historiker in den achtziger Jahren damit begonnen haben, diese Haltung zu legitimieren.[27]

Die alte Bundesrepublik

Auch hier lassen sich mehrere Stränge unterscheiden. Wenn etwas zeitlich noch so nahe liegt wie die alte Bundesrepublik, verschwimmen die kollektiven Erinnerungen mit Werten und Normen. Der Abstand ist einfach noch zu gering, um eine sinnvolle Unterscheidung zu erlauben. Aber obwohl die alte Bundesrepublik beinahe noch Gegenwart ist, haben ihre ehemaligen Bürger bereits bestimmte Einstellungen zu ihr ausgebildet und teilen bestimmte Werte mit ihr.

a) Die Bundesrepublik als ökonomischer Erfolg: Die Geschichte vom Sparen und Investieren. Aus der Wiederaufbauphase der späten vierziger und frühen fünfziger Jahre stammen die Erinnerungen an die Trümmerfrauen, an hart arbeitende Deutsche, die sparsam waren und schließlich den wirtschaftlichen Aufschwung einleiteten. Im Zentrum dieser Erinnerungen steht das »Wirtschaftswunder«, es kündet davon, daß keine Katastrophe, von welchem Ausmaß auch immer, die Deutschen davon abhalten konnte,

73

eine wirtschaftliche Leistung zu vollbringen, die die ganze Welt vor Neid erblassen ließ. Die Deutschen treten hier als emsige, asketische, zutiefst unpolitische und im Privaten verhaftete Wesen in Erscheinung; Hauptthemen dieser Erinnerungen sind Entbehrung, Sparsamkeit, Genügsamkeit und Investition – eine Art kollektives Gedächtnis der protestantischen Ethik.

b) Die Bundesrepublik als ökonomischer Erfolg: Die Geschichte vom Konsum. In den späten fünfziger Jahren brach die Zeit der Wohlstandsideologie an, eine Erinnerung an Überfluß und Annehmlichkeiten, die einem bisher unvorstellbaren Konsumniveau entsprangen. Fortan gab es sechs Wochen bezahlten Urlaub, die Geschäfte füllten sich mit exotischen Früchten, modernsten Haushaltsgeräten und der neuesten Mode; zur Urlaubszeit schwärmten die Deutschen in Rekordzahlen in die Welt hinaus und haben seitdem ihren Spitzenplatz im internationalen Tourismus auch nicht wieder abgegeben; der Zweitwagen, ein hübsches kleines Haus oder eine Eigentumswohnung in einer blitzblanken Umgebung – kein materieller Wunsch blieb unerfüllt. Dieses kollektive Gedächtnis zeichnet ein Bild der Bundesrepublik als verläßlicher Beschafferin materiellen Überflusses, als Garantin des süßen Lebens.

c) Die Bundesrepublik als erfolgreichste deutsche Demokratie. Wirtschaftlicher Erfolg besitzt, vor allem in einem verstörten Land mit schwach ausgeprägtem staatsbürgerlichen Bewußtsein, ein enormes Potential zur Demokratisierung und Legitimierung einer zuvor kaum anerkannten politischen Ordnung.[28] Die Bundesrepublik ist dafür ein mustergültiges Beispiel. Von ihrer Bevölkerung in den späten vierziger und den frühen fünfziger Jahren wenig akzeptiert, bestand die Bundesrepublik als Torso und war obendrein von den siegreichen alliierten Mächten besetzt. Zwar entwickelten die Deutschen in den schweren Tagen der Berlin-Blockade eine gewisse Zuneigung zu den Amerikanern – schon weil sie keine Sowjets waren, stand die Bevölkerung ihnen relativ aufgeschlossen gegenüber. Doch die Bundesrepublik wurde in ihren Anfängen alles andere als geliebt. Mit Ausnahme einiger Mitglieder der überwiegend katholischen politischen Elite tolerierten die Bürger dieses politische Konstrukt lediglich. Sie hatten aber keine andere Wahl, und so fanden sie sich schließlich mit etwas ab, das auf jeden Fall besser als das Gebilde »da drüben« war – gemeint war die verachtete Ostzone, beherrscht von den gehaßten Sowjets. So entstand einer der mächtigsten Grundpfeiler der Bundesrepublik: eine Opposition gegen alles, was irgendwie sowjetisch daherkam, ein eingefleischter Antikommunismus. Und mit Einsetzen des wirtschaftlichen Erfolgs begannen die Westdeutschen allmählich, ihr nicht sowjetisches Konstrukt zu schätzen.

Der »Verfassungspatriotismus«, der in den siebziger Jahren nicht mehr nur von Intellektuellen wie Jürgen Habermas gepriesen wurde, sondern sich zu einer unbestreitbaren politischen Realität entwickelt hatte, war nicht etwa auf eine besondere Sympathie für das Grundgesetz zurückzuführen. Er entsprang einzig und allein der wirtschaftlichen Leistungsfähigkeit der Bundesrepublik. Neben das Wirtschaftswunder trat erst nach und nach das politische Wunder: Im Verlauf ihres beinahe fünfzigjährigen Bestehens konnten sich die Institutionen der liberalen Demokratie, ihr Konstitutionalismus und ihre Rechtsstaatlichkeit bei einer großen Mehrheit der Bevölkerung Anerkennung verschaffen. Nur aufgrund dieses langen Prozesses der erfolgreichen Demokratisierung, angetrieben von einer starken Wirtschaft, haben die Deutschen ein echtes, von Stolz erfülltes Kollektivgedächtnis der Bundesrepublik entwickeln können.

Die Gefühle der Deutschen für ihre Bundesrepublik werden von den übermächtigen Erinnerungen an den Nationalsozialismus überschattet, und daher können sie nicht in so überschwengliche Begeisterung ausbrechen, wie es den Franzosen oder Amerikanern in bezug auf ihre Länder möglich ist. Aber es gibt ein starkes republikanisches Bewußtsein, das stolz auf die Bundesrepublik ist, weil sie inzwischen so tief in den liberalen Werten des

Westens verankert liegt: Republikanismus, Konstitutionalismus, Parlamentarismus, Meinungsfreiheit und eine unabhängige Justiz, um nur ein paar Schlüsselelemente zu nennen. Dieses kollektive Gedächtnis preist Deutschland als eine durch und durch verwestlichte Gesellschaft, deren Werte beweisen, daß der westliche Liberalismus über alle früheren antidemokratischen Denkweisen triumphiert hat. Das Fahnenschwenken begeistert eigentlich nur noch die Anhänger der erfolgreichen Fußballnationalmannschaft, und der Stolz auf die D-Mark gilt inzwischen als durchaus legitim. So ist das »D-Mark-Schwenken« zu einer zwar ungewöhnlichen, aber bezeichnenden Ausdrucksform des Stolzes sowohl auf die ökonomische Leistungsfähigkeit der Bundesrepublik als auch auf ihre Westbindung geworden.

d) Die Bundesrepublik als mächtiger Akteur. Ein ähnlich orientiertes kollektives Gedächtnis sieht den Westen vor allem als Machtgemeinschaft und damit verbunden die Bundesrepublik als einen unverzichtbaren Bestandteil der NATO. Im Zentrum dieser Erinnerungen stehen die Auseinandersetzungen des Kalten Krieges, in deren Verlauf sich die Bundesrepublik zum Bollwerk gegen den Kommunismus entwickelte. Ihre Hauptträger sind die sogenannten Atlantiker; Institutionen wie die altehrwürdige Atlantikbrücke, der Förderung der amerikanisch-deutschen Verständigung gewidmet, und die wenigen verbliebenen Politiker, die sich den Vereinigten Staaten für ihren Schutz und ihre Hilfe beim Wiederaufbau nach dem Krieg immer noch zu Dank verpflichtet fühlen. Sie sind der Überzeugung, daß die Bundesrepublik unbedingt Mitglied einer gemeinsamen Sicherheitsallianz und starken Verteidigungsgemeinschaft sein muß. Andere mögen im Westen die Grundwerte der Französischen oder der Amerikanischen Revolution aufgehoben sehen, für diese Gruppe aber heißt Westen NATO – eine Auffassung, der beispielsweise Helmut Kohl fest verbunden ist.

e) Die Bundesrepublik als Herz Europas. Die großen alten Katholiken – Konrad Adenauer, Charles de Gaulle, Robert Schuman,

Jean Monnet, Alcide De Gasperi –, die von den Erinnerungen an den Ersten Weltkrieg, Weimar und natürlich den Zweiten Weltkrieg geprägt waren, haben mit enthusiastischem Engagement alles zu beseitigen versucht, was eine dem Nationalsozialismus ähnliche Entwicklung hätte begünstigen können. Die Bundesrepublik hat den Aufbau des neuen Europa in allen Aspekten maßgeblich mitgestaltet. Für die Deutschen entwickelte sich Europa zu einer Ersatzidentität, die an die Stelle des Nationalismus trat. Während es verpönt war, deutsch-nationalistische Gefühle zu äußern, wurde der Schritt zum engagierten Europäer begrüßt. Mehr als alle anderen großen europäischen Länder hat Deutschland eine Integrationsstrategie verfolgt. Dahinter standen sicherlich auch ökonomische und politische Interessen; Hauptmotiv dieser *largesse* war aber die tiefe Überzeugung, daß der Gefahr neuer schrecklicher Kriege nur durch die europäische Einigung begegnet werden konnte.

Den innersten Kern der europäischen Identität bildete die besondere Beziehung zu Frankreich, die oft und gern sehr symbolträchtig daherkam: Mitterrand und Kohl 1984 Hand in Hand in Verdun, im Mai 1995 dann die Beteiligung deutscher Truppen an der Parade auf den Champs-Élysées, einer der Gedenkveranstaltungen zum Sieg der Alliierten. Die Versöhnung mit Frankreich ist inzwischen ein sakrosankter und politisch unanfechtbarer Grundsatz des bundesdeutschen Selbstverständnisses geworden.

f) Die Bundesrepublik als Tor zum Osten. Der Osten diente in der frühen Bundesrepublik ausschließlich als Abschreckung, er repräsentierte alles, was auch Westdeutschland hätte widerfahren können, wenn es nicht eine so umsichtige Regierung besessen hätte. Diese Haltung wurde dann Mitte bis Ende der sechziger Jahre beträchtlich revidiert. Die Entspannungspolitik unter Willy Brandt und der sozialliberalen Koalition stellte die natürliche Ordnung der Dinge wieder her, nämlich Deutschlands Funktion als Brücke zwischen West- und Osteuropa. Einige Deutsche begannen sich von der ehernen Westorientierung abzuwenden, die den Nachkriegskurs der Bundesrepublik bestimmt hatte. Die Kritik an den Vereinigten Staaten wuchs, eine neue Distanz stellte sich ein, und vor diesem Hintergrund pendelten sich auch Deutschlands Beziehungen zu Ost- und Mitteleuropa auf einem stabilen Niveau ein.

Auch in der Erinnerung an die alte Bundesrepublik finden sich Varianten des Opferbewußtseins, allerdings in weit geringerem Ausmaß als in der kollektiven Erinnerung an den Nationalsozialismus. Ein oft vorgebrachtes Argument besagt, daß die Verwestlichung der Bundesrepublik in Wahrheit gegen den Willen der Deutschen erfolgt sei: Die Deutschen hätten diesen Kurs nicht gewählt, wenn sie in ihrer Entscheidung völlig frei gewesen wären. Und sogar die kollektive Erinnerung an den wirtschaftlichen Erfolg weist auf Opfer hin: Der Erfolg sei nur zwei Dritteln der Bevölkerung beschieden gewesen, und diese hätten sich auf Kosten des unteren Drittels, der Verlierer des Modells Deutschland, bereichert.[29]

Die DDR

Nirgendwo sonst ist das Opferbewußtsein so stark ausgeprägt wie in einem vollkommen neuen Kollektivgedächtnis, das nach 1989 in den politischen Diskurs eintrat: das kollektive Gedächtnis der DDR. Zwei Varianten des Opferbewußtseins kämpfen um öffentliche Anerkennung: Die erste bezieht sich auf die Unterdrückung Tausender, vielleicht sogar Millionen Ostdeutscher durch ein brutales Regime, das niemals die Zustimmung seiner geknebelten Bevölkerung gewonnen hat. In beinahe vollkommenem Gegensatz dazu, und höchst verblüffend für viele Außenstehende, steht ein zweites und politisch erheblich stärkeres kollektives Gedächtnis, das die Benachteiligung der Ostdeutschen durch die angeblich gefühllosen, nur auf ihren materiellen Vorteil bedachten Westdeutschen beklagt. Durch diese Nostalgie erhält die DDR nachträglich eine Legitimation, von der das Regime in den vierzig Jahren seiner Existenz nicht einmal träumen konnte.

Wir können in Deutschland zur Zeit einen Krieg der Erinnerungen beobachten, an dem alle genannten Gedächtniskomplexe in irgendeiner Weise beteiligt sind. Als Begleiterscheinung entstehen neue, fragile Koalitionen, in denen sich die unwahrscheinlichsten Gefährten zusammenfinden. Was dabei herauskommen wird, ist noch nicht abzusehen. Zum jetzigen Zeitpunkt können wir nur erkennen, daß sich bestimmte Bereiche des kollektiven Gedächtnisses in Auflösung befinden; die Herausbildung einer stabilen Topographie der Erinnerungen liegt noch in weiter Ferne. Im Augenblick wird die DDR gern mit der nationalsozialistischen Diktatur gleichgesetzt – eine Einschätzung, die stets auf den heftigen Beifall der deutschen Rechten zählen kann. Es entbehrt nicht eines gewissen Zynismus, daß ein Teil der westdeutschen Rechten die ostdeutschen Täter für ihre Verbrechen bestrafen und damit verhindern wollte, daß sie von ihren Untaten exkulpiert würden – wie es Tausenden von Nazi-Spitzenfunktionären während der Gründungsphase der Bundesrepublik in den späten vierziger und frühen fünfziger Jahren gelungen ist.

Diese Zwiespältigkeit fand in den umfangreichen Festlichkeiten, mit denen die Deutschen den fünfzigsten Jahrestag der Kapitulation begingen, deutlichen Niederschlag. An der Rede des Bundeskanzlers konnte man erkennen, wie die Erinnerungen an den Nationalsozialismus, die Bundesrepublik und die DDR miteinander kollidierten. Aber wichtiger noch: Es tauchten zudem Diskrepanzen innerhalb der einzelnen Erinnerungsblöcke auf. Zum Beispiel erwähnte Kohl die Opfer des Nationalsozialismus, stellte jedoch auch die Deutschen als Opfer des Krieges, vor allem der Kommunisten, dar. Er kam der Gleichsetzung dieser Tatbestände gefährlich nahe. Es ist weitgehend dem Erfolg der Bundesrepublik zu verdanken, daß der Sieg der Alliierten den meisten Deutschen als Befreiung von der nationalsozialistischen Diktatur gilt, denn diese Erinnerung steht in krassem Gegensatz zur historischen Realität: Die meisten Deutschen empfanden den Tag der Kapitulation als Tag der Schande, der Niederlage und der Besetzung durch zwei verhaßte Feinde – von denen einer allerdings dem anderen vorzuziehen war, weil seine Soldaten Kaugummi, Zigaretten und Schokolade verteilten, statt Vergeltung zu üben.[30] Erst die Entwicklung des Kollektivgedächtnisses der Bundesrepublik versetzte viele Menschen in die Lage, zwei Einsichten zu akzeptieren: Erstens, daß der Nationalsozialismus, mit sehr wenigen Ausnahmen, die eindeutige Unterstützung der Deutschen genossen hat, und zweitens, daß die Deutschen über lange Zeit hinweg über ein kollektives Gedächtnis verfügten, das wohl nur als Geschichtsklitterung bezeichnet werden kann. Daran läßt sich ermessen, mit welch immensem Erfolg die Bonner Republik eine neue Art des Denkens und Fühlens hergestellt hat.

Solche Erfahrungen haben dazu beigetragen, daß die Deutschen sich einen schützenden Kokon wünschen, daß sie glauben, das beste Deutschland sei eines, das sich auf innenpolitische Angelegenheiten konzentriert und nur schüchtern und als guter Europäer das Parkett der internationalen Politik betritt. Führungsqualität wird im intellektuellen Milieu der Bundesrepublik noch oftmals mit Aggressivität und Macht gleichgesetzt, und deshalb haben die Deutschen große Bedenken, innerhalb Europas eine Führungsrolle zu übernehmen.

Kollektive Erinnerungen widersprechen sich häufig; sie sind weder einheitlich noch notwendig komplementär. Die Erinnerungen an die Zeiten vor und nach Auschwitz kämpfen um den Vorrang in der Psyche der Deutschen. Daß die Vergangenheit noch längst nicht bewältigt ist, kam wieder einmal in der Aufregung um das Buch *Hitlers willige Vollstrecker* von Daniel Goldhagen zum Ausdruck. Schon bevor es im August 1996 in Deutschland erschien, hatte kaum eine deutsche Zeitschrift versäumt,

Artikel zu Goldhagen, seinem Buch, seiner These und ihrer Rezeption in den USA zu veröffentlichen. Die ersten Reaktionen fielen überwiegend negativ aus, es gab harsche Verrisse. Aber nach Erscheinen der deutschen Ausgabe und Goldhagens triumphaler Lesereise wandelte sich die Meinung der deutschen Öffentlichkeit – in bemerkenswertem Kontrast zu den akademischen Experten – zugunsten Goldhagens und seiner Ansichten. Es ist erstaunlich, daß ein einziges wissenschaftliches Buch eine derart umfangreiche Debatte und tiefgreifende Selbstbefragung auslösen kann. Dadurch wurde deutlich, daß keine noch so bewegende Rede eines Richard von Weizsäcker und kein noch so reuevoller Appell eines Roman Herzog an die gemeinsame Verantwortung die Deutschen von ihrer nationalsozialistischen Vergangenheit exkulpiert hat.[31] Wie auch immer, in der Bundesrepublik besteht zur Zeit zweifellos ein stabiler Konsens, der die historische Schuld der Deutschen anerkennt. Die bundesdeutsche Geschichte von Konsum und Investition wird geschätzt, gelegentlich auch gefeiert, aber es bleiben die Ängste, daß Auslandseinsätze der Bundeswehr die Prosperität und die Grundlagen der Demokratie untergraben könnten. Zudem würde eine falsche Form solcher Einsätze, so glaubt man, auch Deutschlands Nachbarn und Partner beunruhigen. Diese beiden Ängste haben sich zu einer Ideologie der Zurückhaltung verfestigt, die um Wohlstand und Demokratie fürchtet, wenn sie sich mit dem Wunsch nach einer aktiveren und selbstbewußteren Außenpolitik und potentiellem Abenteuertum konfrontiert sieht. Das kollektive Gedächtnis wird so zur Grundlage der Debatte um das künftige deutsche Engagement.

2. KAPITEL

Optimisten und Pessimisten

Die Teilung Deutschlands ist zwar oft als unnatürlich
bezeichnet worden, aber sie hat doch vierzig Jahre lang für
ruhigen Schlaf gesorgt.

Ein Niederländer, zitiert in *NRC/Handelsblad*
vom 27. Dezember 1989

Das Phänomen der deutschen Vereinigung, ihre kurzfristigen
und zu erwartenden langfristigen Folgen halten Beobachter und
Politiker seit 1989 in Atem. Dabei gibt es zwei gängige Reak-
tionsweisen. Die optimistische begreift die Vereinigung und
Deutschlands neue Rolle als einen Glücksfall für das Land, für
Europa und die Welt. Die pessimistische dagegen behauptet
zwar nicht, daß das vereinte Deutschland die Fehler der Vergan-
genheit unweigerlich wiederholen wird, aber sie sieht doch eine
Gefahr heraufziehen. In beiden Stimmen klingt zweifellos die
Erinnerung an Auschwitz an.

Für die Optimisten hat die kollektive Erinnerung an Auschwitz
so entscheidend an der Herausbildung der politischen Kultur der
Bundesrepublik mitgewirkt, daß sie die Welt vor einem erneuten
anmaßenden Machtgebrauch der Deutschen zuverlässig bewahren wird. Nach dieser Einschätzung hat das Land eine vollkommene Mischung erreicht: genau das richtige Maß an politischer
Präsenz, um die Führungsrolle effektiv, aber nicht überheblich
auszufüllen, und genau den richtigen Grad an Loyalität und Ko-
operationskultur, um im europäischen Team mitzuspielen, ohne
die eigene Autonomie aufzugeben. Die Gefahr eines Alleingangs ist nach optimistischer Sicht ein für allemal gebannt; Son-

derwege sind im heutigen Deutschland weder erwünscht noch sinnvoll.

Die Pessimisten dagegen behaupten, daß die Erinnerung an Auschwitz ganz anders gewirkt habe. Ihrer Meinung nach ist der Ungeist des Nationalsozialismus niemals vollständig ausgetrieben worden. Die Deutschen selbst hätten den Holocaust keinesfalls verurteilt, wenn sie nicht von den alliierten Armeen gezwungen worden wären, sich ihrer Vergangenheit zu stellen. Weil die Deutschen sich mit ihren Untaten aber nicht freiwillig auseinandergesetzt haben, steht der Bundesrepublik ihre eigentliche Bewährungsprobe immer noch bevor. Wenn die Scham über Auschwitz verschwindet, könnte auch der Nationalsozialismus in milderem Licht erscheinen. Die Pessimisten sehen die Gefahr, daß Deutschland in seiner Stärke das übrige Europa mühelos zu beherrschen vermag, sie befürchten, daß seine Loyalität zur Europäischen Union und dem Westen sich als kurzlebig erweisen könnte, weil die Deutschen sie nur so lange aufrechterhalten werden, wie sie ihren Interessen dient. Letztlich schließen die Pessimisten auch einen Alleingang Deutschlands nicht aus, obwohl dies eher unwahrscheinlich ist, solange seine Bedürfnisse von der bestehenden Konstellation so vollkommen abgedeckt werden.

Die optimistische Sicht

Die positiven Einschätzungen der deutschen Vereinigung und ihrer Folgen stützen sich vor allem auf drei Argumente: das funktionale, das institutionelle und das soziologische. Entsprechende Belege finden die Optimisten in der Nachkriegsgeschichte. Der Erfolg der Bundesrepublik bietet ihnen genügend Beispiele, um ihre Annahmen über Deutschlands zukünftige Stellung in Europa zu untermauern. Dabei konzentrieren sich die Optimisten auf folgende Punkte: 1. Deutschland hat für seine historischen

Fehler so teuer bezahlt, daß es nie wieder ähnliche begehen wird. Nach dieser Auffassung werden die schmerzhaften Erinnerungen an die Vergangenheit als dauerhafte Abschreckung dienen. 2. Deutschlands Interessen ist mit einer Störung der europäischen Strukturen in keiner Weise gedient. 3. Auch wenn Deutschland beabsichtigt, seine Macht stärker zu nutzen, bedroht sie doch niemanden.

Die funktionale Analyse der deutschen Stellung in Europa ist bei den Forschern, die sich mit der Entwicklungsgeschichte der Europäischen Union befassen, eine beliebte Methode. Ihre Argumentation läuft darauf hinaus, daß Deutschlands Macht durch die Einbindung in internationale Organisationen wie EU und NATO, Welthandelsorganisation (früher GATT) und Vereinte Nationen gebändigt wird.[1] Entscheidend ist, daß »Deutschland, einst ein aggressiv nationalistisches Land, heute größere Bereitschaft zeigt als alle seine Nachbarn, Souveränitätsrechte an eine gestärkte Europäische Gemeinschaft abzutreten«[2].

Mindestens zwei Hypothesen sind in diesen Ansatz eingegangen. Zum einen hat die Mitgliedschaft in Institutionen der genannten Art eher Interdependenz- als Dominanzbeziehungen zwischen Deutschland und seinen Partnern hervorgebracht, Beziehungen mithin, die Freundschaften begünstigen und Spannungen mindern. Gerade eine solche Entwicklung hatte die amerikanische Unterstützung der französisch-deutschen Zusammenarbeit in den frühen fünfziger Jahren erhofft.[3] Manche Beobachter erkennen darin ein Element der amerikanischen Nachkriegsstrategie der »doppelten Eindämmung« gegen Deutschland und die Sowjetunion. So wie die Politik der militärischen Abschreckung eine sowjetische Aggression erfolgreich verhinderte, glaubte man, durch die Westbindung imperialistische Ambitionen Deutschlands im Zaum halten zu können.[4] Zweitens sind Staaten eher an absoluten als an relativen Gewinnen interessiert, und von den Handelsabkommen zwischen Deutschland und seinen Partnern profitieren alle Beteiligten.[5]

Durch Deutschlands Einbindung in Organisationen wie die EU vermag seine wirtschaftliche Stärke in dem Maße als Motor der gesamteuropäischen Entwicklung zu wirken, wie seine Auslandsinvestitionen wachsen und sich wiederum entsprechend im Außenhandel niederschlagen. Folglich ist es, wie Ronald Tiersky feststellt, »durchaus möglich, daß Frankreich im vereinten Europa auch weiterhin ›nur‹ die zweite Macht bleibt. Doch Frankreich wird im neuen Europa mehr Stärke und Wohlstand gewinnen, als es auf lange Sicht im alten Europa erreicht hätte.«[6] Eine erfolgreiche deutsche Entwicklung kann nur im Rahmen des europäischen Wachstums erfolgen. Europa und Deutschland haben zwei Möglichkeiten: Entweder sie bauen ihren Wohlstand gemeinsam aus, oder sie fallen auseinander.

Diese gleichzeitige Befreiung und Beschränkung durch internationale Institutionen wird, so die These, ein gezähmtes Deutschland hervorbringen. Ein Krieg mit Frankreich scheint mittlerweile nahezu undenkbar.[7] Alle Zeichen deuten auf eine anhaltend gute französisch-deutsche Zusammenarbeit. Laut Tiersky ging es François Mitterrand bei seiner Zustimmung zur Wiedervereinigung vor allem darum, »das vereinigte Deutschland fest in die Atlantische Allianz und den europäischen Integrationsprozeß einzubinden. Daher die nachdrückliche Unterstützung für die NATO-Vollmitgliedschaft des vereinten Deutschland … Um französische Befürchtungen, die Vereinigung könne die deutsche Politik nach Osten ausrichten und von den Plänen für die europäische Währungsunion und die politische Einheit Europas ablenken, zu beschwichtigen, stimmte Kohl Mitterrand zu, daß die deutsche Vereinigung und die weitere europäische ›Vertiefung‹ Hand in Hand gehen müßten. Die Deutschen verstanden sehr wohl, daß die Zustimmung zur Wiedervereinigung mit der Forderung nach einer weitergehenden Integration in die Europäische Gemeinschaft verknüpft war.«[8]

In den neunziger Jahren hat die Bundesregierung, auch nach dem Ausscheiden von Außenminister Genscher, gewissenhaft am Bild des vorbildlichen Europäers weitergearbeitet, indem sie zwischen streitenden Mitgliedern der Gemeinschaft vermittelte und überhaupt die Rolle des Ankers in zunehmend turbulenter See übernahm.[9] Sicher erlitt Deutschland auch einige Rückschläge, aber durch seine internationale Einbettung neigt es zu Frieden und Kooperation. Die Optimisten können auf die gründliche Europäisierung Deutschlands verweisen, die, von Helmut Kohl an der Spitze bis weit in die Bevölkerung hinein, einen Eckpfeiler der bundesdeutschen Identität bildet. Kohls Rede auf dem ersten Parteitag der vereinigten CDU bestätigte die unauflösliche Bindung der Bundesrepublik an Europa: »Für mich sind die deutsche Einheit und die europäische Einheit zwei Seiten derselben Medaille ... In Wahrheit sind wir deutsche Patrioten und überzeugte Europäer ... Europa ist unsere Zukunft, Deutschland unser Vaterland.«[10] Kohl wie Genscher haben 1990 mehrfach betont, daß ein Ausscheiden aus den großen westlichen Institutionen, insbesondere der NATO, außer Frage stehe. Für die Befürworter der internationalen Einbindung Deutschlands ist das eine uneingeschränkt gute Nachricht: Die Europäisierung der Bundesrepublik und ihre Bindungen an den Westen sind so unerschütterlich, daß die politische Führung des Landes 1990 vermutlich auf die Vereinigung verzichtet hätte, wenn der Preis dafür die Aufgabe der Nachkriegsbündnisse gewesen wäre.

Das zweite, institutionelle Argument, das eine positive Bewertung der Vereinigung und ihrer Folgen begründet, zielt auf die Entwicklung des politischen Systems der Bundesrepublik nach 1945. Seine Verfechter weisen darauf hin, daß sich in der alten Bundesrepublik die föderalistischen und demokratischen Werte eindeutig durchgesetzt haben. Ihrer Auffassung nach wird das neue Deutschland lediglich eine institutionelle Erweiterung der höchst erfolgreichen und ausgeglichenen Bonner Republik darstellen. Die Vereinigung hat die Weichen für einen deutschen Staat gestellt, der im Innern demokratisch verfaßt ist und auf der internationalen Ebene Mäßigung zeigt. Die Erfolge der Bundesrepublik – die Westorientierung ihrer Eliten, ihr entschiedener Republikanismus, ihr Verfassungspatriotismus anstelle eines romantischen oder völkischen Patriotismus, kurz, ihre tiefreichende Demokratisierung – haben die Dämonen des Sonderwegs endgültig ausgetrieben und lassen Analogien zu Weimar als unberechtigten Pessimismus erscheinen. Mithin kann und sollte man die Berliner Republik von der Geschichte des aggressiven Deutschen Reiches zwischen 1870/71 und 1945 klar trennen. Die Deutschen scheinen heutzutage mehr Gefallen am Wohlstand als an der Macht zu finden.[11]

Die Begründung der deutschen Friedfertigkeit verläuft über zwei Stränge. Der erste leitet sich von einer allgemeinen Aussage ab: Demokratien führen untereinander keine Kriege. Deutschland, als voll anerkanntes Mitglied im Klub der freiheitlich verfaßten Staaten, wird keinen Krieg gegen andere liberale Demokratien anzetteln; seine innere Verfaßtheit und seine Werte würden das nie erlauben. Die Bundesrepublik hat das Clausewitzsche Diktum ein für allemal überwunden: Krieg ist nicht länger die Fortsetzung der Politik mit anderen Mitteln.

Der zweite Strang beruft sich auf das Verschwinden der Junkerklasse und argumentiert folgendermaßen: Treibende Kraft des deutschen Imperialismus waren die preußischen Grundbesitzer. Aus Angst, die politische Kontrolle könnte ihnen entgleiten, schürten sie Expansionismus, Nationalismus, antiliberale und rassistische Ideologien, um damit den Unmut der Bevölkerung umzulenken und ihren eigenen Zugriff auf die Macht zu sichern. Die Umtriebe der Junkerklasse bildeten die soziale und ökonomische Basis des deutschen Imperialismus und führten schließlich zu zwei Weltkriegen.[12] Doch die Junkerklasse hat den Zweiten Weltkrieg nicht überlebt. Ihr Untergang markiert einen tiefen Einschnitt in der deutschen Entwicklung, der auch der Neigung zur Kriegstreiberei die Grundlage entzog und umfassende institutionelle Reformen erlaubte. Mit dem Verschwinden der Junker und der Entschlossenheit der Alliierten, den institutionellen Wandel einzuleiten, war das Fundament für eine friedliche Bonner Republik gelegt – die im vereinigten Deutschland fortbestehen wird.[13]

Das dritte Argument konzentriert sich auf soziale und kulturelle Phänomene, besonders auf die Entwicklung der Eliten und der Massen. Es beruht auf der Vorstellung von einem evolutionär erworbenen »Wissen durch Erfahrung«: Im vollen Bewußtsein ihrer Verantwortung für Deutschlands schreckliche Vergangenheit wachen die deutschen Eliten höchst aufmerksam darüber, ob sich erneut militaristische, antiliberale oder fremdenfeindliche Tendenzen zu regen beginnen. Die deutsche Außenpolitik ist, so die Optimisten, humanitären Werten verpflichtet und untersteht einer verantwortungsvollen Leitung. Die Nachbarn könnten folglich von jeder Kursänderung in Richtung einer »Normalisierung« nur profitieren, denn sie würde den atlantischen und europäischen Verbündeten »einen besseren und verläßlicheren Partner«[14] an die Seite stellen.

Die Ergebnisse aller Meinungsumfragen zu den Reaktionen der Deutschen auf die Vereinigung haben sich zu einem Bild gefügt, das beinahe genauso in den Vereinigten Staaten, Großbritannien, Frankreich und Italien anzutreffen ist. Die Befürworter ließen die Gegner an Zahl weit hinter sich, aber sie äußerten keinerlei nationalistischen Überschwang. Selbst im Augenblick der Vereinigung, am 3. Oktober 1990, berauschte sich die Bevölkerung nicht am nationalistischen Sentiment, sondern gab sich lieber der Muße eines arbeitsfreien Tages hin. Dieser gemessene Ausdruck westlich-republikanischer Kultur legt den Schluß nahe, daß das Wiederaufkeimen eines häßlichen deutschen Nationalismus in absehbarer Zeit wohl eher unwahrscheinlich ist.

Seit 1990 wurde das vereinte Deutschland von zahlreichen Problemen heimgesucht, die ihre Spuren hinterlassen haben. Inzwischen äußert sich ein beträchtlicher Teil der Bevölkerung – im Osten wie im Westen – gleichgültig bis ablehnend über die Vereinigung. Die Befürchtung, die Einheit werde den deutschen

Nationalismus wiederaufleben lassen, hat sich allerdings als haltlos erwiesen. Das Bildungssystem der Bundesrepublik hat es vermocht, das Bewußtsein für die deutsche Schuld am Holocaust zu schärfen und die Deutschen von ihrem früheren Hang zu militärischen Amokläufen zu heilen. Weit entfernt von ihrem hartnäckigen Militarismus der Zeit vor 1945, begegnet die deutsche Öffentlichkeit außenpolitischen Abenteuern heute sehr skeptisch. »Die alte Furcht vor Deutschland ist«, so Tiersky, »nicht endgültig verschwunden, doch niemand vermag zu glauben, daß vierzig Jahre bundesdeutscher Geschichte nicht eine moderne westliche politische Kultur hervorgebracht hätten oder daß all die starken Sicherungen des neuen deutschen Systems plötzlich durchbrennen könnten.«[15]

Nach Auffassung der Optimisten repräsentieren die neuen deutschen Eliten den Triumph des Bürgertums in der Nachkriegszeit, und die siegreichen bürgerlichen Werte stehen für eine kosmopolitische Kultur, von der alle profitieren. Diese kulturelle Entwicklung beruht natürlich in einem hohen Maße auf wirtschaftlichem Eigeninteresse. Der exportorientierten deutschen Wirtschaft ist bewußt, daß sie auf ausländische Abnehmer für ihre Waren angewiesen ist. Also unterstützt sie jede politische Initiative zur Förderung des Freihandels. Und sie weiß auch, daß eine derartige Politik nur in einem Umfeld durchgeführt werden kann, in dem die Prinzipien der Versöhnung und des gegenseitigen Vertrauens gelten.

Vielleicht ist die tiefgehende Verwestlichung ihrer wirtschaftlichen Elite die beste Garantie für die weitere demokratische Entwicklung der Bundesrepublik. Kosmopolitisch und bürgerlich, repräsentieren die Unternehmer möglicherweise den entscheidenden Unterschied zwischen der Weimarer und der Bonner Republik. In der Weimarer Republik war die gesamte Unternehmerklasse nationalistisch, autoritär bis auf die Knochen, sie verachtete die demokratischen Institutionen und versuchte die Arbeiterklasse niederzuhalten. Demgegenüber entspricht die

Wirtschaftselite der Bonner beziehungsweise der Berliner Republik in Erscheinung und Bildung internationalen Standards, sie akzeptiert und unterstützt die demokratische Ordnung und hat durch korporatistische Abkommen mit den Arbeitnehmern ihren Beitrag zum vielgerühmten Modell Deutschland geleistet. Die Eliten haben eine Kultur geschaffen, die den Anforderungen des Handelsstaats entspricht. Ironischerweise sind die Deutschen zu ebenden Krämerseelen geworden − früher einer der giftigsten Schimpfnamen für die angeblich käuflichen Engländer und Juden −, die sie einst verachtet haben. Auf diesen Wandel, der eine erfolgreiche Übernahme demokratischer Werte signalisiert, wird jetzt voller Stolz verwiesen.

Der Handelsstaat − im Gegensatz zum landhungrigen, expansionistischen, nationalistischen und in gewissem Sinne provinziellen Machtstaat − steht einer internationalen Zusammenarbeit mehr als aufgeschlossen gegenüber, eben weil sein Wesen Handel und Geschäft sind. Der friedliche Handelsstaat setzt eine aufgeklärte und kooperative Außen- und Sicherheitspolitik voraus, und die internationale Einbettung macht nationale Abenteuer schlichtweg unmöglich. Dieser Auffassung zufolge befindet sich Deutschland in einer vollkommenen wechselseitigen Abhängigkeit mit der modernen industriellen Welt und insbesondere mit Europa. Folglich kann es nicht ohne weiteres den Weg einer konventionellen Machtpolitik beschreiten, selbst wenn es das wünschte.[16]

Wenn man Deutschland als eine neue »zivile Macht« begreift, dann ist der Vergleich mit Japan recht erhellend. Hans Maull gelangt zu folgender Einschätzung: »Auch nach der Vereinigung wird Deutschland alles andere als eine Neuauflage des Bismarckschen Reiches sein; es ist ein demokratischer und föderaler Staat, ökonomisch integriert, fest in der Europäischen Gemeinschaft verankert und mit Problemen der Modernisierung beschäftigt, für deren Lösung militärische Macht überhaupt keine Rolle spielt. Das Netz der wechselseitigen Abhängigkeiten, das

Deutschland an seine Partner in Europa und auf der anderen Seite des Atlantiks bindet, ist noch engmaschiger als das zwischen Japan und dem Westen … Die Vorstellung einer Neubelebung des traditionellen Militarismus im gegenwärtigen Deutschland oder Japan erfordert äußerst lebhafte Phantasie; es fällt schwer, überzeugende Szenarien für eine derartige Wiederholung der Geschichte zu entwerfen. Selbst wenn die jeweilige Binnenentwicklung diesen Kurs einschlagen sollte, wäre es für beide Länder enorm schwierig, sich aus dem komplexen Netz der Integration zu lösen, in das sie sich eingebunden haben, und eigene, unabhängige militärische Wege zu gehen. Solche Initiativen würden außerdem sofort heftige Reaktionen hervorrufen und ohne Zweifel äußerst schwerwiegende ökonomische und politische Kosten verursachen. Kurzum, solche Befürchtungen erscheinen einfach unrealistisch … Deutschlands neue Identität muß supranational und europäisch sein.«[17]

Die Optimisten sagen Deutschland also eine strahlende Zukunft voraus. Seine künftige Stellung in Europa erfüllt sie mit großen Hoffnungen. Die EU ist eine Institution der »gebündelten Souveränität«, in der kein Land eindeutig und dauerhaft die Führungsrolle übernimmt. Auf einigen Gebieten wird die Bundesrepublik Europa lenken und die Zukunftsvisionen entwerfen, auf anderen wird sie folgen. Vor allem, so die Optimisten, sind es Deutschlands demokratische Institutionen, seine westliche Kultur, sein anhaltendes Bestreben, sich als guter Europäer zu erweisen, die es für eine wirkungsvolle, aber unaufdringliche Führungsrolle in Europa geeignet machen. Und sollten seine inneren Kontroll- und Sicherungsmechanismen tatsächlich versagen, sollten die kollektiven Erinnerungen an Auschwitz versinken und durch Aggressivität ersetzt werden, das internationale Institutionsgefüge würde Deutschland an einem Alleingang hindern. Der Deutschen Zähmung ist unumkehrbar.

Die pessimistische Sicht

Das Spektrum der Pessimisten reicht von rückwärtsgewandten britischen Hinterbänklern und Euroskeptikern bis zu radikalen Marxisten, von französischen, polnischen, tschechischen, niederländischen, dänischen und anderen europäischen Politikern bis zu deutschen Linksintellektuellen, in den USA von liberalen Wissenschaftlern bis zu konservativen Politikern. Es ist so gut wie unmöglich, ihre Verdachtsmomente und Befürchtungen erschöpfend zu behandeln, deshalb diskutieren wir nur jene Argumente, die den meisten dieser Gruppen gemein sind. Ihre Erinnerung an die Greuel des Nationalsozialismus ist so lebendig, so allgegenwärtig, daß sie jede andere Möglichkeit, deutsche Absichten zu interpretieren, einfach verdrängt. Solche Empfindungen – obwohl sie in vielen Publikationen und öffentlichen Verlautbarungen durchschimmern – sprechen die Pessimisten jedoch überwiegend im privaten Rahmen aus (mit Ausnahme der deutschen Linken). In Washington und den europäischen Hauptstädten gilt es als nicht »politisch korrekt«, sich kritisch über Deutschland zu äußern.[18] Dem Pessimismus begegnet man weniger in den Büros als in den Kneipen und Cafés.

Deutsche Macht ist nie harmlos gewesen

Heute weniger denn je. Pessimisten und Optimisten sind sich zwar darin einig, daß die Bundesrepublik nach dem Krieg zu einem unverzichtbaren Bestandteil verschiedener multilateraler Vertragssysteme geworden ist. Doch die jeweilige Beurteilung ihrer Rolle in diesen Netzwerken und Bündnissen fällt unterschiedlich aus. Aus pessimistischer Sicht haben die europäischen Institutionen stets den deutschen Interessen gedient, in wirtschaftlicher und politischer Hinsicht. Mit Hilfe der EU konnte die Bundesrepublik ihre Legitimation vorantreiben und einer der einflußreichsten Staaten Europas werden, und zwar in viel kürzerer Zeit, als das ohne diesen Rahmen möglich gewesen wäre. Die EU verhalf Deutschland zu neuer Anerkennung, und sie bot ihm eine Struktur, die es nach und nach unter seine Kontrolle bringen konnte.

Demnach hat nicht die EU Deutschland integriert, sondern Deutschland hat die EU benutzt, um sich eine unvergleichlich starke Position zu sichern. Mit dem Zusammenbruch des Ostblocks und mit der Wiedervereinigung ist nach Ansicht der Pessimisten eine Situation eingetreten, die Deutschlands zuvor schon imponierende Macht nur noch weiter steigern kann. Deutschland wird die Erweiterung der EU nach Osten nutzen, um seinen Einfluß dort zu verfestigen – es dominiert bereits jetzt fast jeden Aspekt des Wirtschaftsgeschehens in Osteuropa. Auch auf kulturellem Gebiet sehen die Pessimisten eine besondere Verbindung zwischen Deutschland und den osteuropäischen Ländern. Kann die politische Vorherrschaft da noch fernliegen? Österreichs Beitritt zur EU im Jahr 1995 kam, den Pessimisten zufolge, einem Anschluß gleich. Die europäischen Rahmenbedingungen haben Deutschland nie behindert; es handelte sich lediglich um eine Frage des politischen Taktgefühls, der deutschen Macht einen europäischen Anstrich zu verleihen, solange die Schande von Auschwitz der offenen Vertretung nationaler Interessen entgegenstand. Jetzt wird Deutschland seine Macht unverhüllt ausüben.

Die Auflösung der Sowjetunion und die Umgestaltung der politischen Landschaft Europas seit 1989 haben Deutschland einen ungeheuren Machtzuwachs beschert. Doch die Ära nach dem Kalten Krieg wird noch etwas viel Wesentlicheres leisten: Die Deutschen werden diese hinzugewonnene Macht auch in die politische Waagschale werfen. Kurz, die Pessimisten glauben nicht, daß die Absichten der Deutschen in Einklang mit dem europäischen Wohlergehen stehen; vielmehr denken sie, Deutschland mißbrauche Europa lediglich zur Durchsetzung eigener Interessen. Vor allem betrachten sie die Identifikation der Deutschen mit Europa als bloßen Ersatznationalismus. Linke und konservative Pessimisten sind sich einig, daß Deutschlands Macht immer gefährlich war und immer gefährlich bleiben wird.

Die Pessimisten halten die ganze Debatte um Deutschlands Normalität und die Verantwortung, die es jetzt übernehmen müsse – einschließlich militärischer Verpflichtungen in Europa und anderswo –, für nichts als einen Hebel, der einen bislang tabuisierten Diskurs eröffnen soll. Der Golfkrieg hat nachdrücklich gezeigt, daß Kriegführung in der Welt nach Jalta nicht die nukleare – also totale – Form annehmen muß. Deutschland könnte lernen, wie man einen Krieg führt, ohne die ganze Welt in Schutt und Asche zu legen. Nach Albert Statz, dem engagierten Kritiker deutscher Machtpolitik, ist es ein schwerwiegender Irrtum, den Handelsstaat als von Natur aus friedfertig anzusehen: »Denn aus sich heraus haben internationaler Handel und wirtschaftliche Verflechtung noch nie Frieden gestiftet.«[19]

Die Rückkehr zur Normalität gibt Anlaß zur Sorge

Formal erlangte Deutschland seine Souveränität, als die Sowjetunion am 15. März 1991 das Moskauer Abkommen ratifizierte. Für viele Pessimisten war Deutschland damit in der europäischen und der globalen Arena an einem Scheideweg angekommen. Sie sind der Auffassung, daß das politische Geschehen nach wie vor von Nationalstaaten dominiert wird, auch in einer Welt der gegenseitigen Abhängigkeiten. Deutschland war nach dem Sieg der Alliierten niemals im vollkommenen Besitz jenes Attributes, das den Nationalstaat im Kern ausmacht, nämlich Souveränität. Die Vereinigung hat der Bundesrepublik auch diese Errungenschaft beschert. Nun kann sich das Land genauso verhalten wie jeder andere Nationalstaat. Es muß sich nicht durch mangelnde Autonomie gebremst fühlen, und die Nationalisten unter den Deutschen dürfen auf neuen Zulauf hoffen. Die Pessimisten können mit einiger Überzeugungskraft auf die auffallende Zunahme hoffähiger nationalistischer Äußerungen hinweisen, ob es sich um Kommentare der *Welt*, der *Frankfurter Allgemeinen Zeitung* oder um Rudolf Augsteins Leitartikel für den *Spiegel* handelt.

Die anerkannte »neue« nationalistische Rechte gruppiert sich um Intellektuelle wie Rainer Zitelmann und Karlheinz Weissmann. Friedbert Pflügers Insiderbericht über die zunehmende Billigung nationalistischer Gefühle in der CDU bestätigt die Ängste der Pessimisten in bezug auf die erwachende Großmannssucht im vereinigten Deutschland.[20] Die *Junge Freiheit*, eine üppig subventionierte nationalkonservative Studentenzeitung, in der die Revisionisten des Holocaust gefeiert werden, erfreut sich wachsender Aufmerksamkeit und Anerkennung; ein Teil der deutschen Rechten kann seine Begeisterung für den Österreicher Jörg Haider als den von vielen schmerzlich vermißten Führer kaum verhehlen – kurz, die argwöhnische Haltung der Pessimisten zur deutschen Normalität der neunziger Jahre entbehrt nicht einer gewissen Plausibilität.[21]

Die Rückkehr zur Normalität senkt die Schamgrenze im Umgang mit der Vergangenheit. Normalität, zum Entsetzen der Pessimisten und zum Entzücken der deutschen Rechten, heißt, die Deutschen von der erdrückenden Bürde der nationalsozialistischen Vergangenheit zu befreien und die positiven Ereignisse der deutschen Geschichte in den Vordergrund zu stellen – und manche sind eben der Meinung, daß es davon auch einige in der Zeit zwischen 1933 und 1945 gab. Das Absinken dieser Schamgrenze wurde bereits 1985 an den Äußerungen von Günther Rühle, damals Leiter des Frankfurter Schauspielhauses, sichtbar. Als er Rainer Werner Fassbinders offen antisemitisches Stück *Der Müll, die Stadt und der Tod* inszenierte, sagte er den bezeichnenden Satz: »Die Schonzeit ist um!«[22]

Deutschlands Verankerung im Westen
ist längst nicht sicher

Die Pessimisten sind auf Auschwitz fixiert, aber sie weisen auch auf Aspekte der weiter zurückliegenden deutschen Geschichte hin, zum Beispiel auf die »Schaukelpolitik«, das einträgliche Lavieren zwischen Ost und West, und die damit zusammenhängende »Zwischenkultur«, die eine besondere Nische für Deutschland darstellte. Natürlich ist die Bundesrepublik in so oberflächlichen Dingen wie Mode und Rockmusik, Hollywoodfilmen und Fast food völlig verwestlicht. Auf der materiellen Ebene der Warenwelt ist Deutschland vollständig im Westen verankert. Sogar die einsehbaren Bereiche der Politik, das makellose Funktionieren der parlamentarischen Demokratie, ein lebendiges Mehrparteiensystem, eine unabhängige Justiz und eine dynamische Zivilgesellschaft mit einer Fülle an sozialen Bewegungen, sprechen für ein gesundes, pluralistisches Deutschland. Doch was die demokratischen Überzeugungen und Werte betrifft, erscheint den Pessimisten die Verwestlichung immer noch fragwürdig. Ganz sicher wird der von Jürgen Habermas so bezeichnete Verfassungspatriotismus von vielen Menschen und nicht nur von einer kleinen Gruppe linksliberaler Intellektueller geteilt. Aber wie tief reicht er? Und welche Rolle wird er im neuen Deutschland spielen? Nicht nur Marxisten beklagen den wachsenden »D-Mark-Patriotismus«, eine Variation auf die spöttische Formulierung »D-Mark-Diplomatie«. Die deutschen Euroskeptiker haben die D-Mark als vielleicht reinstes Symbol der nationalen Stärke energisch verteidigt. Doch leider sind vom D-Mark-Patriotismus nicht nur Angehörige der deutschen Rechten erfüllt, wie der bayerische Ministerpräsident Edmund Stoiber, der Europa wiederholt eine Illusion genannt hat, sondern auch einige der sozialdemokratischen Spitzenpolitiker wie – natürlich in gemilderter Form – Gerhard Schröder und sogar Rudolf Scharping.[23]

Die Pessimisten befürchten, daß die Verwestlichung bei einigen der führenden rechten wie linken Intellektuellen sehr oberflächlich geblieben ist. Und es ist auch nicht ganz von der Hand zu weisen, daß die Angriffe auf Deutschlands Westorientierung und seine westliche Kultur seit der Vereinigung mit neuer Schärfe erfolgen. Die Rechtsintellektuellen um Rainer Zitelmann, einige Kommentatoren der angesehenen *Frankfurter Allgemeinen Zeitung* und andere Konservative haben die Nachkriegsbindung an den Westen und insbesondere an die Vereinigten Staaten offen in Frage gestellt.[24] Aber auch bei der Linken, der die Zugehörigkeit der Bundesrepublik zum westlichen Kapitalismus stets ein Dorn im Auge war, lassen sich immer schrillere Töne vernehmen. Rudolf Augstein hat mit seinen Kommentaren im *Spiegel* oft Gift und Galle versprüht – besonders gegen die Franzosen, aber auch gegen Briten und Amerikaner. Brigitte Seebacher-Brandt beklagte die fehlende nationale Identität der Deutschen und schob die Schuld dafür hauptsächlich auf die Verwestlichung des Landes. Auch in großen Teilen der Grünen und der SPD ist die Feindseligkeit gegen die USA gewachsen, die bereits in den achtziger Jahren in den Protesten gegen die Stationierung atomarer Mittelstreckenraketen auf deutschem Boden zum Ausdruck gekommen war.[25] Joschka Fischer, der hellsichtige Führer der Grünen, charakterisiert diese Haltung seiner Freunde und Kollegen als »negative Obsession USA«.[26]

Deutschland hat immer besondere Beziehungen zum Osten gepflegt

Diese Argumentation basiert auf zwei unterschiedlichen, sich aber gegenseitig stützenden Komponenten. Erstens habe es immer eine starke Strömung in Deutschland gegeben, die die Affinität zu den »edlen« und »romantischen« Werten des Ostens für stärker hielt als die Neigung zum »rationalen« Westen. Aus diesem Grunde sei zum Beispiel die Begeisterung für Gorbatschow in Deutschland erheblich größer gewesen als in irgendeinem anderen westlichen Land. Sowohl die neutralistische deutsche Rechte als auch die Linke haben seit Mitte der achtziger Jahre immer wieder betont, daß Europa nicht nur aus Westeuropa besteht, und die Pessimisten glauben sogar im gesamten politischen Spektrum Deutschlands eine stärkere Hinwendung zum Osten als zum Westen wahrzunehmen.

Zum zweiten bietet der Osten, so die pessimistische Auffassung, Deutschland ungeahnte Möglichkeiten. Seinem Herrschaftswillen sind dort auf wirtschaftlichem wie politischem Gebiet keine Grenzen gesetzt: Es gibt keine NATO oder EU, weder ein wachsames Frankreich noch ein eifersüchtiges Großbritannien oder patronisierendes Amerika, die die Bundesrepublik in diesem Bereich durch strukturelle Einbettung entscheidend mäßigen könnten. Natürlich ist da noch Rußland – aber Deutschland und Rußland werden sich schon einigen. Und es ist auch nicht völlig auszuschließen, daß etwa Königsberg (Kaliningrad) oder andere osteuropäische Gebiete erneut den deutschen Irredentismus entfachen könnten. Zwar hat bisher kein angesehener deutscher Politiker geographischen Revisionismus erkennen lassen. Das ist immer noch die Domäne der extremen Rechten, doch eine Garantie, daß das auch so bleiben wird, gibt es nicht. Wer hätte es für möglich gehalten, daß im Frühjahr 1996 eine Kontroverse um das Sudetenland ernsthafte diplomatische Verstimmungen zwischen Deutschland und der Tschechischen Republik auslösen würde?[7] Solange die Vertriebenen und ihre in der Bundesrepublik geborenen Kinder die Debatte um die früheren deutschen Gebiete nicht verstummen lassen und solange eine der einflußreichen Parteien – die CSU – als Sprachrohr für ihre politischen Wünsche dient, ist es verfrüht, das Thema der Ostgebiete für erledigt zu halten. Schließlich war es Helmut Kohl, vielleicht der geschickteste deutsche Politiker der Nachkriegszeit und mit einem hervorragenden Gespür für die Stimmung im Lande ausgestattet, der nach der Vereinigung zögerte, die Oder-Neiße-

Grenze anzuerkennen. Wenn die Ostgebiete wirklich kein innenpolitisches Thema mehr wären, dann hätte Kohl nicht gewartet, bis er zur Unterzeichnung des Abkommens durch die empörte öffentliche Meinung in Europa und der Welt mehr oder minder genötigt wurde.

Konsens in einer polarisierten Debatte

Wer hat recht, die Optimisten oder die Pessimisten? Nach unserer Auffassung: beide. Es läßt sich nicht bestreiten, daß die Bundesrepublik eines der weltweit demokratischsten und stabilsten Länder ist. Ebenso steht außer Frage, daß sie ihre Macht zumindest bislang auf äußerst umsichtige Weise benutzt hat, ihren eigenen Interessen dienend, aber ohne dabei das Wohl anderer Länder aus den Augen zu verlieren. Vor allem pflichten wir den Optimisten bei, daß Deutschland absolut loyal zu Europa und der westlichen Welt steht und keinerlei Interesse zeigt, die derzeitigen institutionellen und politischen Regelungen aufzukündigen. Solange Helmut Kohl im Amt ist, bleibt Deutschland in Europa und dem Westen – in kultureller wie in institutioneller Hinsicht – unverrückbar verankert. Man kann sich kaum einen überzeugteren Atlantiker und Europäer als Kohl vorstellen, der Deutschlands vollständige Integration seit langem als eines seiner Hauptziele betrachtet. Aber was kommt nach Kohl?

Wir widersprechen den Optimisten vor allen Dingen in bezug auf die Folgen deutscher Macht, ob sie nun bewußt herbeigeführt werden oder nicht. Wir sind der Meinung, daß die deutsche Politik durchaus nachteilige Konsequenzen für andere europäische Länder haben kann und bereits gehabt hat. Die Stimme der Deutschen besitzt viel mehr Gewicht, als sie zugeben möchten. Sie versuchen immer noch, sich in ihrer angeblichen Kleinheit behaglich einzurichten. Wie oft haben wir Beteuerungen gehört, das arme kleine Deutschland sei doch bestenfalls eine mittlere Macht, kaum so groß wie Oregon (Westdeutschland) und

Indiana (Ostdeutschland)? Der Wunsch, als ein etwas größeres Österreich, eine etwas größere Schweiz durchzugehen, ist für einen beträchtlichen Teil der deutschen politischen Klasse, besonders auf der Linken, immer noch wirklichkeitsnah. Deutschland mag auch heute noch »friedlich, ängstlich und grün« sein und sich in der Weltpolitik auffällig zurückhalten, doch es bleibt nun einmal der objektive Tatbestand, daß das Land bereits jetzt Europas führender Akteur ist und diese Position in den kommenden Jahren mit Sicherheit ausbauen wird.[28]

Auch in den verschiedenen internationalen Organisationen versuchen die Deutschen gerne ihre Macht zu verbergen und als tadellose Mannschaftsspieler aufzutreten. Sie sorgen schon dafür, daß die Spielregeln ihren Interessen in jeder Hinsicht gerecht werden. Natürlich müssen auch die Deutschen gelegentlich eine Niederlage einstecken; nicht alle ihre Wünsche werden erfüllt. Aber wenn es darauf ankommt, ist ihre Position einflußreicher als die aller anderen Spieler des europäischen Teams. In den meisten wichtigen Angelegenheiten der europäischen Politik kann die Bundesrepublik mehr Gewicht in die Waagschale werfen als jedes übrige Land.

Letztlich glauben wir, daß in der Debatte zwischen Optimisten und Pessimisten die Ängste der letzteren zwar gerechtfertigt, aber dennoch fehl am Platze sind. Die Macht Deutschlands wird eher unfreiwillig als absichtlich expandieren und eher auf ökonomischem als auf militärischem Wege. Nationaler Größenwahn steht nicht auf der Tagesordnung, und daran wird sich in absehbarer Zukunft wahrscheinlich nichts ändern. Die Deutschen werden ihre Macht nach wie vor zögernd und zurückhaltend ausüben. Der Einfluß der Bundesrepublik entspringt der zentralen Stellung, die sie innerhalb Europas einnimmt. Er wird weiter zunehmen, selbst wenn Deutschland sich auch künftig mit seiner daraus erwachsenden Verantwortung nicht auseinandersetzen mag.

Zur Erleichterung seiner Nachbarn verfolgt Deutschland keinerlei hegemoniale Bestrebungen. Außerdem verfügt es auch gar nicht über die Mittel, die für den Aufstieg in die hegemoniale Position nötig wären. Zwar könnte es auf militärischem Gebiet eine gewaltige Stärke entwickeln, doch fehlen ihm die kulturellen Ressourcen, um die Insignien des Hegemonen zu erringen. Die Hindernisse für eine deutsche Hegemonie scheinen unüberwindlich, und zwar aus inneren wie aus äußeren Gründen.

ZWEITER TEIL

Kollektives Gedächtnis und öffentliche Meinung

3. KAPITEL

Die Deutschen und Deutschland aus Sicht der Vereinigten Staaten

*Neulich habe ich gehört, daß die Vereinten Nationen sich
skeptisch zur deutschen Vereinigung geäußert haben. Warum
eigentlich? Es gibt doch heutzutage mehr Nazis in Idaho.*

Jeff Cesario in einem *HBO*-Special

Sicherlich ist »das amerikanische Bewußtsein« eine so pauschale
und allgemeine Kategorie, daß ihr Erklärungswert begrenzt
bleibt. Aber auch wenn wir nur grob beschreiben können, was
das amerikanische Bewußtsein ausmacht, haben wir doch nicht
den geringsten Zweifel, daß es existiert – undeutlich, kaum festzulegen, voller Widersprüche. Die *conscience collective* ist gerade
wegen ihrer Gestaltlosigkeit ein mächtiges Ganzes und weit mehr
als die Summe ihrer Teile. Jeder Versuch, sie zu konkretisieren,
wird entweder zu einer unrichtigen Verallgemeinerung führen
oder einem fälschlicherweise für wichtig erachteten Neben-
aspekt zum Opfer fallen.

Für unser Vorhaben ist es unerläßlich, einen Grundriß amerikanischer Denkweisen zu skizzieren. Wie die Bundesrepublik in
den Vereinigten Staaten wahrgenommen wird, ist in dreifacher
Hinsicht von Belang. Zunächst sind die USA die einzige wirk-
liche Supermacht nach dem Ende des Kalten Krieges. Folglich
zählt die amerikanische Meinung zu allem und jedem. Zweitens
kommt dem Deutschlandbild der Amerikaner Bedeutung zu,
weil die USA sich dem Aufbau und dem Schutz der dauerhafte-
sten und stabilsten Demokratie der deutschen Geschichte be-

sonders verpflichtet fühlen und den Weg zur Vereinigung im Jahre 1990 befürworteten und – im Gegensatz zu Ländern wie Frankreich und Großbrittanien – aktiv unterstützen. Drittens ist eine Machtrivalität zwischen den beiden Nationen in absehbarer Zukunft zwar höchst unwahrscheinlich, trotzdem werden sich ihre politischen Beziehungen weit komplizierter und konfliktreicher als vor 1989 gestalten.

Diese Behauptung mag für die Weltpolitik noch auf Jahre hin ungültig bleiben, vielleicht sogar niemals zutreffen, aber im europäischen Rahmen liegt der Fall anders. Denn dort zeichnet sich ein unübersehbarer Trend ab: Die USA verlieren an Macht und Einfluß, Deutschland gewinnt in beiden Bereichen. Die Beziehungen zwischen Hegemonen und aufstrebenden Rivalen, so hat Robert Gilpin festgestellt, enden oft mit kriegerischen Auseinandersetzungen,[1] wenn das gegenseitige Mißtrauen überhandnimmt – wie es Briten und Deutschen 1914 ergangen ist. Wir haben behauptet, daß Deutschland kein Hegemon ist, sondern eher eine zurückhaltende Hegesie. Die Untersuchung von Einstellungen und Meinungen in den USA erhärtet diese These, weil sie zeigt, daß die Amerikaner die Deutschen als erstarkende Rivalen nicht fürchten. Aber ebendie Tatsache, daß die Amerikaner keinen Grund sehen, deutsche Macht einzudämmen, könnte die Bundesrepublik dazu verleiten, in der eigenen Region ihr Gewicht stärker als zuvor in die Waagschale zu werfen. Jede ernsthafte Diskussion darüber, wie eine Nation das Verhalten eines anderen Landes interpretiert, muß sowohl die Einstellungen des Volkes als auch die der Eliten berücksichtigen.[2] Deshalb haben wir nicht nur recherchiert, wie einige führende Zeitungen und die sicherheitspolitische Elite der USA über Deutschland denken. Ebenso wichtig war uns die breite Öffentlichkeit und eine systematische Auswertung von Meinungsumfragen, die den Zeitraum von den frühen fünfziger Jahren bis heute umspannen.

Die öffentliche Meinung

Unsere Ergebnisse belegen, daß die amerikanische Öffentlichkeit den komplexen Sachverhalten, die mit der deutschen Frage verbunden sind, pragmatisch und besonnen begegnet. Die öffentliche Meinung in den USA enthält sich aller Extreme. Das Chicago Council on Foreign Relations bezeichnet diese Haltung als »pragmatischen Internationalismus«.[3] Gleichzeitig läßt sich allerdings in den USA eine moralisierende Tendenz beobachten, die Europäer gern als Naivität belächeln. Die Mischung aus Realitätssinn und einer Verpflichtung auf absolute moralische Werte ist jedoch ein Zeichen für die stabile demokratische Kultur und die hohe öffentliche Toleranz, welche das amerikanische Leben prägen.

Seit die deutsche Einheit im Herbst 1989 zum Thema wurde, hat sich die überwältigende Mehrheit der Amerikaner stets dafür ausgesprochen. Das Verhältnis zwischen Befürwortern und Gegnern sank nie unter Werte von 3,5 zu 1, während Werte von 7 zu 1, sogar 8 zu 1, je nach Formulierung der Fragen, durchaus nicht selten waren. In einer Umfrage von CBS und *New York Times* vom 30. März 1990 begrüßten 76 Prozent der Interviewten die Vereinigung von Ost- und Westdeutschland, nur 13 Prozent äußerten sich ablehnend. Im Verhältnis 9,5 zu 1 hießen die Amerikaner die Öffnung der Mauer gut, und mit 4 zu 1 forderten sie ihre Regierung auf, die Deutschen nach besten Kräften zu unterstützen. Die meisten US-Bürger – 3 zu 1 – hegten keinerlei Befürchtungen, daß ein vereintes Deutschland den Weltfrieden bedrohen würde, und im Verhältnis 5 zu 1 hielten sie es für verfehlt, Deutschlands Teilung aus Angst, es könne seine Nachbarn wieder militärisch bedrohen, aufrechtzuerhalten. Noch deutlicher – mit 6 zu 1 – verwarf die amerikanische Öffentlichkeit die Idee, Deutschland geteilt zu halten, nur um eine wirtschaftliche Vorherrschaft der Deutschen über ihre europäischen Nachbarn zu verhindern. Die Amerikaner schienen wirklich felsenfest davon überzeugt, daß ein vereintes Deutschland »gut für die Vereinigten Staaten und ihre westlichen Verbündeten« sei (73 Prozent stimmten dieser Aussage zu, nur 10 Prozent widersprachen ihr).[4]

Im Verhältnis von beinahe 3 zu 1 glaubten die Amerikaner daran, daß ein wiedervereinigtes Deutschland die Bedingungen für Frieden und Wohlstand weltweit verbessern werde, und mit einer Mehrheit von 4,5 zu 1 waren sie davon überzeugt, es werde Europa nicht maßlos dominieren. Hier drückten allerdings 29 Prozent der Befragten eine gewisse Skepsis aus. 37 Prozent dieser Minderheit befürchteten eine Neuauflage des Nationalsozialismus und 26 Prozent eine möglicherweise erdrückende deutsche Vormachtstellung auf wirtschaftlichem Gebiet.

Die Anzahl der Amerikaner, die argwöhnten, ein vereintes Deutschland werde sich zum Aggressor entwickeln, war nicht einmal halb so groß wie die Zahl derer, die eine solche Gefahr nicht sahen. Der allgemeinen Zeitstimmung entsprechend meinten 51 Prozent der ersteren Gruppe damit wirtschaftlich aggressives Verhalten, während nur 33 Prozent militärische Übergriffe für möglich hielten. 56 Prozent der Amerikaner stimmten der Aussage einer für CBS und *New York Times* im Oktober 1990 durchgeführten Umfrage zu, die Deutschland als »friedliebende Nation« bezeichnete, »die zum Kampf nur bereit ist, wenn sie glaubt, daß sie sich verteidigen muß«, und nur 26 Prozent konnten sich dem zweiten Teil der Aussage anschließen, der Deutschland als »eine aggressive Nation« darstellte, »die einen Krieg anfangen würde, nur um etwas zu bekommen, was sie haben will«.

33 Prozent der Befragten einer von NBC und *Wall Street Journal* im März 1994 durchgeführten Erhebung glaubten, daß die Beziehungen zwischen den Vereinigten Staaten und Deutschland sich »seit dem Fall der Berliner Mauer und dem Ende des Kalten Krieges« verbessert hätten, 52 Prozent waren der Auffassung, sie seien weitgehend unverändert geblieben, und nur 5 Prozent fanden, daß eine Verschlechterung eingetreten sei. Auch wenn

es um das Vertrauen der Amerikaner zur neuen Bundesrepublik geht, sieht die Bilanz ausgesprochen positiv aus. Eine Umfrage von CBS und der *New York Times* im März 1994 ergab, daß 13 Prozent der Interviewten großes Vertrauen zu Deutschland hatten, 51 Prozent etwas, 23 Prozent wenig und 9 Prozent überhaupt keins.

Einige der negativen Aussagen mögen auf die Tatsache zurückgehen, daß viele Amerikaner Deutschland als wirtschaftlichen Rivalen betrachten. Die ökonomische Konkurrenz führt zwar in keiner Hinsicht zu dem Grad an Argwohn und Antipathie, den die Amerikaner Japan entgegenbringen, aber sicherlich hat der harte wirtschaftliche Wettbewerb nach dem Ende des Kalten Krieges die deutsch-amerikanischen Beziehungen verändert. Nach einer Umfrage von Associated Press im März 1991 sahen 14 Prozent der Interviewten in der »wirtschaftlichen Konkurrenz Deutschlands« ein sehr gewichtiges Problem für die Vereinigten Staaten, und 44 Prozent stuften es als nicht unwichtig ein. 60 Prozent der Amerikaner glaubten, daß die Deutschen sich seit 1945 wesentlich geändert hätten. Nach ihrer Meinung haben die Deutschen aus ihrer Geschichte endlich gelernt. Im Verhältnis 8 zu 1 beurteilten die Amerikaner den Zweiten Weltkrieg als vollkommen überwunden, das heißt, sie betrachteten die meisten von ihm hinterlassenen Probleme als gelöst. Eine überwältigende Mehrheit sieht die Deutschen als Partner und nicht als Feinde, obwohl sich in einer Umfrage des International Policy Opinion Survey im September 1993 63 Prozent der Befragten dahingehend äußerten, daß »Wachsamkeit gegenüber einem erstarkenden Deutschland« zu den Prioritäten der amerikanischen Regierung gehören sollte (17 Prozent bezeichneten dies als höchste Priorität). Partnerschaft schließt Rivalitäten und Irritationen eben nicht aus, und möglicherweise sind solche Verstimmungen in dieses eine Umfrageergebnis eingegangen.

Die amerikanische Öffentlichkeit läßt auch eine gewisse gesunde Skepsis erkennen, wenn sie die Beziehungen der neuen Bundesrepublik zu den europäischen Nachbarstaaten einschätzt. Im Mai 1990 führte eine Erhebung von ABC und *Washington Post* zu dem Ergebnis, daß 6 Prozent der Interviewten Deutschland als große Gefahr für Europa empfanden, 13 Prozent als erhebliche Gefahr, und 35 Prozent sahen nur geringe Gefahr, womit eine knappe Mehrheit derjenigen zustande kam, die es zumindest für möglich hielten, daß Deutschland Europa wieder Unheil bringen könnte. 45 Prozent antworteten, sie sähen kaum eine Bedrohung für Europa. Eine ähnliche Frage stellte ABC News in der Woche vor der deutschen Vereinigung am 3. Oktober 1990. Das Ergebnis: 5 Prozent stuften die Gefahr als groß, 7 Prozent als erheblich, 26 Prozent als gering und 52 Prozent als kaum vorhanden ein.

Befürchten die Amerikaner, daß Deutschland die beherrschende Macht in Europa werden könnte? Auf diese Frage, die in einer Untersuchung für *Los Angeles Times* und *Economist* im Januar 1990 gestellt wurde, antworteten 29 Prozent, daß besagte Möglichkeit sie beunruhige, während 62 Prozent das verneinten. Eine Meinungsumfrage für CBS und *New York Times* am 30. März 1990 kam zu dem Resultat, daß 67 Prozent der Befragten nicht befürchteten, ein vereintes Deutschland werde den Frieden in Europa bedrohen, während 22 Prozent diese Sorge hatten.

Bei der Bewertung der europäischen Situation bejahten 36 Prozent die Frage, ob »Deutschland versuchen wird, Europa wirtschaftlich zu dominieren«, während 49 Prozent dies für abwegig hielten. Im Januar 1990 ließen *Los Angeles Times* und *Economist* untersuchen, wie die Folgen der Wiedervereinigung für den politischen Zusammenhalt der Europäischen Gemeinschaft eingeschätzt wurden: 36 Prozent der Befragten glaubten an einen positiven Effekt, 47 Prozent vermuteten, daß sich daraus keine Veränderungen ergeben, und 4 Prozent erwarteten negative Folgen.

Im Verhältnis von 3 zu 1 befürworteten die Amerikaner die strikte zahlenmäßige Begrenzung der Streitkräfte des neuen

Staates. In noch höherem Maße, beinahe 4 zu 1, hofften sie, daß die Deutschen gänzlich auf Atomwaffen verzichten würden. Auf der anderen Seite war die Mehrheit der Ansicht, das vereinte Deutschland solle eine starke konventionelle Militärmacht bleiben. Mit einer Mehrheit von über 6 zu 1 sprachen sie sich für die feste Einbindung der Bundesrepublik in die Europäische Gemeinschaft aus. Und in fast ebenso eindrucksvoller Überzahl wollten die Amerikaner das Land auch weiterhin als Mitglied der NATO sehen (75 Prozent dafür, 17 Prozent dagegen).

Dieser Pragmatismus und diese Unvoreingenommenheit haben einen wichtigen moralischen Kern. Danach gefragt, warum sie die Vereinigung gutheißen, gab eine überwältigende Mehrheit der Amerikaner die einfachste Antwort: Weil das deutsche Volk zusammengehört, wenn es sich das wünscht – eine Reaktion, in der ein weiteres Mal die ungebrochene Vitalität wilsonistischer Ideen und Ideale zum Ausdruck kommt.

Die Einschätzung der Deutschen und ihrer Politik ist über die letzten vierzig Jahre hinweg bemerkenswert konstant geblieben. Bereits 1955 befürworteten die Amerikaner die Wiedervereinigung im Verhältnis von 4 zu 1, und zwar sowohl aus moralischen und altruistischen wie aus pragmatischen und egoistischen Gründen. Die damaligen Gegner der deutschen Einheit argumentierten weniger mit der Angst vor einem neuen Nationalsozialismus (20 Prozent), vielmehr befürchteten sie, daß in einem vereinten Deutschland der Kommunismus größeren Einfluß gewinnen könnte als in dem geteilten Land (52 Prozent).

Daß die »kommunistische Gefahr« bis vor kurzem das außenpolitische Denken der meisten Amerikaner bestimmte, ist nichts Neues. In den fünfziger Jahren verhielt sich die öffentliche Meinung zur politischen Stellung Deutschlands in Europa folgendermaßen: Die große Mehrheit war der Ansicht, ein vereinigtes Deutschland solle NATO-Mitglied sein (5 zu 1). Mithin sprachen sich die meisten Befragten für Westdeutschlands Aufnahme in die NATO aus (3,5 zu 1). Ein vereintes, aber neutrales Deutschland stieß auf Opposition (2 zu 1), ein vereintes und mit den Sowjets verbündetes Deutschland wurde rigoros abgelehnt (8 zu 1). Daran änderte sich in den nächsten vierzig Jahren recht wenig. Deutschlands Einheit sollte in den Augen der amerikanischen Öffentlichkeit Hand in Hand mit einer Vertiefung seiner Westbindung.

Der Antikommunismus der amerikanischen Bevölkerung ist ebenfalls sehr aufschlußreich. Die meisten Dinge, die mit den Bezeichnungen Kommunismus/kommunistisch – oder den für viele Amerikaner kaum davon zu unterscheidenden Begriffen Sozialismus/sozialistisch – verknüpft sind, haben hier eine negative Bedeutung. In diesem Mißtrauen läßt sich zweierlei entdecken. Erstens fällt auf, daß die amerikanische Öffentlichkeit den tatsächlichen Inhalt kommunistischer und sozialistischer Programme insgesamt positiv beurteilt – vorausgesetzt, sie erscheinen unter anderem Namen. Zweitens haben die Amerikaner, trotz ihrer Antipathien für Kommunismus/Sozialismus und deren gewichtigste Verkörperung, die Sowjetunion, ein militärisches Vorgehen gegen die Sowjets im Verhältnis 3 zu 1 stets abgelehnt. Das gilt auch für die osteuropäischen Länder, deren kommunistische Regimes jahrzehntelang im Verhältnis 6 zu 1 als von den Sowjets aufgezwungen und folglich als illegitim betrachtet wurden.

Sogar die militärische Verteidigung West-Berlins nach einer angenommenen sowjetischen Besetzung befürworteten lediglich 52 Prozent. Und selbst diese knappe Mehrheit wurde nur ein einziges Mal erreicht, und zwar in den frühen achtziger Jahren, kurz nach dem sowjetischen Einmarsch in Afghanistan und dem Beginn des sogenannten Zweiten Kalten Krieges. Für einen tatsächlichen Krieg mit der UdSSR hat sich die Mehrheit der US-Bürger nie ausgesprochen – nicht einmal, um Berlin zu halten. Die meisten Amerikaner vermochten sich einen militärischen Konflikt mit den Sowjets nur unter zwei Bedingungen vorzustellen, nämlich für den Fall eines direkten sowjetischen Angriffs entweder auf Nordamerika (die Vereinigten Staaten und Kanada, allerdings nicht Mexiko) oder auf Großbritannien. Das »besondere Verhältnis« dieser beiden Länder reichte ganz eindeutig weit über die persönlichen Freundschaften der jeweiligen Staatschefs, beispielsweise Roosevelt und Churchill oder Reagan und Thatcher, hinaus und nimmt auch heute noch einen festen Platz im amerikanischen Bewußtsein ein.

Hier sind ein paar Worte zum allgemeinen Bild der Deutschen in den USA angebracht, da Sympathie oder Antipathie für ein Land und seine Bevölkerung natürlich auch politische Entscheidungen beeinflussen kann. Im großen und ganzen erscheinen die Deutschen in durchaus günstigem Licht. Eine Befragung des Gallup-Instituts vom Februar 1992 ergab eine sehr positive Einstellung bei 17 Prozent und eine überwiegend positive bei 57 Prozent der Interviewten. Nur 14 Prozent gaben an, ein negatives Bild des Landes zu haben, 6 Prozent wählten die Kategorie »sehr negativ«. In einer Harris-Umfrage vom März 1991 bekundeten 16 Prozent der Teilnehmer große Bewunderung für Deutschlands wirtschaftliche Leistung, 46 Prozent empfanden etwas Bewunderung. 19 Prozent äußerten sich wenig und 15 Prozent überhaupt nicht anerkennend. Interessant sind auch die Reaktionen auf eine Frage aus derselben Untersuchung, wieviel Bewunderung die Teilnehmer für Deutschland als einen »echten Führer der Welt« hätten. Das Ergebnis: 7 Prozent nannten große Bewunderung, 35 Prozent etwas, 33 Prozent wenig und 24 Prozent gar keine. Eine beträchtliche Mehrheit der Amerikaner (68 gegen 19 Prozent) sprach sich nach einer Umfrage im Auftrag von CBS und *New York Times* im Dezember 1994 dafür aus, die Bundesrepublik als ständiges Mitglied in den Sicherheitsrat der Vereinten Nationen aufzunehmen.

28 Prozent der Teilnehmer an einer Harris-Umfrage im Februar 1991 stuften Deutschland als einen engen Verbündeten Amerikas ein, und 50 Prozent betrachteten es als wohlgesinnt. Nur 14 Prozent bezeichneten Deutschland als den Vereinigten Staa-

ten nicht wohlgesinnt, 3 Prozent sahen in ihm einen Feind. Dieselbe Frage wurde im Februar 1994 erneut gestellt, mit sehr ähnlichen Resultaten: 22 Prozent nannten die Bundesrepublik einen engen Verbündeten, 54 Prozent wohlgesinnt, 16 Prozent nicht wohlgesinnt und 3 Prozent einen Feind. Nach einer Befragung für ABC und *Washington Post* im Mai 1990 wollten 53 Prozent der Teilnehmer Deutschland als Mitglied der NATO sehen, während 43 Prozent seine Neutralität vorzogen. Zum selben Thema machte die *Los Angeles Times* im Januar 1990 eine Umfrage: 50 Prozent befürworteten Deutschlands Mitgliedschaft in der NATO, 27 Prozent sahen es lieber »außerhalb der NATO als neutrales Land«, und 21 Prozent waren sich nicht sicher.

Gallup hat die Amerikaner seit Anfang der Fünfziger regelmäßig dazu befragt, wie sie die verschiedenen Völker der Erde beurteilen. Die Ergebnisse zeigen für die Deutschen auf einer Skala von + 5 (absolut positiv) bis − 5 (absolut negativ) seit über vierzig Jahren einen konstanten Wert von + 2. Weder der Eichmann-Prozeß in den frühen Sechzigern noch zwanzig Jahre später die Kontroverse um die Stationierung von Mittelstreckenraketen in der Bundesrepublik konnten diesen positiven Wert nennenswert verändern. Andere Umfragen erhärten den Eindruck, daß die Amerikaner den Deutschen nicht gerade überschwenglich, doch immerhin freundlich begegnen. Im September 1990 bat Princeton Survey Research Associates die Teilnehmer einer Studie, Deutschland auf derselben Bewertungsskala einzuordnen, die der Gallup-Umfrage zugrunde lag: Nur 5 Prozent der Interviewten stuften es in der sehr ungünstigen Kategorie minus 4 − 5 ein, weitere 14 Prozent wählten die ungünstige Einstufung minus 1 − 3. 57 Prozent der Befragten gaben Deutschland die »günstige« Bewertung von plus 1 − 3, und 17 Prozent nannten die Kategorie »sehr günstig« (plus 4 − 5).

Auch das Chicago Council on Foreign Relations erhebt regelmäßig Daten über die Einstellung der Amerikaner zu verschiedenen Nationen und ihren Spitzenpolitikern. Das Resultat ergänzt das oben genannte recht eindrucksvoll. Das »Gefühlsthermometer« des Chicago Council, das eine Skala von null bis hundert Grad umfaßt, wies Deutschland im Jahr 1991 mit 62 den dritten Platz zu, zwar weit abgeschlagen hinter Kanada (76) und Großbritannien (74), doch mit beträchtlicher Führung vor Italien (59), Frankreich (56), Israel (54), Japan (52) und 23 anderen Kandidaten. Auf dem Thermometer, das die Gefühle der amerikanischen Öffentlichkeit für die führenden Persönlichkeiten der Welt mißt, teilte sich Helmut Kohl eine mittlere Position mit Nelson Mandela (beide 53), vor François Mitterrand (50), Jacques Delors (47), Toshiki Kaifu (46) und Yitzhak Schamir (44), aber weit hinter dem Spitzenreiter Papst Johannes Paul II. (67), der Zweitplazierten Margaret Thatcher (66) und Michail Gorbatschow (64).[5]

1995 zeigte das Thermometer ähnliche Ergebnisse wie 1991 an. Im Gefühlshaushalt der Amerikaner war Deutschland auf 57 gerutscht; damit befand es sich mit Mexiko an vierter Stelle. Italien war mit 58 an Deutschland vorbei auf den dritten Platz gezogen. Kanada hatte seine Führung mit 73 gehalten, gefolgt von Großbritannien mit 69, womit beiden ihr fester Platz im Herzen der Amerikaner bestätigt wurde. Interessant ist, daß die Gefühle der Amerikaner für alle anderen Länder zwischen 1991 und 1995 abkühlten, der Bundesrepublik war dabei keine Ausnahme beschieden. Helmut Kohl konnte seine mittlere Position mit 51 behaupten und teilte sie diesmal mit Yitzhak Rabin. Der Papst verteidigte seinen ersten Rang mit 65, ihm folgten Nelson Mandela (58) und Boris Jelzin (53). Mitterrand und Delors rangierten mit jeweils 48 weiter hinter Kohl.[6]

Ob die Meinungsforscher danach fragen, welches Land die Amerikaner gern besuchen würden oder welchem Volk sie vertrauen können, stets stellt sich heraus, daß nur die Kanadier, Briten und Australier den Deutschen vorgezogen werden. Im Vergleich mit anderen europäischen Völkern und Staaten haben sich die Deutschen und die Bundesrepublik insgesamt recht gut gehalten.

Die Amerikaner sind den Deutschen allerdings längst nicht so zugetan wie den Briten. Sie respektieren sie eher und vertrauen ihnen, zwar nicht als Freunde, doch als gleichberechtigte Partner, die gelegentlich auch zu Rivalen werden können. Ebendieser Umstand, daß die Amerikaner die Deutschen achten, aber nicht lieben, wird von den Untersuchungen des Gallup-Instituts bestätigt. Gallup stellte wiederholt die Frage, welche Adjektive die Eigenschaften eines Volkes am besten charakterisieren. Im Falle der Deutschen fand sich »fleißig« unverrückbar an der ersten Stelle (70 Prozent), gefolgt von »intelligent« (50 Prozent), »fortschrittlich« (35 Prozent), »praktisch« (25 Prozent), »ehrlich« und »tapfer« (jeweils 20 Prozent). Negative Eindrücke wie »jähzornig«, »kriegerisch« und »arrogant« folgten mit einem Durchschnitt von knapp unter 20 Prozent. Im Rahmen einer großangelegten Befragungsaktion von ABC News (13. März 1990) zu den amerikanisch-japanischen Beziehungen, die relativ konfliktreich sind, wurde auch ermittelt, wie die Amerikaner Deutsche und andere Europäer beurteilen. Die Teilnehmer sollten die Deutschen in Hinsicht auf sechs Eigenschaften mit den »meisten anderen Menschen« vergleichen – Leistungsfähigkeit, Freundlichkeit, Kreativität, Arroganz, Intelligenz und Disziplin. Eine Mehrheit ordnete die Deutschen wie die meisten anderen Menschen ein (54 Prozent nannten Leistungsfähigkeit, 67 Prozent Freundlichkeit, 66 Prozent Kreativität, 63 Prozent Arroganz, 80 Prozent Intelligenz). Nur Disziplin erzielte eine relative Mehrheit von 47 Prozent.

Aber die Minderheit, in deren Augen die Deutschen vom üblichen Verhalten abwichen, hatte ihren Vorurteilen offenbar freien Lauf gelassen. 32 Prozent glaubten, die Deutschen seien leistungsfähiger als alle anderen, während 11 Prozent sie als weniger leistungsfähig einstuften. 20 Prozent empfanden die Deutschen als unfreundlicher als die meisten anderen, im Gegensatz zu 11 Prozent, nach deren Auffassung sie freundlicher sind. Bei der Kreativität war das Ergebnis ausgeglichen: 17 Prozent sprachen den Deutschen höhere und 16 Prozent geringere Kreativität als dem Durchschnitt zu. Arroganter als andere galten die Deutschen bei 23 Prozent, bei 11 als weniger arrogant. 14 Prozent hielten die Deutschen für intelligenter, nur 5 Prozent für weniger intelligent als die meisten anderen. Beim Merkmal Disziplin setzte sich das übliche Klischee besonders deutlich durch: 41 Prozent der Teilnehmer beurteilten die Deutschen als disziplinierter und nur 8 Prozent als weniger diszipliniert als andere. Trotz solcher Stimmen zeichnet sich also ein klares Bild ab: Die amerikanische Öffentlichkeit schätzt die Deutschen und ihr Verhalten überwiegend als normal ein. Wenn sie als anders wahrgenommen werden, dann vor allem als disziplinierter und daran anschließend, in absteigender Rangfolge, effizient, nicht besonders freundlich, leicht arrogant, überaus intelligent und ungefähr so kreativ wie alle anderen auch.

Wer die amerikanische Werbung kennt, weiß, wie die Deutschen dort präsentiert werden: ernsthafte, disziplinierte und fachkundige bebrillte Männer in weißen Kitteln; der zuverlässige Konstrukteur eines noch zuverlässigeren Mercedes oder BMW irgendwo auf einer Teststrecke tief im Schwarzwald. Darin spiegelt sich das Modell Deutschland wider: keine Junker, nur hervorragende Ingenieure, die die »ultimate driving machine« – so der in Amerika allseits bekannte BMW-Werbeslogan – herstellen. Wenig wird in den USA so schnell mit Spitzenqualität in Verbindung gebracht wie »deutsche Technik«.

In auffälligem Gegensatz dazu zeigt das Image der Japaner, daß die Amerikaner harte Arbeit, Kompetenz, Intelligenz und Praxisorientierung nicht ohne weiteres positiv bewerten. Es ist zum Klischee geworden, scheint aber trotzdem wahr zu sein: Im Verlauf der achtziger und neunziger Jahre hat sich Japan in den Augen der US-Bürger zum größten wirtschaftlichen und technologischen Rivalen entwickelt. CBS und *New York Times* fragten die Amerikaner im Juni 1990 danach, welches Land gegenwärtig den stärksten Konkurrenten darstelle. Die Antwort ist aufschlußreich: 58 Prozent nannten Japan, gefolgt von der Sowjetunion mit 19 Prozent, China mit 3, Deutschland mit 2 und Großbritannien mit einem Prozent. Beinahe 75 Prozent der 1985 Befragten glaubten, daß die Handelsprobleme der USA allein auf das Konto der Japaner gingen. Nur 4 Prozent nannten als nächstes Land die Bundesrepublik.

Im selben Jahr führte diese »Japan-Fixierung« zu bemerkenswerten Fehleinschätzungen. So bezeichneten 62 Prozent der Amerikaner Japan als den wichtigsten Handelspartner der USA, und nur 15 Prozent gaben die korrekte Antwort, nämlich Kanada. Ein Jahr später waren 46 Prozent der Amerikaner der Ansicht, daß Japan eine ernsthafte Gefahr für die USA in den Welthandelsbeziehungen darstelle; auf die Bundesrepublik dagegen entfielen nur 12 Prozent. Beinahe 70 Prozent der 1989 Befragten stuften Japan als den größten Rivalen der USA auf dem Weltmarkt ein (nur ein Prozent schrieb diese Rolle der Bundesrepublik zu), 35 Prozent sahen in Japan den wichtigsten Handels- und Technologiepartner der USA (Großbritannien: 9 Prozent, Kanada: 7 Prozent, Bundesrepublik: 1 Prozent); 42 Prozent waren der Auffassung, Japan verfüge weltweit über die beste Technologie (die USA bekamen 47 Prozent und hielten damit einen geringen Vorsprung von 5 Prozent). Hier muß hinzugefügt werden, daß die Amerikaner ihr eigenes Land auf diesem Gebiet bis Mitte der achtziger Jahre in einer unangreifbaren Führungsposition gesehen hatten – im Verhältnis 80 zu 1. Und um den vielleicht wichtigsten Punkt zu nennen: 54 Prozent hielten Japan für die absolut stärkste Wirtschaftsmacht der Welt (USA: 29 Prozent, UdSSR: 3 Prozent, Bundesrepublik: 1 Prozent). Nach amerikanischer Ansicht hat das Land in den Bereichen Ökonomie und Technologie eine derart beherrschende Position erlangt, daß die vielfältigen Antipathien, die die US-Bürger in dieser Hinsicht hegen, sich voll und ganz auf die Japaner konzentrieren.

Ob es den Deutschen auch weiterhin gelingen wird, ihren Geschäften relativ unbemerkt nachzugehen, womit sie den Zorn der amerikanischen Öffentlichkeit bisher vermieden haben, läßt sich nicht voraussagen. Eines allerdings scheint klar: In der amerikanischen Öffentlichkeit wird aufgrund der ökonomischen Konkurrenzsituation hauptsächlich über die »häßlichen Japaner« gesprochen. Wenn ein Bild der »häßlichen Deutschen« überhaupt existiert, dann wahrscheinlich nur bei jüdischen und polnischstämmigen Amerikanern, für die leider keine Daten aus Meinungsumfragen vorliegen. Aber wenn der häßliche Deutsche im Bewußtsein der Amerikaner auch nicht existiert, so hat sich doch ein gewisses Maß an Wachsamkeit gegenüber Deutschland erhalten. Die öffentliche Meinung in den USA zieht eine feine, wenngleich erkennbare Trennlinie zwischen Deutschen (uneingeschränkt positiv) und Deutschland (zu dem vorsichtige Distanz gehalten wird). Zum Beispiel stieg der Anteil der Amerikaner, die in der Bundesrepublik eine Gefahr für den Frieden in Europa vermuteten, zwischen 1991 und 1993 von 31 auf 41 Prozent. Die Erinnerung an den Zweiten Weltkrieg prägt das Deutschlandbild der Amerikaner immer noch. So glaubten 54 Prozent der US-Bürger im Jahr 1993, daß eine Wiederbelebung des Nationalsozialismus möglich sei, ein Drittel sah im deutschen Rechtsradikalismus eine große Gefahr, und mehr als 50 Prozent hielten die Deutschen für antisemitisch.[7]

Sicherlich eröffnen Meinungsumfragen bestenfalls einen oberflächlichen Blick auf die Wahrheit. Wenn es um sehr heikle, kontrovers beurteilte und möglicherweise unangenehme Angelegenheiten geht, gibt es oft ein enormes Mißverhältnis zwischen der ausgesprochenen Realität, wie sie sich durch Antworten bei Meinungsumfragen vermittelt, und der unausgesprochenen Realität, die die tatsächlichen Gefühle, Ängste und Vorurteile der Menschen umfaßt. Ob die Amerikaner den Deutschen gegenüber wirklich so empfinden, wie das in den erörterten Erhebungen zum Ausdruck kommt, ist nur sehr schwer zu beurteilen. Zumindest können wir aber davon ausgehen, daß die Kluft zwischen *pays réel* und *pays légal*, also zwischen der tatsächlich existierenden öffentlichen Meinung und der offiziellen Beurteilung der Deutschen, in den Vereinigten Staaten mit Sicherheit erheblich geringer ist als in einigen europäischen Ländern. Doch auch hier besteht ein Unterschied zwischen dem, was die Leute denken, und dem, was sie sagen. Wie nicht anders zu erwarten, ist das *pays réel* mit einer schweren Bürde negativer Bilder belastet, die sich allesamt auf die nationalsozialistische Vergangenheit beziehen. Der Hunne des Ersten Weltkriegs ist vollständig vom Bild des Nazis verdrängt worden. Und das gilt nicht nur für die Juden. So war einer der Autoren dieses Buches, Andrei Markovits, im April 1990 bei der armenischen Gemeinschaft in Watertown, Massachusetts, zu Gast. Obwohl er den Völkermord der Nationalsozialisten in seinem Vortrag nicht ein einziges Mal erwähnte, sondern sich ausschließlich auf den türkischen Genozid am armenischen Volk konzentrierte, bezogen sich beinahe alle anschließend gestellten Fragen auf Ereignisse im heutigen Europa und Vorderasien. Erstaunlicherweise wurden Befürchtungen über eine neue deutsche Macht, in Erinnerung an Auschwitz, häufiger ausgesprochen als die Angst vor blutigen Konflikten – und möglicherweise einem neuen Genozid – in Nagorny Karabach.

Diese ständige Präsenz von Auschwitz wurde auch bei allen Vorträgen deutlich, die wir seit 1989 über das neue Deutschland gehalten haben. Obwohl wir immer die phänomenalen Errungenschaften der Bundesrepublik als wirksamen Schutz gegen alles hervorheben, was auch nur entfernt einem neuen Nationalsozialismus ähneln könnte, treffen wir ohne Ausnahme auf mehr als nur eine Handvoll von Skeptikern. Und das nicht nur bei der North Shore Jewish Sisterhood oder der jährlichen Konferenz der B'nai-Brith-Loge in den Catskills, sondern auch bei Versammlungen von dreihundert Angehörigen des mittleren Managements von Fortune-500-Unternehmen oder von High-School-Sozialkundelehrern aus Georgia, Florida oder den beiden Carolinas.

Auschwitz und die Schrecken des Nationalsozialismus sind aus dem kollektiven Gedächtnis der Amerikaner nicht getilgt. Obwohl dieser Aspekt in den Meinungsumfragen nur am Rande erscheint, ist er doch in den Kneipen, an den Arbeitsplätzen und beim gemeinsamen Essen sehr präsent. Hier herrscht eine deutliche Diskrepanz zwischen der öffentlichen Meinung, wie sie sich in Umfragen spiegelt, und den tatsächlichen Gefühlen, wie sie im alltäglichen Umgang zum Ausdruck kommen. Der Nationalsozialismus lebt im zeitgenössischen amerikanischen Bewußtsein als Ausgeburt des Bösen fort. Darüber hinaus hat er sich zum Synonym für Faschismus, Erniedrigung, Schmerz, Sadismus, Expansion, Okkupation, Autoritarismus, Machtmißbrauch und Machtbesessenheit entwickelt. Und bis zu einem gewissen Grade wird deutsch mit nationalsozialistisch gleichgesetzt.

1992 ärgerte sich die Journalistin Molly Ivins über Patrick Buchanans reaktionäre Rede auf dem Nominierungsparteitag der Republikaner, in der er sich energisch gegen die angebliche amerikanische Permissivität wandte, und sie schrieb, um ihrer Einschätzung der rechtsradikalen Tendenz den nötigen Nachdruck zu verleihen, daß der Vortrag »im deutschen Original« besser geklungen habe.[8] Als die amerikanische Neue Linke die US-Regierung und das Land als »faschistisch« bezeichnete, buchstabierte sie es »Amerika«, also in deutscher Schreibweise mit »k«. Das Wort Nazi bezeichnet das Böse schlechthin, und oft wird es auf absurde und beleidigende Weise verwendet, zum Beispiel wenn der Radiokommentator Rush Limbaugh gegen Feministinnen als »Feminazis« wutet. Der Sinn ist eindeutig: Der Nationalsozialismus ist, mehr als jedes andere politische Regime oder jede andere Ideologie einschließlich des Stalinismus, der Inbegriff des Bösen im gegenwärtigen Amerika – auch nach fast einem halben Jahrhundert des Antikommunismus.

Die Kabarettisten und Komiker sind vielleicht die am wenigsten befangene Stimme des *pays réel*. Sie agieren auf einem Feld des politischen und kulturellen Diskurses, wo man sich nicht um

Verhaltensregeln und Hemmungen kümmern muß – im Gegenteil, es ist ihre Aufgabe, diese abzuschütteln, auszusprechen, was die Leute wirklich fühlen und denken, aber den Meinungsforschern nicht anvertrauen mögen. Das ehemals transitive Verb »to offend« (kränken, beleidigen, Anstoß erregen) ist intransitiv geworden: Wo man früher jemanden oder etwas kränkte, darf man heute nicht kränken, Punkt. In diesem allgemeinen Neopuritanismus des heutigen Amerika verteidigt Comedy das letzte Refugium; eine Welt, in der die Darstellung der Deutschen von der Nazi-Erfahrung bestimmt wird. Die Komiker erinnern ständig an den Zweiten Weltkrieg, und in der Kategorie des ethnischen Witzes beherrscht der Nationalsozialismus die Vorstellungen über alles Deutsche.

Es ist bemerkenswert, daß die Erinnerung an Auschwitz in der amerikanischen Öffentlichkeit eher stärker geworden ist. Im Lauf der Jahre hat sich Auschwitz im Bewußtsein der US-Bürger zum Inbegriff der Immoralität und des absolut Bösen entwickelt. Die Kraft dieses Eindrucks bleibt so übermächtig, daß keine andere Überlegung seine Gültigkeit in Frage stellen kann. Als Ronald Reagan seinen Besuch auf dem Bitburger Friedhof mit bestimmten amerikanischen Interessen zu rechtfertigen suchte, sank seine Popularität in ungekannte Tiefe, und seine Argumente wurden als unmoralisch kritisiert. In hitzigen Debatten, wie zum Beispiel im Konflikt um den Schwangerschaftsabbruch, versucht jede Seite, der anderen durch Gleichsetzung mit den Nationalsozialisten jegliche Legitimität zu entziehen. Die Beschwörung der Shoah soll den Gegner in die Ecke des absolut Bösen drängen, womit sich die Debatte von einer interessengeleiteten Politik zu einer Politik der unbedingten Moral verlagert.

Die Meinung der Eliten

Die amerikanischen Eliten zeigen sich, was Deutschland und Europa betrifft, erheblich informierter und interessierter als die breite Bevölkerung. Anders als die französischen und britischen Eliten gewähren die amerikanischen Entscheidungsträger der Bundesrepublik in beinahe allen Bereichen bemerkenswerte Unterstützung. Die alle vier Jahre durchgeführten Umfragen des Chicago Council on Foreign Relations belegen, daß die Deutschen im Regierungsviertel von Washington mehr Ansehen genießen als überall sonst im Lande. Aber die Kluft zwischen öffentlichen und privaten Äußerungen findet sich nicht nur bei der amerikanischen Bevölkerung, sondern auch bei der Elite.

Die amerikanische Führungsschicht will, daß Deutschland eine aktivere militärische Rolle in der Welt spielt, und zudem würde sie es gern als ständiges Mitglied des UN-Sicherheitsrates sehen.[9] In einer regelmäßigen Umfrage, die Länder danach einstuft, ob sie von vitalem Interesse für die Vereinigten Staaten sind, kam das Chicago Council on Foreign Relations 1986 zu dem Ergebnis, daß 77 Prozent der Öffentlichkeit, aber überwältigende 98 Prozent der Eliten die Bundesrepublik als höchst bedeutend in dieser Hinsicht ansahen. In der Bewertung der Elite teilte sie sich den ersten Platz mit Japan und führte mit 2 Prozentpunkten vor Mexiko und Kanada (beide 96) und 4 Punkten vor Großbritannien (94). 1990 fanden sich Deutschland und Japan wieder auf dem ersten Platz – die Wertung war allerdings leicht gesunken (95 Prozent) –, vor Mexiko (94), der Sowjetunion (93) und Kanada (90). Großbritannien war auf 86 Prozent zurückgefallen. Ein leichter Rückgang trat auch in der breiteren öffentlichen Einschätzung Deutschlands (73 Prozent) zutage.[10] Die Rangfolge im Jahr 1995 weist eine interessante Verschiebung in der Bewertung der amerikanischen Elite auf. Die Bundesrepublik, die immer noch 91 Prozent für sich verbuchen konnte, wurde auf den siebten Platz verwiesen, hinter Länder wie Rußland und

Mexiko (beide 98 Prozent), Saudi-Arabien (94) und Kanada (93). In der Beurteilung der Bevölkerung fiel sie mit einem Wert von 66 Prozent auf den zehnten Platz. Japan nahm mit 85 Prozent zum ersten Mal die Spitzenposition ein.

Eines ist nach einem epochemachenden Jahrzehnt der Weltpolitik klar: Neben Großbritannien wird Deutschland mit Abstand als das wichtigste europäische Land in bezug auf amerikanische Interessen eingestuft. Länder wie Frankreich (59 Prozent), Polen (46) und die Ukraine (66) kommen nicht einmal in seine Nähe.[11] In die Beurteilung der Bevölkerung fließen emotionale Aspekte weit stärker ein als in die der Eliten. In der Frage des vitalen Interesses plaziert die breite Öffentlichkeit Großbritannien stets vor Deutschland, während die Elite 1990 genau umgekehrt urteilte. Nur 4 Prozent der Eliten und der Bevölkerung erwarteten, daß Deutschland sich »in den nächsten zehn Jahren zu einem ernsthaften Gegner der Vereinigten Staaten« entwickeln würde.[12] Aber 56 Prozent der Eliten und nur 45 Prozent der Bevölkerung sagten eine wichtigere Rolle für Deutschland im Jahr 2005 voraus.[13] Weiterhin waren einige aufschlußreiche Veränderungen beim Thema wirtschaftliche Konkurrenz zu beobachten. Die Vorstellung von Deutschland als ökonomischem Motor Europas muß die Befragten mit beträchtlichem Respekt erfüllt haben: 41 Prozent der Eliten und 30 Prozent der Bevölkerung glaubten 1990, daß Europa eine ernsthafte wirtschaftliche Bedrohung für die Vereinigten Staaten darstelle. Vier Jahre später waren die Werte erheblich gesunken, auf 11 Prozent bei den Eliten und – weniger stark – 27 Prozent bei der Bevölkerung.[14] Im Laufe der Neunziger verloren die Politiker in Washington ihre anfänglichen Ängste vor der Festung Europa. Offenbar wuchs ihr Vertrauen in die Fähigkeit der USA, sich auf den Weltmärkten zu behaupten, außerdem bewerteten sie das Allgemeine Zoll- und Handelsabkommen (GATT) und dessen unmittelbaren Nachfolger, die neu gegründete Welthandelsorganisation, als vorteilhaft für die Weltwirtschaft und Amerikas Rolle darin.

Dieses Selbstvertrauen hat sich – zumindest bei der Führungsschicht – auch deutlich auf das Verhältnis zu Japan niedergeschla-
gen. 1990 schätzten 63 Prozent der Elite und 60 Prozent der Bevölkerung Japan als stärksten Rivalen der Vereinigten Staaten im
wirtschaftlichen Wettbewerb ein. 1994 war der Wert bei den Eliten auf 21 Prozent gesunken, aber – und das ist erstaunlich – auf
62 Prozent in der Beurteilung der Öffentlichkeit gestiegen. Die
US-Bürger hatten ein Bild des häßlichen Japaners entworfen,
das nicht nur offen dargestellt wurde, sondern auch weitgehend
auf zeitgenössischen Ereignissen basierte. Sicher leben Pearl
Harbor und der Kampf gegen Japan im Zweiten Weltkrieg im
kollektiven Gedächtnis der Amerikaner fort. Doch die Zerstörung von Toyotas auf den Parkplätzen der drei großen Automo-
bilhersteller in Detroit hat wenig mit Pearl Harbor zu tun, dafür
sehr viel mit der Unsicherheit von Millionen amerikanischer
Arbeiter – aus deren Sicht die Japaner für ihre Probleme verantwortlich sind.

Um für einen Augenblick zur aufschlußreichen Welt des Hu-
mors zurückzukehren: Die vielen Witze, die Jay Leno und David
Letterman über die Japaner reißen, beziehen ihre Themen beinahe ausschließlich aus der Gegenwart; gelegentlich machen sie
sich auch über eine drohende japanische Weltherrschaft lustig,
aber niemals sprechen sie Japans Vergangenheit an. Obwohl die
Vereinigten Staaten im Zweiten Weltkrieg viel unmittelbarer
mit dem Gegner Japan als mit NS-Deutschland konfrontiert waren, bleibt Auschwitz unvergleichlich mächtiger als Pearl Harbor oder jeder andere Zusammenstoß mit den Japanern in einem
langen und grausamen Konflikt. Darin offenbart sich das Ausmaß der nationalsozialistischen Verbrechen: Sogar in den Vereinigten Staaten, deren Bürger mehr unter den Japanern als unter
den Deutschen zu leiden hatten, wird das ungünstige Bild der
ersteren von gegenwärtigen Ereignissen bestimmt, während die
negativen Aspekte in der Wahrnehmung der letzteren ausschließlich aus der Vergangenheit stammen.

Unter den amerikanischen Politikexperten ist Ronald D. Asmus einer der entschiedensten Fürsprecher der Bundesrepublik. In einer Untersuchung gelangt er zu dem Schluß, daß die Mitglieder der amerikanischen Sicherheitselite die Deutschen durchweg mit Argwohn betrachten. Seine Studie wurde im Auftrag des Bundesverteidigungsministeriums geschrieben und ist ein schönes Beispiel für die vielen Versuche von Experten, den Deutschen klarzumachen, warum sie nicht in dem Maße gemocht werden, wie sie es sich wünschen. Zu seinem eigenen Bedauern macht Asmus Unbehagen, sogar Mißtrauen gegenüber den Deutschen unter den amerikanischen Entscheidungsträgern aus, und er muß feststellen, daß »Deutschland, zu Recht oder Unrecht, oft immer noch durch eine andere Linse betrachtet und an anderen Maßstäben gemessen wird als sonstige Länder«.[15] Auf vielen Dinnerparties in Washingtons exklusivem Wohnviertel Georgetown und beim Lunch der Spitzenpolitiker in den noblen Hauptstadtrestaurants werde in beinahe jedem Gespräch über die Bundesrepublik früher oder später die Frage gestellt: »Sind Sie da wirklich sicher …? Haben Sie soviel Vertrauen zu ihnen …?«[16] Welches Deutschlandbild haben die führenden amerikanischen Zeitungen? Um das zu beantworten, wollen wir kurz die bahnbrechende Arbeit von Karin Böhme-Dürr vorstellen.[17] Böhme-Dürr ging bei ihrer Untersuchung von der Annahme aus, daß die Amerikaner die Deutschen nach der Vereinigung erheblich schlechter beurteilen würden als vorher. Dieser Wandel, so ihre Hypothese, habe seine Ursache vor allem in einer veränderten Berichterstattung. Mit großer Sorgfalt analysierte sie sämtliche Titelgeschichten und Leitartikel über Deutschland, die zwischen 1976 und 1993 in 115 amerikanischen Zeitungen erschienen waren, darunter so angesehene Blätter wie *New York Times*, *Washington Post*, *Los Angeles Times* und *Boston Globe*. Obwohl sie sich bewußt war, daß die meisten Amerikaner politische Informationen aus dem Fernsehen beziehen, schloß sie – unserer Meinung nach zu Recht – Fernsehnachrichten zugunsten der

Printmedien aus. »Der *Newsweek*-Kolumnist Jonathan Alter zitiert die folgende Aussage eines hochrangigen Regierungsmitglieds: ›Wahlkämpfe werden im Fernsehen geführt und gewonnen, aber regiert wird über Gedrucktes. Nur auf diese Weise nehmen Themen Gestalt an.‹ Habermas sieht das ähnlich, wenn er sagt, daß Druckerzeugnisse das Herzstück aller Medien bilden und eine notwendige Voraussetzung für die Erhaltung der öffentlichen Sphäre seien.«[18]

Böhme-Dürr legt auf überzeugende Weise dar, daß sich das Deutschlandbild nach der Vereinigung trübte. Sie begründet diese Entwicklung nur in zweiter Linie mit der Vorstellung, daß Deutschland durch die Vereinigung erheblich an Stärke gewonnen habe. Vielmehr sieht sie die Presse in jüngster Zeit mit Deutschlands Nazi-Image beschäftigt, was sich in der ausführlichen Berichterstattung über gewalttätigen Fremdenhaß und die radikale Rechte im gerade vereinten Land niederschlug. Auch wenn die Deutschen in Umfragen meist positiv charakterisiert werden, Auschwitz bleibt im kollektiven Gedächtnis der Amerikaner gegenwärtig: bei Politikern, Journalisten, Lehrern, bei der überwiegenden Mehrheit der Bevölkerung. Die Vergangenheit läßt die Deutschen nicht los, nicht einmal in den Vereinigten Staaten.

Die meisten Amerikaner haben sich für die deutsche Vereinigung ausgesprochen, und nur eine Minderheit ist der Bundesrepublik gegenüber negativ eingestellt. Doch ebenso wird das immense Beharrungsvermögen von Auschwitz im kollektiven Gedächtnis der Amerikaner deutlich. Der Zwiespalt gegenüber allem Deutschen läßt sich nicht übersehen. Auf der einen Seite steht das gute, saubere und demokratische Deutschland, Verbündeter und Partner der USA. Auf der anderen Seite bleibt die anhaltende Angst vor dem Nationalsozialismus als Inbegriff des Bösen, eines maßlosen Bösen, das von der Geschichte nahezu losgelöst und als ständige Bedrohung erscheint.

Die Reaktionen der Europäer

Michael Jackson ist gerade aus Europa zurückgekehrt. Er hat
dort auch in Fantasy World gespielt, dem deutschen Gegen-
stück zu Disney World. Was diese Welt zu einem ganz besonderen Freizeitpark macht, ist die Tatsache, daß in der Phantasie
der Deutschen auch Frankreich, Polen und die Tschechische
Republik zu Deutschland gehören.

Jay Leno in der Tonight Show

Wie hat die Öffentlichkeit in fünfzehn europäischen Ländern
auf die deutsche Vereinigung reagiert? Wir sind uns der Grenzen
dieser Untersuchung bewußt. So sorgfältig wir auch vorgehen
mögen, exakt läßt sich nicht messen, was die jeweilige Bevölkerung für die Deutschen und Deutschland zu einem bestimmten
Zeitpunkt empfunden hat, besonders in so turbulenten Jahren
wie den späten Achtzigern und den frühen Neunzigern. Die Öf-
fentlichkeiten sind zu komplex, um beispielsweise die Einstellung der Franzosen zu den Deutschen ermitteln zu können. Welche Franzosen? Die Pariser oder die Bevölkerung des übrigen
Landes? Männer oder Frauen? Junge oder Alte? Arbeiter oder
Angestellte? Elite oder breites Volk? Aus dem Süden oder aus
dem Norden? Auch die ausgefeilteste Befragungsmethode kann
solche Feinheiten nicht gänzlich erfassen.

Es geht also vor allem darum, breite Trends aufzuzeigen. Auch
wenn sich Gefühle und Haltungen nur schwer dokumentieren
lassen, heißt das nicht, daß sie nicht vorhanden oder nicht wichtig wären. Meinungen beeinflussen sehr wohl die Menschen
und damit ihre Politik. Wenn man von *der* Haltung einer Nation

spricht, so ist das eine grobe Vereinfachung, aber wir wissen, daß solche Verzerrungen auch in der Realität existieren. In einer Gesellschaft bilden sich fortlaufend unterschiedliche Ansichten, Gewohnheiten und Milieus heraus. Und trotzdem sind die kollektiven Merkmale mehr als die bloße Summe ihrer Bestandteile. Wir pflichten Ludwig Fleck bei, der einmal gesagt hat: »Wir schauen mit den eigenen Augen, wir sehen mit den Augen des Kollektivs.«[1] Stereotype und Vorurteile, die oft auf bestimmte historische Entwicklungen zurückgehen, sind ein denkbar schlechter Leitfaden für unser Verhalten. Aber leider stellen sie, so sehr uns das auch mißfallen mag, einen wirksamen Ordnungsmechanismus in einer zunehmend verwirrenden und unüberschaubaren Welt dar.

Warum beschränken wir uns auf Stimmen zur deutschen Vereinigung? Die Antwort kombiniert pragmatische Erwägungen mit unserem Vertrauen in die Erklärungskraft epochemachender Ereignisse. Außerdem sind die Reaktionen der Öffentlichkeit zu diesem Zeitpunkt deshalb interessant, weil die deutsche Vereinigung einen Generationswechsel markiert, eine Zäsur, die bei den Menschen zu vollkommen neuen Ansichten, Meinungen und Erwartungen geführt hat. Wir beziehen uns hier auf Karl Mannheims Definition der »Generation« als entscheidender Bestimmungsgröße des sozialen und politischen Lebens.[2] Nach Mannheim besitzen bestimmte Schlüsselereignisse – man denke nur an die Revolutionen in Frankreich und Rußland, die Große Depression oder auch an die Studentenbewegung der sechziger Jahre – einen solchen Erfahrungswert, daß ihre Zeitgenossen, nicht nur die unmittelbar Beteiligten, ein stabiles Zusammengehörigkeitsgefühl entwickeln, oft sogar lebenslang. Die Nachwirkungen des jeweiligen Geschehens sind noch auf lange Zeit zu spüren. Und sie prägen die Kollektividentität, was sich an solchen Begriffen wie »Achtundsechziger«, »Babyboomer« oder »Kalter Krieger« ablesen läßt. Die Ereignisse von 1989 und 1990 waren so ein historischer Augenblick im Mannheimschen Sinne.

Der Zusammenbruch des Ostblocks und die deutsche Vereinigung waren epochemachende Zäsuren, die eine Ära beendeten – die Nachkriegszeit und den Kalten Krieg – und eine neue einleiteten. Wie 1945 markieren auch die Jahre 1989/90 einen der Wendepunkte, die Generationen definieren. Wir wollen deshalb untersuchen, was Menschen, die von solch umwälzendem Geschehen direkt betroffen waren, denken und empfinden.

In diesen Teil der Studie sind Daten aus drei Quellen eingegangen: Meinungsumfragen, eine große Anzahl an Zeitungs- und Zeitschriftenartikeln sowie Einschätzungen von Experten für die jeweiligen Länder.[3] Wir konzentrieren uns auf fünf Perioden, die von größter Bedeutung für die deutsche Vereinigung und die Neuordnung der europäischen Politik waren.

Die erste Phase umfaßt die Tage vom 10. bis 17. November 1989, also die Woche nach dem Fall der Berliner Mauer. Die zweite ist die Woche zwischen Weihnachten und Neujahr 1989/90, als das Brandenburger Tor geöffnet wurde und zahlreiche Zeitungen ausführliche Rückblicke auf das Jahr 1989 veröffentlichten. Drittens haben wir die Woche vom 14. bis 21. Februar 1990 ausgewählt, in der die Vereinigung beschlossen und als Weg dahin die »2+4«-Formel von den internationalen Mächten in Ottawa entwickelt wurde. Die vierte Phase ist die Zeit zwischen dem 19. und dem 26. März 1990, also die Tage nach den ersten und letzten demokratischen Wahlen in der noch existierenden Deutschen Demokratischen Republik. Schließlich beschäftigen wir uns mit den beiden ersten Juliwochen des Jahres 1990, in denen die Währungsunion der beiden deutschen Staaten geschlossen wurde, um die Entwicklung Ostdeutschlands den Bedingungen der westdeutschen Marktwirtschaft anzupassen – womit der »dritte Weg« starb –, die NATO zu ihrer historischen Konferenz in London zusammentrat und den Kalten Krieg offiziell beendete, die G-7-Staaten ihr jährliches Treffen in Houston abhielten und, vielleicht am wichtigsten, die Sowjetunion überraschenderweise zugestand, daß ein vereintes Deutschland in der NATO verbleiben könne.[4] In knapp neun Monaten hatte sich die Welt in einem Ausmaß verändert wie seit 1945 nicht mehr. Und genau wie 1945 war Deutschland sowohl Subjekt wie Objekt dieses ungeheuren Wandels.

Mehrere Fragen haben unsere Untersuchung geleitet. Waren die Reaktionen auf die Wiedervereinigung und das neue Deutschland positiv oder negativ? Kamen Befürchtungen zum Vorschein? Und waren diese hauptsächlich von Erinnerungen bestimmt, von einer historisch begründeten Angst, oder hatten sie aktuelle Anlässe? Richtete sich das Mißtrauen, sofern es vorhanden war, eher auf wirtschaftliche oder auf politische Gegebenheiten? Wurde die Sorge geäußert, daß Deutschland seine Verpflichtungen gegenüber Westeuropa zugunsten neu eröffneter Chancen im Osten vernachlässigen könnte? Gab es bedeutsame Unterschiede zwischen den untersuchten Ländern? Haben kleine Länder anders als große, westliche anders als östliche reagiert? Oder Staaten, die im Zweiten Weltkrieg unter deutscher Besetzung zu leiden hatten, anders als Länder, die davon verschont blieben? Und wie sehen die länderinternen Differenzen aus? Gibt es deutliche Links-rechts-Spaltungen oder Meinungsunterschiede zwischen den Eliten und der jeweiligen Bevölkerung?

Die fünfzehn untersuchten Länder sollen einen sinnvollen Querschnitt der europäischen Staaten darstellen – der kleinen und der großen, der nahen und der weiter entfernten. Im folgenden möchten wir unsere sieben Hauptergebnisse zusammenfassen:

1. Vermutlich löst kein Land ähnlich heftige Gefühle bei den Europäern aus wie Deutschland. Es ist ebenso unnütz, diesen Sachverhalt zu leugnen, was deutsche Politiker zum Teil versucht haben, wie ihn zu bekämpfen, indem man etwa behauptet, Deutschland sei wenig mehr als eine größere Version der Schweiz.[5] Schon aufgrund seiner hohen Einwohnerzahl, seiner Wirtschaft, seiner Geschichte und seiner geographischen Lage spielt Deutschland eine gewichtige Rolle. Die europäischen Eli-

ten und die breite Bevölkerung haben entschiedene Ansichten über Deutschland, die sich von ihrer Einstellung zu kleineren und weniger mächtigen Ländern qualitativ unterscheiden.

2. Wie Europäer ihre Ansichten zu Deutschland formulieren, hängt in hohem Maße von ihrem kollektiven Gedächtnis ab. Das ist zwar nicht der einzige Bezugsrahmen, aber ein sehr mächtiger, viel stärker prägend als die Anhaltspunkte, die die Europäer für die Bewertung anderer Nationen haben. Deutschlands national sozialistische Vergangenheit wirft immer noch einen langen Schatten. Beispiele dafür gibt es in Hülle und Fülle: In der italienischen Öffentlichkeit werden deutsche Fußballspieler regelmäßig zu *panzeri*, die deutsche Nationalmannschaft heißt »Wehrmacht«; die Finnen benutzen den Spitznamen *Aatus*, eine Abwandlung von »Adolf«, wenn sie von den Deutschen sprechen. Bei keinem anderen europäischen Land spielt die jüngere Geschichte im Urteil seiner Nachbarn eine vergleichbare Rolle. Natürlich widmen unmittelbare Nachbarn einander besondere Aufmerksamkeit, sei es in den friedlichen Beziehungen der kleinen Länder wie im Falle Österreichs und Ungarns oder in den tragischen Auseinandersetzungen zwischen Serben und Kroaten. Was Deutschland so interessant und bedeutsam macht, ist die Tatsache, daß es in allen Bevölkerungsschichten dezidierte Meinungen und Gefühle hervorruft, selbst bei nicht direkt angrenzenden Ländern. Kein anderes Land in Europa hat so viele direkte Nachbarn nämlich neun – wie die Bundesrepublik Im Uhrzeigersinn aufgezählt, sind das Dänemark, Polen, die Tschechische Republik, Österreich, die Schweiz, Frankreich, Luxemburg, Belgien und die Niederlande.

Wir sind auf kein Land gestoßen, in dem die Erinnerung an den Nationalsozialismus die Haltung zu allem Deutschen nicht beträchtlich geprägt hätte. Besonders auffällig ist die Beständigkeit, mit der Bilder des Leidens das kollektive Gedächtnis der Europäer bestimmen. Auch wenn diese negativen Assoziationen nicht gerade bereitwillig ausgesprochen werden, liegen sie doch dicht unter der Oberfläche und sind bei jedem Konflikt mit den Deutschen zur Hand, sei es auf dem Fußballfeld oder in Büros und Ministerien. Wie wir bereits ausgeführt haben, scheint das Opferbewußtsein eine entscheidende Dimension des kollektiven Gedächtnisses darzustellen.

3. Aber zur gleichen Zeit verblaßt die Vergangenheit in allen Ländern. Und je weiter sie zurücktritt, desto größer wird die Unterstützung für Deutschland. In allen Fällen urteilte eine deutliche Mehrheit positiv über die Bundesrepublik. Und fast überall – die Ausnahmen waren Polen, die Tschechoslowakei, Dänemark und, mit großem Abstand, die Niederlande – begrüßte eine ebenso eindrucksvolle Mehrheit die Wiedervereinigung. Herzlichkeit und Begeisterung nahmen sehr unterschiedliche Ausmaße an, trotzdem sind die Daten der Meinungsforschung eindeutig: Die Europäer befürworteten die Vereinigung und respektieren die Bundesrepublik, doch zugleich bleibt ihnen Deutschland etwas unheimlich.

4. Wir unterscheiden zwei Dimensionen in den Reaktionen der Europäer auf die Wiedervereinigung und alles Deutsche. Die erste könnte man als die »offizielle« oder »rechtmäßige« Ebene bezeichnen. Es ist die vernünftige Haltung, die die Befragten öffentlich äußern, die sie für akzeptabel und »salonfähig« halten, zusammengefaßt: die »politisch korrekte« Version. Vorurteile und Ängste werden in der Regel zurückgehalten. Hier haben die Meinungsforscher keine Schwierigkeiten, recht genaue Ergebnisse zu erzielen.

Die zweite Dimension ist erheblich komplizierter zu ermitteln. Da Einstellungen eher auf Ängste als auf Vernunftgründe zurückgehen, kommen sie vorwiegend im privaten Umfeld zur Sprache und können von Umfragen kaum erfaßt werden. Trotzdem existiert diese Ebene, auch unter der immer wieder geäu-

ßerten Bewunderung für die Erfolgsgeschichte der Bundesrepublik. Man kann sich des Gefühls nicht erwehren, daß es sich
bei den ständigen Beteuerungen der demokratischen Natur der
Bundesrepublik, der Verläßlichkeit ihrer Institutionen, der Stabilität ihrer Ökonomie, des Pazifismus ihrer Jugend, ihrer Westbindung und ihrer Verankerung in der NATO letztlich um den
etwas angestrengten Versuch handelt, sich selbst Mut zu machen
und tiefsitzende Ängste vor den Deutschen beiseite zu schieben.

5. Es sind vier Faktoren, die die unterschiedlichen Reaktionen
der Länder auf die Wiedervereinigung und dementsprechend
ihre jeweilige Haltung zu Deutschland erklären: geographische
Lage, die Bedeutung des Landes als Akteur, die Art der historischen Kontakte zu Deutschland und der Grad der Verflechtung
mit seiner Wirtschaft. Als Regel gilt: Je größer die geographische
Entfernung, um so weniger ausgeprägt die emotionale Reaktion
auf Deutschland. So haben die Niederländer und die Dänen wesentlich entschiedenere und negativere Einstellungen ausgebildet als etwa die Griechen, die Iren oder die Portugiesen.
»Akteur« ist zweifellos ein weiter Begriff. Er bezieht sich auf eine
Kombination von Größe und Bedeutung. Je mächtiger ein Land
ist oder war, wie zum Beispiel Großbritannien und Frankreich,
desto stärker wird seine Öffentlichkeit und mehr noch seine Elite
von einem Rivalitätsdenken bestimmt, das ablehnende Einstellungen fördert. Auch hier wirkt die Entfernung als Gradmesser.
In den USA wurde Deutschland von den Eliten und der Bevölkerung günstiger beurteilt als in Frankreich oder Großbritannien, und darin kommt auch ein größeres Sicherheitsgefühl der
amerikanischen Öffentlichkeit zum Ausdruck.
Wenn man die Dynamik der öffentlichen Meinung verstehen
will, muß der historische Hintergrund berücksichtigt werden.
Überraschend mag sein, daß nicht bloß die Geschichte der drei-
ßiger und vierziger Jahre eine Rolle spielt. Auch die Zeit vor
1933 prägt gegenwärtige Einstellungen zu Deutschland, aller-

dings auf unterschiedliche Weise. Das historische Erbe, das in der Gegenwart nachwirkt, reicht weit hinter das Trauma des Nationalsozialismus zurück. Die deutsche Besetzung Griechenlands verlief sehr brutal, aber sie scheint in den heutigen Einstellungen der Griechen wenig Spuren hinterlassen zu haben. In Dänemark und den Niederlanden finden sich erheblich feindseligere Haltungen, aber sie stehen auch im Zusammenhang mit dänisch-deutschen und niederländisch-deutschen Beziehungen aus der Zeit vor Hitler. Die Antipathien der Dänen haben fast ebensoviel mit 1864 wie mit 1940 zu tun.

Damit sollen die Erinnerungen an den Nationalsozialismus als Teil der europäischen Vorbehalte nicht verharmlost werden. Natürlich sind wir auf entsprechende Zeitungsartikel gestoßen, und vereinzelt tauchte ein Hakenkreuz in Karikaturen auf. Insgesamt aber wurden Ängste, die im Zusammenhang mit der deutschen Vereinigung zur Sprache kamen, nicht explizit mit dem Nationalsozialismus begründet. Diese Ängste werden an Deutschlands neuer Rolle in Europa nichts ändern, jedenfalls nicht was die politischen und wirtschaftlichen Belange angeht. Der Umgang mit ihnen wird allerdings für einen wichtigen subjektiven Unterschied sorgen, nämlich ob man Deutschlands neuer Macht künftig freundschaftlich und wohlwollend oder eher mit Argwohn und Zurückhaltung begegnet.

Schließlich stellte sich der Grad der wirtschaftlichen Verflechtung als wichtiger Erklärungsfaktor für bestimmte Einstellungen heraus, und interessanterweise widerspricht dies Verhältnis allen liberalen Erwartungen bezüglich der aufklärerischen Wirkung des Handels. Kleine Staaten, die ausgesprochen schwache ökonomische Beziehungen zur Bundesrepublik haben, begeistern sich für die Idee, ihre Wirtschaft engmaschiger mit der deutschen zu verknüpfen (Portugal, Griechenland, Irland), und äußern die geringsten politischen Einwände gegen die Wiedervereinigung. Im Gegensatz dazu bestehen in eng mit der deutschen Wirtschaft verbundenen Ländern, zum Beispiel in Dänemark und den Niederlanden, die stärksten Vorbehalte und Animositäten gegenüber den Deutschen, der Wiedervereinigung und einer noch intensiveren Zusammenarbeit. Die Faktoren Nähe, Geschichte und Grad der Integration überlagern sich jedoch, und es ist schwierig, ihren jeweiligen Stellenwert zu ermitteln.

6. Wenn man sich der Stimmungslage innerhalb eines Landes zuwendet, kann man im allgemeinen unterschiedliche Reaktionsweisen je nach Alter, Bildungsgrad, beruflichem Status und politischer Überzeugung erkennen. Zum Beispiel wird Deutschland von der breiten Bevölkerung überall sehr viel günstiger beurteilt als von den Eliten. Wären da nicht die Intellektuellen und die politischen Klassen, die Umfrageergebnisse würden in allen Ländern weit positiver ausfallen. Die folgende Äußerung klingt ein wenig übertrieben, aber sie enthält sicherlich ein Körnchen Wahrheit: »Gäbe es die Gebildeten nicht, dem Verständnis der Völker wären Tür und Tor geöffnet. Ein wohletabliertes Vorurteil bei Lehrern, Advokaten, Journalisten und Politikern ist dauerhafter als Marmelstein.«[6]

7. Die politische Linke hat sich durchweg ablehnender zu den Deutschen geäußert als die Rechte. Bemerkenswerterweise erwächst diese Antipathie nicht aus Deutschlands nationalsozialistischer Vergangenheit. Sie entspringt vielmehr seiner gegenwärtigen Wirtschaftskraft und seiner wachsenden politischen Bedeutung. Selbst in der griechischen Linken, die sich in Antiamerikanismus verzehrt und Deutschland lange Zeit als mögliche Ablösung der amerikanischen Vorherrschaft in Europa betrachtete, gibt es Vorbehalte. Die Linke, wen wundert's, sieht in jedem ökonomisch mächtigen Akteur einen Agenten des Kapitalismus.

Alles in allem weisen unsere Ergebnisse auf eine Aufgeschlossenheit gegenüber Deutschland hin, die eine aufstrebende Macht zweifellos ausnutzen könnte. Einige der kleinen Länder, in denen feindselige Haltungen überwiegen, sind trotzdem der mächtigen deutschen Wirtschaft unterworfen. Kleine Staaten mit politisch wohlwollender Einstellung, aber ohne direkte wirtschaftliche Verbindungen zu Deutschland, wünschen sich, was sie als die Segnungen der Abhängigkeit betrachten. Und die großen Staaten, die zumindest der Möglichkeit nach als ökonomische Konkurrenten auftreten könnten, werden von einem Gefühl der Schwäche übermannt, weil sie ihre eigenen Unzulänglichkeiten doch nur allzugut kennen. Deutschlands politische Öffnung nach Osten und Westen erfolgt weitgehend unabhängig und unbeeinflußt von den Einstellungen seiner Nachbarn. Auch darin kommt seine Macht zum Ausdruck, daß es beinahe gleichgültig ist, was die Nachbarstaaten von ihm denken: Ihnen stehen wenige, vielleicht gar keine Optionen offen. Kümmert es die Deutschen, daß sie in Österreich gemocht, in den Niederlanden und Dänemark angefeindet werden? Die ökonomischen Entscheidungen für alle drei Länder fallen in Frankfurt; Niederländer und Österreicher haben das Schicksal des Guldens und des Schillings an die D-Mark gekoppelt. Zuneigung in einem Fall, Abneigung im anderen – die wirtschaftlichen Beziehungen werden von solchen Stimmungslagen kaum berührt.

Anhaltende Sorgen

Die Trends sind nicht klar und die Ergebnisse nicht eindeutig. Trotzdem ziehen wir den Schluß, daß massive Vorbehalte gegen die deutsche Vereinigung oder Deutschland an sich bei der Bevölkerung der Europäischen Union nirgends existieren. Mit wenigen Ausnahmen hat die öffentliche Meinung auf die Einheit und die Berliner Republik zustimmend reagiert. Auch wenn sich Unterschiede zwischen den einzelnen Ländern feststellen lassen, haben die Meinungsumfragen doch gezeigt, daß es so etwas wie eine gesamteuropäische Haltung gibt. In einer Umfrage für die belgische Tageszeitung *Le Soir* sprachen sich 80 Prozent der Teilnehmer in der Bundesrepublik für die Vereinigung aus – damit lagen sie unter den Werten, die in Großbritannien, Spanien, Italien, Portugal und Griechenland erreicht wurden. Die *New York Times* veröffentlichte eine Studie des Meinungsforschungsinstituts Conseils-Sondages-Analyses, nach der nur 30 Prozent der westdeutschen Befragten die Vereinigung als sehr vorteilhaft beurteilten, im Gegensatz zu den Spaniern mit fast 50 Prozent und den Italienern mit 40 Prozent. Außerdem äußerten sich 17 Prozent der deutschen Teilnehmer entschieden oder recht ablehnend zur Wiedervereinigung; die entsprechenden Zahlen aus Spanien und Italien lagen bei 6 beziehungsweise 13 Prozent. All das verweist auf zwei bemerkenswerte Entwicklungen: Erstens ist die deutsche Frage inzwischen weitgehend der wichtigeren europäischen Frage untergeordnet; zweitens denken die Westdeutschen bereits derart als Europäer, daß sie auch ein historisch und psychologisch so brisantes Thema wie die Wiedervereinigung ihres Landes aus dieser Warte beurteilen. Ihre Aufgabe, die westdeutsche Öffentlichkeit zu »europäisieren«, hat die Bundesrepublik mit uneingeschränktem Erfolg erfüllt.

Offensichtlich ist das aber nicht alles. Hier geht etwas ganz Grundsätzliches vor, etwas, das überhaupt erst zu Meinungsumfragen führt. *Les incertitudes allemandes*, wie die Franzosen das Phänomen nennen, haben zu Titelgeschichten in *Time, Newsweek* und *Economist* geführt, zu zahllosen Artikeln in den führenden Zeitungen der Welt, sie haben sogar den Dramatiker Arthur Miller veranlaßt, einen umfangreichen Essay für das *New York Times Magazine* zu schreiben. Die Eliten in West- und Osteuropa und den Vereinigten Staaten waren gebannt von der deutschen Frage. Jede Zeitung, die wir untersucht haben, hatte etwas Bedeutendes zur Wiedervereinigung zu sagen. Dieses unerwartete Ereignis und seine unmittelbaren Folgen, von denen der Übergang von der Bonner zur Berliner Republik die wichtigste ist, sind nach wie vor von großem Interesse für die politischen Klassen vieler europäischer Länder. Einfach ausgedrückt: Deutschland besitzt einen höheren Stellenwert für seine Nachbarn, für alle Europäer als jedes andere Land auf dem Kontinent. Wir haben so viele Lobeshymnen auf die stabile Demokratie des neuen Deutschland gehört, daß sich uns mitunter sogar der Verdacht aufdrängte, hier mit einem Beschwörungsritual konfrontiert zu sein.

Ängste mögen zwar nur punktuell vorhanden sein, doch Unsicherheiten und Skepsis sind zumindest bei den Eliten weit verbreitet. Wir haben sie in den unterschiedlichsten Formen und Intensitätsgraden angetroffen. Bedenken, die sich auf Deutschlands zunehmende Stärke bezogen, überwogen, und sie äußerten sich in dreierlei Hinsicht. Erstens befürchtete man, das vereinte Deutschland werde in Zukunft noch gewaltigere ökonomische Konkurrenz verkörpern als die bereits wirtschaftsmächtige alte Bundesrepublik dies tat. An der europäischen Peripherie, in Spanien, Portugal und Griechenland, mehrte sich zudem die Sorge, daß sich die Chancen potentieller Wettbewerbsvorteile nun nach Osteuropa verlagern könnten.

Der zweite Aspekt ist politischer Natur. Die Vorbehalte konzentrierten sich auf Deutschlands unvermeidliche Entwicklung zum wichtigsten politischen Akteur auf dem Kontinent, und zwar just in dem Augenblick, da Europa sich aus der Abhängigkeit von den Supermächten löste. Die deutsche Überlegenheit, so befürchtete man, würde unmittelbar auf Kosten der Franzosen und, in geringerem Ausmaß, der Briten gehen.

Der dritte Punkt bezieht sich auf die Frage, wie verläßlich Deutschland als europäisches und westliches Land ist. Hier war überall die Anstrengung zu spüren – besonders ausgeprägt jedoch in Frankreich, Italien und Großbritannien –, die Bundesrepublik um jeden Preis an Europa zu binden. »Europa« hatte sich dabei längst zum Synonym für die westliche Hälfte des Kontinents entwickelt. Die allgemeine Sorge war, daß Deutschlands traditionelle Neigung zum Osten wieder hervorbrechen und seine Westorientierung in Frage stellen würde.

Aber letztlich haben sich die Europäer weder in der Wagenburg verschanzt noch bei einer dementsprechenden Rhetorik Zuflucht gesucht. Wenn es überhaupt etwas gibt, was das Projekt der europäischen Einheit erschweren könnte, so ist es das fehlende kollektive Gedächtnis. Sicherlich verstehen sich Griechen und Dänen, genau wie Deutsche und Franzosen, als Europäer und sind Repräsentanten der jüdisch-christlichen Tradition. Doch im engeren Sinne, im Sinne einer wirksamen *conscience collective*, verbindet die Europäer wenig. Im Gegensatz zu den Vereinigten Staaten eint sie kein gemeinsames Gedächtnis. Im Gegenteil, es herrscht ein Gedächtnis der Teilung, der Ablehnung, des »Anderen«. In diesem negativen Kollektivgedächtnis, so Gian Enrico Rusconi, »sind die getrennten Erinnerungen der Europäer nur durch einen schwarzen Faden verbunden, nämlich durch das negative Bild der Deutschen«.[7] Europa besitzt lediglich nationale Erinnerungen, und auch diese sind oft zersplittert durch Faktoren wie Klasse und politische Zugehörigkeit.

Wenn man wissen möchte, wie sich das kollektive Gedächtnis anderer Nationen auf die Haltung zu Deutschland auswirkt, dann ist vermutlich kein Fall so aufschlußreich wie Israel. Es ist faszinierend, daß ebendas Land, in dem man weltweit die feindseligsten Gefühle für Deutschland vermuten würde, genau wie Europa reagiert – zumindest auf der Ebene der öffentlichen Meinung. Die Haltung der Israelis ist so zwischen Gegenwart und Vergangenheit zerrissen, daß einer der dort führenden Experten für deutsche Politik von einer »israelischen Schizophrenie« spricht.[8] Angesichts des Holocaust und seiner zentralen Rolle für die politische Entwicklung der israelischen Gesellschaft und die Identitätsbildung des modernen jüdischen Staates erwiesen sich die Ansichten der Israelis zur Bundesrepublik als erstaunlich normal. Moshe Zimmermann und seine Mitarbeiter an der Hebräischen Universität Jerusalem haben im März und

April 1990 eine Meinungsumfrage durchgeführt, die zeigt, daß eine Mehrheit der Israelis positiv oder zumindest neutral zur bevorstehenden deutschen Einheit eingestellt war. Nur eine Minderheit hatte Ängste. Konkret: 26,3 Prozent begrüßten die Vereinigung ohne Vorbehalte, 40,4 Prozent hatten keine entschiedene Meinung dazu oder formulierten geringfügige Auflagen, und »nur« 33 Prozent waren ausdrücklich dagegen. Eine Studie der Meinungsforschungsgruppe EMNID Ende 1991 bestätigte die leicht positive Einstellung der israelischen Öffentlichkeit: Auf einer Skala von +5 bis −5 pendelte sich die Position der Israelis bei einem Wert von +0,3 ein. In diesen Zahlen drückt sich eine bemerkenswerte Großzügigkeit aus, eine Bereitschaft zum Verzeihen, vielleicht sogar zum Vergessen. Das Ergebnis wird von einer Zeitreihenuntersuchung gestützt, die danach fragte, ob Israels Beziehungen zu Deutschland »normal« seien. Hier die Resultate in Prozentwerten:

	1982	1990	1991	1992	1993	1994
Ja	31,3	62,5	51,9	56,8	58,1	58,2
Nein	30,0	21,8	35,9	33,5	25,4	24,6

Eine weitere Frage war, ob die Israelis an die Existenz eines »anderen«, eines guten, nicht nazistischen Deutschland glaubten.

	1982	1990	1991	1992	1993	1994
Ja	64,0	63,6	55,7	52,2	50,3	57,2
Nein	13,0	23,1	34,5	38,4	34,4	30,8

Diese Antworten deuten auf die Schizophrenie, die Zimmermann beschreibt und die wir, zumindest in Ansätzen, in jedem anderen Land auch vorgefunden haben. Obwohl der Anteil der Israelis, die an ein »anderes Deutschland« glaubten, in einem Zeitraum von zwölf Jahren beinahe konstant blieb, wuchs die Zahl derjenigen, die diese Möglichkeit verneinten, in den neunziger Jahren auf mehr als das Doppelte. Zimmermann führt diesen Anstieg weniger auf die Wiedervereinigung als auf die Rolle der Bundesrepublik im Golfkrieg zurück, in dessen Verlauf die Aktivisten der deutschen Friedensbewegung sich häufig offen antiisraelisch und antisemitisch äußerten.[9] Während des Golfkriegs kam es auch zu irakischen Angriffen mit SCUD-Raketen auf Israel, die antideutsche Gefühle wiederbelebten. Es war durchaus bekannt, daß deutsche Unternehmen und Ingenieure seit den frühen fünfziger Jahren in arabischen Ländern mit Raketenbau, der Produktion chemischer Waffen und anderen todbringenden Maßnahmen beschäftigt waren, die sich letztlich gegen den jüdischen Staat richteten. Vor allem deutsche Konzerne errichteten Saddam Husseins persönliche Bunker, verbesserten die Ballistik seiner sowjetischen SCUD-Raketen und füllten seine Arsenale mit chemischen Kampfstoffen auf, die von den SCUDs direkt nach Tel Aviv und Jerusalem getragen werden sollten. So zog ein wahrhaft erschreckendes Szenario herauf: Kaum fünfzig Jahre nach Auschwitz war es möglich, daß von Deutschen hergestelltes Gas wieder ein Massaker unter jüdischen Zivilisten anrichten würde. Israel blieb dieser Alptraum erspart, aber die Tatsache, jede Nacht in versiegelten Wohnungen sitzen zu müssen, die Gasmasken in Reichweite, frischte das kollektive Gedächtnis wieder auf. Damit mußte auch das Bild einer neuen und guten Bundesrepublik ernsthaft getrübt werden.

Das Deutschlandbild der Israelis unterschied sich nicht sonderlich nach Geschlecht, Klasse oder – sehr interessant – Alter. Darüber hinaus ließen sich auch keine Unterschiede in der Einstellung zu Deutschland zwischen aschkenasischen (west- und mitteleuropäischen) und sephardischen (aus dem Orient, dem Mittelmeerraum und dem Nahen Osten stammenden) Juden feststellen. Die Sepharden haben den Holocaust ebenso wie alle anderen Israelis als das zentrale Bild ihrer Existenz übernommen. Im Gegensatz zu den europäischen Ländern war es in Israel eher die Rechte als die Linke, die sich überproportional negativ zu

Deutschland äußerte. Der entscheidende Faktor ist hier die Religiosität, die in den letzten zwanzig Jahren zunehmend die israelische Politik geprägt hat. Angehörige der Rechten sind weitaus religiöser und »orthodoxer« als Linke, die auf ihre Weltlichkeit stolz sind. Im allgemeinen sehen sich religiöse Israelis viel bewußter als Juden, als es ihre säkularen Mitbürger tun, und daher hegen sie auch größere Antipathien gegen die Deutschen.

5. KAPITEL

Die europäische Peripherie: Griechenland, Portugal, Spanien, Irland

Unsere Erinnerungen sind ein Vermächtnis, das in die Zukunft weist.

Elie Wiesel, *From the Kingdom of Memory*

Griechenland

In einem Land, das unter der brutalen Besetzung der National-sozialisten gelitten hat, wären negative Gefühle für Deutschland nicht überraschend gewesen, aber eine überwältigende Mehrheit der Griechen befürwortete die deutsche Vereinigung. In Um-fragen im Herbst 1989 waren 83 Prozent der Teilnehmer dafür, während sich nur 3 Prozent dagegen aussprachen und 14 Prozent keine Meinung hatten. Im Frühjahr 1990 war die Zahl der Fürsprecher auf 74 Prozent gesunken und der Anteil der Gegner auf 11 Prozent gestiegen (keine Antwort: 15 Prozent), doch auch diese Werte belegen, daß die Griechen keine Probleme mit der Wiedervereinigung hatten.[1]

Welche Folgen würde die deutsche Einheit für Griechenland ha-ben? Im Juni 1991 antworteten 11 Prozent der Interviewten, daß die Vereinigung sie mit großer Hoffnung für die Zukunft Grie-chenlands erfülle, 36 Prozent hatten etwas Hoffnung, 24 Pro-zent waren eher besorgt, 6 Prozent sehr besorgt, und 24 Prozent konnten sich nicht entscheiden. Diejenigen, die von der Wiedervereinigung positive Effekte für die Entwicklung ihres Landes erwarteten, insgesamt 47 Prozent, bildeten also eine Mehrheit, wenn sie auch nicht mehr so deutlich ausfiel wie im Jahr zuvor.[2] In einem so politisierten Land wie Griechenland konnte es nicht überraschen, klare Differenzen zwischen der rechten und der linken Presse vorzufinden. Die einzelnen Positionen waren allerdings oft verblüffend. Zeitungen, die der PASOK, der Linkspartei des früheren Ministerpräsidenten Andreas Papandreou, und der eurokommunistischen KKE es nahestehen, veröffentlichten wiederholt Artikel, die Deutschlands neue Macht als längst fälliges Gegengewicht zum amerikanischen Einfluß auf Griechenland, den Mittelmeerraum und auf Europa überhaupt begrüßten. Alles, was auf einen Rückzug der vielgehaßten amerikanischen Truppen hoffen ließ, deren Regierung als eher türkeifreundlich wahrgenommen wurde, traf auf die begeisterte Unterstützung der griechischen Linken. Auch das Ende der repressiven DDR rief einhellig Beifall bei PASOK und Eurokommunisten hervor.

Was die Zustimmung der Mitte-links-Position fand, machte der Mitte-rechts-Position Sorgen. Ein Autor befürchtete, daß der deutsche Machtzuwachs unweigerlich mit einer Verringerung des amerikanischen Engagements in Europa einhergehen und mithin ein Vakuum im östlichen Mittelmeerraum entstehen werde. Unsicherheit wäre die Folge, und die Türkei – angetrieben von einer zunehmenden Radikalisierung der muslimischen Welt – würde sicherlich eine expansionistische Haltung gegenüber den Balkanländern einnehmen. Die deutsche Vereinigung, so schrieb ein anderer, bedeute die Schaffung einer multipolaren Welt; ein Prozeß, der Europa um achtzig Jahre zurückwerfen werde. Zeitungen, die der Neuen Demokratie des damaligen Ministerpräsidenten Konstantin Mitsotakis nahestanden, äußerten ebenfalls Vorbehalte zur Wiedervereinigung, weil sie den Rückzug der USA aus europäischen Angelegenheiten beschleunigen könnte.

Doch die politischen Bedenken blieben weit hinter den wirtschaftlichen Sorgen zurück. Eine Reihe von Artikeln drückte die Befürchtung aus, die Aktivitäten des vereinten Deutschland in Osteuropa würden Mittel umlenken, die andernfalls möglicherweise Griechenland zugute gekommen wären. Außerdem betrachtete man die osteuropäischen Länder aufgrund ihrer niedrigen Lohnniveaus als direkte Konkurrenten im Kampf um deutsche Aufträge. Diese Ängste wurden noch geschürt durch die Vorstellung, daß die osteuropäischen Arbeitskräfte, auch wenn sie nicht über modernste Technologien verfügten, eine bessere Ausbildung und höhere Disziplin besaßen als ihre griechischen Kollegen. Dazu kam die Schwächung der D-Mark nach der deutschen Währungsunion. Da Griechenland den größten Teil seiner Importe in Dollars bezahlen muß, so wurde argumentiert, könnte diese Entwicklung die bereits vorhandenen Inflationstendenzen der griechischen Wirtschaft weiter anheizen.

Anders als ihre politischen Bedenken hätten vermuten lassen, zeigte sich die Rechte in ökonomischen Fragen relativ optimistisch. Insbesondere bewertete sie die deutsche Vereinigung als Möglichkeit, Margaret Thatchers Macht in Europa zu bremsen; ein erfreulicher Aspekt für die EU-Anhänger in Griechenland, die in der britischen Premierministerin das größte Hindernis für den europäischen Binnenmarkt sahen, von dem sie sich immensen Nutzen für die kränkelnde griechische Wirtschaft versprachen. Den Umfragen ist nicht zu entnehmen, daß die Vereinigung Ängste geschürt hat; zu unserem Erstaunen besteht im gegenwärtigen Griechenland kein festgefügtes Bild, nach dem die Deutschen unverbesserliche Nationalsozialisten sind. Die Erinnerung an den Zweiten Weltkrieg scheint in den Hintergrund gerückt zu sein, zumindest auf der Ebene von Meinungsumfragen.

Die zu erwartende Links-rechts-Spaltung in deutschlandpolitischen Fragen verkomplizierte sich durch die Umkehrung von Positionen, je nachdem, ob wirtschaftliche oder politische Belange zur Debatte standen. Eine lagerübergreifende Sorge war, daß die Deutschen Griechenland vernachlässigen könnten, statt ihm ihre Aufmerksamkeit zu widmen.

Im Gefolge der Kriege im ehemaligen Jugoslawien kam es zu Spannungen zwischen Griechen und Deutschen, ausgelöst durch die aggressive Haltung Griechenlands gegenüber dem neugegründeten Staat Mazedonien, der Ende Juli 1991 von der Europäischen Union anerkannt wurde. Die Bundesrepublik verurteilte, in völliger Übereinstimmung mit anderen EU-Mitgliedern, die Unnachgiebigkeit der Griechen in Sachen Mazedonien. Sie bemühte sich um eine Lösung, die es der EU ermöglichen sollte, die Gewährung des vollen diplomatischen Status an bestimmte Bedingungen zu knüpfen. Zu den Änderungen, die Deutschland aushandelte, gehörten Mazedoniens offizieller Name (Ehemalige Jugoslawische Republik Mazedonien), Teile seiner Verfassung und sein offizielles Emblem. Diese Zugeständnisse beschwichtigten die Griechen, obwohl sie bei weitem nicht glücklich damit waren. Hinzu kam, daß historische Gründe und das gemeinsame orthodoxe Christentum die Griechen veranlaßt hatten, Serbien während der Balkankriege aktiv zu unterstützen.[3] Da die Bundesrepublik wiederum verläßlicher Verbündeter der Kroaten war, fanden sich Deutsche und Griechen an den entgegengesetzten Enden des EU-Meinungsspektrums, wenn es um den Konflikt im ehemaligen Jugoslawien ging.

Portugal

Wie Griechenland und Spanien hat auch Portugal eine unglückliche jüngere Geschichte, die seine schleppende Wirtschaftsentwicklung begleitete – viele Beobachter würden eher sagen: verursachte. Erst seit 1976 ist das Land eine liberale parlamentarische Demokratie. Die große Entfernung zur Mitte Europas, unstillbare Sehnsucht nach seinen früheren kolonialen Besitzungen, die besondere Beziehung zu Brasilien und die Unfähigkeit, sich

1945 von seinem faschistisch-autoritären Regime zu trennen, brachten ihm eine Außenseiterposition ein. Vor allem die politische Annäherung an das europäische Zentrum soll Portugal den gegenwärtigen Zustand im 21. Jahrhundert überwinden helfen. Deutschland spielt bei dieser Vision eine entscheidende Rolle. Daher überrascht es nicht, daß wir in Portugal auf keinerlei Vorbehalte gegenüber den Ereignissen der Jahre 1989 und 1990 stießen. Ohnehin waren wir davon ausgegangen, daß überkommene Antipathien in Portugal recht schwach ausgeprägt sein würden, da Hitler auf andere Kriegsschauplätze fixiert war und die für 1942 geplante Eroberung der Iberischen Halbinsel nicht hatte durchführen können. Außerdem hatten die Portugiesen im Lauf der Jahre freundschaftliche Gefühle für Deutschland als Rivalen Frankreichs und Großbritanniens entwickelt – beides Länder, die Portugal nicht immer unproblematische Verbündete waren. So gab es kaum Sorgen, daß die Vereinigung zu einer Wiederholung der unseligen deutschen Geschichte führen könnte. Wie die Griechen begrüßten die Portugiesen im Herbst 1989 mit überwältigender Mehrheit – 83 Prozent – die deutsche Einheit. Nur 7 Prozent waren dagegen, und 10 Prozent konnten sich nicht entscheiden. Die Anzahl der Befürworter nahm bis zum Frühjahr 1990 etwas ab. Trotz dieses leichten Rückgangs – jetzt sprachen sich 74 Prozent dafür aus, 5 Prozent dagegen, und 21 Prozent gaben keine Antwort – begegneten die Portugiesen dem Wunsch der beiden deutschen Staaten, in einem aufzugehen, mit Wohlwollen.[4]

Wie in Griechenland befürchtete man, daß sich Deutschland zu sehr mit Osteuropa beschäftigen könnte, zum unmittelbaren Nachteil Portugals. Dennoch antworteten auf die Frage, welche Folgen die Wiedervereinigung für Portugal haben würde, 10 Prozent der Interviewten, daß diese Entwicklung sie mit großer Hoffnung für die Zukunft des eigenen Landes erfülle, 49 Prozent äußerten einige Hoffnung, 16 Prozent eher Bedenken und 2 Prozent große Bedenken (23 Prozent machten keine Angaben). Das heißt, die Mehrzahl, 59 Prozent, erwartete letztlich positive Auswirkungen für Portugal, verglichen mit 18 Prozent, die mit Nachteilen rechneten.[5] Einige Beobachter äußerten sich allerdings darüber besorgt, daß die Entwicklung leicht zu einer weiteren Marginalisierung Portugals führen könnte. So schrieb ein Journalist: »Was derzeit geschieht, ist die Verlagerung des europäischen Schwerpunkts nach Osten, und das wird die periphere Stellung Portugals zwangsläufig weiter verstärken. Die Frage ist nun: Wie können wir ein Teil Europas werden, ein Teil Europas sein, ohne unsere portugiesische Identität aufzugeben? Der schlimmste Fehler wäre, sich in historische Nostalgie zu flüchten. Unsere Geschichte, unser portugiesisches Universum, unsere atlantischen Beziehungen und Verbindungen mit Afrika und Brasilien bestimmen unsere Identität als Volk, als Nation, als Staat. Aber sie sind nicht unser Schicksal. Unsere große Chance ist die weitere europäische Integration.«[6] Der Autor ermahnt seine Leser, ihr Land nicht als Peripherie zu betrachten, denn das könne sich als zerstörerische, sich selbst erfüllende Prophezeiung erweisen. Peripherie sei weniger eine geographische Lage als vielmehr eine Gemütsverfassung. Schließlich gehe der portugiesische Stolz auf eine Epoche zurück, in der Portugal Mittelpunkt der Welt war und viele heute mächtige Staaten die Peripherie bildeten.

Portugal hat sich ebenfalls ausgiebig mit dem Ende der Bipolarität beschäftigt, doch anders als in Griechenland wurde wenig antiamerikanische Schadenfreude laut. Die Debatte konzentrierte sich statt dessen auf die Rolle, die Portugal in einer bald multipolaren Welt übernehmen könnte. Einhellig wurde gefordert, daß das Land sich noch stärker um seine europäische Integration bemühen müsse. In diesem Zusammenhang kamen dann auch Ängste vor Deutschlands neuer Stärke zum Vorschein. Die meisten Kommentatoren wiesen darauf hin, daß Deutschland nicht nur wirtschaftlich, sondern auch politisch erstarken werde. Alle plädierten für die weitere Konsolidierung des europäischen

Rahmenwerks als wirksamsten Mechanismus, um die Macht der erweiterten Bundesrepublik einzudämmen. *Expresso* fragte: »Wird das zukünftige Deutschland mit achtzig oder neunzig Millionen Einwohnern und einer starken Ökonomie in der Lage sein, die Europäische Gemeinschaft aus dem Gleichgewicht zu bringen? Ja und nein. Genauer gesagt: Es wird vom Grad der Integration abhängen, den die Gemeinschaft bis dahin erreicht hat.«[7]

Spanien

Eine ähnliche Stimmungslage spiegelten die Kommentare in Spanien wider. Auch hier fanden wir keine Hinweise auf Ängste, die auf Deutschlands nationalsozialistische Vergangenheit zurückgehen. Die spanischen Kommentatoren sagten wenig über »deutsche Eigenschaften«, die man als autoritär oder antidemokratisch einstufen könnte. Fast alle Bedenken waren gegenwartsbezogen und konzentrierten sich auf Fragen wie die Folgen der deutschen Vereinigung für Spaniens ökonomische Entwicklung. Anstelle von Angst entdeckten wir eher einen ehrfürchtigen Respekt vor dem zukünftigen deutschen Giganten.

Die Frage, ob sie der Wiedervereinigung zustimmten, beantworteten 84 Prozent der im Herbst 1989 in Spanien Interviewten mit Ja, nur 7 Prozent mit Nein, und 9 Prozent konnten sich nicht entscheiden. Im Frühjahr 1990 war die Zustimmung mit 81 Prozent immer noch groß, 5 Prozent sprachen sich dagegen aus, und 13 Prozent waren sich nicht sicher.[8]

Die spanische Bevölkerung ging nicht davon aus, daß die Vereinigung sich ungünstig auf ihr Land auswirken könnte. Im Frühjahr 1991 gaben 16 Prozent an, daß ein vereintes Deutschland sie mit großer Hoffnung für die Zukunft Spaniens erfülle, 48 Prozent äußerten einige Hoffnung, 9 Prozent eher Bedenken und ein Prozent große Bedenken. 27 Prozent hatten keine Meinung dazu.[9]

Bei den Eliten dagegen trafen wir, wie in Griechenland und Portugal, auf die »Angst vor der Peripherie«. Die Sorge, daß Deutschland dringend benötigte Investitionen in die ehemalige DDR und andere östliche Länder umleiten könnte, war besonders groß. Verschiedene Reaktionsmöglichkeiten wurden diskutiert. Artikel in Spaniens größter und der PSOE-geführten Regierung von Felipe González nahestehenden Tageszeitung *El País* boten ein *quid pro quo* an: Spanien versprach, die deutsche Einheit in jedem internationalen Forum und besonders innerhalb der EU zu unterstützen, solange Deutschland für eine europäische Zentralbank und eine gesamteuropäische Währung kämpfen würde und garantierte, seine Investitionen in Spanien unvermindert fortzuführen. Die wiederholten Beteuerungen von Bundesfinanzminister Waigel im März 1990, Investitionen, die den iberischen Ländern versprochen waren, nicht abzuziehen, zeugen von der Durchsetzungsfähigkeit der spanischen Lobbyisten.

In Spanien erschienen zahllose Zeitungsartikel, die in einem geeinten Deutschland eine Stärkung für das geeinte Europa sahen. Die Spanier wollten einen Alleingang der Bundesrepublik unbedingt verhindern und versuchten deshalb den oft stockenden Prozeß der europäischen Integration voranzutreiben. Die Linie der PSOE, von Ministerpräsident González wiederholt formuliert, sah vor, ein vereinigtes Deutschland – Selbstbestimmung ist das unveräußerliche Recht aller Völker – im Rahmen eines vereinten und sicheren Europa zu unterstützen. González behauptete sogar, daß die europäische Vereinigung nun vier statt der bisherigen drei Statuten besäße: den Binnenmarkt, die Währungsunion, die politische Union und ein vereintes Deutschland.[10] Mit der Aufnahme Gesamtdeutschlands in die EU, so hofften und hoffen spanische Sozialisten sowie Vertreter der Wirtschaft, könne die Vision des vereinten Europa und des europäisierten Deutschland reibungsloser und unwiderruflich realisiert werden. Indessen blieben die Bedenken in Spanien auf instrumentelle und pragmatische Fragen beschränkt und wurden nur von der gebildeten Elite thematisiert. Wie ein Leitartikel in *El País* am 19. Februar 1990 feststellte, schien die deutsche Vereinigung ein »Trauma« der Politikexperten zu sein, aber bei der Bevölkerung weckte sie kaum Ängste.

Irland

Wie in Spanien, Portugal und Griechenland sprach sich auch in Irland eine große Mehrheit für die Vereinigung der beiden deutschen Staaten aus. Im Herbst 1989 gaben 81 Prozent der Iren an, daß sie der Vereinigung zustimmten, 7 Prozent waren dagegen, und 13 Prozent zeigten sich unentschieden. Im Frühjahr 1990 äußerten sich noch 75 Prozent positiv, 8 Prozent ablehnend, und 18 Prozent wußten keine Antwort.[11] Auf die Frage nach den Folgen der deutschen Vereinigung für Irland antworteten ein Jahr später 19 Prozent mit großen Hoffnungen für die Zukunft ihres Landes, 42 Prozent mit einigen Hoffnungen, 14 Prozent dagegen hegten eher Bedenken und 7 Prozent starke Bedenken; 19 Prozent konnten keine Angabe machen.[12]

Die irische Presse wies auf Chancen wie Gefahren für Irland hin. Während sich einige Beobachter um die zunehmende Marginalisierung sorgten, setzten andere darauf, daß das neue Europa, angetrieben von einer gestärkten Europäischen Union, den dringend nötigen wirtschaftlichen Aufschwung Irlands auslösen würde. Allerdings schien niemand zu bezweifeln, daß die Ereignisse der Jahre 1989 und 1990 die europäischen Machtverhältnisse erheblich zu Deutschlands Gunsten verschoben hatten; eine Aussicht, die im traditionell gegen Britannien eingestellten Irland niemanden schreckte. Immerhin hatte das Land im Zweiten Weltkrieg eine neutrale Haltung gegenüber Hitler-Deutschland eingenommen.

Eine Reihe von Artikeln betonte allerdings auch, daß Irland letztlich ein englischsprachiges Land sei und damit in einer globalen Ökonomie über einen klaren Wettbewerbsvorteil verfüge, gerade gegenüber Osteuropa und insbesondere Polen, das viele Iren als potentiellen Rivalen im Kampf um deutsche Investitionen betrachteten. Auch die Position zwischen den Vereinigten Staaten und Europa galt als besonders nützlich in der neuen ökonomischen und politischen Weltordnung. Irland solle daher, so die Argumentation, alles in seiner Macht Stehende daransetzen, um bei den deutschen Investoren und der deutschen Öffentlichkeit große Beliebtheit zu erlangen. Wissen über die Bundesrepublik und, am allerwichtigsten, eine erhebliche Verbesserung der deutschen Sprachkenntnisse seien unbedingt wünschenswert.

Die größten Hoffnungen richteten sich darauf, daß ein vereintes Deutschland den britischen Einfluß auf irische Angelegenheiten eindämmen könne. Obwohl sich die wirtschaftliche Abhängigkeit von Großbritannien in den letzten dreißig Jahren drastisch verringert hat – 1958 gingen 80 Prozent der irischen Exporte nach Großbritannien, 1989 nur noch 33 Prozent –, blieb die Dominanz der Briten eine objektive ebenso wie eine subjektive Realität für viele Iren. Eine typische Haltung zu diesen Fragen haben wir in der *Irish Times* gefunden: »Das neue Europa kann sehr wohl ein Zusammenschluß kleiner und großer Nationen sein, die ihre eigenen Ziele innerhalb einer Föderation verfolgen und die Größe der Gemeinschaft für die Erfordernisse einer modernen Wirtschaft und die Kleinheit ihrer einzelnen Elemente für die Zwecke des jeweiligen Zusammenlebens nutzen. Doch manche Strukturen, die für die Geschichte Europas von Bedeutung waren, werden dadurch nicht ausgelöscht. Wir können sicher sein, daß innerhalb des neuen Europa zum Beispiel Britannien die Rolle des Gegenspielers der größten kontinentalen Macht der Union, nämlich Deutschlands, übernehmen wird. Irlands Belange sind und bleiben in vielerlei Hinsicht recht verschieden von denen Britanniens. Beim Ausgleich von Macht und Einfluß innerhalb der Union wird es in unserem Interesse sein, uns Deutschland statt Britannien anzuschließen. Die Hauptschwierigkeiten, auf die wir in einer stark erweiterten Europäischen Gemeinschaft vermutlich treffen, werden aus der beständigen Gefahr der Marginalisierung erwachsen. Unsere Beziehung zu Britannien ist wichtig und wertvoll, aber es ist eine Beziehung, die Irlands Marginalisierung verstärken kann: indem sie uns, wie das schon geschehen ist, von den anderen europäischen Nationen fernhält. Britannien unterscheidet sich in wirtschaftlicher, sozialer und politischer Hinsicht sehr stark von Irland; einige seiner Hauptinteressen sind unseren entgegengesetzt. Wir müssen neue, direkte Beziehungen zum Zentrum aufbauen, und das Zentrum des neuen Europa wird Deutschland sein. Dabei ist es nicht wichtig, ob wir die Deutschen mögen oder ob Irland mit Deutschland befreundet ist. Natürlich ist das wünschenswert, aber nicht grundsätzlich notwendig. Wichtig ist allein, daß wir unser nationales Eigeninteresse umsichtig verfolgen.«[13]

Wie es auch in anderen Ländern der Fall war, zeigte die Reaktion der Iren, daß es bei der deutschen Frage um weit mehr als nur um die Wiedervereinigung ging. Im Vordergrund standen plötzlich auch eigene Probleme, die den Iren unter den Nägeln brannten. So befaßten sich einige Artikel damit, daß die Vereinigung die Balance zwischen Katholiken und Protestanten verändern könnte. Lothar de Maizières Behauptung, das neue Deutschland würde nördlicher, östlicher und protestantischer sein, wurde in Irland zur Kenntnis genommen, im übrigen Europa aber ignoriert. Bemerkenswert ist, daß die Religion als Anhaltspunkt diente, um Entwicklungen in Deutschland zu bewerten. Ein naheliegender Grund dafür ist sicherlich, daß Irland in den Augen der Katholiken immer noch geteilt ist und die Teilung mit religiösen Gründen gerechtfertigt wird. Doch die Spaltung der Konfessionen hat in der gegenwärtigen deutschen Politik kaum Bedeutung, und so liefert dieses Thema ein schlagendes Beispiel dafür, wie lokale Gegebenheiten die Wahrnehmung der deutschen Einigung beeinflußt.

Die meisten Iren waren der Ansicht, daß die deutsche Einheit den Aufbau des neuen Europa beschleunigen würde, eines Europa, in dem auch Irland seine Nische finden, seine Rolle definieren und eine neue Identität entwickeln muß. Es gilt, die Kontakte zum Kontinent – insbesondere zur Bundesrepublik –, auszuweiten und zu festigen, die Abhängigkeit von Großbritannien zu verringern und die geographischen, kulturellen und sprachlichen Vorteile zu nutzen, die Irland zu einem Mittler zwischen Europa und Nordamerika machen können. Kurzum, in den Augen der irischen Öffentlichkeit taten sich durch die deutsche Vereinigung unbegrenzte Möglichkeiten auf.

6. KAPITEL

Vier kleine Staaten im Norden: Belgien, die Niederlande, Dänemark, Finnland

Fußball ist ein Spiel, bei dem zweiundzwanzig Mann hinter
einem Ball herrennen und die Deutschen immer gewinnen.
Gary Lineker, englischer Fußballspieler,
im *Kurier* vom 28. Juni 1996

Belgien

Nach einer gesamteuropäischen Umfrage, deren Ergebnisse in
der belgischen Tageszeitung *Le Soir* veröffentlicht wurden, entspricht die Haltung der Belgier zum neuen Deutschland mehr
oder weniger dem europäischen Durchschnitt. 1990 sprachen
sich 75 Prozent der Befragten für die Wiedervereinigung aus; der
europäische Mittelwert lag bei 78 Prozent. 16 Prozent hatten
keine Meinung dazu, und 9 Prozent lehnten die Vereinigung ab,
wobei letztere in der Gruppe der Älteren (ab 60 Jahre) über-
repräsentiert waren. Diese Zahlen stimmen weitgehend mit den
Resultaten einer Blitzumfrage von Eurobarometer im November 1989 überein. Die Frage: »Sind Sie für oder gegen die Vereinigung der beiden deutschen Staaten?« beantworteten 71 Prozent der Belgier mit »dafür«, 15 Prozent mit »dagegen«, 14 Prozent enthielten sich der Antwort. Im Frühjahr 1990 wiederholte
Eurobarometer die Erhebung, und inzwischen war der Anteil
der Befürworter auf 61 Prozent gesunken, die Zahl der Gegner

und der Unentschiedenen auf jeweils 19 Prozent gestiegen.[1] Ähnliche Verteilungen ergaben sich bei der Einstellung zur europäischen Integration (68 Prozent dafür; der europäische Durchschnitt lag bei 70 Prozent) und zur Öffnung der Europäischen Union nach Osten (77 Prozent dafür, europaweit 75 Prozent).[2] Die Belgier sind Europäer geworden: Im innenpolitischen Konflikt zwischen dem flämischen Norden und dem wallonischen Süden zerrissen, zeigen sie sich auf der außenpolitischen Bühne als echte Internationalisten. Brüssel hat sich, was sein unmittelbares politisches Umfeld und die politische Kultur seiner Einwohner angeht, als eine geeignete Regierungsstadt der Europäischen Union erwiesen.

Erstaunlicherweise veröffentlichte *Le Soir* nicht einen Leitartikel oder größeren Bericht über die Haltung der Belgier zu den Deutschen nach Öffnung der Mauer. In keiner der fünf Perioden, auf die wir uns konzentriert haben, konnten wir Leitartikeln oder Kommentaren entschiedene Meinungen über Deutschland entnehmen. Natürlich lieferten die Nachrichtenseiten zahlreiche detaillierte Berichte, aber so gut wie nichts gab Aufschluß darüber, wie die Belgier oder zumindest die Redakteure von *Le Soir* über Deutschland dachten. Wir fanden Interviews mit einem ostdeutschen Schriftsteller, einem westdeutschen Literaturkritiker, dem britischen Verteidigungsminister und ein paar Randbemerkungen über François Mitterrand, aber keine ausführliche Debatte über die Chancen und Risiken der Vereinigung. Dabei war Belgien das einzige Land, das bereits zu dieser Zeit ankündigte, es wolle seine Truppen aus der alten Bundesrepublik abziehen. Alle anderen westlichen Alliierten hatten dort bis in die neunziger Jahre weiterhin Truppenkontingente stationiert, wenn auch in erheblich verringerter Stärke.

Die Belgier sind in diesem Jahrhundert zweimal Opfer deutscher Aggression geworden. Im Ersten Weltkrieg haben sie heroisch gekämpft und in der Zeit zwischen den Kriegen ihre Verteidigungsanlagen ausgebaut – darunter die vermeintlich »uneinnehmbare« Stellung von Eben-Emael –, um dann von der Wehrmacht im Mai 1940 im Handumdrehen überrollt zu werden. Diese Erfahrung hat sich tief in die belgische Psyche eingegraben. Die Belgier mußten einsehen, daß sie sich noch so gut wappnen konnten – sie würden den Deutschen niemals gewachsen sein. Am besten war ihnen damit gedient, sich mit Deutschland zu versöhnen und das »gemeinsame Haus Europa« mit zu bauen.

Auch Großbritannien, ein alter Verbündeter und Garant der belgischen Unabhängigkeit seit der Staatsgründung im Jahre 1830, hat in der Geschichte des Landes eine wichtige Rolle gespielt. Die Beziehungen zwischen den beiden Staaten waren starken Schwankungen unterworfen, doch insgesamt blieben sie gut. Großbritannien kam Belgien in beiden Weltkriegen zu Hilfe, und die Briten genießen hier immer noch Respekt, vor allem als Gegengewicht zu Frankreich und Deutschland. Dieser Umstand mag die besondere Aufmerksamkeit begründen, die *Le Soir* der offiziellen britischen Meinung schenkte. Die spärliche Erwähnung des französischen Standpunkts dürfte damit zusammenhängen, daß die Belgier Frankreich sehr genau kennen. Verblüffender war es da schon, buchstäblich nichts über die Reaktion der USA und der – noch bestehenden – Sowjetunion zu erfahren. Im Frühjahr 1991 gab es eine Umfrage zum Thema, wie die deutsche Vereinigung die Zukunft Belgiens beeinflussen würde. 9 Prozent der Befragten äußerten große Hoffnung (das niedrigste Ergebnis in allen EG-Ländern außer Frankreich), 42 Prozent einige Hoffnung, 25 Prozent eher Bedenken und 6 Prozent starke Bedenken, während 18 Prozent keine Antwort wußten.[3] Ganz eindeutig betrachtete die Mehrheit der Belgier die deutsche Vereinigung als vorteilhaft für ihr Land. Wir fanden nur einen einzigen Hinweis auf bestehende Ängste: eine Karikatur mit einem riesigen Helmut Kohl, der eine Gruppe von europäischen Zwergen turmhoch überragt. Die Zwerge stimmen gerade über das Recht der Deutschen auf Selbstbestimmung ab, aufmerksam beobachtet von Kohl. Die Bildunterschrift lautet: »Für immer beisammen.« Einer der Zwerge, Margaret Thatcher, wendet sich deprimiert ab.

Die belgische Haltung zur deutschen Einheit war offenbar ein stillschweigendes, beinahe selbstverständliches Einverständnis. Zwar gab es gelegentlich ironische Äußerungen mit bitterem Unterton, aber nicht oft genug, um auf tiefsitzende Vorbehalte gegenüber der Vereinigung zu schließen. Ängste, daß sich die Deutschen als Nazis, als übermächtige Wirtschaftsriesen oder als politisch dominant entpuppen könnten, gab es nicht. Die Entwicklungen nach dem 9. November 1989 änderten kaum etwas an der belgischen Einstellung. Es scheint, als würde das Fehlen einer klaren öffentlichen Meinung zur veränderten geopolitischen Ordnung die Ohnmacht und Genügsamkeit des Landes spiegeln. Belgien ist zufrieden mit seiner Stellung in Europa, es hat sich damit abgefunden, eine bescheidene Rolle neben einem wie auch immer konstituierten Deutschland zu spielen.

Die Niederlande

David Cameron nannte die Wirtschaft der Niederlande einmal »Deutschland & Co.«, so eng ist sie mit der des Nachbarn verflochten und so groß ist die Abhängigkeit. Trotzdem – und natürlich teilweise auch deswegen – bleibt das Deutschlandbild der Niederländer unversöhnlich negativ, erfüllt von Mißtrauen, Zorn, Ablehnung sowie einer gewissen Verachtung, und es wird fast ausschließlich bestimmt von der nationalsozialistischen Besetzung der Jahre 1940 bis 1945. Nicht einmal dem immer noch verhaßten Herzog Alba, den Philipp II. von Spanien beauftragte, die Rebellion der Niederlande im 16. Jahrhundert zu unterdrücken, bringen die Holländer eine so starke Antipathie entgegen wie ihren übermächtigen östlichen Nachbarn.[4] Wenn auch das Bild des häßlichen Deutschen längst nicht mehr so verbreitet ist wie früher, ist die abfällige Bezeichnung »mof« – das niederländische Pendant zu »Kraut« und »Boche« – noch immer nicht verschwunden.[5]

Der »mof« ist ein rüder Charakter, laut und angeberisch, ein ewiger Besserwisser, der dreist und aufdringlich mit der Macht seines Landes prahlt. Die Niederländer sehen die Deutschen als arrogant, herrisch, unterwürfig, autoritär und militärisch.[6] Außerdem seien sie ordinär, ungehobelt, unkultiviert; lauter Merkmale, die schwächere Gruppen gern den Stärkeren zuschreiben, wofür die Einstellung der Deutschen und anderer Europäer zu den Amerikanern übrigens ein exzellentes Beispiel ist.[7] Zu diesem Mechanismus gehört auch, daß die schwächere Gruppe sich selbst eine natürliche Überlegenheit bescheinigt. Was ihr an Stärke fehlt, meint sie durch überlegene Kultur, Sensibilität und andere noble Züge auszugleichen.

Vielleicht überraschender als die Existenz dieses Deutschlandbildes ist seine Verteilung auf die Altersgruppen. Meist wird davon ausgegangen, daß sich in den Niederlanden ein Generationswechsel vollzogen habe und das negative Bild der Deutschen nur bei den Älteren anzutreffen sei. Doch wie neuere Untersuchungen gezeigt haben, empfinden gerade die Jugendlichen Abneigung, ja sogar Feindseligkeit. Eine Umfrage unter 1.800 Niederländern im Alter von 15 bis 19 Jahren zwischen November 1992 und Januar 1993 verzeichnete eine eindeutig negative Einstellung zu den Deutschen. Auf die Frage, was sie mit Deutschland verbinden, antworteten 18 Prozent der Jugendlichen mit »die beiden Weltkriege« und 20 Prozent mit »Rassismus, Rechtsextremismus und Gewalt gegen Ausländer«. 60 Prozent fanden die Deutschen arrogant (zum Vergleich: die Franzosen galten bei 25 Prozent als arrogant, die Briten bei 19, die Niederländer bei 12 und die Belgier bei 5 Prozent). 71 Prozent beurteilten die Deutschen als machthungrig, und 47 Prozent befürchteten, daß Deutschland unverändert nach der Weltherrschaft strebe.[8]

Die Deutschen betrachten ihre Kultur als der angloamerikani-

schen Zivilisation überlegen; genauso empfinden die Niederländer gegenüber den Deutschen eine kulturelle Überlegenheit,
weil sie liberal, bürgerlich und ein fester Bestandteil des Westens
sind. Kleine Staaten trauen ihren größeren Nachbarn oft nicht
über den Weg, besonders denen nicht, die sich in der Vergangenheit durch aggressives und kriegerisches Verhalten hervorgetan
haben. Dafür ist die Einstellung der Niederländer zu den Deutschen sicherlich ein gutes Beispiel. Sie fürchten den Machthun-
ger des Nachbarn, unabhängig davon, wie die Deutschen sich
tatsächlich verhalten.

Das Deutschlandbild der Holländer war und ist nicht nur auf historische Geschehnisse zurückzuführen, sondern auch auf strukturelle Bedingungen, die den größeren Staat als bedrohlich erscheinen lassen. In einer derart angespannten Situation muß ein
so außergewöhnliches Ereignis wie die Wiedervereinigung die
ohnehin schon blank liegenden Nerven nur noch weiter reizen.
Dies gilt, natürlich im weitaus kleineren Rahmen, auch für die
äußerst symbolträchtigen Fußballspiele zwischen niederländischen und deutschen Vereinen, vor allem aber für die Begegnungen der beiden Nationalmannschaften. Auf beiden Seiten haben
sie oft häßliche nationalistische Gefühlsausbrüche hervorgeru-
fen, die bei den Deutschen beinahe bis zu rassistischen Angriffen
auf niederländische Spieler surinamischer Herkunft gingen, während die Niederländer sich beleidigender Vokabeln wie etwa
»Nazischwein« bedienten. Bezeichnenderweise wurde nur in
Holland über eine vielsagende Entgleisung des Chemie- und
Pharmagiganten Bayer ausführlich berichtet: Das Unternehmen
nutzte den dramatischen, durch ein »Goldenes Tor« – das im
Englischen auch »sudden death«, plötzlicher Tod, heißt – in der
Verlängerung erzielten Sieg der deutschen Nationalmannschaft
gegen die Tschechische Republik im Finale der Europameisterschaft in London 1996 für Werbezwecke und pries die Wirksam-
keit eines seiner Insektizide in Guatemale mit folgendem Slogan
an: »Schneller Tod ist eine deutsche Spezialität«.[9]

Trotz dieses ständig gereizten Verhältnisses zwischen den beiden Nationen standen die meisten Niederländer der deutschen Einheit durchaus aufgeschlossen gegenüber. Nach den Ergebnissen der Eurobarometer-Umfrage vom Herbst 1989 stimmten 76 Prozent der Vereinigung zu, 12 Prozent lehnten sie ab, 12 Prozent waren unentschieden. Im Frühjahr 1990 waren noch 59 Prozent der Niederländer dafür, 21 Prozent dagegen und 20 Prozent ohne Meinung.[10] Auf die Frage, ob sie mit einem vereinten Deutschland Hoffnung für die Zukunft der Niederlande verbänden, äußerten ein Jahr später, im Frühjahr 1991, 8 Prozent große Hoffnung, 52 Prozent einige Hoffnung, 22 Prozent eher Bedenken und 4 Prozent große Bedenken. 14 Prozent wollten dazu keine Angabe machen.[11]

Bei den Eliten dagegen traf die deutsche Vereinigung auf entschiedene Vorbehalte, die ebenso entschieden vorgebracht wurden. Relativ früh im Prozeß der Vereinigung, am 8. Dezember 1989, nannte der niederländische Außenminister Hans Van den Broek die Unschlüssigkeit der Diskussion über die deutsche Einheit »alarmierend«, da es sich um ein internationales Problem handele, das weit über die Grenzen der beiden deutschen Staaten hinausreiche.[12] Van den Broek schien besonders darüber verärgert, daß Bundeskanzler Kohl seine Verbündeten nicht im voraus über seine Pläne informiert hatte. Während der Straßburger Konferenz von 1990 fragte der niederländische Ministerpräsident Ruud Lubbers Kohl dann direkt, ob der Begriff »das deutsche Volk« sich auch auf polnische Staatsbürger deutscher Herkunft erstrecke. Vor allem Polens Westgrenze und die deutsche Minderheit im Lande schienen den Niederländern Sorgen zu bereiten, da sie aufgrund lebhafter Erinnerungen an den Zweiten Weltkrieg an diesen Punkten am ehesten mit Spannungen rechneten. Kohls Beharren, daß die Grenzfrage erst vom demokratisch gewählten Parlament des vereinten Deutschland und durch einen Friedensvertrag mit Polen geklärt werden könne, löste einen Sturm der Entrüstung in den Niederlanden aus.

Am 12. Dezember 1990 bestätigte das Parlament in Den Haag die niederländische Haltung zur Unverletzlichkeit der polnischen Westgrenze und billigte die deutsche Einheit nur unter der Voraussetzung, daß sie mit der europäischen Vereinigung gekoppelt würde. Die Sorgen der Niederländer über den so hastig vorangetriebenen deutschen Zusammenschluß kamen in zahlreichen Zeitungskommentaren zum Ausdruck. »Während nervöse Nachbarn von der ›deutschen Frage‹ geplagt werden«, begann ein Artikel in *NRC/Handelsblad* vom 14. Dezember 1989, der den »gespenstischen Traum der bedrohlich näher rückenden Einheit« von achtzig Millionen Deutschen schilderte. In der Presse jedenfalls wurde die Wiedervereinigung alles andere als enthusiastisch begrüßt. Die wachsende Sorge, daß die Deutschen erneut territoriale Ansprüche stellen könnten, veranlaßte den bundesdeutschen Botschafter in den Niederlanden, von der Gablentz, am 15. Dezember zu der Ankündigung: »Polens Westgrenze wird Polens Grenze bleiben.« Die Niederländer waren aufgebracht über das Benehmen und den Ton der Deutschen in all diesen Vorgängen. Die ständige Rede von den Rechten der Deutschen und die schnellen Reaktionen der Bonner Politiker auf das Geschehen in der DDR weckten Zorn und Mißtrauen.

Die Niederländer befaßten sich nachdrücklich mit der Frage, wie sich die deutsche Vereinigung auf das internationale Gefüge auswirken werde. Mitterrands »Florentiner Diplomatie« empfanden sie als peinlich und letztlich ineffektiv.[13] Selbst wenn Frankreich die Deutschen auch weiterhin auf die Europäische Union verpflichten könnte, würde es sich daran gewöhnen müssen, neben einem gestärkten Deutschland nur die zweite Position einzunehmen. Besonders amüsierte die Niederländer Mitterrands Freudsche Fehlleistung, als er den Bundestag versehentlich »Reichstag« nannte. Sogar die holländische Linke entdeckte plötzlich ihr Herz für eine NATO, in der die Amerikaner unverändert die führende Rolle spielen sollten, um eine vermeintlich drohende deutsche Hegemonie zu verhindern.

Das Bild des häßlichen Deutschen herrscht bei der niederländischen Linken, den politischen und kulturellen Eliten und der Jugend weiterhin vor. Solche Antipathien finden sich oft bei der
politischen Klasse kleinerer oder schwächerer Staaten. Man
denke nur an die Kritik, die regelmäßig von der kanadischen
Linken an den Vereinigten Staaten geübt wird. In den Augen der
niederländischen Linksintellektuellen ist Deutschland – wie die
USA für die Kanadier – despotisch, brutal, herrschsüchtig, aus-
beuterisch und von Natur aus imperialistisch. Diese negative
Einschätzung wird noch verschärft durch die besonderen Aver-
sionen, die aus der anhaltenden Erinnerung an die nationalsozialistische Besetzung herrühren.

In kaum einem anderen Land Europas, das strukturell so eng mit
Deutschland verflochten ist wie die Niederlande, läßt sich eine
solch tiefgreifende Abneigung gegen die Deutschen beobachten. Die Bundesrepublik ist bei weitem der bedeutendste Wirt-
schaftspartner der Niederlande. Auf institutioneller Ebene geht
die Kooperation weit über die Koppelung des Guldens an die D-
Mark hinaus. Die Streitkräfte der beiden Länder – die wichtigsten Symbole nationaler Souveränität – haben mit dem Aufbau
einer militärischen Partnerschaft begonnen, um den europäischen Pfeiler der NATO zu stärken.[14] Doch auch bei dieser Zusammenarbeit bleibt die Vergangenheit stets gegenwärtig. »Wieso
ist Waterloo Geschichte und der Zweite Weltkrieg eine Erfahrung?« fragte ein niederländischer General, der an dem Militär-
projekt beteiligt ist, und darin klingt die Unterscheidung an, die
auch wir zwischen Geschichte und kollektivem Gedächtnis getroffen haben. Kohls spätere Ankündigung, Ruud Lubbers' Kan-
didatur für die Präsidentschaft der Europäischen Kommission zu
blockieren, falls Lubbers seinen Widerstand gegen Frankfurt als
Sitz der europäischen Zentralbank nicht aufgäbe – eine Dro-
hung, die der Bundeskanzler wahr gemacht hat –, erinnerte die
Niederländer an frühere Ereignisse, als die Deutschen ihre Souveränität und Autonomie ebenfalls beschnitten hatten.[15] Bei

vielen Niederländern rufen Begegnungen mit Deutschland auch heute noch Reaktionen hervor, die mehr mit dem kollektiven Gedächtnis als mit der eigentlichen Geschichte zu tun haben.

Dänemark

Soweit das überhaupt möglich ist, erweist sich das Deutschlandbild der Dänen als noch düsterer. Alle Konnotationen des Wortes »deutsch« (*tysk*), ob buchstäblich oder im übertragenen Sinne, sind negativ.[16] Wie in den Niederlanden sind die Deutschen unbeliebt, weil sie eine Großmacht darstellen und eine ganz besonders finstere Ecke des kollektiven Gedächtnisses besetzen. Auch das Thema »kleiner Staat/großer Staat« spielt eine Rolle, denn die Dänen bringen den Schweden ähnlich negative Gefühle entgegen wie den Deutschen: ihrer Meinung nach kennzeichnet beide Nachbarn die Arroganz der Macht, das Großmachtgehabe, Aufdringlichkeit und eine fast unheimlich anmutende Effizienz.

Zum Teil rührt dieses Groß-gegen-klein-Syndrom vom Tourismus her, wird Dänemark doch Jahr für Jahr von gewaltigen deutschen und schwedischen Besucherströmen heimgesucht – eine zweischneidige Angelegenheit, denn obwohl die Touristen eine ökonomische Notwendigkeit oder zumindest eine ergiebige Einnahmequelle für die regionale Wirtschaft darstellen, sind sie zugleich lärmende »Eindringlinge«, die die landesüblichen Gebräuche nicht beachten und die friedliche Idylle der Einheimischen stören. Was die Unbeliebtheit der Deutschen noch steigert, ist die sogenannte gelbe Gefahr, die von ihnen ausgeht: Die Dänen nehmen besonderen Anstoß daran, daß die Touristen scharenweise in gelben Öljacken und Regenhüten an den Stränden herumlaufen, wenn das Wetter eigentlich nach Kartenspiel und Bier im heimischen Wohnzimmer ist. Kurzum, die Abneigung der Dänen gegen die Deutschen entbehrt mitunter einer rationalen Grundlage. Allerdings gibt es auch handfeste historische Gründe für die feindseligen Gefühle: Die Dänen erinnern sich nicht nur an 1940, sondern auch an 1864, als Preußen und Österreich Dänemark im Namen des Deutschen Bundes angriffen und ihm die Herzogtümer Schleswig, Holstein und Lauenburg abnahmen. Dänemarks ablehnende Haltung gegenüber den Deutschen speist sich bis zu einem gewissen Maß sicherlich aus der Erinnerung an den Verlust seiner Großmachtstellung, der Erinnerung an die deutsche Aggression.

Die Dänen haben die Wiedervereinigung zurückhaltender beurteilt als die meisten anderen Europäer. Nur 59 Prozent antworteten zustimmend, als sie im November 1989 gefragt wurden, ob sie für die Zusammenführung der beiden deutschen Staaten seien. 22 Prozent waren dagegen, und 19 Prozent gaben keine Antwort. Im Frühjahr 1990 sprachen sich 56 Prozent dafür, 26 dagegen und 18 Prozent unentschieden aus. Diese Zustimmungsraten waren niedriger als in jedem anderen EG-Land außer Luxemburg – sie lagen sogar unter denen der Niederlande.[17] Eine Umfrage im Januar 1990 ergab, daß 51 Prozent von der deutschen Einheit nachteilige Folgen für die europäische Entwicklung und nur 26 Prozent positive erwarteten; 23 Prozent hatten keine Meinung dazu.[18] Auch in Dänemark verhielt sich die politische Klasse erheblich reservierter als die breite Öffentlichkeit. Ministerpräsident Poul Schlüter ließ seinen Gefühlen fast so freien Lauf wie Margaret Thatcher, als er im November 1989 die Hoffnung äußerte, es würde auch weiterhin zwei deutsche Staaten geben.

Wenn wir die negativen Reaktionen im einzelnen untersuchen, stellen wir fest, daß die Dänen weniger Angst vor einem Wiederaufleben der militärischen Vergangenheit Deutschlands haben als vor der gegenwärtigen Wirtschaftskraft der Bundesrepublik. So haben sich 58 Prozent der Dänen besorgt über einen möglichen ökonomischen Imperialismus gezeigt, während 24 Prozent diese Befürchtung nicht teilten und 18 Prozent keine Meinung dazu hatten. Für die Politiker ist es seit langem ein Ärgernis, daß

Dänemarks Finanzpolitik vollständig von Entscheidungen abhängt, die in Frankfurt gefällt werden. Eine Schlagzeile drückte das pointiert aus, und zwar auf deutsch: »Bundesbank über alles«.[19] Wie im Fall der Niederlande zeigte sich auch hier, daß die Ablehnung um so heftiger ausfällt, je stärker die Abhängigkeit des Landes von der deutschen Wirtschaft ist. Obwohl man vor allem eine wirtschaftliche Einflußnahme befürchtete, spielte auch die Kriegsgefahr für die Dänen eine Rolle. 43 Prozent der Befragten glaubten, daß vom vereinten Deutschland wieder eine militärische Bedrohung ausgehen könnte, 41 Prozent verneinten das, und 16 Prozent waren unentschieden.[20]

Allerdings kamen auch die Dänen nicht umhin, die Vereinigung als positive Entwicklung für ihr eigenes Land anzusehen. Als sie im Frühjahr 1991 dazu befragt wurden, gaben 10 Prozent an, daß ein vereintes Deutschland sie persönlich mit großer Hoffnung für die Zukunft Dänemarks erfülle, 48 Prozent hegten einige Hoffnung, 29 Prozent eher Bedenken, 4 Prozent große Bedenken, und 9 Prozent konnten sich dazu nicht äußern.[21]

Gleichwohl kamen in Dänemark, abgesehen von Polen, mehr Vorbehalte zur Sprache als in jedem anderen europäischen Land. Diese Parallele zeigt, daß die Gefühle einer Nation zu Deutschland nur zum Teil mit der Grausamkeit der nationalsozialistischen Besetzung zusammenhängen. In Polen war das Vorgehen der Nationalsozialisten ungleich brutaler als in allen übrigen Staaten, die Hitler überwältigte, vielleicht mit Ausnahme der Sowjetunion. Offenkundig wird die Abneigung der Polen gegen die Deutschen überwiegend von den Greueln der Besetzung bestimmt, wenn sie nicht sogar darin wurzelt. Der dänische Fall dagegen liegt anders. Obwohl sie von den Dänen als demütigend empfunden wurde, verlief die deutsche Besetzung hier nicht besonders brutal, wohl auch deshalb, weil Dänemark und Deutschland 1939 einen Nichtangriffspakt geschlossen hatten (als wenn die Dänen zu irgendeinem Zeitpunkt mit dem Gedanken gespielt hätten, das Deutsche Reich anzugreifen!). Alles in allem hat die negative Reaktion der Dänen auf die deutsche Wiedervereinigung also drei miteinander verknüpfte Gründe: die gegenwärtige Vorherrschaft der Bundesrepublik, besonders auf wirtschaftlichem Gebiet, die kollektive Erinnerung an den Zweiten Weltkrieg und weiter zurückliegende Zeiten sowie eine allgemeine Abneigung gegen alle, die größer und mächtiger sind.

Viele Dänen waren der Auffassung, der deutsche Machtzuwachs ließe sich nur durch feste Einbindung in die Europäische Union kontrollieren. Ein ähnlich großer Teil der Bevölkerung, besonders auf der linksliberalen Seite des politischen Spektrums, vermutete, daß Europa wenig mehr bedeuten werde als eine Ausweitung der deutschen Macht. Die Dänen schätzten diese Gefahr als so real ein, daß sich im Referendum zum Vertrag von Maastricht 1992 eine knappe, aber eindeutige Mehrheit gegen die Ratifizierung aussprach. Auch wenn sich bei der erneuten Abstimmung, kaum ein Jahr später, die Meinung umgekehrt hatte und eine hauchdünne Mehrheit nun der Beteiligung Dänemarks an einer Europäischen Union nach Maßgabe des Maastrichter Abkommens zustimmte, bleibt für unser Thema entscheidend, daß die Dänen die europäische Vereinigung ursprünglich nicht wollten, weil sie den Deutschen zutiefst mißtrauten. Mindestens die Hälfte der Bevölkerung befürchtete, daß ein politisch vereintes Europa von Deutschland beherrscht würde.

Fußball ist auch hier ein empfindliches Meßinstrument für unzensierte Gefühle. Als Dänemark im Finale der Europameisterschaft im Juni 1992 gegen die Deutschen antrat, reichte die Analogie »David gegen Goliath« weit über das bevorstehende Spiel hinaus. Für die Dänen war der unwahrscheinliche Sieg ihrer Mannschaft über den hochfavorisierten Gegner nicht weniger als ein Symbol für dänische Autonomie, Souveränität und Unabhängigkeit. Die Fußballer schafften, was weder der dänischen Armee noch der dänischen Wirtschaft jemals gelingen könnte: Sie besiegten die Deutschen. Die symbolische Bedeutung dieses Erfolgs half den Dänen, einige ihrer Ängste vor Deutschland zu überwinden, und könnte möglicherweise sogar bei ihrer Zustimmung zu den Maastrichter Verträgen im Frühjahr 1993 ein wenig nachgeholfen haben.

Auch folgende Anekdote bringt die ganze Problematik des deutsch-dänischen Verhältnisses auf den Punkt: Ein Journalist der linksgerichteten dänischen Zeitung *Information* beschrieb schockiert, wie im deutschen Bundestag bei der Sitzung am 10. November 1989, dem Tag nach Öffnung der Berliner Mauer, »Deutschland, Deutschland über alles« angestimmt wurde. Ein deutscher Professor korrigierte ihn: Die Abgeordneten hatten natürlich die dritte Strophe des Deutschlandlieds, »Einigkeit und Recht und Freiheit«, gesungen. Der Däne erwiderte, daß ihm das schon klar sei, er aber die Melodie der deutschen Nationalhymne automatisch mit ihrer ersten Strophe verbinde.[22] In einer Geschichte von Macht und Ohnmacht löschen Töne die Texte aus. Was immer die Deutschen singen, viele Dänen hören etwas ganz anderes – und Finsteres.

Finnland

Die Einstellung der Finnen zu Deutschland gehört zu den wohlwollendsten in ganz Europa. Gemeinsam mit den Ungarn haben sie die Wiedervereinigung und Deutschland überhaupt am günstigsten beurteilt.[23] Die Unterschiede zwischen Finnen und Dänen gehen auf ihre jeweilige historische Erfahrung zurück. Ist ihnen die Abneigung gegen Schweden gemeinsam, so endet dieser Konsens bei Deutschland.

Der Unabhängigkeitskampf der Finnen richtete sich wesentlich gegen die Weigerung der schwedischsprachigen Oberschicht, Finnisch, das als »Teufelssprache« abgetan wurde, offiziell anzuerkennen. Aus der Autonomiebewegung des 19. Jahrhunderts sind deutsche Universitäten und die deutsche Romantik nicht wegzudenken, denn daraus hatten die finnischen Intellektuellen ihre Bildung und die Argumente sowohl gegen die politische Herrschaft der Russen als auch gegen die schwedischen Kultur- und Wirtschaftseliten gezogen. Da Finnland, das bis zum 6. Dezember 1917 unter russischer Herrschaft stand, keine eigene Armee besaß, mußten sich die finnischen Offiziere ihre militärischen Fähigkeiten andernorts aneignen. Schweden lehnte wegen seiner strikten Neutralität ab, und so erlernte das finnische Offizierskorps sein Handwerk im Deutschen Reich. Finnische Einheiten kämpften 1915 neben den Deutschen an der russischen Front, und deutsche Truppen griffen 1918 in den finnischen Bürgerkrieg ein. Die Finnen waren den Deutschen so dankbar, daß sie einen hessischen Prinzen zu ihrem ersten König wählten. Obwohl sich die Monarchie nie konstituierte – vor allem deshalb, weil das deutsche Kaiserreich im Jahr 1918 sein Ende fand –, blieb die finnische Republik während der gesamten Zwischenkriegszeit den Deutschen loyal verbunden.

Der Winterkrieg von 1939/40 zwischen der Sowjetunion und Finnland steigerte die antirussischen Gefühle, die auf die Jahre der zaristischen Herrschaft zurückgehen. Im Zweiten Weltkrieg waren es die Sowjets und Stalin, nicht die Nationalsozialisten, die den Finnen Angst einjagten, und Finnland kämpfte an der Seite des Dritten Reiches. Hitler ist hier immer noch der bekannteste deutsche Politiker und liegt bei den Nennungen um das Fünffache vor zeitgenössischen Staatsmännern (75 Prozent kennen Hitler, nur etwa 15 Prozent haben von Adenauer, Brandt, Schmidt und Kohl gehört).

Die Reaktion der Finnen auf die Wiedervereinigung folgt dem europäischen Muster. Nach einer Umfrage, die am 16. März 1990 in der Zeitschrift *Suomen Kuvalehti* veröffentlicht wurde, sprachen sich 67 Prozent der Interviewten dafür aus, 21 Prozent dagegen, und 11,5 Prozent äußerten keine Meinung. Im Sommer 1990 war der Widerstand gegen die deutsche Einheit kaum noch erwähnenswert.

Das heißt aber nicht, daß es keine kritischen Stimmen gab. Auch in Finnland hat die Linke viel zögernder als die Gesamtbevölkerung das neue Deutschland akzeptiert. Die Gründe dafür sind vielfältig. Erstens besaß sie immer eine starke kommunistische Strömung. Zweitens war die Linke verärgert über die Tatsache, daß deutsche Rechte das besondere Übereinkommen Finnlands mit der Sowjetunion als »Finnlandisierung« bezeichneten; ein abschätziger Begriff, der zum Synonym für einen Austausch wurde, in dem ein kleines Land seine politische Souveränität an einen großen, übermächtigen Nachbarn abtritt und dafür die Freiheit behält, seine wirtschaftlichen und sozialen Angelegenheiten selbständig zu regeln. Drittens stieß sie sich an der Wirtschaftskraft der Bundesrepublik, die schon vor der Vereinigung die finnische Ökonomie beherrscht hatte. Viertens war auch die Linke nicht von dem Bedürfnis frei, den ursprünglichen Charakter ihres kleinen Landes zu preisen und gegen die Touristenscharen aus dem größeren Staat zu verteidigen. Der Abscheu vor bierseligen, unflätigen deutschen Horden, die den Frieden der angeblich unberührten Natur stören, sitzt hier ebenso tief wie bei den Niederländern, Dänen und Belgiern. Diese zwiespältige Reaktion ist typisch für die Haltung kleiner Länder gegenüber ihren mächtigen Nachbarn: Einerseits will man deren Geld und Schutz, andererseits jedoch ist man überempfindlich ob der vermeintlichen Dominanz und Arroganz des Großen, und kaum etwas ist vergnüglicher, als ihm eine auszuwischen und ihn ständig zu benörgeln.

7. KAPITEL

Österreich:
Deutschlands Juniorpartner

Obwohl viele Österreicher Hitler gern als Deutschen und
Beethoven als Österreicher in die Geschichte eingehen sähen,
war es genau umgekehrt.

Frederick C. Engelmann

Europa wird der Welt stärkster Wirtschaftsblock sein, in dem
die Deutschen ihren Platz einnehmen, mit offenen Grenzen
zur ČSSR, zu Polen und Ungarn.

Helmut Kohl, Der Spiegel vom 26. Februar 1990

Österreich ist vielleicht das einzige der neun Nachbarländer, in
dem deutsche Touristen ohne Schuldgefühle ausspannen können. Zwar hat das österreichisch-deutsche Verhältnis – das bis
1806, vielleicht gar bis 1866 ein deutsch-deutsches war – seine
Höhen und Tiefen erlebt, doch im 20. Jahrhundert ist es durchweg freundschaftlich gewesen. Insbesondere die NS-Zeit, deren
Erbe Deutschlands Verhältnis zu so vielen europäischen Staaten
noch immer belastet, war eine Phase engster und ausgesprochen
harmonischer Beziehungen. Obwohl es die Österreicher auf
wundersame Weise bewerkstelligt haben, sich selbst und die Welt
davon zu überzeugen, daß sie Hitlers erste Opfer waren, steht die
nationalsozialistische Vergangenheit nicht trennend zwischen
Österreich und Deutschland.

Kultur

Die deutsche Präsenz im österreichischen Kulturbetrieb ist enorm. Produktion, Finanzierung und Distribution der zeitgenössischen österreichischen Massenkultur sind zum beinahe exklusiven Vorrecht der deutschen Mediengiganten geworden. Ob man die elektronischen oder die Printmedien betrachtet, die Werbung oder den Buchmarkt, der deutsche Einfluß ist überall so beherrschend, daß der beste österreichische Kenner auf diesem Gebiet sein Land eine »Medienkolonie« nennt.[1]

Einige Daten zur Illustration: Seit Mitte der achtziger Jahre kontrollieren die deutschen Medienriesen, entweder direkt oder indirekt, 70 Prozent der österreichischen Tagespresse. Der zweitgrößte Zeitungskonzern der Bundesrepublik, die Gruppe *Westdeutsche Allgemeine*, hält einen Anteil von 45 Prozent an den beiden auflagenstärksten österreichischen Tageszeitungen, *Neue Kronen Zeitung* und *Kurier*, und übt damit nicht nur entscheidende finanzielle Kontrolle aus, sondern schränkt auch den Wettbewerb ein, weil beide Blätter in den Händen eines ausländischen Eigentümers liegen. Mit den 2,7 Millionen Lesern der *Neuen Kronen Zeitung* und den 941.000 Lesern des *Kurier* nimmt der »Kronen-Kurier« eine Vormachtstellung ein, die in den demokratischen Industrieländern ihresgleichen sucht. Auch die anspruchsvollere österreichische Presse steht unter beträchtlichem deutschen Einfluß. Die Axel Springer AG war bis 1996 mit 50 Prozent am *Standard* beteiligt und besitzt immer noch einen Anteil von 45 Prozent an einem führenden Regionalblatt, der *Tiroler Tageszeitung*. Daneben gibt es freilich einflußreiche Zeitungen, darunter *Die Presse* und die *Salzburger Nachrichten* sowie das wichtigste wöchentliche Nachrichtenmagazin *profil*, die von deutschem Kapital unabhängig sind. Außerdem halten die führenden deutschen Publikationen einen erheblichen Marktanteil in Österreich. Hans Heinz Fabris stellt fest, daß »ungefähr 93 Prozent der importierten Zeitschriften aus der Bundesrepublik stammen und 80 Prozent der Exporte dorthin gehen, was Österreichs extreme Abhängigkeit von der BRD in diesem Marktsegment beleuchtet«.[2]

Bei den elektronischen Medien bestehen enge Formen der Zusammenarbeit in Produktion und Programmplanung zwischen der staatlichen Rundfunk- und Fernsehanstalt ORF und den beiden deutschen öffentlich-rechtlichen Sendern ARD und ZDF. Mit der zunehmenden Vielfalt des Fernsehangebots haben deutsche Privatsender wie SAT1 und RTL ihre Reichweite in Österreich ausgedehnt.

Die Vormachtstellung auf dem Buchmarkt ist ebenso ausgeprägt: »Mehr als die Hälfte aller in Österreich verkauften Bücher stammen aus der BRD. Der Buchklub Donauland, überwiegend im Besitz des zweitgrößten Medienkonzerns der Welt, Bertelsmann, beherrscht die Vertriebswege. Jeder dritte österreichische Haushalt ist Donauland-Mitglied. Die Einfuhren aus der BRD belaufen sich auf 84 Prozent des gesamten Buchimports nach Österreich. Dagegen kommen nur 17 Prozent aller in die Bundesrepublik importierten Bücher aus Österreich.«[3]

Nur das Kino wird nicht von deutschen Erzeugnissen beherrscht. An der Spitze stehen immer noch die Vereinigten Staaten mit fast 37 Prozent der in Österreich gezeigten Filme. Deutschland rangiert mit großem Abstand an zweiter Stelle und erreicht 15,3 Prozent, dicht gefolgt von Frankreich mit 13,9 und Italien mit 12,1 Prozent. Der Anteil aller anderen Länder fällt kaum ins Gewicht.[4] Aber sogar auf diesem Gebiet besteht ein indirekter, wenn auch nicht unwichtiger deutscher Einfluß: Mit sehr wenigen Ausnahmen werden die amerikanischen Filme in der Bundesrepublik synchronisiert, von deutschen Schauspielern und Sprechern. Österreichische Kinogänger sehen amerikanische Filme und hören deutsche, nicht österreichische Dialoge. Die Unterschiede mögen geringfügig ausfallen, aber sie existieren. Für Österreicher muß es seltsam sein, ihren Landsmann Arnold Schwarzenegger in einer norddeutsch gefärbten Synchronisation zu hören. Dem deutschen Einfluß ist in Österreich nicht zu entkommen.

Aber vielleicht noch wichtiger als die schiere Quantität sind die qualitativen Auswirkungen. Die Überlagerung der österreichischen Kultur wird auch an der folgenden Tatsache deutlich: Am internationalen Geschehen interessierte Österreicher müssen hauptsächlich zu deutschen Publikationen wie *Spiegel, Zeit, Süddeutsche Zeitung, Frankfurter Allgemeine* oder *Frankfurter Rundschau* greifen. Österreichische Intellektuelle schreiben sehr häufig für deutsche Publikationen, und so spielt sich ein großer Teil des kulturellen Lebens im Ausland ab. Wer gehört, gelesen, gesehen werden will, muß früher oder später in Deutschland auf seine Talente aufmerksam machen, das heißt in deutschen Magazinen und Zeitungen schreiben, Bücher bei deutschen Verlagen veröffentlichen, in deutschen Theatern und Filmen gespielt werden beziehungsweise spielen, deutsche Hörer gewinnen, sich bei deutschen oder mehrheitlich deutschen Gesellschaften verdingen.

Autoren, Schauspieler, Künstler, Intellektuelle und Wissenschaftler profitieren immens von dem übergroßen Nachbarn mit ähnlicher Kultur und teils parallel verlaufender Geschichte. Das tragfähigste Bindeglied zwischen beiden Ländern ist natürlich die gemeinsame Sprache, trotz lokaler Eigenheiten und Dialekte. Viele in Kunst, Wissenschaft, Journalismus und Literatur tätige Österreicher haben den »Durchbruch« geschafft, wenn sie in Deutschland anerkannt sind. Ungarische Intellektuelle etwa haben nicht das Glück, daß ihre Muttersprache ohne weiteres von der Achtzig-Millionen-Bevölkerung eines Nachbarlandes verstanden wird. Neben den enormen finanziellen und psychologischen Gratifikationen, die der riesige deutsche Markt bietet, ist es ein unschätzbarer Vorteil, die eigenen Werke nicht übersetzen lassen zu müssen.

Trotz dieser enormen Abhängigkeit fühlen sich die Österreicher den Deutschen im kulturellen Bereich ebenbürtig, mitunter sogar überlegen. Für ein Land, das auf politischer Ebene immer wieder seine Kleinheit propagiert hat, erhebt Österreich ziemlich oft den Anspruch, eine der kulturellen Großmächte der Welt zu sein.[5] Sicherlich, Mozart, Schubert, die Wiener Philharmoniker, die Salzburger Festspiele und das Burgtheater haben einzigartige Beiträge zur europäischen Kultur geleistet. Aber offensichtlich steckt mehr hinter dem österreichischen Geltungsanspruch: Erstens erlaubt die Konzentration auf kulturelle Leistungen den Österreichern, sich verklärenden Erinnerungen an die Vergangenheit und ihre vormalige politische Bedeutung hinzugeben, wohl wissend, daß diese unwiderruflich dahin ist. Folglich bietet das Schwelgen in der Musik von Strauß eine sichere Möglichkeit, frühere Tugenden zu rühmen und eine direkte Linie vom Kaiserreich zur gegenwärtigen österreichischen Republik zu ziehen.

Der zweite Vorteil liegt darin, daß Österreich sich mit dem ständigen Hinweis auf seine feinsinnige Kultur der Nazivergangenheit meint entledigen und den Stolz auf seine Geschichte bewahren zu können. Die Österreicher haben Beethoven vereinnahmt und Hitler zum Deutschen gemacht. Mit der Doppelrolle als kultureller Riese und politischer Zwerg verfolgen sie eine ausgesprochen erfolgreiche Strategie der Entlastung von ihrer Vergangenheit. Ähnlich sind die Deutschen in der Nachkriegszeit verfahren, wobei sie sich als ökonomischen Riesen und politischen Zwerg betrachteten. Zweifellos gestaltete sich der deutsche Weg erheblich schwieriger, allein aus dem Grunde, weil wirtschaftliche Stärke bedrohlicher wirkt als kulturelle Stärke und die Bundesrepublik etwa zehnmal so groß ist wie Österreich.

Drittens ermöglicht die österreichische Identität auch eine eindeutige Position der Stärke, denn sie besagt: In Wirtschaftskraft und politischer Bedeutung können wir euch vielleicht nicht das Wasser reichen, aber wir sind euch mit Sicherheit ebenbürtig, wenn es um die edleren Dinge des Lebens geht, an denen sich der wahre Wert eines Landes erweist. An diesem Punkt beginnen die

Österreicher unweigerlich, die berühmten Schriftsteller, Schauspieler, Künstler und Journalisten aufzuzählen, die in Deutschland ihr Glück gemacht haben (oft, weil ihre österreichischen Zeitgenossen sie nicht zur Kenntnis nahmen, sie diffamierten oder mißverstanden). Wie heftig Thomas Bernhard oder Peter Handke in ihrer Heimat auch geschmäht worden waren, die Österreicher beanspruchten sie sehr schnell für sich, sobald die Deutschen es wagten, sie als deutsche Autoren zu bezeichnen.

Politik

Die deutsche Allgegenwart in Österreichs kulturellem und wirtschaftlichem Leben setzt sich in der Politik nicht fort. Erstaunlicherweise besteht auf politischem Gebiet trotz des Machtgefälles zwischen den beiden Ländern keinerlei Abhängigkeit. Sicherlich lassen sich starke Ähnlichkeiten und Überschneidungen in den politischen Systemen feststellen. Bis 1990 war in den jeweiligen nationalen Parlamenten dieselbe Anzahl an Parteien vertreten. Namen, Entstehungsgeschichten und Rollen der Parteien stimmen weitgehend überein. Die Farben der politischen Zugehörigkeit (schwarz, rot, grün und, als Bestandteil des *pays réel* beider Länder, braun) verweisen auf eine gemeinsame politische Kultur. Das politische System sowohl in Deutschland als auch in Österreich ist korporatistisch und fest auf Stabilität verpflichtet. Aber es bestehen auch deutliche Unterschiede. Der österreichische Staat ist erheblich interventionistischer und aktiver. Obwohl sie seit den späten achtziger Jahren stetig an Macht verlieren, üben die beiden großen österreichischen Parteien – SPÖ und ÖVP – noch immer weit stärkeren Einfluß aus als ihre deutschen Pendants SPD und CDU/CSU. Der Bundesrat als zweites parlamentarisches Organ besitzt in Deutschland mehr Gewicht als in Österreich, und im Gegensatz zum deutschen Präsidenten wird der österreichische direkt gewählt.

Für uns ist hier jedoch von Interesse, daß trotz des immensen deutschen Einflusses auf die Alltagskultur und die wirtschaftliche Prosperität Österreichs auf politischer Ebene bis 1995 eher Distanz herrschte.

Die »besonderen« Beziehungen kamen nach 1949 vor allem in den Bereichen Wirtschaft und Kultur zum Ausdruck, in der Politik indes war alles »normal«: zwei benachbarte Staaten, die wenig Konfliktstoff hatten, aber auch keine nennenswerte Verbindung. Während Tausende von Österreichern in der deutschen Wirtschaft und Kultur Karriere machten – was umgekehrt weit weniger gelang –, fand ein Austausch von politischem Personal nicht statt. Kein Österreicher konnte ins politische Establishment der Bundesrepublik vordringen, und ebensowenig haben Deutsche sich im politischen Leben Wiens etabliert. Bis 1945 hatte es eine derart strikte Trennung nicht gegeben – Hitler war lediglich der erfolgreichste Österreicher in der deutschen Politik.

Diese politische Abgrenzung spiegelte die unterschiedlichen Bedingungen des Wiederaufbaus beider Gemeinwesen wider. Während die Nachkriegsidentität der Bundesrepublik unauflöslich mit ihrer Zugehörigkeit zu zwei zentralen Bündnissen, der NATO und EWG (später EU) verknüpft war, gründete Österreichs neues Selbstverständnis auf strikter politischer Neutralität. Versuchten die Deutschen sich von ihrer nationalsozialistischen Vergangenheit durch das vollständige politische, kulturelle, ökonomische und soziale Aufgehen im Westen zu lösen, beschritten die Österreicher – falls sie überhaupt das Bedürfnis nach Absolution hatten – einen sehr viel einfacheren Weg: Sie mußten sich nur von Deutschland fernhalten, um nicht den geringsten Verdacht eines erneuten »Anschlusses« zu erwecken und damit den Zorn der Alliierten, insbesondere der Sowjetunion, auf sich zu ziehen. Wenn die Westbindung der Bundesrepublik dem »Verfassungspatriotismus« den Weg ebnete, dann legte Österreichs Neutralität die Basis für ein vitales »Österreichertum«.

Österreich sah seine politische Zukunft in einer klaren Distanzierung von Deutschland. Sie begann mit der Moskauer Deklaration von 1943, in der die alliierten Mächte Österreich zu Hitlers erstem Opfer erklärten, und setzte sich mit dem Heraufziehen des Kalten Krieges fort. Das Streben nach Neutralität wurde durch den österreichischen Staatsvertrag von 1955 bestätigt und durch den Abzug der vier Siegermächte im selben Jahr besiegelt. Alles, was die Bundesrepublik in der internationalen Politik erreicht hat, verdankt sie ihrer Integration in die westliche Allianz; die österreichische Nachkriegsidentität entstand aus der entgegengesetzten Konstellation: das Land verblieb außerhalb der NATO und hielt an seiner Neutralität fest. Deutschland verankerte seine Verteidigungspolitik in einem engmaschigen Netz multilateraler Pakte, wohingegen Österreichs Sicherheit daraus erwuchs, daß es keine Bündnisse einging. In der Tat war es die Kombination von Neutralität und Verhandlungsgeschick, die Österreich – vor allem in den siebziger und frühen achtziger Jahren unter Bruno Kreisky – internationales Ansehen verschaffte. Wie die drei anderen kleinen Neutralen auf dem Kontinent – die Schweiz, Schweden und Finnland – zog auch Österreich beträchtlichen innenpolitischen und internationalen Nutzen aus seiner bescheidenen Größe. Im Verlauf der Zweiten Republik hat die Neutralität in den Augen der Österreicher eine fast mythische Dimension angenommen. Sie galt als ein unverzichtbarer Bestandteil der österreichischen Identität.[6]

Aus den Daten geht eindeutig hervor, daß noch in den frühen sechziger Jahren 30 Prozent der Österreicher sich auf irgendeine Weise politisch mit der Bundesrepublik verbunden sahen, diese Affinität jedoch über die letzten drei Jahrzehnte zur Ausnahmeerscheinung wurde. Nur eine verschwindend kleine Minderheit stellt die Souveränität des österreichischen Staates dadurch in Frage, daß sie eine Vereinigung mit Deutschland für möglich hält. Und die EU-Gegner, angeführt vom FPÖ-Vorsitzenden Jörg Haider, begründeten ihre Ablehnung gerade damit, daß

Österreichs Eigenständigkeit dem Diktat der Brüsseler Eurokra-
ten und einer noch stärkeren Abhängigkeit von Deutschland
zum Opfer fallen werde. Obwohl der Nationalstolz der Österreicher an den der Amerikaner nicht heranreicht, ist er laut Um-
frageergebnissen stärker als der der Franzosen (für uns kaum zu
glauben) und erst recht der Deutschen (unmittelbar einleuch-
tend).[7] Die Österreicher begegnen ihrem Land auf eine Weise,
die schon fast an provinzielle Selbstzufriedenheit grenzt. Selbstzweifel und Selbstkritik, wie sie über weite Teile der Nachkriegsperiode für die Deutschen charakteristisch waren, sucht man hier
vergebens. Bei den Österreichern hat das Reinwaschen funk-
tioniert. Gewappnet mit der Moskauer Deklaration, mußten sie
keine Konfrontation mit ihrer Vergangenheit befürchten, ge-
schweige denn Verantwortung dafür übernehmen; sie konnten
ja alles auf die Deutschen abwälzen.

Trotz ihres politischen Alleingangs fühlen sich die Österreicher
den Deutschen nach wie vor nahe. Alle Umfragen ergeben, daß
die Österreicher ihre deutschen Nachbarn höher schätzen als alle
anderen, ja mehr als jede andere Nation weltweit. Nach einer
Erhebung im Jahr 1993 verspürten 60 Prozent der Österreicher
immer noch eine besondere Verbundenheit mit Deutschland,
während 22 Prozent so für Ungarn empfanden, das an zweiter
Stelle rangierte. Erstaunlicherweise äußerten nur 6 Prozent der
Befragten ähnlich freundschaftliche Gefühle für die Schweiz, die
trotz unbestreitbarer Gemeinsamkeiten keine besondere Wertschätzung genießt.[8] Die meisten Österreicher stufen die deutsche Vereinigung als vollkommen unproblematisch ein. Beinahe
90 Prozent sprachen sich dafür aus, und kaum jemand sah damit
Gefahren für Europa verbunden. Gleichzeitig lehnten 92 Prozent der Befragten jedes Manöver ab, das Österreich in irgendeiner Form mit Deutschland vereinen würde. Ob Österreichs
Beitritt zur EU am 1. Januar 1995 diese Situation langfristig verändern wird, ist noch nicht abzusehen. Sicher ist, daß die Frage
eines NATO-Beitritts das Land stark bewegt, da dieser Schritt

nicht nur verteidigungspolitische Konsequenzen hätte, sondern auch an dem wichtigsten Pfeiler der Nachkriegsidentität Österreichs – nämlich der Neutralität – rütteln würde.

Das Arrangement der wechselseitigen Distanznahme in der Zeit zwischen 1945/49 und 1989 hat sich für beide Länder hervorragend bewährt. Wird es auch weiterhin so reiche Früchte tragen? Die Antwort hängt von drei miteinander verknüpften Faktoren ab: von Deutschlands neuer Machtposition, Österreichs zukünftiger Stellung in Europa sowie von Entwicklungen auf dem Kontinent, die sich außerhalb beider Länder, aber in Reaktion auf sie vollziehen. Werden einige EU-Mitglieder Angst vor einem deutschsprachigen Block mit beinahe neunzig Millionen Menschen bekommen? Wie werden sich die Konflikte der Balkanstaaten auf die EU auswirken? Wann treten Ungarn, Polen, die Tschechische Republik, Slowenien und Kroatien der Union bei – zu welchem Preis, auf wessen Kosten und zu welchen Bedingungen? Wie werden diese neuen Mitglieder die Achsen und Konstellationen derzeitiger Allianzen und Übereinkünfte in der EU verändern? All das ist ungewiß, aber daß das österreichisch-deutsche Verhältnis davon nicht unberührt bleibt, steht wohl außer Frage.

Die postkommunistische Welt: Polen, die Tschechische Republik und Ungarn MIT MANIK HINCHEY

BMW baut eine Autofabrik in South Carolina. Es heißt, daß sie dort geländegängige Allzweckfahrzeuge mit Allradantrieb bauen wollen. Um Himmels willen, da sollten wir aufpassen! Wissen Sie nicht mehr, was passiert ist, als die Deutschen das letzte Mal solche Maschinen gebaut haben? Sie sind damit geradewegs nach Polen gefahren.

David Letterman in *The Late Show*

Bei den östlichen Nachbarn Deutschlands fielen die Reaktionen auf die Wiedervereinigung recht unterschiedlich aus. Die Ungarn äußerten sich außerordentlich wohlwollend, Polen und Tschechen waren entschieden zurückhaltender. Fünfzig Jahre nach dem Ende des Zweiten Weltkriegs stößt man zumindest in Polen und der Tschechischen Republik auf deutliche Hinweise, daß die Erinnerungen an die nationalsozialistischen Gewaltverbrechen immer noch lebendig sind und auch an die jüngeren Generationen weitergegeben werden.

Polen

Nach einer Umfrage von *New York Times* und Conseils-Sondages-Analyses lehnten zwei von drei befragten Polen die Wiedervereinigung unumwunden ab, und eine von *Economist* und *Los*

Angeles Times in Auftrag gegebene Erhebung ergab, daß Polen das einzige Land war, in dem dieses Ereignis »ausgeprägte Ängste« – im Unterschied zu »Unbehagen« oder »Besorgnis« – weckte. Die Polen beobachteten die neue deutsche Macht auf dem Kontinent offensichtlich mit größerer Skepsis als alle anderen Europäer. Das ist kaum überraschend; die unselige Geschichte des polnisch-deutschen Verhältnisses im Verlauf der letzten siebenhundert Jahre ließ nichts anderes erwarten.

Die Gewalttätigkeiten begannen mit der Unterwerfung der Polen durch den Deutschen Orden im 13. und 14. Jahrhundert und endeten zunächst im Jahr 1410 mit dem polnischen Sieg in der Schlacht bei Tannenberg. Als Folge der Teilungen Polens durch Rußland, Preußen und Österreich im späten 18. Jahrhundert war die nationale Einheit bis zum Ende des Ersten Weltkriegs zerstört. Daß diese Geschichte eine Fülle an gegenseitigen Vorurteilen erzeugt hat, kann nicht verwundern. Die polnische Vokabel für deutsch – *niemiec* – leitet sich von dem Wort *niemy* ab, das »stumm« bedeutet beziehungsweise jemanden benennt, der nicht Polnisch sprechen kann. Außerdem empfanden die Polen die Deutschen als brutal, mächtig, kalt und skrupellos. Die Bezeichnung *Kryzak*, etymologisch mit dem Wort *Kreuzritter* verwandt, beschwört Bilder des Grauens. Und das polnische *Prusak* meint sowohl »Preuße« wie »Kakerlake«.[1] Doch die Deutschen begegneten den Polen ihrerseits mit großer Verachtung. Der wilhelminischen Gesetzgebung zur Staatsbürgerschaft von 1913 lag weitgehend die Absicht zugrunde, den polnischen Einwohnern des Deutschen Reiches die deutsche Nationalität vorzuenthalten, und der Ausdruck »polnische Wirtschaft« nahm im Deutschen die Bedeutung politischer Unreife, Kulturlosigkeit, schlechter Organisation sowie allgemein ärmlicher und schlampiger Lebensbedingungen an.[2]

Die Polen hatten ihre schlechte Meinung von den Deutschen lange vor dem Dritten Reich ausgebildet, aber erst die nationalsozialistische Besetzung, die Versklavung und Ermordung von

Millionen polnischer Juden und Hunderttausenden Nichtjuden steigerte die Abscheu ins Unermeßliche. Auch die Nachkriegsära war zunächst voller Konflikte. Als Ergebnis der Abkommen von Jalta und Potsdam verliefen die polnischen Grenzen nun weiter westlich. Die ethnisch gemischten Gebiete der Westukraine, des westlichen Belorußland und Südlitauens waren von der Sowjetunion annektiert worden, doch Polen hatte den größten Teil Ostpreußens und die deutschen Gebiete östlich der Oder und Neiße erhalten.[3] Gewaltige Umsiedlungsprogramme – heute besser bekannt unter der schändlichen Bezeichnung »ethnische Säuberung« – fanden die Zustimmung der Alliierten, weil sie als einzige Möglichkeit galten, drohende ethnische Konflikte zu vermeiden. Schätzungen zufolge mußten 7,2 Millionen Deutsche die Gebiete östlich der Oder-Neiße-Linie verlassen.[4] An ihrer Stelle wurden zwei bis drei Millionen Menschen aus den früheren polnischen Provinzen angesiedelt, die jetzt zur Sowjetunion gehörten. Grenzänderungen, Vertreibungen und Umsiedlungen – ebenso die Vernichtung der polnischen Juden – führten dazu, daß Polen zum ersten Mal in seiner Geschichte eine geschlossene politische Einheit mit einer relativ homogenen Bevölkerung bildete. Ungefähr 500.000 Angehörige von Minderheiten waren im Lande verblieben, fielen aber angesichts von 39 Millionen Polen kaum ins Gewicht.

Die Vertreibung von mehr als sieben Millionen Deutschen, von denen sich die meisten auf dem Gebiet der späteren Bundesrepublik niederließen, sorgte für anhaltende Streitigkeiten zwischen den beiden Staaten. Viele der Vertriebenen engagierten sich auf der rechten Seite des bundesdeutschen Parteienspektrums und schürten die Angst der Polen vor einem deutschen Revanchismus, was der kommunistischen Regierung innenpolitisch mitunter ganz gelegen kam.[5] Die Sorge vor einem Wiederaufleben nationalistischer Gefühle wurde durch die Weigerung der Bundesregierung, die Oder-Neiße-Grenze anzuerkennen, nicht gerade beschwichtigt. Was Konrad Adenauer 1949 vorgegeben hatte, blieb auch in den fünfziger und sechziger Jahren die deutsche Position: »Wir können uns … unter keinen Umständen mit einer von Sowjetrußland und Polen … einseitig vorgenommenen Abtrennung dieser Gebiete abfinden.«[6] Erst die Unterzeichnung des deutsch-polnischen Vertrages am 7. Dezember 1971, einer der tragenden Pfeiler der Ostpolitik Willy Brandts, minderte endlich die Angst der Polen. Völlig ausgeräumt wurde sie jedoch nicht.

Die Volksrepublik Polen und die DDR täuschten freundschaftliche Beziehungen als Teil des brüderlichen Bandes vor, das alle sogenannten sozialistischen Länder einen sollte. Allerdings gab es häufig Spannungen. Wann immer die polnische Regierung die kleinste innenpolitische Liberalisierung wagte oder ein wenig Distanz von der Sowjetunion zu gewinnen suchte – wie 1956, 1968, 1970 und 1976 –, reagierten die Machthaber in der DDR mit scharfer Kritik und betonten ihre Verbundenheit mit den Sowjets. Die Honecker-Regierung mißbilligte jeden Versuch der Regierung in Warschau, eine Übereinkunft mit den »antisozialistischen Kräften« der Solidarność zu erzielen.[7]

Auf gesellschaftlicher Ebene sah es noch weniger erfreulich aus. Die Polen registrierten den unverhohlenen Rassismus und die Verachtung, mit denen sie in den achtziger Jahren bei Reisen in die DDR von der Bevölkerung empfangen wurden, sehr genau. Unterstellungen der Ostdeutschen, sie gingen illegalen Geschäften nach, erinnerten an traditionelle Vorurteile, nach denen die Polen zwielichtig, nicht vertrauenswürdig und Gauner sind. Wandparolen mit der Aufforderung »Polen raus« und Hinweise an Geschäften »Nur für Deutsche« weckten nicht gerade freundschaftliche Gefühle. Sozialistische Brüderlichkeit war ein Hohn, wenn polnische Touristen in den Provinzstädten der DDR bedroht, manchmal sogar angegriffen wurden. In den Augen der Polen wiesen die Bürger der DDR alle typischen deutschen Eigenschaften auf – mit einem zusätzlichen Nachteil: bei ihnen war es auch noch ärmlich und trist, und sie gehörten ebenfalls zum sozialistischen Lager. Eine im Februar 1990 durchgeführte Umfrage bat die Polen, ihre Sympathie für über zwanzig Länder auf einer Skala von – 50 bis + 50 auszudrücken; die DDR wurde mit einem Wert von –11 auf den letzten Platz verwiesen, kurz davor rangierte die Bundesrepublik mit –6. Wie erwartet, nahmen die USA mit einer Bewertung von +28 den ersten Rang ein.[8] Die Polen unterschieden deutlich zwischen dem armen Osten und dem reichen Westen. 1991 bewerteten sie die Ostdeutschen mit –0,8 auf einer Skala von – 5 (absolut negativ) bis + 5 (absolut positiv), während die Westdeutschen mit +0,9 abschlossen.[9] Die Westdeutschen, wenn auch belastet mit der Deutschen generell entgegengebrachten Skepsis, waren immerhin glanzvoll statt trist, da sie mit begehrten Konsumgütern, die man im Osten nicht hatte, aufwarten konnten.

Trotzdem blieb der politische Diskurs in der Bundesrepublik zutiefst verstörend für Polen, und zwar nicht nur der verbale Revanchismus der Vertriebenenorganisationen, die am rechten Rand der CDU/CSU operierten. Ungeachtet der Ostpolitik entschied das Bundesverfassungsgericht am 31. Juli 1973, die Grenzen des Deutschen Reichs von 1937 seien auch weiterhin die verfassungsgemäß gültigen. Daher ist es nicht weiter verwunderlich, daß die Wiedervereinigung in der polnischen Öffentlichkeit nicht gerade populär war. Im November 1990 antworteten auf die Frage, welchen Nationen sie Vertrauen entgegenbrächten, nur 4 Prozent der Teilnehmer, daß sie viel Vertrauen zu den Deutschen hätten, 13 Prozent hatten etwas Vertrauen, 21 Prozent nicht viel und 49 Prozent überhaupt kein Vertrauen; 13 Prozent waren unentschieden. Zum Vergleich: 18 Prozent bekundeten viel Vertrauen zu den Amerikanern, 41 Prozent etwas, 22 Prozent nicht viel und nur 5 Prozent überhaupt keins.[10]

Die polnischen Eliten hatten keine andere Wahl, als die deutsche Vereinigung zu akzeptieren, obwohl die Geschwindigkeit des Geschehens sie überraschte. Tatsächlich hat die nichtkommunistische Regierung Polens, die im Sommer 1989 ihre Arbeit aufnahm, eine ausgesprochen pragmatische Haltung bewiesen. Außenminister Krzysztof Skubiszewski erklärte, die beiden deutschen Staaten hätten das Recht, sich zu vereinigen. Er stellte auch klar, daß Polen die Grenzfrage als abgeschlossen betrachtete. Führende Persönlichkeiten der Solidarność-Bewegung, wie Bronislaw Geremek und Adam Michnik, äußerten sich ähnlich. Bereits im September 1989 hatte Ministerpräsident Tadeusz Mazowiecki den Wunsch ausgesprochen, in den deutsch-polnischen Beziehungen einen Durchbruch zu erzielen.[11] Die Kommunisten, die im Parlament noch immer stark vertreten waren, opponierten gegen diese Kursänderung und warfen der Solidarność-geführten Regierung vor, ihre Bemühungen, das Verhältnis zwischen den beiden Staaten zu verbessern, seien naiv und kämen einem Ausverkauf polnischer Interessen gleich. Die rapide Entwicklung in Deutschland verstärkte den innenpolitischen Druck auf die polnische Regierung, denn Bundeskanzler Kohls Zehnpunkteplan vom 28. November 1989 wurde in Polen überwiegend abgelehnt, enthielt er doch keinerlei Garantien zur Oder-Neiße-Grenze.[12] Kohl wollte den rechten Flügel seiner Partei beschwichtigen, womit er natürlich die polnischen Befürchtungen, die Bundesrepublik trüge sich mit dem Gedanken einer Grenzänderung, nur nährte. Aus dieser Angst vor einem expansionistischen Deutschland ist auch Mazowieckis Appell an die sowjetischen Truppen verständlich, für den Fall der Fälle in Polen zu bleiben.

Die Deklaration von Ottawa am 13. Februar 1990 gab den Rahmen für die Verhandlungen zur Wiedervereinigung vor und bewirkte ein Umdenken in Polen. Die neue polnische Deutschlandpolitik, die die Geschwindigkeit des Vereinigungsprozesses bremsen und ihn in eine gesamteuropäische Entwicklung einbinden wollte, fand aber nur wenig Unterstützung bei den Alliierten. Dann forderten die Polen ihre Beteiligung an den »2+4«-Gesprächen und bestanden darauf, das Grenzproblem vor der Vereinigung zu klären. Schließlich mußten sie einfach hinnehmen, daß die Lösung der Grenzfrage im Zuge der Vereinigung erfolgen sollte:[13] Der deutsch-polnische Vertrag wurde am 14. November 1990 in Warschau unterzeichnet, gefolgt von einem zweiten Abkommen über gute Nachbarschaft und friedliche Zusammenarbeit am 17. Juni 1991.

Die Vereinbarungen haben die Sorgen der Polen offenbar nicht zerstreuen können. In einer großangelegten Umfrage von *Spiegel* und EMNID im Sommer 1991 kam das deutlich zum Ausdruck. Gefragt, ob sie eine polnisch-deutsche Versöhnung für wahrscheinlich hielten, antworteten 9 Prozent der Teilnehmer, daß sie sehr wahrscheinlich, 59 Prozent, daß sie wahrscheinlich sei, 18 Prozent hielten sie für wenig wahrscheinlich, 6 Prozent für unwahrscheinlich, und 8 Prozent fanden, dies sei schwer zu sagen. 62 Prozent der befragten Polen gaben an, die Erinnerungen an den Zweiten Weltkrieg übten sehr starken oder starken Einfluß auf ihre Einstellung zu den Deutschen aus, während 32 Prozent diesen Einfluß für unbedeutend und 6 Prozent für nicht vorhanden erklärten.[14]

Eine Mehrheit empfand die Oder-Neiße-Grenze als immer noch nicht sicher: 42 Prozent hielten sie für »ziemlich unsicher«, 9 Prozent für »sehr unsicher« und nur 4 Prozent für »sehr sicher«, während 45 Prozent glaubten, sie sei »relativ sicher«. Also mochten 51 Prozent der Befragten trotz der Unterzeichnung des Grenzvertrages nicht an die guten Absichten ihres westlichen Nachbarn glauben. Die Frage »Wie sicher ist es, daß Deutschland nach der Vereinigung ein demokratisches Land bleiben und nicht irgendeine Form der Diktatur ausbilden wird?« beantworteten 42 Prozent mit »ziemlich unsicher« und 6 Prozent mit »vollkommen unsicher«. Nur 7 Prozent waren davon überzeugt, daß Deutschland eine Demokratie bleiben werde, und 44 Prozent waren sich dessen ziemlich sicher.[15]

Auf die Frage nach der Popularität der Deutschen in Polen bezeichneten 2 Prozent der Interviewten sie als sehr beliebt, 46 Prozent als relativ beliebt, 42 Prozent als ziemlich unbeliebt und

10 Prozent als sehr unbeliebt. Wieder überwogen bei den meisten (52 Prozent) die negativen Gefühle. Diese Werte entsprachen im übrigen auch dem Ergebnis einer Umfrage auf deutscher Seite: 55 Prozent der Westdeutschen stuften die Polen als ziemlich oder sehr unbeliebt ein.[16]

Im November 1992 ermittelte eine führende polnische Zeitung in einer Umfrage die beliebtesten Länder. Die Vereinigten Staaten führten mit 58 Prozent, die Deutschen schafften es nicht einmal, in die Liste aufgenommen zu werden. Ganz im Gegenteil, sie belegten den vierten Platz in einer Aufstellung der unbeliebtesten Völker, hinter Sinti und Roma, Ukrainern und Rumänen.[17] Eine Studie des Meinungsforschungsinstituts CBOS Ende Mai 1995 erbrachte ähnliche Resultate. Danach waren die Polen besonders von den Franzosen angetan (67 Punkte), gefolgt von Amerikanern (63), Ungarn (56), Schweden (53), Briten (51), Slowaken (44) und Tschechen (43). Die Deutschen teilten sich 35 Punkte mit den Litauern. Nur Israelis, Belorussen, Russen, Serben, Ukrainer, Rumänen sowie Sinti und Roma waren noch unbeliebter.[18]

Wie unsympathisch die Deutschen ihnen auch weiterhin sein mögen, die Polen haben akzeptiert, daß die Entwicklung ihres Landes zu einer leistungsfähigen, modernen, marktwirtschaftlich strukturierten Gesellschaft weitgehend von der Bundesrepublik abhängt – womit sich Strukturen fortsetzen, die schon vor dem Zusammenbruch des Kommunismus bestanden. Handelsstatistiken verdeutlichen diese Abhängigkeit. Zwischen 1989 und 1994 kletterten die Anteile der Bundesrepublik am polnischen Gesamtexport von 12,9 auf 39,1 Prozent und an allen Importen nach Polen von 13,8 auf 27,7 Prozent.[19]

Die Polen lieben die Amerikaner und mögen die Deutschen nicht, aber sie wissen, daß ihre einzige Chance, das Elend der Vergangenheit zu vermeiden, darin liegt, sich an die deutsche Wirtschaftslokomotive anzuhängen. Auf die Frage, wo die Zukunft ihres Landes liege, antworteten 1994 12 Prozent: bei den

Vereinigten Staaten, 36 Prozent: bei der Europäischen Gemeinschaft und 5 Prozent: bei der Bundesrepublik – obwohl Deutschland nicht als Antwortmöglichkeit vorgegeben war.[20] Im Frühjahr 1995 fielen die Einschätzungen folgendermaßen aus: 13 Prozent gaben die USA an, 37 Prozent die EU, und 7 Prozent nannten Deutschland, obwohl es nicht auf der Liste stand. Das war die dritthöchste spontane Nennung der Bundesrepublik in allen Ländern Mittel- und Osteuropas, in denen Umfragen durchgeführt wurden; nur in Ungarn und Albanien fiel sie noch etwas höher aus.[21]

Die Polen scheinen sich einen mit Dänemark und den Niederlanden vergleichbaren Grad der Anbindung an Deutschland zum Ziel gesetzt zu haben. Das führt in diesem Fall aber zwangsläufig zu einer ungleichgewichtigen Beziehung der reichen Anführer und der armen Gefolgsleute. Zu den Hypotheken der Geschichte, die die deutsch-polnischen Beziehungen ohnehin überschatten, tritt nun also auch noch eine Form von Kryptokolonialismus hinzu. Das ist niemandem anzulasten, handelt es sich doch um eine unvermeidbare Begleiterscheinung des neuen Europa. Größere Offenheit auf polnischer Seite bedeutet, die eigene Entscheidungsfreiheit einzuschränken und die Abhängigkeit von Deutschland zu verstärken. Das Problem liegt darin, daß eine zunehmende wirtschaftliche Abhängigkeit nicht automatisch die Beziehung zwischen den Völkern entspannen wird. Auch wenn sich das bilaterale Verhältnis erheblich verbessert hat, bestehen doch weiterhin latente Konflikte. Das Beispiel Polen beweist – und das gilt ebenso für die Niederlande und Dänemark –, daß stärkere ökonomische Verflechtung und sogar fast reibungslose politische Zusammenarbeit nicht unbedingt mit Sympathie und Begeisterung einhergehen, wenn es sich bei dem dominanten Partner um Deutschland handelt. Polen, Niederländer und Dänen unterhalten enge wirtschaftliche und vielfältige politische Beziehungen zur Bundesrepublik, aber freundschaftliche Gefühle sind damit nicht verbunden.

Die Tschechische Republik

Die Erinnerungen an Krieg, Besetzung und Vertreibung wirken noch heute in den tschechisch-deutschen Beziehungen nach.[22] Zwiespältig war die tschechische Haltung zu Deutschland bereits im 19. Jahrhundert. Obwohl die Sympathien der Tschechen im französisch-preußischen Krieg von 1870 beinahe ausschließlich den Franzosen galten, bewunderten sie doch die industrielle Leistungsstärke, den technologischen Standard und die Fähigkeiten der Deutschen, und zwar in weit höherem Maße als die der Österreicher, ihrer kaiserlichen Herrschaft.[23] Nach Jahrhunderten der Habsburger Monarchie konstituierte sich nach dem Ersten Weltkrieg eine unabhängige Tschechoslowakei. Zu ihrer Bevölkerung gehörte auch eine große deutsche Minderheit, die überwiegend in den an das Deutsche Reich und Österreich angrenzenden Gebieten lebte. Die Spannung zwischen dieser Minorität und den tschechischen Nationalisten brach in der Zwischenkriegszeit offen aus.

Die Machtergreifung der Nationalsozialisten erfüllte manch radikaleren Deutschstämmigen mit kühnen Hoffnungen, und so gründete Konrad Henlein im Oktober 1933 die »Sudetendeutsche Heimatfront«. 1935 wurde sie zur »Sudetendeutschen Partei«, die sich mit zwei Dritteln der deutschen Wählerstimmen bald zu einer ernstzunehmenden Opposition entwickelte. Als Hitler 1938 das Sudetenland annektierte, konnte er auf die Unterstützung der meisten, wenn auch nicht aller Sudetendeutschen zählen, und im März 1939 besetzten die Nationalsozialisten die übrige Tschechoslowakei. Die deutsche Okkupation dauerte sechs Jahre und überzog das Land mit unsäglichem Leid. Mindestens 80.000 Juden wurden ermordet, und der nichtjüdischen Bevölkerung drohten fürchterliche Vergeltungsmaßnahmen für jeden Akt des Widerstands.[24] Lidice ist bis heute der Inbegriff nazistischer Brutalität.

Nach dem Krieg setzten die Tschechen keine besondere Mühe

daran, zwischen deutschen Nazikollaborateuren und Unschuldigen deutscher Herkunft zu unterscheiden. Am 19. Mai 1945 erließ Eduard Beneš, erster Nachkriegspräsident der Tschechoslowakei, eine Verordnung, die »alle Personen deutscher Nationalität« für unzuverlässig erklärte und ihren Besitz unter Aufsicht stellte. In Artikel 13 des Potsdamer Abkommens vom 2. August 1945 sanktionierten die Alliierten den Beneš-Erlaß und allgemein die »ethnische Säuberung« Osteuropas, die als »Überführung der deutschen Bevölkerung nach Deutschland« bezeichnet wurde. Fast drei Millionen Deutsche wurden aus der Tschechoslowakei vertrieben, Zehntausende starben auf dem Weg oder fielen Racheaktionen zum Opfer.[25]

Ab 1948 und durch die gesamten fünfziger Jahre diente der kommunistischen Regierung in Prag die antideutsche Propaganda als vorrangige innenpolitische Legitimationsbasis. Ähnlich wie das polnische nutzte auch das tschechische Regime die Teilung Deutschlands, um die gute DDR der bösen Bundesrepublik gegenüberzustellen, die als Inbegriff des Revanchismus galt.[26] 1968 brachte der Prager Frühling dem tschechisch-deutschen Verhältnis ein kurzes Tauwetter, doch die sowjetische Invasion und die anschließende verschärfte Repression setzten dem schnell ein Ende. Die offiziellen Beziehungen zwischen Prag und Bonn verbesserten sich dann entscheidend durch die sozialdemokratische Ostpolitik; eine Entwicklung, die im Normalisierungsvertrag vom 11. Dezember 1973 gipfelte, aber immer noch keine Diskussion über die Vertreibung und Enteignung der Deutschen nach dem Kriege erlaubte.

Die Dissidenten behandelten diese Themen offener und differenzierter, und tatsächlich stimmte das »Friedensmanifest der Charta 77« von 1985 einer möglichen deutschen Vereinigung sogar vorbehaltlos zu.[27] 1989 brachte die »Samtene Revolution« dann einen der prominentesten Bürgerrechtler, Václav Havel, an die Macht. Im Dezember 1989, als eben designierter Präsident, entschuldigte er sich für die Vertreibung der deutschstämmigen

Bevölkerung.[28] Seine erste Auslandsreise als Staatsoberhaupt führte ihn nach Ost- und Westdeutschland, wo er erklärte, daß Europa keinen Anlaß habe, die Vereinigung zu fürchten. Ein vereintes Deutschland könne »so groß sein, wie es wolle«, wenn auch »demokratisches Bewußtsein und ein demokratisches System in Deutschland wichtiger sind als die Möglichkeit, eine Nation von sechzig oder achtzig Millionen Menschen zu werden«.[29]

Die tschechische Bevölkerung war da schon schwerer zu überzeugen. Havels Entschuldigung rief beträchtlichen Protest im Lande hervor, und in Meinungsumfragen der Jahre 1989 und 1990 ließen die meisten Tschechen ihrem Unmut freien Lauf. Nach einer Eurobarometer-Erhebung im Frühjahr 1990 stimmten 37 Prozent der deutschen Einheit zu, 22 Prozent äußerten sich ablehnend, 22 Prozent unentschieden und 19 Prozent gleichgültig. Der Anteil der Befürworter war geringer als in allen anderen Ländern einschließlich des europäischen Teils der Sowjetunion, wo 49 Prozent die Vereinigung bejahten.[30] Im Herbst 1990 fragte Eurobarometer die Tschechen danach, wieviel Vertrauen sie in Menschen verschiedener Länder setzten. 12 Prozent der Teilnehmer bekundeten großes Vertrauen zu den Deutschen, 36 Prozent etwas, 28 Prozent nicht viel und 16 Prozent überhaupt keins; 8 Prozent wußten es nicht. Zwar fällt dieses Ergebnis nicht so ungünstig aus wie das polnische, aber es zeigt deutlich, daß viele Tschechen den Deutschen und ihren Motiven immer noch argwöhnisch gegenüberstanden.[31] Die Aktivitäten der Sudetendeutschen Landsmannschaft, welche enge Verbindungen zur bayerischen Regierungspartei CSU unterhält, haben nicht gerade dazu beigetragen, die Sorgen der Tschechen zu zerstreuen. 1990 reisten Vertreter dieser Organisation zu einem Treffen mit tschechischen Regierungsmitgliedern nach Prag; ihr dortiges Beharren auf dem Recht zu Rückkehr und Selbstbestimmung steigerte nur die Befürchtung, die Bundesrepublik könne versuchen, die ehemals deutschen Gebiete wieder in ihren Besitz zu bringen.[32]

Trotz der Unterzeichnung eines Abkommens im Oktober 1991, kurz bevor sich die Tschechoslowakei auflöste, blieben die Beziehungen zwischen Prag und Bonn in den frühen Neunzigern frostig. Eine Anfang 1992 durchgeführte Umfrage ergab, daß 75 Prozent der Teilnehmer der Aussage, »die Deutschen verhalten sich den Tschechen gegenüber arrogant« zustimmten. Das Mißtrauen war besonders ausgeprägt bei den über 55jährigen, bei jungen Leuten zwischen 18 und 25 Jahren, bei Menschen mit niedrigem Bildungsniveau und bei denen, die sich als linksgerichtet bezeichneten.[33] Im Sommer 1995 zeigte eine weitere Erhebung, daß die Tschechen fünf Jahre nach der Wiedervereinigung ihrem großen Nachbarn immer noch mit Skepsis begegneten. Die Frage »Wie reagieren Sie auf Deutschland?« beantworteten 53 Prozent mit »ängstlich«, 51 Prozent mit »unsicher« und 46 Prozent mit »bewundernd« (Mehrfachnennungen waren möglich). 69 Prozent sahen die Gefahr, daß Deutschland zum Nationalsozialismus zurückkehren könnte – dieser Anteil blieb durch alle Altersgruppen konstant. Für 68 Prozent rechtfertigte das Leid, das die Nationalsozialisten den Tschechen zugefügt hatten, die Vertreibung der Sudetendeutschen. Allerdings beurteilten 79 Prozent die tschechisch-deutschen Beziehungen als »insgesamt gut«, und 56 Prozent hofften, daß sie sich weiterentwickeln würden.[34]

Aus Sicht der Eliten war das Verhältnis zu Deutschland nach wie vor stark belastet. 1993 trat in der Bundesrepublik ein neues Asylrecht in Kraft, das auf tschechischer Seite als unfaire Abwälzung der Grenzsicherungspflichten auf die Tschechische Republik betrachtet wurde.[35] Ein deutscher Pressebericht, der Außenminister Kinkel mit der Aussage zitierte, das Potsdamer Abkommen könne nicht als bindend gelten, weil es die Vertreibung der Deutschen aus Osteuropa gerechtfertigt habe, rief Anfang 1996 heftigen Protest hervor. In den Augen vieler Tschechen, vor allem der Opposition, lief jede Anfechtung der Potsdamer Verträge darauf hinaus, die Legitimität des tschechischen Staates in

Frage zu stellen.[36] Sogar die deutsche Unterstützung für die Aufnahme der Tschechischen Republik in die NATO wurde argwöhnisch zur Kenntnis genommen, denn bei den Tschechen
wuchs der Verdacht, daß die Deutschen versuchten, eine Puffer-
zone im Osten aufzubauen, genau wie es die Sowjetunion früher
an ihren Westgrenzen getan hatte. Mitglieder der Regierungskoalition waren insgeheim besorgt, daß die Tschechische Republik wieder einmal den geopolitischen Zielen ihrer mächtigen
Nachbarn geopfert werden sollte.[37] Als der CSU-Vorsitzende
Waigel im Frühjahr 1996 das Schicksal des tschechischen Antrags
auf EU-Mitgliedschaft von einer offiziellen Erklärung des Be-
dauerns über die Vertreibung der Deutschen im Jahre 1945 abhängig machen wollte, erreichte die Abneigung gegenüber den
Deutschen einen neuen Höhepunkt.

Ungarn

Anders als die Tschechen und Polen haben die Ungarn ein überwiegend positives Deutschlandbild. Deutsche sind in Ungarn
sogar ebenso beliebt wie in Finnland. Ungarn und Finnen verbinden mit Deutschland, vor allem mit Westdeutschland, viel
Gutes. Einzig Österreich übertraf mit 93 von 100 möglichen
Punkten die ungarische Bewertung der Bundesrepublik (89) auf
einer Skala, die Sympathie, Freundschaft und den Wunsch nach
engeren Beziehungen messen sollte.[38]
Die ungarischen Sympathien für Deutschland stammen sowohl
aus ferner Vergangenheit wie aus der Nachkriegsperiode; aus
Zeiten, die geprägt sind von dem heftigen Verlangen, Teil des
Westens zu sein. Für die Ungarn versprach der Westen (*nyugat*)
stets die Befreiung vom bedrohlichen Osten (*kelet*). Der Westen
galt in seinen verschiedenen historischen Phasen als gleichbedeutend mit aufgeklärtem Absolutismus, dem modernen Nationalstaat, bürgerlichem Liberalismus, Demokratie, individueller

Freiheit, der Durchsetzung von Menschenrechten, Kapitalismus und natürlich einem konsumorientierten Wohlfahrtssystem. Im Gegensatz dazu verkörperte der Osten finstere Barbarei, Rückständigkeit, Primitivität, autoritären Paternalismus und repressiven Kollektivismus der einen oder anderen Art. Im Herbst 1990 befragt, ob sie sich nicht nur als Ungarn, sondern gelegentlich auch als Europäer betrachteten, antworteten 68 Prozent der Teilnehmer, daß sie sich oft (23 Prozent) oder manchmal (43 Prozent) als Europäer empfänden. Im Vergleich dazu verstanden sich nur 13 Prozent der Tschechen und 9 Prozent der Polen oft als Europäer.[39]

Für die Ungarn bedeutete der Osten politische und militärische Unterdrückung durch Systeme und Völker, die sie als feindlich und kulturell unterlegen einstuften: Slawen, insbesondere Russen, und Türken. Kurz gesagt, der Westen – und das hieß vor allem Deutschland – war hoch geschätzt. Und obwohl die Ungarn den österreichischen Habsburgern, allen voran dem jungen Kaiser Franz Joseph, nie vergessen haben, daß sie sich 1848 mit den reaktionären Russen verbündeten, um die ungarische Unabhängigkeitsbewegung zu zerschlagen, hat sie der Ausgleich von 1867 doch versöhnt, und sie blieben der Doppelmonarchie bis zu ihrem Ende 1918 loyal verbunden.

Seit mehr als achthundert Jahren lebt eine deutsche Minderheit in Ungarn. Die ersten deutschen Siedler wanderten im 12. Jahrhundert aus dem Rheinland ein, und eine weitere Immigrationswelle erfolgte während der Herrschaft Maria Theresias im 18. Jahrhundert. Diese Zuwanderer ließen sich im Süden an der Donau nieder, in einem Gebiet, das durch die Kriege zwischen Habsburgern und Osmanen verwüstet worden war. Ihr Zentrum wurde die Stadt Pécs (Fünfkirchen), und bis heute besitzen die Deutschen einen spürbaren kulturellen und politischen Einfluß. 1945 umfaßte die Gruppe der Donauschwaben – in Ungarn werden alle Deutschen ungeachtet ihrer regionalen Herkunft als Schwaben bezeichnet – etwa 370.000 Menschen. Davon mußten ungefähr 170.000 das Land unter der kommunistischen Regierung verlassen. Der größte Teil der Vertriebenen ging in die Bundesrepublik, aber im Gegensatz zu den Sudetendeutschen bildeten sie nie ein so einflußreiches Wählerpotential, daß sie die Versöhnung mit Ungarn hätten beeinträchtigen können. Die Kontakte zwischen den verbliebenen 200.000 Donauschwaben und Westdeutschland rissen niemals ab, auch nicht auf dem Höhepunkt des Kalten Krieges, und seit der Wiedervereinigung haben sich die Beziehungen erheblich vertieft.

Nach dem Zweiten Weltkrieg unterschied das kommunistische Regime Ungarns zwischen den »faschistischen« Westdeutschen und der »sozialistischen Brudernation« der DDR. Doch der »Gulaschkommunismus« in den späten sechziger Jahren und die damit einhergehende Öffnung nach Westen ermöglichten dem ungarischen Durchschnittsbürger, alle drei Jahre als Tourist in den Westen zu reisen. Viele nutzten das zu Besuchen in der Bundesrepublik, wo sie den »real existierenden Kapitalismus« erleben und sich selbst ein Bild machen konnten.[40] Die Ungarn setzten schnell all ihre Hoffnung auf die Bundesrepublik und verachteten die DDR. Die Westdeutschen waren demokratisch, frei, reich, farbenfroh, und sie fuhren mit D-Mark und BMW am Plattensee vor. Ihre ostdeutschen Verwandten schienen dagegen gehemmt, autoritär, arm und blaß, und wenn sie überhaupt ein Auto besaßen, dann einen Trabant, der in ungarischen Augen zum verhaßten Symbol für die Unzulänglichkeiten des Sozialismus geworden war. Ganz sicher teilten die Ungarn nicht die spätere ostdeutsche Identifikation mit dem »Trabi« als eines putzigen kleinen Anti-Autos, das für die verlorene Unabhängigkeit des Ostens und nach 1989 für einen Sozialismus mit »menschlichem Antlitz« stand.

Ostpolitik und KSZE veranlaßten die ungarische Regierung etwa in der Mitte der siebziger Jahre zu einer weiteren Öffnung. Insbesondere entwickelten sich intensive, wenn auch staatlich kontrollierte Wirtschaftsbeziehungen mit der Bundesrepublik, vor allem mit Bayern und Baden-Württemberg. Zeitungen begannen, frei von allen ideologischen Scheuklappen, über die Bundesrepublik zu berichten und kritisierten seit Mitte der achtziger Jahre offen die Mißwirtschaft des sozialistischen Bruderlandes DDR.[41]

Anfang Mai 1989 ließ die ungarische Regierung die Stacheldrahtverhaue an der Grenze zu Österreich abbrechen, und dieser zunächst kaum zur Kenntnis genommene Schritt führte letztlich zur deutschen Einheit. In den Worten des verstorbenen Joszef Antall, erster Ministerpräsident des nachkommunistischen Ungarn: »Ich war immer ein unbedingter Befürworter der deutschen Vereinigung ... Ich möchte den berühmten ungarischen Politiker Baron Joszef Eötvös zitieren, der Mitte des 19. Jahrhunderts sagte: ›Ungarns Unabhängigkeit hängt von der deutschen Einheit ab.‹ Ich bin stolz, heute sagen zu können, daß die deutsche Einheit von der ungarischen Unabhängigkeit abhing.«[42]

Im Juni 1990 erklärte Antall, daß Ungarn der Wiedervereinigung und der NATO-Mitgliedschaft des neuen Deutschland ohne Vorbehalte zustimme. Außenminister Géza Jeszenszky stellte im Herbst desselben Jahres fest, daß »Ungarn das Selbstbestimmungsrecht der Nationen stets in Ehren gehalten hat. So ist es nur natürlich, daß wir die deutsche Vereinigung in unseren Herzen stets wünschten und sie nun erfreut begrüßen.«[43]

Im Mai 1990 wurde fünfhundert Budapester Intellektuellen folgende Frage gestellt: »Wäre eine Vereinigung der beiden deutschen Staaten Ihrer Meinung nach politisch und ökonomisch eher von Vorteil oder von Nachteil für Ungarn und für ganz Europa?« Die überwältigende Mehrheit beurteilte dieses Ereignis in jeder Hinsicht als vorteilhaft. 58 Prozent erwarteten positive Auswirkungen für Ungarn, und 75 Prozent waren der Ansicht, die Vereinigung könne das Zusammenwachsen Europas nur erleichtern. Die Presse übersah keineswegs, daß ein vereintes Deutschland zur Großmacht in Europa aufrücken würde, doch das wurde nicht als besorgniserregend empfunden. Man betrachtete die

Bundesrepublik als Vermittler zwischen Ost- und Westeuropa und als einen gewichtigen Vertreter mitteleuropäischer Belange.[44]

Auch die breite Öffentlichkeit sah Ungarns Interessen an Deutschland geknüpft. Als die Bürger im Frühjahr 1995 gefragt wurden, wo sie die Zukunft ihres Landes sehen, sagten 11 Prozent der Interviewten »bei den Vereinigten Staaten«, 22 Prozent »bei der Europäischen Union« und 9 Prozent »bei der Bundesrepublik«, obwohl der Antwortkatalog die letzte Möglichkeit gar nicht vorgab.[45] Zweifellos treffen Deutschland und die Deutschen in kaum einem anderen europäischen Land auf soviel Sympathie und ungeteilte Bewunderung wie in Ungarn. Und das beruht auf Gegenseitigkeit. So hat Bundeskanzler Kohl wiederholt auf Ungarns kühne Öffnung des Eisernen Vorhangs im Mai 1989 hingewiesen und sie voller Dankbarkeit zum Ausgangspunkt der Wiedervereinigung erklärt.

9. KAPITEL

Die großen Staaten:
Italien, Frankreich, Großbritannien

Am Morgen vor einem wichtigen Fußballspiel zwischen
England und Deutschland gab ein konservativer Minister der
Befürchtung Ausdruck, daß England gegen die Deutschen
verlieren werde, und das in seinem ureigenen Nationalsport.
Margaret Thatcher entgegnete: »Was soll's, wir haben sie in
ihrem ureigenen Nationalsport bereits zweimal in diesem
Jahrhundert geschlagen.«

Economist vom 8. Juni 1996

Italien

Die Italiener haben die deutsche Vereinigung wohlwollend aufgenommen, ohne besonderen Enthusiasmus, aber auch ohne
Angst. Eine gewaltige Mehrheit der italienischen Bevölkerung
verstand den Wunsch nach staatlicher Einheit voll und ganz. In
der Eurobarometer-Umfrage vom November 1989 befürworteten 80 Prozent die Vereinigung, 10 Prozent waren dagegen und
10 Prozent ohne Meinung. Im Frühjahr 1990 hatte sich der Anteil
der Italiener, die »für den Zusammenschluß der beiden deutschen
Staaten« waren, leicht verringert und betrug nun 77 Prozent,
während sich 11 Prozent ablehnend und 12 Prozent unentschieden äußerten.[1]
Trotzdem bestand ein deutliches Gefälle zwischen der »erlaubten«, in der Öffentlichkeit vertretenen Meinung, wie sie aus den
Umfragen hervorging, und der »tatsächlichen«, die privat zur

Sprache kam und natürlich nur bruchstückhaft von der italienischen Presse aufgegriffen wurde. Insgesamt teilten die Italiener auch nicht im entferntesten die ablehnende Haltung der Polen oder der dänischen und niederländischen Eliten gegenüber den Deutschen. Ebensowenig ließen sie den imperialen Neid erkennen, den die Briten und Franzosen nach wie vor hegen. Aber sie waren auch nicht gänzlich unkritisch. Obwohl die Angst vor einem preußischen Militarismus geschwunden war, bestanden – vor allem in linken und linksliberalen Kreisen – immer noch Zweifel, ob die Deutschen mit ihrer neuen Macht umgehen und sie mit dem demokratischen System in Einklang bringen könnten. Schließlich habe die alte Bundesrepublik kaum international Verantwortung übernommen, da sie weltpolitische Fragen meist an die Amerikaner und die Franzosen delegierte und delegieren mußte.

Alles in allem zeugte die Reaktion der Italiener von historisch bedingter Vorsicht, obwohl die meisten durchaus der Meinung waren, daß ihr Land von der Wiedervereinigung profitieren werde. Als sie im Frühjahr 1991 gefragt wurden, ob ein vereintes Deutschland sie mit Hoffnung für die Zukunft ihres eigenen Landes erfülle, antworteten 26 Prozent, sie hätten große Hoffnungen, 44 Prozent ziemliche Hoffnungen, 11 Prozent eher Bedenken und 2 Prozent große Bedenken, während 17 Prozent keine Angaben machten.[2] Allerdings gab es auch Stimmen, die im »König D-Mark« Europas neuen Diktator sahen. Und zwar aus gutem Grund: Schließlich lag es kaum zehn Jahre zurück, daß Bundeskanzler Helmut Schmidt offenen Druck auf die italienische Regierung ausgeübt hatte, um sie zu strikter Sparpolitik zu zwingen. Zudem hatte die Krise des Wechselkursmechanismus im September 1992, ausgelöst durch die Geldpolitik der Bundesbank zur Eindämmung des wachsenden Haushaltsdefizits, verheerende Folgen für die italienische Lira und die italienische Wirtschaft.[3] Obendrein mußten sich die Italiener im Herbst 1995 von Bundesfinanzminister Waigel rügen lassen, weil sie es wieder einmal – zumindest nach deutschem Empfinden – nicht geschafft hatten, »ihre Finanzen in Ordnung zu bringen«.[4]

Die italienische Geschäftswelt war stets von größtem Respekt für das Modell Deutschland erfüllt, und sie beneidet es immer noch um seine Erfolge. Der italienischen Linken dagegen galt der deutsche Kapitalismus als besonders gefährlich, verschleiert dessen sozialdemokratische Verpackung in ihren Augen doch bloß seine wahrhaft repressive Natur. Für viele Linksintellektuelle steht das moderne Deutschland nicht nur für ökonomische Rationalisierung und Sparpolitik, sondern auch für imperiales Machtstreben und eine höchst verdächtige Form des »Sicherheitsstaates«.

Bei dieser Sicht der Dinge kommt sicher der Umstand zum Tragen, daß die Italiener die jüngere Vergangenheit, in der Deutschland, wie jedermann weiß, eine äußerst unrühmliche Rolle spielte, keineswegs vergessen haben. So erinnert der italienische Nationalfeiertag am 25. April an die Befreiung Italiens von der deutschen Okkupation. Ortsnamen wie Fosse Ardeatine und Marzabotto beschwören immer noch grauenhafte Bilder von Massakern an italienischen Zivilisten. Als der Kriegsverbrecher Herbert Kappler unter mysteriösen Umständen aus seinem nicht sehr scharf bewachten Gefängnis in Gaeta ausbrach und in die Bundesrepublik floh, riß das bei allen italienischen Parteien – außer bei den Neofaschisten – noch einmal alte Wunden auf. Der Prozeß gegen Erich Priebke, einen der brutalsten Helfer Kapplers, ein uneinsichtiger Nationalsozialist und geständiger Mörder, hielt Italien monatelang in Atem.

Daß die Erinnerung an die nationalsozialistischen Verbrechen hier besonders frisch ist, bestätigte eine Umfrage, bei der 43 Prozent der Interviewten der Aussage zustimmten, daß der Holocaust auch heute noch das Deutschlandbild wesentlich mitprägt. Diese Zahl steht im Gegensatz zu 20 Prozent in Frankreich, 24 Prozent in Schweden, 29 Prozent in Großbritannien und 35 Prozent in den Niederlanden.[5] Neben historisch bedingten

Befürchtungen richteten sich die Sorgen vor allem auf die Wirtschaftskraft der Deutschen und die nahezu absolute Macht der Bundesbank.

Stereotype Bilder der Deutschen, wie sie überall in Europa existieren, finden sich auch in Italien: Die Deutschen sind fleißig, humorlos, kalt, arrogant und selbstsüchtig. Vielleicht liegt es auch daran, daß die Bundesrepublik zu den seltensten Reisezielen der Italiener gehört. 1989 gaben nur 9 Prozent der Befragten an, schon einmal dort gewesen zu sein, im Vergleich zu 84 Prozent der Niederländer, 68 Prozent der Schweden, 33 Prozent der Franzosen und 31 Prozent der Briten.[6] In der italienischen Presse allerdings fanden wir äußerst differenzierte Einschätzungen der Deutschen und der deutschen Frage. Wir waren beeindruckt von der Sachkenntnis der Berichterstattung, die beinahe alle Akzente der neuen europäischen Szenerie aufmerksam beobachtete und die bewegte politische Situation scharfsinnig analysierte.

Nimmt man alles zusammen, schien Deutschlands neue Stärke die Italiener nicht sonderlich zu schrecken. Trotzdem wurde auch hier die ungewisse globale Entwicklung mit Sorge betrachtet, und außerdem befürchteten die Italiener, daß sie nicht angemessen behandelt würden. Nichts hat dieses Unterlegenheitsgefühl so verstärkt wie der Ausschluß Italiens aus der »Kontaktgruppe« der Großen Fünf (die Vereinigten Staaten, Rußland, Deutschland, Frankreich und Großbritannien), die in der bosnischen Tragödie die Vermittlerrolle übernahm. Italien hatte eine gemeinsame Grenze mit dem früheren Jugoslawien, dem heutigen Kroatien beziehungsweise Slowenien, und stritt vor einiger Zeit mit Kroatien um die Hafenstadt Rijeka. Obwohl es somit unmittelbarer als alle anderen Mitglieder der Gruppe betroffen war, schien Italien offenbar nicht wichtig genug, um in diesen exklusiven Klub aufgenommen zu werden.

Nach Daten, die der *Corriere della Sera* am 17. Dezember 1989 veröffentlichte, befürworteten 70 Prozent der Italiener die deutsche Vereinigung; 16,6 Prozent sprachen sich dagegen aus. Auch meinten 40,5 Prozent der Befragten, daß die Wiedervereinigung Europa destabilisieren könnte, 27,4 Prozent betrachteten sie als wirtschaftliche Bedrohung, und 20,2 Prozent glaubten, die europäische Integration würde damit erschwert. In der Eurobarometer-Umfrage vom Frühjahr 1991 dagegen sahen die Italiener in der deutschen Vereinigung einen vielversprechenden Impuls für die Zukunft Italiens.

Alter und Wohnort hatten direkten Einfluß auf die Haltung der Bevölkerung. Die ältere Generation (64 und darüber), die noch persönliche Erinnerungen an den Zweiten Weltkrieg besitzt, hegte die meisten Vorbehalte, obwohl sich auch in dieser Gruppe noch 59 Prozent Befürworter fanden. In der Altersgruppe zwischen 20 und 24 Jahren sprachen sich hingegen 80 Prozent für die Wiedervereinigung aus. Was den geographischen Faktor angeht, so nahm die günstige Beurteilung mit wachsender Nähe zur Bundesrepublik ab. Nur 54 Prozent der Norditaliener zeigten sich mit Blick auf Deutschland »optimistisch« – die exakte Bedeutung von »optimistisch« wurde nicht spezifiziert –, im Gegensatz zu 63 Prozent der Befragten in Süditalien.

In der Bundesrepublik lebende Italiener hatten besonders große Sorge vor einem Zusammenschluß der beiden deutschen Staaten: »Wenn das passiert, dann müssen wir gehen, und die Spanier und die Türken auch.«[7] Diese Aussage hat sich als haltlos erwiesen. In den ersten Jahren nach der Vereinigung nahmen die Gewalttaten gegen Ausländer allerdings vehement zu, außerdem verschärfte die Bundesrepublik ihr Asylrecht, das bis dahin das großzügigste Europas gewesen war. Die italienische Regierung befand sich in einer schwierigen Situation, hin- und hergerissen zwischen Befürchtungen im eigenen Lande und ihren Pflichten als wichtiger Partner in der Europäischen Union und der NATO. Auch zwischen den Parteien kam es mitunter zu Spannungen: So waren die Sozialisten der Meinung, daß Ministerpräsident Andreotti sich mit seinen ablehnenden Äußerungen zur Vereinigung etwas zu weit vorgewagt hatte.

Die Regierung war darum bemüht, die europäische Integration zu beschleunigen, die NATO von einer militärischen in eine politische Allianz zu überführen und vor allem den Ausschluß der Italiener von Entscheidungen über die Zukunft Europas zu verhindern. Besonders Außenminister De Michelis betonte wiederholt, daß Italien jede Grenzänderung in Europa ablehne und sichergehen wolle, daß die deutsche Vereinigung den europäischen Integrationsprozeß nicht behindere. Natürlich wurde der Wunsch der Deutschen nach staatlicher Einheit von allen Beobachtern und Politikern als vollkommen verständlich und höchst legitim bezeichnet – immer vorausgesetzt, daß er das Zusammenwachsen Europas nicht gefährde.

Wie andernorts auch sprach man in Italien nahezu ehrfürchtig von der neuen deutschen Wirtschaftsmacht. Der *Corriere* war der Ansicht, Deutschland könne ein neues Japan werden. Es besitze eine traditionelle Vormachtstellung auf den Gebieten Maschinenbau, Automation, Chemie, Metallverarbeitung, Kraftfahrzeugbau und Pharmazeutik. Für seine größten Probleme, hohe Arbeitskosten und Mangel an qualifizierten Fachkräften, biete die Vereinigung Abhilfe. Um die wirtschaftliche Leistungsfähigkeit der Bundesrepublik zu illustrieren, wies der *Corriere* darauf hin, daß bei ungefähr gleichen Bevölkerungszahlen dreiundfünfzig westdeutsche, aber nur sechs italienische Unternehmen auf der Fortune-Liste der fünfhundert größten Weltkonzerne vertreten waren. In Osteuropa werde sich ein neuer Absatzmarkt öffnen und die ohnehin erfolgreiche deutsche Wirtschaft noch weiter ankurbeln.[8]

Bundeskanzler Kohl erfuhr eine recht neutrale Einschätzung. Er war unablässig in Aktion, immer damit befaßt, die beiden deutschen Staaten zusammenzuführen. Ganz offensichtlich beabsichtigte er, die deutsche Vereinigung vor der europäischen zu erreichen. Tatsächlich verzögerte die Bundesrepublik einen Vertrag mit Frankreich und den Beneluxländern – das sogenannte Schengener Abkommen, welches die Grenzöffnung regeln sollte –,

um die Ostdeutschen davon nicht auszuschließen. Ein paar Monate später lasen wir in italienischen Zeitungen, daß Kohl ganz entschieden ein vereinigtes Deutschland anstrebe, das fest in der Europäischen Union verankert sei. Für Kohl bedeute »sein« Sieg in der DDR-Volkskammerwahl vom März 1990 auch einen Sieg für Europa.[9] Der Bundeskanzler eilte nach Ansicht der italienischen Presse von Sieg zu Sieg; die deutsche Linke wurde dagegen als unbedeutend dargestellt. Ein Autor machte sich darüber lustig, daß die Sozialdemokraten die Situation in der DDR vollkommen falsch eingeschätzt hatten, und schüttelte den Kopf über den Westberliner Bürgermeister Walter Momper, der Kohl vorwarf, er »habe überhaupt nicht verstanden, was in der DDR geschieht. Er denkt immer noch in Begriffen von vorgestern ... Die Bürger der DDR wollen die Vereinigung nicht. Kohl mag ihre neue DDR-Identität nicht passen, aber sie ist eine Realität.«[10] Die italienischen Journalisten hatten für jene Linksintellektuellen, die wie Daniel Cohn-Bendit oder der Dramatiker Heiner Müller die Vereinigung nicht wollten oder glaubten, daß es dazu nicht kommen werde, nur Spott übrig. Kohl wurde als gewiefter Politiker porträtiert, die Sozialdemokraten und die deutschen Linken standen jedoch als hoffnungslose Phantasten da.
Andere Themen, die in den italienischen Medien häufig diskutiert wurden, waren die Renaissance Mitteleuropas, Oskar Lafontaines Widerstand gegen die Verlagerung des Zentrums der deutschen Politik von Bonn nach Berlin und der erfolgreiche Versuch der Bundesregierung, mit der 2 | 4-Formel die Wiedervereinigung durchzusetzen. Hans Modrow, dem letzten kommunistischen Regierungschef der DDR, wurde besondere Torheit bescheinigt: »›Wir können euch Kultur bringen‹, sagte er zur BRD, als wenn die BRD selbst keine hätte.«[11]
Viele Artikel über Frankreich, Großbritannien, die Vereinigten Staaten oder Polen beschäftigten sich im Grunde damit, die gewaltigen Konsequenzen des Jahres 1989 abzuschätzen. Insgesamt herrschte die Auffassung vor, daß die deutsche Vereinigung

den Spielraum etlicher Staaten erheblich verändern werde, doch es wurden keine Ängste geschürt. Kurzum, die Italiener schienen überzeugt, daß – mit einem geflügelten Wort aus Habsburger Zeiten – die Situation kritisch, aber nicht ernst sei.

Frankreich

In Frankreich hat die Wiedervereinigung offenbar einen neuralgischen Punkt getroffen; das deutet zumindest die ausgiebige öffentliche Diskussion an. Sogar das Schweigen und die Auslassungen waren vielsagend. Die plötzliche Neuauflage der deutschen Frage hatte die Franzosen überrumpelt und ihnen viel Kopfzerbrechen bereitet; zugleich eröffnete sie jedoch die Möglichkeit der Selbsterforschung.

Die Meinungsunterschiede zwischen der politischen Klasse und der breiten Öffentlichkeit traten wohl nirgends so deutlich zutage wie in Frankreich. Seit den fünfziger Jahren hat die Einstellung der Franzosen zu Deutschland und den Deutschen eine Entwicklung vollzogen, in deren Verlauf sich die Positionen der Elite und der Bevölkerung verkehrten. In den Fünfzigern stand die breite Öffentlichkeit Deutschland absolut unversöhnlich gegenüber. Bereits 1870 hatten sich die Deutschen in die Rolle des Erzfeindes manövriert. Sie galten als eine Nation von fanatischen Militaristen, deren Verehrung der Romantik – einst von Teilen der französischen Intellektuellen gepriesen – nur weiteren Anlaß zum Argwohn gab. Meinungsumfragen zeigten, daß die Franzosen Amerikaner, Italiener, Spanier und sogar die Briten den Deutschen vorzogen, wenn sie gefragt wurden, wem sie vertrauten und wen sie als Freund ihres Landes betrachteten. Die Eliten waren nicht so eindeutig in ihrer Antipathie. Die Zusammenarbeit zwischen den beiden Ländern beim Aufbau der Europäischen Wirtschaftsgemeinschaft führte bei ihnen dazu, daß Teile der französischen politischen Klasse der Bundesrepublik eine gewisse Anerkennung zollten, ja ihr sogar Wertschätzung entgegenbrachten. In den späten siebziger und frühen achtziger Jahren kam die Meinungsforschung dann zu dem Ergebnis, daß die Franzosen ihren zuverlässigsten Partner inzwischen in der Bundesrepublik sahen, weit vor allen anderen Nationen. Dieser positive Wandel erlitt zwar gelegentliche Rückschläge, wie zum Beispiel durch ein denkwürdiges Halbfinalspiel während der Fußballweltmeisterschaft 1982, in dessen Verlauf der deutsche Torhüter Toni Schumacher die Karriere des Franzosen Battiston mit einem üblen Foul jäh beendete und damit wütende Schmähungen der französischen Massenpresse, die hier typische Nazi-Brutalität am Werke sah, auf sich zog. Doch insgesamt gesehen liebte die französische Öffentlichkeit die Deutschen vielleicht nicht gerade, aber sie haßte sie auf jeden Fall nicht mehr.

Bei der Pariser *classe politique* lagen die Dinge anders. Deren Gesinnungswandel während der Siebziger und frühen Achtziger hängt eng mit ihrer Abwendung von streng marxistischen zugunsten liberaler Positionen zusammen. Die Linksintellektuellen hatten durch die Ereignisse von 1968 beträchtlich an politischem Einfluß gewonnen und in der Folge die moribunde SFIO zur modischen, neulinken, von Mitterrand geführten Parti Socialiste umgewandelt. Den Pariser Vordenkern ging es vor allem um eine gerechtere internationale Ordnung, um gleichberechtigte Beziehungen zwischen Europa und der Dritten Welt. Folglich mußten die Vereinigten Staaten und die Bundesrepublik die Buhmänner spielen: beide waren kapitalistisch bis ins Mark und unterstützten mit ihrer Innen- wie Außenpolitik die bestehenden Verhältnisse. Die französischen Intellektuellen sahen den häßlichen Deutschen weniger im alten Nazi als im effizienten Manager, dem neuen Repräsentanten des vielgeschmähten – und viel beneideten – Modell Deutschland.

In den frühen achtziger Jahren veränderten zwei Trends die Situation beträchtlich. Erstens legte die französische Linke just in dem Moment, als sie 1981 an die Macht kam, den Marxismus als intellektuellen und kulturellen Maßstab ad acta und wandte sich statt dessen Liberalismus und Poststrukturalismus zu. Zweitens radikalisierte sich die deutsche Gesellschaft. Viele Franzosen schauten mit Schaudern über den Rhein, wo – in ihren Augen – romantische, irrationale, grün-aktivistische, defätistische, prosowjetische, nationalistische und vor allem antiwestliche Tendenzen eine wilde Mischung unerfreulicher Strömungen bildeten. Hatten die politische Klasse und die Intellektuellen Frankreichs in den Siebzigern den Pragmatismus der Deutschen kritisiert, so war es zehn Jahre später ihr Idealismus, dem sie mißtrauten.

Alles in allem jedoch waren die Franzosen stark mit sich selbst beschäftigt, und ihre Journale und Zeitschriften berichteten fast ausschließlich über das eigene Land. Im Gegensatz zu den italienischen Medien mit ihrem leidenschaftlichen Interesse an den Ereignissen in aller Welt diskutierten die Franzosen auswärtige Angelegenheiten nur insoweit, als sie selbst davon betroffen waren.

Seltsamerweise haben wir keine einzige französische Meinungsumfrage vorgefunden, die den Einstellungen zur deutschen Vereinigung nachging. Die dortige Presse veröffentlichte italienische und belgische Erhebungen, auch die Ergebnisse der großangelegten internationalen Umfrage von elf europäischen Zeitungen und Radiosendern.[12] Diese Lücke ist um so verblüffender, als vieles dafür spricht, daß die deutsche Frage die Franzosen stark beschäftigte. Der *Canard Enchaîné* stellte fest, daß »es ein modisches Thema ist. Man kann kaum jemanden treffen, sei es im Büro, im Café, beim Essen oder irgendeiner Gesprächsrunde, ohne daß einer die Bombe zündet: ›Müssen wir Angst vor Deutschland haben?‹«[13] Das Blatt tadelte die Provinzialität der französischen Politik, ihren fehlenden Weitblick und ihre Fixierung auf hausgemachte Probleme, die doch neben solchen politischen Erdbeben, wie sie etwa in der UdSSR oder in Südafrika zu verzeichnen waren, zur Bedeutungslosigkeit verblaßten. Der Artikel schloß damit, daß man weniger Angst vor Deutschland als vor Frankreich haben sollte. Hier verbanden sich die beiden vorherrschenden französischen Reaktionen auf die Wiedervereinigung: Argwohn gegenüber der Bundesrepublik und mangelndes Vertrauen in die eigenen Fähigkeiten.

Laut Eurobarometer waren die meisten Franzosen mit der Vereinigung einverstanden. Als sie im November 1989 befragt wurden, sprachen sich 80 Prozent dafür aus, 9 Prozent dagegen, und 10 Prozent machten keine Angabe. Bis zum Frühjahr 1990 hatte die Zahl der Befürworter leicht abgenommen: sie erreichten jetzt noch 66, die Gegner 15 und die Unentschiedenen 19 Prozent.[14] Eine knappe Mehrheit konnte sich auch der Meinung anschließen, daß die Vereinigung, insgesamt gesehen, eine positive Entwicklung für Frankreich darstelle. Im Frühjahr 1991 äußerten 7 Prozent der Interviewten, die Vereinigung erfülle sie mit großen Hoffnungen für die Zukunft ihres Landes, bei 39 Prozent bestanden ziemliche Hoffnungen, 37 Prozent – der höchste Wert in einem EU-Land – waren eher besorgt, 5 Prozent sehr besorgt, und 12 Prozent wußten es nicht.[15]

Die politische Klasse dachte sehr unterschiedlich über die deutsche Frage, je nach Parteizugehörigkeit. Auf der äußersten Rechten unterstützte Jean-Marie Le Pen das »historische« Deutschland, das er wieder in seine wohlverdiente Macht und Souveränität eingesetzt sehen wollte. Le Pen forderte die Auflösung von NATO und Warschauer Pakt. An ihre Stelle sollte ein enges Bündnis zwischen Deutschland und Frankreich treten, dem sich später auch andere europäische Länder anschließen könnten.[16] Von der linken Seite ließen Georges Marchais und die Kommunisten urnationalistische Töne vernehmen, denn für sie war »ein vereinigtes Deutschland« gleichbedeutend mit »einem zermalmten Frankreich«.[17] Die KPF verstieg sich sogar zu einer Erklärung, in der sie verlautbarte, daß Millionen von Franzosen Angst vor Großdeutschland hätten, daß die tragische Vergangenheit »dem Bewußtsein der Menschen eingebrannt ist, daß

Großdeutschland lauter Gefahren für unser Land birgt und daß Frankreich seine rechtmäßige Stellung, die es nie hätte verlieren dürfen, in Europa und der Welt zurückerobern muß«.[18] Es ist eine Tatsache, aber angesichts ihrer unbelehrbaren stalinistischen Linie nicht überraschend, daß die kommunistische Linke – abgesehen vom Thema Einwanderung – oft noch nationalistischer eingestellt war als die extreme Rechte.

Auch in der politischen Mitte gab es schrille Töne. So versuchte Serge-Christophe Kolm, Direktor der Ecole des Hautes Etudes en Sciences Sociales in Paris, die Rechtsgültigkeit der deutschen Vereinigung in Frage zu stellen. Das Projekt sei mit konfusen Annahmen über das Wesen Deutschlands und das Recht der Völker auf Selbstbestimmung verknüpft, wie es überhaupt unvernünftig sei.[19] Kolm schlug sogar vor, alle Völker, die im Zweiten Weltkrieg von den Nationalsozialisten besetzt waren, sollten über die Vereinigung abstimmen. Er bestritt die nationale Einheit des deutschen Volkes und übersah geflissentlich, daß Vernunft und Volkes Wille nur selten zusammenfallen.

Le Monde verwies auf eine interessante Analogie zwischen den wachsenden antideutschen Gefühlen und dem traditionellen Antiamerikanismus der Zeit nach 1945. Mit dieser »Antihaltung« versuchten sich die Franzosen im weitesten Sinne vor imperialistischen Bestrebungen zu schützen: die Vereinigten Staaten weckten die Angst vor der kulturellen Kolonisierung, Deutschland gab eher zu Sorgen auf politischer und ökonomischer Ebene Anlaß. In beiden Abwehrreaktionen kam der Wunsch nach Erhalt des Bestehenden zum Ausdruck, oder, wie es in Frankreich heißt, sie sollten »der Zeit ein wenig Zeit geben«. Auf der anderen Seite beklagten die Franzosen, daß die Geschichte voranschreitet, während ihr Land auf der Stelle tritt. »Dieser verdammte Fatalismus«, schrieb *Le Monde* am 28. Februar 1990 und stellte fest, daß »unter der Oberfläche die Spannungen wachsen. Angst vor einer sozialen Explosion, vor einem Generationskonflikt, einer nationalen Identitätskrise geht um – und all dies ist natürlich Wasser auf die Mühlen solcher Populisten wie Le Pen und Pasqua [späterer französischer Innenminister]«.

Feindselige Kommentare zur Wiedervereinigung waren aber bei weitem nicht die einzige Reaktion. »Vichy dauerte vier Jahre, das deutsche Vichy vierzig Jahre«, schrieb *Le Monde* am 2. März 1990 in einem Versuch, der skeptischen Öffentlichkeit das verständliche Verlangen der Deutschen nach Einheit zu erklären. »Unser Kopf sagt ja, und trotzdem reagiert unser Magen mit Krämpfen ... Wir sollten ein vereintes Europa aufbauen, denn in der Welt ›wahrer‹ Großmächte wie der USA, der UdSSR, China und Indien können sich die europäischen Staaten nur durch einen Schulterschluß behaupten.«

Also gab es auch Franzosen, denen die Vereinigung Europas nicht nur als Überlebenschance unter Riesen galt, sondern zugleich als Bollwerk gegen Deutschland. Die unbelehrbaren Skeptiker, so schrieb *Le Monde* am 7. März 1990, sollten sich doch an die negativen Reaktionen von Briten, Skandinaviern und Sowjets auf die Gründung der Europäischen Wirtschaftsgemeinschaft erinnern. Sobald die EWG eine Realität geworden war, blieb ihren Gegnern nichts anderes übrig, als mit ihr zurechtzukommen. Jetzt sei eine allmähliche Annäherung nötig, eine schrittweise Einbindung, die auch den weniger entwickelten Ländern genügend Zeit zur Vorbereitung lasse.

Eine ähnliche Begründung für die europäische Vereinigung entwickelte der sozialistische Abgeordnete Michel Vauzelle in derselben Ausgabe von *Le Monde*. Frankreich, so Vauzelle, habe einfach keine andere Wahl, es müsse mit einem vereinten Deutschland leben lernen. Auf sich selbst gestellt, werde es niemals mit den Vereinigten Staaten und Japan konkurrieren können. Nur ein vereinigtes Europa sei dazu in der Lage. André Giraud, vormaliger Verteidigungsminister, fand andere Worte für den gleichen Gedanken: »Sollen wir die Wiedervereinigung unterstützen? Es nicht zu tun, hieße, die europäische Integration zu zerstören ... Wir müssen uns mit Deutschland solidarisch zeigen.«[20]

Trotz solcher etwas gezwungen klingenden Solidaritätsbekundungen war das Unbehagen nicht zu übersehen. Am Quai d'Orsay hieß es: »Wir sollten nicht einmal darüber [die deutsche Vereinigung] reden, es ist eine Katastrophe!« Hier stellt sich zwangsläufig die Erinnerung an die französische Reaktion auf den Verlust Elsaß-Lothringens ein, der das geflügelte Wort »Y penser toujours, en parler jamais« (Stets daran denken, nie davon sprechen) schuf. In der französischen Phantasie tauchte der Boche wieder auf. Was alles noch schlimmer machte: Frankreich schien in der Falle zu sitzen. Zur französisch-deutschen Achse gab es keine Alternative. Margaret Thatcher spielte ihre Rolle als antideutsche Stimmungsmacherin gut, doch Großbritannien als Frankreichs engster Bezugspunkt war undenkbar. Die Mittelmeerländer waren viel zu schwach, um als taugliche Option in Frage zu kommen. Wie auch immer, Frankreich mußte mit Deutschland als ebenbürtigem, vielleicht sogar überlegenem Partner zurechtkommen. *Quelle horreur!*

Probleme dieser Art weckten nostalgische Gefühle für die gute alte Zeit, als die Teilung Deutschlands noch für Sicherheit gesorgt hatte. Sie lösten auch eine Welle der Selbstvorwürfe aus: »Vor irgend etwas haben wir immer Angst: Pazifismus, Amerika, deutsche Konkurrenz ... Sind wir wirklich so schwach? Was ist mit unserer Wirtschaftskraft, unserer Stärke, unserer Macht?«[21] Und so appellierte François Mitterrand in seiner Fernsehansprache vom 25. März 1990 an seine Landsleute, doch Vertrauen zu sich selbst zu haben.[22] Diese Unsicherheiten erklären, warum die Vision eines starken, prosperierenden und vereinigten Europa in Frankreich so ausgeprägt war – auf diese Weise konnte es zwar keine führende, doch immerhin eine geachtete Stellung in der Welt erlangen und festigen.

Die Angst, daß die Wiedervereinigung ihnen Nachteile bringen könne, nahm solche Ausmaße an, daß Richard von Weizsäcker, einer der vertrauenswürdigsten Politiker Deutschlands, den Franzosen versichern mußte, sie hätten nichts zu befürchten.

»Wir sind immer noch Freunde«, sprach er, »und unsere gegenseitige Abhängigkeit ist lebenswichtig für uns beide ... Wir wollen nicht, daß das französische Volk denkt, es würde durch unsere
Vereinigung etwas verlieren.«[23] Auch Bundeskanzler Kohl fühlte
sich genötigt, die nervösen Verbündeten zu beruhigen. Er tat dies
in Straßburg, in einer Ansprache im französischen Fernsehen am
29. März 1990, in der er besonders auf das heikle Thema der
Wiedervereinigung einging. »Die französisch-deutsche Freundschaft steht im Zentrum der europäischen Entwicklung.«[24]
Gleichwohl ließen sich die Ängste nicht beschwichtigen. Der
Geistliche Serge Bonnet nahm das mit Humor. Er schrieb sarka-
stisch, daß der Aufbau Europas eben Opfer verlange. Die deutsche Vereinigung sei unausweichlich, und daher solle Frankreich
nicht zögern, sondern Elsaß-Lothringen jetzt gleich abtreten
und den Deutschen also geben, was sie sich sonst mit Gewalt
holen würden: »Wartet nicht, erspart euch eine neue Invasion!«
Michel Debré, der frühere Ministerpräsident, verurteilte die
französische Untätigkeit angesichts des neuerlich hegemonialen
Deutschland und beharrte darauf, daß es keine Alternative zu
einem starken Frankreich gebe.[25]
Auch in der Presse wurde die französische Untätigkeit wiederholt kommentiert. Die Konservativen sahen Frankreich bereits
im Osten von Deutschland und im Süden von muslimischen
Einwanderern belagert.[26] Hin und wieder wurde der allgemeine
Ruf nach Handeln durch praktische Vorschläge ergänzt: »Wir
dürfen es Brüssel nicht erlauben, zusätzliche Steuern zu erheben,
um Westdeutschland bei der Einverleibung Ostdeutschlands zu
helfen; und wir müssen den Franc unbedingt unabhängig von
der D-Mark halten.« (*Figaro*, 20. März 1990) Einige Kommentatoren gerieten gar ins Philosophieren: Das Problem liege
darin, daß die französische Psyche niemals den Übergang von
Kolonialreich und Weltmachtstatus zu einer regionalen Macht
mit begrenzten Mitteln nachvollzogen habe.[27]
Kein Zweifel, die Franzosen waren ziemlich durcheinander. Wie

allen anderen auch blieb ihnen äußerst wenig Zeit, sich auf das neue Europa vorzubereiten. Als sie begriffen hatten, daß die Veränderungen unumkehrbar waren, schienen sie wie gelähmt. Dazu kam das Gefühl, in der Falle zu sitzen. Die Bundesrepublik hatte sich im Verlauf der Jahre zu Frankreichs wichtigstem Handelspartner entwickelt, die Franzosen hatten ihre Zukunft an ein vereintes Europa gebunden, und so war ein nationaler Alleingang undenkbar geworden. Vor 1989 konnte Europa erleben, wie Frankreich in der Politik die Rolle des *primus inter pares* übernahm, doch nun rückte die Aussicht auf Machtzuwachs in immer weitere Ferne. Es war, als ob Deutschland Europa gestohlen hätte. Letztlich stürzte die Wiedervereinigung die Franzosen in tiefe Selbstzweifel. Die Deutschen mögen weiterhin Probleme mit ihrer Identität haben, doch die Franzosen fanden sich durch die Wende in einer neuen europäischen Ordnung wieder, in der sie nicht mehr die *grande nation* darstellen.

Die zutiefst gespaltene Haltung der Franzosen erhielt sich auch in den neunziger Jahren. Zwar sind sie ungeheuer stolz, zusammen mit der Bundesrepublik Europas Kern zu bilden. Zugleich erwachsen daraus aber auch Verpflichtungen. Vor allem sind die Franzosen gezwungen, mit den Deutschen Schritt zu halten, was wiederum ihre Angst vor den eigenen Unzulänglichkeiten nährt. Es nagt an ihrem Selbstwertgefühl, daß Deutschland jetzt Europas erste Macht ist. »›Die französisch-deutsche Beziehung ist voller Untiefen, da gibt es echte Animositäten‹, sagte ein französischer Ökonom, der anonym bleiben wollte. ›Unsere Geschäftsleute lasten ihre Probleme gern den Deutschen an.‹«[28]

Die Franzosen haben sicherlich einen hohen Preis dafür bezahlt, Deutschlands Partner zu werden. Die deutsche Forderung, daß Frankreich sein Haushaltsdefizit 1995 um 59,3 Milliarden Dollar verringern sollte, löste im Dezember massive Streiks aus, die das Land lahmlegten und Präsident Jacques Chirac zwangen, von drastischen Kürzungen im großzügigen Sozialleistungssystem abzusehen. Den Streikenden ist es gelungen, das Herzstück des

Systems zu erhalten, aber sie haben trotzdem Abstriche hinnehmen müssen. Wichtiger ist, daß die Regierung Chirac auch Einschnitte in bislang unvorstellbarer Höhe an Frankreichs vormals unantastbarem nationalen Machtsymbol vornahm: den Streitkräften. Frankreich hat sein Schicksal an das Nachbarland gekoppelt, und damit ist Deutschland auch zu einem festen Faktor des dortigen politischen Lebens geworden.

An keinem Punkt wurde das so deutlich wie an Frankreichs Referendum zur Ratifizierung des Maastricht-Vertrags im Herbst 1992. Beide Seiten, Befürworter wie Gegner des Abkommens, verankerten ihre Argumentation im Verhältnis zur Bundesrepublik. Die Maastricht-Anhänger ermahnten die Franzosen, sich Deutschland anzuschließen, um den Wohlstand ihres Landes zu sichern; für sie war die Partnerschaft ein Gewinn. Die Gegner, beinahe die Hälfte, sahen ebendiese Partnerschaft als Übel an. Die Linke machte sich Sorgen über Deutschlands ökonomische Vorherrschaft, die Rechte fürchtete seine politische Macht. Angst vor Deutschland gab es also an beiden Rändern des politischen Spektrums.

Großbritannien

Wie Frankreich mußte auch Großbritannien in den Nachkriegsjahren den Zerfall seines Weltreichs erleben, in dessen Folge es sich als eine Macht mittleren Ranges an der Seite seines privilegierten Partners, der Vereinigten Staaten, wiederfand. Kultur besitzt weit größeres Beharrungsvermögen als Struktur, und so erhielt sich das imperiale Selbstverständnis über das Ende des Empire hinaus. Diese kulturelle »Verzögerung« hat die Beziehung der Briten zu Deutschland vermutlich stark mit Eifersucht belastet. Eine weitere Schwierigkeit war, daß ein Teil des früheren nationalen Glanzes darauf beruhte, die Deutschen im 20. Jahrhundert zweimal besiegt zu haben.

Aber letztlich scheinen diese militärischen Siege nicht viel eingebracht zu haben. Während Großbritannien sein Empire verlor, erlebte die Bundesrepublik ihr Wirtschaftswunder und rangierte bereits gegen Ende der fünfziger Jahre als Wirtschaftsmacht weit vor England. Die Vereinigung legte nahe, daß es nur eine Frage der Zeit war, bis Deutschland Großbritannien – falls nicht schon längst geschehen – auch als politische Macht überholen würde. Die britischen Eliten, möglicherweise mit Ausnahme einiger fanatischer, konservativer Euroskeptiker, schienen nicht ganz so im Bann der Bundesrepublik zu stehen wie ihre französischen Kollegen, aber auch sie waren von Unbehagen angesichts deutscher Ambitionen erfüllt. Das britische Verhältnis zu Deutschland bleibt weitgehend von Erfahrungen geprägt, die aus der ersten Hälfte des 20. Jahrhunderts stammen. Es ist wohl nicht übertrieben zu sagen, daß Briten und Franzosen am Trauma der ehemals Mächtigen leiden.

In auffälligem Gegensatz zu den kleinen Ländern, deren Antipathien auf eine Geschichte deutscher Vorherrschaftsbestrebungen zurückgehen, sehen die Briten Deutschland als einen ruhelosen Rivalen, der ihren Inselstaat herausgefordert hat: militärisch, politisch und ökonomisch. Obwohl zweimal besiegt, ist Deutschland wie ein Phönix wiedererstanden, um Großbritannien genau in dem Augenblick gegenüberzutreten, als dessen Kräfte schwanden. England muß – wie Frankreich – erst noch lernen, mit der Macht der Deutschen zu leben.

Sogar die Haltung der britischen Schulkinder ist von Abneigung geprägt. Eine vom Goethe-Institut in London veröffentlichte Umfrage ergab, daß ein Drittel der Sechs- bis Neunjährigen glaubte, Deutschland werde wieder einen Krieg anfangen[29], und bei einem Treffen zwischen Jugendlichen beider Länder, das die Verständigung fördern sollte, wurden die Deutschen gefragt, warum sie immer so bitter und humorlos seien.[30] Auch die sogenannte Chequers-Affäre lieferte ein aufschlußreiches Beispiel britischer Aufgeregtheit. Premierministerin Margaret Thatcher hatte sechs unabhängige Experten eingeladen, ihre Gedanken über Deutschlands Zukunft vorzutragen. Zu den vier britischen Wissenschaftlern verschiedener ideologischer Ausrichtung – Hugh Trevor-Roper, Norman Stone, George Urban und Timothy Garton Ash – gesellten sich zwei profilierte amerikanische Deutschlandkenner, Gordon Craig und Fritz Stern. Das Treffen sollte dem ungezwungenen, freien Meinungsaustausch dienen, und so manches wurde ausgesprochen, was nicht zur Veröffentlichung gedacht war.

Trotzdem wurde dem *Independent on Sunday* ein Gesprächsprotokoll zugespielt und am 15. Juli 1990 in Auszügen veröffentlicht. Nur die negativen Kommentare erschienen, und ein Satz erlangte besondere Berühmtheit: »Es kamen noch weit weniger schmeichelhafte deutsche Charakterzüge zur Sprache: Aggressivität, Selbstherrlichkeit, Herrschsucht, Egoismus, Unterwürfigkeit, Sentimentalität.«[31] Zwar waren auch viele positive Dinge über die Bundesrepublik gesagt worden, doch allein dieser Katalog negativer Merkmale blieb als Wahrnehmung der britischen Elite haften. Interessant daran ist weniger die Auflistung altbekannter Klischees als die Tatsache, daß ein solches Treffen überhaupt stattfand, noch dazu auf Veranlassung einer Premierministerin. Auch nach der Wiedervereinigung hielt diese Angst vor Deutschland an. 1995 bemerkte Lord Tebbitt, früherer Vorsitzender der Konservativen, »Großbritannien möchte nicht per Fax aus Frankfurt regiert werden«.[32]

Eine kleine Begebenheit spricht Bände über die Haltung der britischen Öffentlichkeit: Als die Deutschen im Finale der Fußballweltmeisterschaft im Sommer 1986 auf Argentinien trafen, wurden die Engländer gefragt, welchem Kandidaten sie den Sieg wünschten. 75 Prozent unterstützten die Argentinier und nur 15 Prozent die Deutschen, der Rest war unentschieden – und das kaum drei Jahre nach dem Krieg um die Falklandinseln und nur wenige Tage nach dem Sieg der Argentinier – dank Diego Maradonas berüchtigter »Hand Gottes« – über die englische Nationalmannschaft. Die Erinnerungen an zwei Weltkriege sind noch immer so präsent, daß sie jüngere Feindschaften verdrängen.

Es gibt aber auch eine andere Sicht. Laut der Umfrage von *Le Soir* vom 6./7. Januar 1990, die die Meinung der europäischen Öffentlichkeit zur deutschen Vereinigung ermittelte, lag die britische Unterstützung mit 82 Prozent nahe der Spitze. Aus der Befragung von Conseils-Sondages-Analyses, am 20. Februar 1990 in der *New York Times* veröffentlicht, geht hervor, daß über 60 Prozent der britischen Teilnehmer der Wiedervereinigung wohlwollend gegenüberstanden und 20 Prozent sie sogar sehr stark befürworteten. Im November 1989 äußerten sich 71 Prozent der Engländer in der Eurobarometer-Erhebung zustimmend, 17 Prozent ablehnend und 12 Prozent unentschieden. Im Frühjahr 1990 sprachen sich noch 64 Prozent für die deutsche Einheit aus, 18 Prozent dagegen, und 17 Prozent konnten die Frage nicht beantworten.[33] Diese entschieden positiven Werte ähneln den französischen Resultaten.

Was die Briten von den Franzosen unterschied, war der moderate Ton der Presse. In auffälligem Gegensatz zu den französischen Blättern berichteten *Times*, *Independent*, *Guardian* nicht nur umfassend über die Ereignisse, sondern veröffentlichten auch ausgewogene Kommentare, die alles andere als germanophob waren. In dieser Hinsicht läßt sich die britische Reaktion eher mit der italienischen als mit der französischen vergleichen. Es gab allerdings ein paar krasse Ausnahmen, darunter vor allem Conor Cruise O'Briens infamer Artikel »Hütet euch, das Reich kommt wieder«, den die *Times* am 31. Oktober 1989 druckte. O'Brien zeichnete ein kriegslüsternes und expansionistisches Ungeheuer, das als Viertes Reich genau dort fortfahren werde, wo sein untergegangener Vorläufer aufhörte. Dies rief scharfen Protest hervor, nicht nur in Briefen an die *Times*, sondern auch in anderen Zeitungen, wie beispielsweise Hella Picks Artikel »Die Geister austreiben« (*Manchester Guardian Weekly* vom 26. November 1989) zeigt. Und dann war da noch die Affäre Ridley. In ei-

nem Interview mit Dominic Lawson, Sohn des früheren Schatz-
kanzlers Nigel Lawson und Herausgeber der angesehenen konservativen Zeitschrift *Spectator*, beschuldigte Industrie- und
Handelsminister Nicholas Ridley die Deutschen, sie würden ein
Schwindelgeschäft betreiben, das letztlich darauf »angelegt ist,
ganz Europa zu übernehmen«[34]. Ridley zeigte sich besonders
erbittert über die wirtschaftliche Leistungsfähigkeit der Deutschen, mit der sie, seiner Meinung nach, andere einschüchtern,
um die eigenen Interessen durchzusetzen. Außerdem befürchtete er den Verlust von Souveränität an die neue europäische
Bürokratie. Ridley koppelte diese beiden Aspekte in einer haar-
sträubenden Formulierung, als es um die Frage ging, ob Großbritannien der EU-Kommission Souveränitätsrechte abtreten
solle: »Man könnte sie, offen gesagt, auch gleich Adolf Hitler
übergeben.«[35] Seine Ansichten waren derart antideutsch, daß
Margaret Thatcher, von der man weiß, daß sie insgeheim genauso dachte, den Minister aus ihrem Kabinett entlassen mußte.
Trotzdem hat Ridley genau die Sorgen ausgedrückt, die Teile
der britischen Eliten und Öffentlichkeit beschäftigten.[36]
Gleichwohl war der Fall der Berliner Mauer von allen Seiten mit
Jubel aufgenommen worden. In ihren Leitartikeln am 10. und
11. November – mit den Überschriften »Trompetenstöße« und
»Sieg der Demokratie« – begrüßte die *Times* das Ende des Eisernen Vorhangs, dessen Errichtung sie in wahrhaft konservativer
Manier mit der bolschewistischen Revolution datierte und nicht
mit dem Ende des Zweiten Weltkriegs. Die Kommentare setzten darauf, daß sich Deutschland behutsam und in Abstimmung
mit den europäischen und westlichen Partnern verändern würde.
Der Tenor änderte sich beträchtlich, wenn es um Margaret Thatchers Rolle ging. Im Gegensatz zu *Independent* und *Guardian* allerdings kritisierte die *Times* die Premierministerin so gut wie
nie. Die schroffsten Töne reservierte die *Times* für den amerikanischen Außenminister James Baker, dem sie vorwarf, die 2+4-
Verhandlungen in Ottawa mit »brutaler Diplomatie« durchge-

setzt zu haben. Baker hatte sich laut *Times* an den englischen, französischen und sowjetischen Teilnehmern »vorbeigeprügelt« und ein Abkommen durchgepeitscht, das allein Hans-Dietrich Genscher vollauf zufriedenstellte. Die *Times* war alles andere als erfreut über die Achse Baker/Genscher, die die Richtung für eine Neugestaltung Europas vorgab. Nur wenige Tage später befaßte sich die Zeitung ausführlich mit Thatchers Appell, US-Truppen in Europa zu belassen, und sie berichtete über die Verstimmung zwischen der Downing Street und dem britischen Außenministerium, weil dieses die deutsche Einheit – wie die *Times* fand: zu Recht – viel früher und ohne große Vorbehalte akzeptiert hatte. In einem exzellenten Leitartikel, »Nachruf auf einen Staat«, argumentierte die *Times*, daß das Beharrungsvermögen der DDR im Westen meist überschätzt werde, da man sich zu sehr auf die Informationen einer eloquenten, aber nicht repräsentativen Elite verlassen habe. Außerdem kritisierte sie die neutralistische Tendenz der deutschen Linken ebenso wie Kohls Hofieren einer »unbelehrbaren Minderheit« auf der Rechten.

Im *Independent* überlegte Edward Steen, ob das »selbstsüchtige und langweilige Konsumdenken« in Deutschland wohl eines Tages »dem Druck eines starken neuen Nationalismus nachgeben wird, der nach dem Krieg lange durch Schuldgefühle unterdrückt war, die heute höchstens noch von alten Leuten empfunden werden«. Roger Berthoud erwiderte, ebenfalls im *Independent*, daß Margaret Thatchers Appell an antieuropäische Gefühle von nationalistischen Regungen in Osteuropa und Deutschland wohl nicht allzu weit entfernt sei.

Insgesamt war die britische Reaktion ebenso widersprüchlich wie die französische. In den Meinungsumfragen kam bei einem beträchtlichen Teil der Bevölkerung aufrichtige Freude zum Ausdruck. Es waren aber auch Ängste und Ressentiments spürbar, die wir dem Trauma der verlorenen Stärke zuschreiben: Großbritannien hatte wie Frankreich zu den imperialen Großmächten gehört und konnte den Verlust seines privilegierten Status nicht recht verwinden. Beiden Ländern mißfiel, daß ein früherer Feind und ständiger Rivale im europäischen, vielleicht sogar im weltpolitischen Rahmen zunehmend an Bedeutung gewann. Aber im Unterschied zu den Franzosen plagten die Briten erheblich weniger Selbstzweifel. Von ihrer besonderen Stellung in der Welt und ihren Fähigkeiten waren sie nach wie vor ziemlich überzeugt. Sogar den negativsten britischen Reaktionen fehlte jene Schärfe, die aus Unsicherheit entsteht. Während die englischen Kritiker das neue Deutschland einfach zum Teufel wünschten, waren ihre französischen Pendants von der beständigen Sorge erfüllt, mit ihm nicht Schritt halten zu können.

DRITTER TEIL

Die drei Gesichter der Macht

10. KAPITEL

Deutsche Soldaten im Ausland

Neulich ist etwas Seltsames geschehen: Deutsche und
Franzosen haben beschlossen, eine gemeinsame militärische
Einheit aufzustellen. Wie schön für ihre Nachbarn, daß nun der
deutsche Militarismus um französische Arroganz bereichert
wird.

Jay Leno in der *Tonight Show*

Wenn unsere Vermutung stimmt, daß Deutschland klein bleiben will, dann sollte das in jeder Diskussion über den Einsatz
deutscher Truppen berücksichtigt werden. Üblicherweise haben
Großmächte mit Truppeneinsätzen im Ausland und humanitären Aktionen kein besonderes Problem. Daher ist es von be-
sonderem Interesse, daß sich eine der hitzigsten politischen Debatten in Deutschland seit 1989 ausgerechnet an der Rolle der
Bundeswehr entzündete. Die Kontroverse begann mit dem Zusammenschluß der beiden deutschen Staaten und nahm während
des Golfkriegs erheblich an Schärfe zu.

Die Vereinigung hat Deutschland zu einem normalen Land gemacht. Zu den wesentlichen Attributen eines normalen Landes
gehört – zumindest der Möglichkeit nach – der konventionelle
Einsatz seiner Streitkräfte. Normale Staaten besitzen normale
Armeen, die sie für normale Zwecke einsetzen – wie zum Beispiel zur Verteidigung im Falle eines nicht provozierten Angriffs.
Kaum ein anderes Merkmal kündet so eindeutig von nationaler
Souveränität. Seit dem 3. Oktober 1990 – oder, wenn man so
möchte, dem 15. März 1991, als die formale Anerkennung durch
die UdSSR erfolgte – unterscheidet sich Deutschland in dieser
Hinsicht nicht mehr von seinen Nachbarn.

Als der Golfkrieg ausbrach und die Vereinigten Staaten eine multinationale Streitmacht in die Offensive gegen den Irak führten, stand die deutsche Normalität vor der entscheidenden Prüfung. Die Interessen der Bundesrepublik waren unmittelbar gefährdet, denn die irakische Kontrolle über Kuwait drohte ihren Zugang zu lebenswichtigen Ölvorräten zu blockieren. Doch Deutschland reagierte nicht wie ein normales Land. Die Vereinigten Staaten waren weniger direkt betroffen, aber sie entsandten Truppen. Mehrere andere Länder, vor allem die bewährten Verbündeten Großbritannien und Frankreich, schlossen sich an. Es war auffällig, daß das gerade souverän gewordene Deutschland in dieser Reihe fehlte und seine Interessen von amerikanischen, britischen und französischen Truppen verteidigen ließ. In keinem anderen fortgeschrittenen Industriestaat wurde die Kontroverse über den Golfkrieg so erbittert ausgefochten wie in der Bundesrepublik. Im Zentrum stand die Frage der Machtausübung und ihrer Grenzen, und verhandelt wurde sie an einem der nun wichtigsten Gegenstände der deutschen Politik, dem Auslandseinsatz eigener Truppen.[1]

Schon in den Auseinandersetzungen um die Gründung der Bundeswehr Anfang bis Mitte der fünfziger Jahre war es nicht bloß um das übliche Abwägen verschiedener politischer Optionen gegangen. Die Schärfe, mit der jetzt gestritten wurde, deutete darauf hin, daß auch diesmal weit mehr zur Debatte stand als rein pragmatische Differenzen wie zum Beispiel Haushaltsüberlegungen. Die Kernfragen lauteten: Wie sieht Deutschlands neue Macht aus? Und, wichtiger noch, wie kann diese Macht angemessen ausgeübt werden? Welche Identität hat die Berliner Republik im Unterschied zu den vorangegangenen deutschen Staaten? Kurzum, die Auseinandersetzung über die neue Rolle der Bundeswehr warf nicht gerade einfache Fragen auf; es ging um Macht, Geschichte, Identität und kollektives Gedächtnis. Sollen deutsche Truppenkontingente irgendwo in der Welt eingesetzt werden? Wenn ja, unter wessen Kommando und für welche

Zwecke? Darf die Stationierung im Ausland nur der Verteidigung und Friedenserhaltung oder auch anderen Interessen dienen? Es kam eine gewaltige verfassungsrechtliche und politische Debatte in Gang, die einerseits Deutschlands neue Rolle in Europa und der Welt unterstrich und andererseits einen Beweis für die demokratische Reife der Bundesrepublik lieferte.

Bis in die späten Achtziger lagen kaum Daten über die Einstellung der Deutschen zu militärischen Engagements der Bundeswehr vor. Die Außenpolitik der Bundesrepublik beruhte bis zu diesem Zeitpunkt auf drei Grundsätzen. Das erste Prinzip, Frieden und Sicherheit, ordnete die deutsche Verteidigungspolitik und ihre Konzepte der Führung der Vereinigten Staaten und der NATO-Allianz unter. Das zweite, die wirtschaftliche Prosperität, setzte ebenfalls eine Politik voraus, die der Logik der (west-)europäischen Integration folgte. Drittes Prinzip war die Einheit Deutschlands. Vor der Vereinigung hatte Bonn mit Entspannungs- und Ostpolitik eine Strategie der Annäherung verfolgt. Trotz einiger Differenzen zwischen Konservativen, Liberalen und Sozialdemokraten genossen die Entspannungsbemühungen ein Höchstmaß an Zustimmung – sowohl bei der politischen Klasse als auch in der Öffentlichkeit. Begriffe wie »out of area«, »Blauhelme« oder AWACS, inzwischen feste Bestandteile der deutschen Umgangssprache, waren lediglich einer Handvoll Verteidigungsexperten vertraut. Ende der siebziger Jahre fand dann der »Auslandseinsatz« Eingang in die öffentliche Diskussion.

Seit die Vereinigten Staaten unter Präsident Carter ihre militärische Strategie teilweise revidiert hatten und sich fortan auf den Einsatz mobiler Einheiten in aller Welt durch Rapid Deployment Forces (RDF) konzentrierten, versuchten sie ihre europäischen Verbündeten zur Beteiligung zu bewegen. Bundeskanzler Schmidt, mit seiner bekannten persönlichen Abneigung gegen Carter, nahm dieses Ansinnen kühl auf und erwirkte eine verfassungsrechtliche Beschränkung, die einen deutschen Militäreinsatz außerhalb des NATO-Gebiets untersagte.[2] Doch vor allem waren es die gewaltigen Friedensdemonstrationen – besonders zwischen 1982, dem Jahr des ersten großen Friedensmarsches auf Bonn, und der Stationierung von Pershing II und Cruise-Missiles Ende 1983 –, die die Frage des militärischen Engagements politisierten.[3]

1987/88 nahm die Debatte um Auslandseinsätze dann konkretere Gestalt an. Gegen Ende des irakisch-iranischen Kriegs schalteten sich die Amerikaner ein, was zur Tragödie der Fregatte Stark führte, auf der 37 amerikanische Marinesoldaten durch den Treffer einer irakischen Rakete französischer Produktion den Tod fanden. 1987 erhöhten die Vereinigten Staaten ihre Präsenz im Persischen Golf auf vierzig Kriegsschiffe. In der Folge dieses Engagements drängten sie ihre europäischen Partner, sich an der finanziellen und militärischen Last zu beteiligen. Lediglich Großbritannien und Frankreich kamen dieser Aufforderung nach. Auf einem Treffen der Westeuropäischen Union am 20. August 1987 in Den Haag wurde jedoch entschieden, daß Belgien, die Niederlande und Italien ebenfalls Schiffe in die Golfregion entsenden würden.[4] Die Deutschen blieben vollkommen unbeteiligt. Weder wollten sie an dieser Operation teilnehmen, noch wurde das von ihnen erwartet. Der Fall der Berliner Mauer und die Vereinigung änderten die Ansichten grundlegend, und damit begann die Diskussion um die Normalität des neuen Deutschland. Dabei ist es keineswegs so, daß deutsche Truppen vor 1990 niemals an Auslandseinsätzen teilgenommen hätten. Sie haben das, auch wenn das vielen nicht präsent sein mag, durchaus getan.

Die Engagements der Bundeswehr

Deutsche Soldaten haben seit Anfang der Sechziger an Einsätzen innerhalb und außerhalb Europas teilgenommen und weder besondere Aufmerksamkeit noch Proteste in der Bundesrepublik oder im Ausland auf sich gelenkt. Insgesamt waren sie an etwa 125 Aktionen – meist humanitärer Art – in fünfzig Ländern beteiligt.[5] Die umstrittenste Operation seit Gründung der Bundeswehr fand in der Folge des Golfkriegs statt und diente der Hilfeleistung für Kurden und Schiiten, die vor Saddam Husseins Terrorregime geflohen waren. Zwischen April und Juni 1991 beförderten rund 2.000 deutsche Soldaten, das bis dahin größte Truppenkontingent, über eine Luftbrücke Hilfsgüter für kurdische Flüchtlinge in die Türkei und den Iran. Außerdem errichtete und betrieb deutsches medizinisches Personal ein Krankenhaus.

Gelegentlich leistete die Bundeswehr auch militärische Unterstützung, vor allem in der Dritten Welt und überwiegend in Afrika. In diesen Fällen haben Techniker und Soldaten der Bundeswehr, als »Friedens- und Facharbeiter in Uniform«, technische Ausrüstungen gewartet und die örtlichen Streitkräfte im Umgang mit dem Material unterwiesen. In den Jahren zwischen 1973, als die Bundesrepublik den Vereinten Nationen beitrat, und 1990 hielt sich die Bundeswehr mit der Beteiligung an UN-Missionen zurück. Sie begrenzte ihre Engagements auf einen Flugdienst und transportierte UN-Truppen anderer Länder zu ihren verschiedenen Einsatzorten. Nach der Vereinigung wurden zum ersten Mal deutsche Soldaten unter UN-Kommando eingesetzt. Ihre Zahl blieb allerdings gering, und ihre Aktivitäten waren stark eingeschränkt, doch ohne Zweifel war damit ein noch kurz zuvor undenkbarer Schritt getan.

Ein anderes Mal schickte die Bundeswehr Truppen mit der Aufgabe, »humanitäre Hilfe für die betroffene Region« zu leisten. In der Zeit vom 11. März bis zum 15. Juli 1991 beteiligten sich fünf Minensuchboote und zwei Versorgungsschiffe an der Minenräumung im Persischen Golf. Sie waren auf direkte Bitte des UN-Sicherheitsrates entsandt worden, blieben aber rechtlich unter deutschem Kommando. Ihre Aktivitäten wurden mit denen anderer Streitkräfte der Westeuropäischen Union koordiniert. In derselben Region unterstützen seit August 1991 zwei deutsche Transportflugzeuge und drei Armeehubschrauber die UN-Sonderkommission zur Entwaffnung des Irak.

Andere Engagements im Rahmen der Vereinten Nationen folgten. Seit Frühjahr 1992 betreiben über 150 deutsche Soldaten, darunter dreißig Ärzte, ein Feldlazarett in Kambodscha. Die »Engel von Phnom-Penh« sind das größte deutsche Truppenkontingent, das je im Dienste der UNO zum Einsatz kam. Außerdem waren Angehörige der Bundeswehr als zivile Polizeikräfte sowie zur Vorbereitung und Überwachung der Wahlen in Kambodscha abgestellt. Im Juli 1992 begann das Engagement von Bundeswehreinheiten als Teil der UNPROFOR im bosnischen Konflikt. Auch deutsche Schiffe wurden entsandt, um die Einhaltung des UN-Embargos gegen Serbien zu überwachen; AWACS mit deutscher Besatzung kontrollierten den bosnischen und den jugoslawischen Luftraum. Ab März 1993 haben Maschinen der Luftwaffe Hilfsgüter über Ostbosnien abgeworfen, und im August 1995 verstärkte die Bundeswehr mit 1.500 Soldaten, vierzehn Tornados, zwölf Transportflugzeugen und einem Militärkrankenhaus die UN Rapid Reaction Force.[6] Am 17. Dezember 1992 kündete die Bundesregierung unerwartet an, daß zur Unterstützung der UNOSOM II innerhalb der befriedeten Gebiete Somalias eine Verstärkung der Nachschub- und Transporteinheiten von bis zu 1.500 Mann stationiert werde. Nur Berufssoldaten waren zu diesem Einsatz verpflichtet, Wehrdienstleistende konnten sich unter Berufung auf das Freiwilligkeitsprinzip davon entbinden lassen.[7]

Der 19. Februar 1992 markiert den Beginn einer neuen Ära in der deutschen Sicherheitspolitik der Nachkriegszeit. An diesem Tag sprach sich das Kabinett für eine Verfassungsänderung entsprechend Kapitel VII der Charta der Vereinten Nationen und damit für die Beteiligung deutscher Truppen an UN-Missionen aus. Deutschland war eindeutig gewillt, an Militäreinsätzen unter dem Kommando der Vereinten Nationen teilzunehmen, auch wenn sie die strikte Begrenzung auf Maßnahmen der Friedens-erhaltung überschritten. Im Mai desselben Jahres konstituierte sich im Verteidigungsministerium die sogenannte Arbeitsgruppe Vereinte Nationen, die ausschließlich mit UN-Operationen be-faßt war. Einen Monat später begann ein Mitarbeiterstab damit, die »Rahmenrichtlinien für die weitere Ausgestaltung der Kri-senreaktionskräfte« zu erarbeiten. Schließlich verkündete Volker Rühe am 26. November 1992 die neuen »Verteidigungspoliti-schen Richtlinien«, die die Aufgaben der Bundeswehr festlegten.[8] Am 15. Dezember 1992 erklärte die Regierung ihre Bereitschaft, für Militärmissionen der UNO zwei Bataillone bereitzustellen. Eine neue Ära der deutschen Außen- und Sicherheitspolitik war angebrochen, und damit setzte eine leidenschaftliche Diskussion über die verfassungsrechtliche Grundlage dieses Wandels ein.

Die verfassungsrechtliche Debatte

Wie bei jedem wichtigen Thema in der Geschichte der Bundes-republik, ob Schwangerschaftsabbruch, Mitbestimmung oder Wahlrechtsreform, stand auch bei der Frage der Auslandseinsätze der konstitutionelle Aspekt im Mittelpunkt der Auseinanderset-zungen. Als das Grundgesetz im Mai 1949 zur provisorischen Verfassung des neuen Staates wurde, besaß die Bundesrepublik keine Armee. Daß sich nur zwei Passagen des Grundgesetzes mit Verteidigungsangelegenheiten befaßten, nämlich mit dem Recht auf Kriegsdienstverweigerung aus Gewissensgründen (Artikel 4) und dem Verbot des Angriffskrieges (Artikel 26), machte den Versuch deutlich, in Abwendung vom Dritten Reich eine neue nichtmilitaristische deutsche Identität zu schaffen. Erst 1954, im Zusammenhang mit dem Aufbau der Bundeswehr, fanden The-men wie die Souveränität der Bundesrepublik und ihr Schutz sowie die allgemeine Wehrpflicht Eingang ins Grundgesetz. Die Debatte der achtziger und neunziger Jahre kreiste um eine rätselhafte Formulierung in Artikel 87a (2) des Grundgesetzes: »Außer zur Verteidigung dürfen die Streitkräfte nur eingesetzt werden, soweit dieses Grundgesetz es ausdrücklich zuläßt.« Hier stellten sich drei Fragen: Was ist die genaue Bedeutung von »Verteidigung«? Was heißt »dürfen nur eingesetzt werden«? Und was läßt das Grundgesetz »ausdrücklich« zu?[9] Die engen Interpretationen von »Verteidigung« besagten, daß nur ein Angriff auf das Hoheitsgebiet der Bundesrepublik Deutschland den Einsatz der Bundeswehr rechtfertige. Vertreter der mittleren Position dagegen wollten solche Einsätze im Rahmen der NATO und der WEU erlauben. Sie waren der Auffassung, daß die Bundesrepublik zwar eindeutige Verpflichtungen gegenüber den genannten Verteidigungsbündnissen habe, nicht jedoch gegenüber den Vereinten Nationen. Der weiten Auslegung zufolge durfte Deutschland jedem dritten Land zu Hilfe kommen, auch wenn es nicht an die Bundesrepublik angrenzt. In anderen Worten, zur Verteidigung der Bundesrepublik könne die Bundeswehr überall eingesetzt werden. Die Interpretationen der beiden anderen strittigen Formulierungen fielen ebenso unterschiedlich aus.

Vier Artikel des Grundgesetzes legen die Bedingungen für einen Bundeswehreinsatz innerhalb der Bundesrepublik Deutschland fest, aber nicht ein einziger bezieht sich auf das Engagement außerhalb ihres Territoriums. Die Diskussion kreiste daher um die folgende Passage: »Der Bund kann sich zur Wahrung des Friedens einem System gegenseitiger kollektiver Sicherheit einordnen; er wird hierbei in die Beschränkungen seiner Hoheitsrechte einwilligen, die eine friedliche und dauerhafte Ordnung in Europa und zwischen den Völkern der Welt herbeiführen und sichern.« (Artikel 24) Vertreter der engen Interpretation beharrten darauf, daß diese Aussage, ungeachtet der jeweiligen Umstände, den Einsatz deutscher Truppen unter der Ägide der Vereinten Nationen nicht erlaube. Dagegen wurde die weite Auslegung mit dem Argument verteidigt, die Bundesrepublik habe mit dem Beitritt zu einer internationalen Organisation wie den Vereinten Nationen nicht nur alle Rechte, sondern auch alle Pflichten der Mitgliedschaft übernommen.

Schließlich wurde das Bundesverfassungsgericht in Karlsruhe eingeschaltet, die endgültige Instanz zur Klärung aller bedeutenden Streitfragen. Am 12. Juli 1994 urteilte das Gericht, daß eine Änderung des Grundgesetzes nicht erforderlich sei, um deutsche Soldaten außerhalb des Verteidigungsgebietes der NATO einzusetzen. Und bereits am 12. Oktober 1993 hatte es festgestellt, daß auch die Unterzeichnung des Maastrichter Vertrags nicht gegen das Grundgesetz verstoße. Diese beiden Urteile sind Meilensteine in der Geschichte der Bundesrepublik.[10] Aber im Gegensatz zum Maastricht-Urteil hat es für die Entscheidung zu Auslandseinsätzen keinen Präzedenzfall gegeben. Der Gerichtshof sah sich einer gänzlich neuen Situation gegenüber; allein schon daran wird deutlich, daß Überlegungen zur Aufgabe der Streitkräfte in der Bonner Republik kaum eine Rolle gespielt hatten. Bis zu den Unruhen in Somalia und dem ehemaligen Jugoslawien waren sich Regierungen und Parteien einig, daß deutsche Truppen nur zur unmittelbaren Verteidigung der Bundesrepublik eingesetzt werden durften. Bei Auslandseinsätzen – und hier herrschte ein solider und breiter Konsens – mußten ihre Aktivitäten auf rein defensive Maßnahmen beschränkt bleiben; auf keinen Fall durften deutsche Soldaten an Kampfhandlungen teilnehmen.

Laut Bundesverfassungsgericht benötigt ein Auslandseinsatz deutscher Truppen nur die Zustimmung einer parlamentarischen Mehrheit, vorausgesetzt, die Aktion findet im Rahmen eines UN-Mandats statt. Die Argumentation des Gerichts ist äußerst klar. Auf der einen Seite erklärten die Richter, daß die Mitglieder von Systemen der kollektiven Sicherheit dazu beitragen müßten, den Frieden zu erhalten beziehungsweise wiederherzustellen, auch mit militärischen Mitteln. Des weiteren verfüge jedes Kollektiv über ein bestimmtes Regelwerk. Da die Bundesrepublik sich der NATO, der WEU und den Vereinten Nationen freiwillig angeschlossen habe, müsse sie auch die Regeln dieser Organisationen befolgen. Andererseits gehe die Zugehörigkeit zu einem kollektiven Sicherheitssystem nicht mit der Übertragung von Hoheitsrechten einher. Mit diesem Urteil hat das Verfassungsgericht die volle Souveränität des neuen Deutschland bestätigt. In verfassungsrechtlicher Hinsicht war das Land nun ermächtigt, seine Außenpolitik auch militärisch zu unterstützen. Doch wie wurde diese Sanktionierung von der politischen Diskussion aufgenommen?

Die politische Debatte

Verfassungsrechtler und Ministerialbürokratie hätten es vermutlich vorgezogen, Probleme solcher Tragweite auf rein juristischer, leidenschaftsloser Ebene zu lösen, aber es war abzusehen, daß die endgültige Entscheidung im politischen Prozeß erfolgen würde.

Daß die Debatte über Auslandseinsätze überhaupt geführt wurde, weist auf drei zusammenhängende Entwicklungen hin. Die erste, die auch von der Meinungsforschung bestätigt wird, ist eine der unspektakulären Erfolgsgeschichten der Bundesrepublik. Eher für ihre starke Wirtschaft und ihr stabiles Gemeinwesen bewundert, thematisierte die Bundesrepublik kaum die Herausbildung ihrer politischen Kultur. Es hatte sich jedoch eine unverkennbare Hinwendung zu westlichen Werten eingestellt, die in der hohen Wertschätzung persönlicher Freiheit, von Parlamentarismus und offenem politischen Diskurs zum Ausdruck kommt. Außerdem brachte die wahrhaft republikanische Entwicklung Westdeutschlands – verkörpert durch die 68er Generation – einen anhaltenden Pazifismus mit sich. Die tiefe Skepsis gegenüber jeglicher Art von außenpolitischem Abenteurertum besteht fort und gehört zu den Grundbestandteilen des kulturellen Vermächtnisses der alten Bundesrepublik.

Die zweite Entwicklung setzt mit den ersten Anzeichen der Opposition gegen diese ideologische Zurückhaltung ein. In Deutschland haben sich seit 1989 so ungeheure Veränderungen vollzogen, daß der freiwillige Pazifismus der politischen Klasse plötzlich nicht mehr angemessen erschien. Der Streit um die künftige Rolle der Bundeswehr hat neben der gewohnten Zurückhaltung den Wunsch nach einer aktiveren Außenpolitik etabliert. Weit entfernt von kriegerischen oder expansionistischen Bestrebungen, ist diese neue Position – auf einem kollektiven Gedächtnis basierend, das in der Bonner Republik entstand – eine äußerst pragmatische. Die Deutschen mögen sich der Macht als abstraktem Konzept möglicherweise nicht mehr schämen, gleichwohl reagieren sie nach wie vor äußerst sensibel auf verteidigungspolitische Fragen und militärische Verpflichtungen.

Die dritte Entwicklung belegt ganz einfach die Stabilität der deutschen Demokratie. In der Kraftprobe zwischen Pazifismus und Pragmatismus zeigte sich, daß die Berliner Republik, was ihre demokratische Verfaßtheit betrifft, der Bonner Republik in nichts nachsteht. Das Militär ist kein in sich geschlossener Komplex, der sich abseits des politischen Gemeinwesens oder in Auseinandersetzung mit ihm befindet; es ist den Entscheidungen dieses Gemeinwesens unterworfen.

Die PDS möchte die Rolle der Bundeswehr am stärksten beschränken. Sie lehnt jegliche »Militarisierung der Außenpolitik« strikt ab.[11] Deutschland dürfe unter keinen Umständen Truppen ins Ausland entsenden, an keiner militärischen Aktion teilnehmen, unter wessen Leitung oder in welchem Bündnis auch immer, ob es sich dabei um NATO, WEU, die Vereinten Nationen oder die KSZE handelt.

Viele Mitglieder und Aktivisten von Bündnis 90/Die Grünen denken ähnlich, aber in dieser bunten politischen Gruppierung gibt es auch moderatere Stimmen. Einige Realos plädierten, im Gegensatz zu ihren fundamentalistischen Parteigenossen, für die Teilnahme deutscher Soldaten an friedenserhaltenden Missionen unter dem Kommando der Vereinten Nationen, allerdings mit bestimmten Einschränkungen und nur im äußersten Notfall. Außerdem sollten Aktionen dieser Art auf Berufssoldaten begrenzt werden; den Wehrdienstleistenden muß die Möglichkeit der Ablehnung gewährt werden.

Die Sozialdemokraten waren so beunruhigt, als die Regierung im Zusammenhang mit der Blockade Serbiens und Montenegros durch die NATO einen deutschen Zerstörer in die Adria entsandte, daß sie im Sommer 1992 das Bundesverfassungsgericht anriefen. Mit erstaunlicher Einhelligkeit vertraten sie die Überzeugung, daß der Auslandseinsatz deutscher Truppen gegen das Grundgesetz verstoße. Zwar gab es innerhalb der Partei auch Stimmen, die sich für eine Änderung des Grundgesetzes aussprachen, um die Mitwirkung an multinationalen Operationen zu ermöglichen. Doch selbst für diesen Fall wollte die SPD eine deutsche Beteiligung auf friedenserhaltende Maßnahmen unter UN-Kommando begrenzt sehen, in deren Rahmen die Soldaten nur zum Zweck der Selbstverteidigung mit leichter Bewaffnung ausgestattet werden. Nach sozialdemokratischer Auffassung bedurfte jeder Einsatz deutscher Soldaten außerhalb des bundesdeutschen Territoriums der parlamentarischen Bestätigung durch einfache Mehrheit.

Die Freien Demokraten waren wie die SPD der Meinung, daß der Auslandseinsatz deutscher Truppen eine Änderung in Artikel 24 des Grundgesetzes voraussetzte. Aus diesem Grunde legte die Partei im August 1992 einen Antrag vor, damit Soldaten der Bundeswehr künftig sowohl an friedenserhaltenden wie an friedenschaffenden UN-Operationen teilnehmen könnten. Diese Einsätze erforderten einerseits die Zustimmung des Sicherheitsrats der Vereinten Nationen, andererseits ein einfaches Mehrheitsvotum des Bundestags. Die FDP plädierte auch für die Beteiligung deutscher Truppen an Operationen der KSZE. Außerdem regte sie an, alle Angelegenheiten, die Militäraktionen im Ausland betreffen, in einem neuen Bundesgesetz zu regeln.

CDU und CSU argumentierten, daß die Bundesrepublik verstärkt militärische und politische Verantwortung übernehmen solle, weil dies auch ihrer ökonomischen Stärke entspreche; eine Position, die Volker Rühe, der profilierteste Verteidigungs- und Sicherheitsexperte der CDU, seit langem vertreten hatte.[12] Insbesondere die CSU hielt daran fest, daß eine Grundgesetzänderung nicht notwendig sei, um die Entsendung deutscher Truppen zu ermöglichen. Ein Element der staatlichen Souveränität, so die Begründung, ist die Freiheit, Truppen zu jeder Zeit an jeden Ort schicken zu können, wenn das nationale Interesse es erfordert. Die CDU stimmte mit ihrer bayrischen Schwesterpartei in diesem Punkt im wesentlichen überein, obwohl sie bereit war, kleinere Korrekturen am Grundgesetz vorzunehmen, soweit sie der Klarstellung dienten. Ihr Pragmatismus ließ die CDU auch darauf pochen, daß jede Operation deutscher Truppen außerhalb der Bundesrepublik von einer parlamentarischen Mehrheit getragen werden müsse. Es war vor allem der Standpunkt der Christdemokraten, der den dem Bundestag im Januar 1993 vorgelegten Gesetzesentwurf prägte. Das Urteil des Verfassungsgerichtes deckte sich weitgehend mit der Position der CDU und gab ihr damit nicht nur juristische Rückendeckung, sondern auch uneingeschränkte politische Macht.

Doch trotz der Entscheidung des höchsten Gerichtes rief 1995 die Entsendung von Bundeswehreinheiten in das Gebiet des ehemaligen Jugoslawien heftige Debatten hervor. Die erste Kontroverse entzündete sich am Einsatz deutscher Tornados in Bosnien. Die CDU/CSU beharrte auf dem Standpunkt, Deutschland müsse seine Verpflichtungen den Verbündeten gegenüber durch Bereitstellung der Maschinen erfüllen. Einige CDU-Abgeordnete, darunter Klaus Rose, Vorsitzender des Verteidigungsausschusses, behaupteten sogar, die Stationierung in Bosnien gebe Deutschland endlich die Gelegenheit, »unsere Interessen als souveräner Staat offen zu diskutieren«. Der außenpolitische Sprecher der CDU, Karl Lamers, sah in der Teilnahme an internationalen Militäraktionen eine notwendige Voraussetzung für deutschen Einfluß in der Weltpolitik.[13] Und Außenminister Kinkel stellte klar, daß Deutschlands Glaubwürdigkeit unmittelbar an seine Bereitschaft gekoppelt sei, an der Lösung des bosnischen Konflikts durch Truppenentsendung mitzuwirken.[14]

Die Opposition lehnte es ab, Tornados nach Bosnien zu schicken. Ihrer Auffassung nach ging es um die Frage, ob Deutschland seine traditionelle Zurückhaltung aufgeben und sich in außenpolitische Abenteuer stürzen wolle. Joschka Fischer sprach von einer Zäsur und der Gefahr, in ein militärisches Debakel verstrickt zu werden. Rudolf Scharping argumentierte, daß deutsche Flugzeuge in der Luft keine Garantie für Frieden auf der Erde seien. Trotzdem beschloß der Bundestag am 30. Juni 1995, die UN-Mission in Bosnien mit Kampfflugzeugen zu unterstützen. Von 655 anwesenden Parlamentsmitgliedern stimmten 386 dafür, 258 dagegen, und elf enthielten sich der Stimme. 45 Abgeordnete der SPD und vier Grüne stimmten mit der Regierungskoalition.

Das Massaker der Serben an Tausenden von muslimischen Bosniern im Juli 1995 in Srebrenica führte vor allem unter den Bündnisgrünen zu einer monatelangen Kontroverse. Dieser Konflikt ist beispielhaft für einen Prozeß, der die deutsche Gesellschaft insgesamt kennzeichnet, nämlich die ständige Auseinandersetzung mit ihren verschiedenen kollektiven Erinnerungen und deren Bedeutung für die gegenwärtige Politik.

Niemals sind die Schnittlinien von Geschichte, Gedächtnis, Schuld, Macht und Verantwortung so deutlich hervorgetreten wie in den Diskussionen der Grünen zwischen August und Dezember 1995. Es stand nicht weniger als die grüne Identität und ein über fünfzig Jahre währender gesellschaftlicher Konsens zur Debatte. Trotz der immensen Bedeutung dieser Auseinandersetzung gab es keine wirklichen Gewinner. Zwar hat sich Joschka Fischer zunächst durchgesetzt, und eine solide Mehrheit der Anhänger der Grünen stimmte nun der Teilnahme deutscher Truppen an international sanktionierten Hilfsaktionen zu, doch eine

Mehrzahl der Delegierten auf dem Bremer Parteitag lehnte diese Politik ab. Vermutlich wird der überwiegende Teil der grünen Parteiaktivisten sich weiterhin der Entsendung deutscher Truppen ins Ausland kompromißlos verweigern.

Entscheidend war, daß hier zwei unterschiedliche Lehren aus der Vergangenheit gezogen wurden. Die erste geht davon aus, daß sich mörderische Brutalität nur mit Gewalt bezwingen läßt – schließlich wurden auch die Nationalsozialisten mit Waffengewalt und nicht durch gutes Zureden besiegt –, und die Deutschen trügen seit Auschwitz eine besondere Verantwortung, solcher Brutalität entgegenzutreten. Die Gegenposition lehnt Gewalt als Mittel legitimer Politik unter allen Umständen ab, was besonders für die Deutschen gelten müsse, deren Militarismus ebendie Kräfte entfesselte, die Auschwitz möglich machten.

Was am Ende dieser Konfrontation blieb, war ein schwelender Konflikt, der sich allerdings schon während des Golfkriegs abgezeichnet hatte. Zwar stieß die alliierte Offensive gegen den Irak bei den meisten Grünen auf vehemente Ablehnung, aber einige prominente Parteimitglieder – vor allem Vertreter des realistischen Flügels – forderten immerhin die Stationierung von bundeswehreigenen Patriot-Raketen in Israel. In Hessen, traditionell eine Hochburg der Realos, avancierte diese Position zur offiziellen Parteipolitik.

Der zweite Schritt bestand im Votum der Grünen für die Unabhängigkeit Sloweniens und Kroatiens Ende Juni/Anfang Juli 1991. Zum einen unterstützten die Grünen aus neowilsonistischer Überzeugung das Streben eines jeden Volkes nach Selbstbestimmung und politischer Unabhängigkeit; zum anderen besaßen sie einen besonderen Abscheu gegen das stalinistische Regime von Slobodan Milošević.[15] Freilich gab es auch Stimmen aus dem grünen Spektrum, die zur Vorsicht in dieser ungeheuer vielschichtigen Problematik mahnten, weil sie voraussahen, daß das Auseinanderbrechen Jugoslawiens nur Unheil für die betroffene Region bringen würde.

Obwohl die Grünen also ihren ablehnenden Prinzipien im großen und ganzen treu blieben, ließen sich erste Risse in einer bisher festgefügten Formation ausmachen. Die PDS hielt entschieden an ihrer Auffassung fest, daß deutsche Truppen niemals außerhalb Deutschlands in Erscheinung treten dürften, aber die Grünen erkannten – und das war der dritte Schritt –, daß in besonders dringlichen Fällen und mit ganz bestimmten Einschränkungen deutsche Soldaten doch an Aktivitäten außerhalb der eigenen Grenzen teilnehmen sollten.

Die vierte Diskussionsphase begann am 2. August 1995 mit dem offenen Brief von Joschka Fischer an seine Parteikollegen, in dem er sie beschwor, ihr sakrosanktes Prinzip der Gewaltfreiheit angesichts der Massaker in Bosnien zu überdenken.[16] Unter dem Eindruck des Blutbads von Srebrenica im Juli des Jahres bat er die Grünen, sich folgende Probleme zu vergegenwärtigen: Verliert die deutsche Linke nicht ihre Seele, wenn sie sich der Pflicht entzieht, in einer Angelegenheit zu intervenieren, die nur als Völkermord bezeichnet werden kann? Wie soll man mit einem neuen Faschismus umgehen, der sich über alle Vernunft hinwegsetzt, Appelle zur Mäßigung verhöhnt, ehrliche Verhandlungen verweigert und offenbar nur die Sprache der Gewalt versteht? Kann es sein, daß das Recht auf ein menschenwürdiges Leben und das Recht auf Freiheit, zwei fundamentale grüne Prinzipien, mit Pazifismus, ebenso ein wichtiger Grundsatz der Partei, nicht zu vereinbaren sind?

»Was tun?« fragte Fischer. Die Antwort, die er gab, ging zwar nicht auf Details ein, doch die Botschaft war unmißverständlich: Völkermord mache es zur politischen und moralischen Pflicht der Grünen, eine militärische Intervention durch multilaterale Streitkräfte, der auch deutsche Truppen angehören müßten, zu unterstützen. Damit war ein Tabu gebrochen. Fischer bezog hier Stellung zu einem Problem, das die Grünen und die Linke insgesamt bereits seit geraumer Zeit gespalten hatte, und er erntete denn auch gnadenlose und empörte Kritik. Kaum etwas, das ihm nicht vorgeworfen wurde: Eurozentrismus, da ihn der Krieg in Bosnien, nicht der in Ruanda oder Afghanistan zu seinen Äußerungen bewogen hatte; er sei zum Handlanger der NATO und der Amerikaner geworden; er habe in einem undurchsichtigen Krieg, in dem sich alle Beteiligten der Kriegsverbrechen schuldig gemacht hätten, Partei ergriffen; er leugne die besondere Erblast der deutschen Geschichte, die von vornherein ausschließe, daß Deutschland sich je wieder an einem bewaffneten Konflikt beteiligt.

Viele Parteimitglieder erinnerten Fischer daran, daß ein Sonderparteitag der Grünen im Oktober 1993 mit großer Mehrheit beschlossen hatte, jedes Engagement in Bosnien ungeachtet der Umstände abzulehnen. Diese Auffassung herrschte immer noch vor, wie sich in einer außenpolitischen Sondersitzung am 30. September 1995 in Bonn herausstellte. Fischer referierte dort noch einmal die Hauptthesen seines Briefes und bekam erneut vehemente Kritik zu hören. Trotzdem stellte sich eine Reihe prominenter Parteimitglieder auf seine Seite. Ihre Argumentation lautete, daß gerade die Erinnerung an die deutsche Geschichte verlange, ganz besonders empfindlich auf jeden neuen Faschismus zu reagieren, vor allem wenn er so mörderische Formen annahm wie in Bosnien. Sie warfen den Grünen auch vor, sich heuchlerisch zu verhalten, wenn sie sich hinter ihrem absoluten Pazifismus verschanzten, hatten doch einige der entschiedensten Interventionsgegner der Partei die Befreiungskämpfe in der Dritten Welt, die alles andere als gewaltfrei verliefen, leidenschaftlich verteidigt. In seiner Erwiderung beschuldigte Fischer seine Kritiker, mit ihrem kompromißlosen Pazifismus ein geheiligtes Prinzip zu verletzen: das Recht auf ein Leben in Würde und Freiheit.[17] Er wehrte sich gegen den Vorwurf, die deutsche Beteiligung an einer multinationalen Streitkraft würde die Grünen an die Position der Regierung binden. In Bosnien herrsche eine einzigartige Situation, die eine militärische Intervention zugunsten der Opfer erfordere. Er wies auch die Prognose zurück, daß Deutschland – sobald das Tabu einmal gebrochen sei – auf die abschüssige Bahn eines neuen Militarismus geraten werde.

Die gesamte Bosniendebatte war geprägt von der Erinnerung an Auschwitz. Der Schatten der deutschen Geschichte war allgegenwärtig. Was immer der Weg zur Normalität auch mit sich bringen mochte, mit Sicherheit würden sich darunter viele Hindernisse aus der unseligen Vergangenheit befinden, einer Vergangenheit, die in den kollektiven Erinnerungen der Deutschen und ihrer Nachbarn lebendig bleibt.

Vorsichtige Annäherung an die Normalität

Nur Japan verhält sich in der Frage der Truppenentsendung ebenso zwiespältig wie die Bundesrepublik. Und wie ihre deutschen Kollegen haben auch die japanischen Politiker sich lange hinter verfassungsrechtlichen Einschränkungen versteckt. Doch in der Bundesrepublik war die Zurückhaltung in Sachen Auslandseinsätzen zuallererst ideologischer und nicht institutioneller Natur. Die Deutschen hätten den Aktionsradius ihrer Truppen längst erweitern können; sie entschieden sich aber dagegen. Zweitens haben die Deutschen immer noch außerordentliche Vorbehalte, wenn es um den Einsatz von Gewalt geht. Daß die großen Parteien das Thema Truppenentsendung erst unter dem Druck eines so direkten Angriffs auf humanitäre Prinzipien, wie er in Bosnien erfolgte, diskutierten, belegt das. Die Amerikaner dagegen entsenden – wie Grenada, Kuwait, Somalia und Haiti gezeigt haben –, auch dann Truppen, wenn die nationale Sicherheit der USA überhaupt nicht bedroht oder eine Berufung auf humanitäre Hilfe nur im weitesten Sinne möglich ist.

Deutschlands »Ideologie der Zurückhaltung« in allen militärischen Angelegenheiten wird von der Bevölkerung weithin geteilt und als legitim beurteilt, das ist jedenfalls das Resultat einer Mehrjahresstudie des Forschungszentrums RAND. 1994 ergab die Umfrage, daß 92 Prozent der Interviewten die deutsche Teilnahme an humanitären Einsätzen befürworteten, aber nur 57 Prozent deutsche Truppen an friedenserhaltenden Maßnahmen der Vereinten Nationen beteiligt sehen wollten. Ungefähr 32 Prozent unterstützten die Beteiligung der Bundeswehr an NATO-Operationen außerhalb Deutschlands, und 22 Prozent sprachen sich für die Mitwirkung an von der UNO sanktionierten Operationen wie dem Golfkrieg aus. Um die *Financial Times* zu zitieren: Die Deutschen sind – und werden es in absehbarer Zukunft auch bleiben – »friedlich, ängstlich und grün«.[18]

11. KAPITEL

Deutsche Wirtschaftsmacht
in Europa MIT FRANK WESTERMANN

Dahrendorf: Die Deutschen drängen auf eine europäische
Integration unter deutschen Bedingungen. Sie drängen nicht
auf eine europäische Integration, die die ganz andersartigen
Bedingungen anderer Länder wirklich akzeptiert.

ZEIT: Wenn aber die deutschen Vorschläge den Vorteil der
Vernunft auf ihrer Seite hätten?

Dahrendorf: Warum ist es vernünftiger, die Inflation auf ein
Prozent oder auf Null zu drücken, als gelegentlich drei, vier
oder fünf Prozent zu akzeptieren? Warum ist es vernünftiger,
die eigene Währung unveränderlich an andere Währungen
zu ketten, als durch eine gelegentliche Abwertung internationale Ungleichgewichte abzufangen? Es ist eine deutsche
Vorstellung von Wirtschaft und von Ordnung, die sich durch-
setzt und die in Deutschland natürlich für vernünftig gehalten
wird. Anderswo hält man andere Dinge für vernünftig.

Interview mit Ralf Dahrendorf,
Die Zeit vom 31. Mai 1996

Zu Beginn haben wir argumentiert, daß vor allem zwei Gründe
gegen die Ausbildung einer regionalen deutschen Hegemonie
sprechen: das Zögern der Deutschen – aufgrund der kollektiven
Erinnerung an Auschwitz –, ihrer strukturellen Macht einen angemessenen ideologischen Rahmen zu geben, und die Schwierigkeit, ihre Kultur zu exportieren. Wir haben die Zurückhaltung
der Bundesrepublik dargestellt – ein Phänomen, das Hans-Peter
Schwarz als Wandel von der »Machtbesessenheit« zur »Macht-

vergessenheit« beschreibt – und sie dann mit der Zustimmung anderer Länder zur Teilnahme von Bundeswehrsoldaten an Militäreinsätzen kontrastiert.[1] In diesem Kapitel geht es um die strukturelle Macht Deutschlands in Europa, die wir für in erster Linie ökonomisch begründet halten.

Liberale Theoretiker haben oft behauptet, daß die Deutschen zwar von den institutionellen Strukturen der Europäischen Union profitieren, andere Länder aber noch größeren Nutzen daraus ziehen. Die EU-internen Handelsbilanzen, die der Bundesrepublik besonders günstige Ergebnisse bescheinigen, werden dieser Sicht zufolge durch Exporte in Länder außerhalb der EU ausgeglichen. Mit anderen Worten: Güter und Dienstleistungen, die Deutschland an seine EU-Partner verkauft, führen zu Exporten Dritter an Nicht-EU-Mitglieder. Diese These mag zutreffen, doch die Liberalen haben sie immer noch nicht mit einem Input-Output-Modell belegt. Die Realisten dagegen gehen von einem Nullsummenverhältnis zwischen Staaten aus. Sie betonen vor allem die strukturelle Macht Deutschlands und damit zugleich seinen wachsenden regionalen Einfluß. Währungsschwankungen, beispielsweise die Krise des Europäischen Währungssystems, verdeutlichen nach realistischer Ansicht, wie die Bundesrepublik ihre Macht gezielt einsetzen kann.

Wir stimmen weder der liberalen Auffassung vom gegenseitigen Nutzen noch der realistischen These der Konfliktstrategie zu, sondern ersetzen sie durch überwiegend empirische Fragen: Profitiert wirklich jeder? Wenn nicht, wer hat den größten Nutzen, und wer verliert? Im folgenden möchten wir zeigen, daß Deutschland nicht nur die größte Volkswirtschaft Europas ist, sondern auch die alles bestimmende – der Dreh- und Angelpunkt, um den andere Ökonomien, des Ostens wie des Westens, kreisen. Damit ist noch nichts darüber gesagt, ob diese Situation gut oder schlecht ist.

Wer kommt am besten mit dem gegenwärtigen Gefüge der europäischen Beziehungen zurecht? Und wie stark ist das Gefälle in der Nutzenverteilung? Unsere Ergebnisse sind nur Hinweise, aber wir schließen daraus, daß Deutschland in der Tat über ein hohes Maß an struktureller wirtschaftlicher Macht verfügt, also über die Möglichkeit, »Strukturen der globalen politischen Ökonomie zu prägen, innerhalb derer andere Staaten, ihre politischen Institutionen, ihre Wirtschaftsunternehmen und nicht zuletzt ihre Wissenschaftler agieren müssen … Kurzum, strukturelle Macht ist die Macht, darüber entscheiden zu können, wie bestimmte Dinge geregelt werden, die Macht, den Rahmen vorzugeben, in dem andere Staaten Beziehungen miteinander, mit Individuen oder mit Wirtschaftsunternehmen eingehen. Die relative Macht jedes an einer Beziehung Beteiligten wächst oder schrumpft, wenn ein Beteiligter auch die Struktur bestimmt, in die die Beziehung eingebettet ist.«[2] Nach dieser Definition übt Deutschland zumindest die strukturelle Macht eines regionalen Hegemonen aus. Die *Washington Post* hat die deutschen Absichten treffend wiedergegeben, als sie in einer Überschrift feststellte: »Deutschland investiert in Osteuropa, verneint aber Weltmachtstreben.«[3]

Strukturelle Macht äußert sich in Ost- und Westeuropa auf unterschiedliche Weise, was überwiegend eine Folge der jeweiligen institutionellen Einbindung in der Nachkriegsperiode ist. Der Osten, lange vom Weltwirtschaftsgeschehen abgeschnitten, unterhielt zwischen 1945 und 1989 begrenzte, bestimmten Auflagen unterworfene und weitgehend bilaterale wirtschaftliche Beziehungen zur alten Bundesrepublik. Der Westen dagegen baute politische Brücken, die auf wachsender ökonomischer Integration im Rahmen der EWG, dann der EG und schließlich der EU basierten.

Westeuropa

Um Deutschlands ökonomischen Einfluß in Europa zu bestimmen, analysieren wir Handelsströme und die internationale Rolle der D-Mark als Richtwährung, denn diese Daten illustrieren, wie stark die Bundesrepublik, absolut wie relativ, von der EU profitiert. Daraus ergibt sich der Nutzen, der Deutschland im Vergleich mit anderen westeuropäischen Staaten aus den derzeitigen Strukturen erwächst.

Was die Kostenseite betrifft, wenden wir uns dem eindeutigsten und am stärksten institutionalisierten Indikator zu: den Beiträgen der einzelnen Länder zum Haushalt der EU und den Zahlungen, die sie daraus empfangen. Diese Analyse zielt auf die Frage, wieviel Deutschland zu zahlen bereit ist, um die Regeln aufrechtzuerhalten. Zusammengenommen sollten Handelsströme, Währungsstabilität und die Nettobeiträge zum Budget Aussagen darüber ermöglichen, ob die deutsche Position innerhalb der EU mit den an ein über strukturelle Macht verfügendes Land gerichteten Erwartungen übereinstimmt.

Um die Sache zu vereinfachen, grenzen wir unser Material nach zwei Kriterien ein. Erstens beschränken wir uns auf die Länder, die der EU zum Zeitpunkt der deutschen Vereinigung angehörten. Zweitens beginnt unsere Untersuchung erst mit dem Jahr 1972, als Großbritannien der Europäischen Gemeinschaft beitrat (Daten aus der Zeit vor 1992 nennen wir »EG-Daten«, die späteren sind »EU-Daten«).

Da die EU eine relativ stark integrierte Marktstruktur darstellt, können die Daten der Mitgliedsländer Aufschluß über die regionale Rolle Deutschlands geben. Anhand der Analyse statistischer Währungs- und Handelsdaten – zum Beispiel Anteil des Exports am Bruttoinlandsprodukt – ermitteln wir, wie weit die Bundesrepublik das System der EU billigt und wie weit sie von ihm profitiert – in relativer wie absoluter Hinsicht. Wenn Deutschland Westeuropa auf wirtschaftlichem Gebiet tatsächlich beherrscht, dann müßte diese Dominanz an den Handels- und Geldströmen abzulesen sein.

Handelsströme

Hegemoniale Positionen entstehen dann, wenn bestimmte Länder infolge ungleichmäßigen Wirtschaftswachstums ihren Hauptkonkurrenten gegenüber im Vorteil sind. Sie streben Weltwirtschaftsbeziehungen auf der Basis des Freihandels an, um ihr Inlandsprodukt durch den Handel zu stimulieren, relative Vorteile zu nutzen und am Export hochwertiger Güter zu verdienen. Historisch gesehen, begleitet der Abbau von Handelsbeschränkungen die Herausbildung von Hegemonien.[4]

Ohne Frage beruht der Erfolg der deutschen Wirtschaft auf ihrer Exportleistung. 1988 konnte sich Westdeutschland zum ersten Mal mit dem Titel des »Exportweltmeisters« schmücken. Das größer gewordene Deutschland hat diese Leistung 1990 und seitdem beinahe jedes Jahr wiederholt, trotz gewaltiger Probleme im Gefolge der Vereinigung, trotz Rezession und stagnierender europäischer Nachfrage. Wie schneidet Deutschland im regionalen Vergleich ab? Um die Marktdurchdringung der EU-Länder zu erfassen, wenden wir uns dem Verhältnis von Exportziffern und Bruttoinlandsprodukt der einzelnen EU-Mitglieder seit Anfang der Siebziger bis Mitte der Neunziger zu. Ganz eindeutig haben sich die Deutschen in diesen 25 Jahren höhere Anteile an globalen Märkten gesichert als ihre europäischen Hauptkonkurrenten Italien, Frankreich und Großbritannien. Die westdeutschen Exporte stiegen von 20 Prozent des Bruttoinlandsprodukts in den siebziger Jahren auf mehr als 36 Prozent bis 1993, wogegen die französischen und die italienischen Ausfuhren von einer schmaleren Basis ausgingen und langsamer wuchsen. Großbritannien begann zwar mit einem höheren prozentualen Wert, steigerte ihn aber langsamer als Westdeutschland.[5] Obwohl diese

Entwicklung allein noch keinen ausreichenden Indikator für wirtschaftliche Hegemonie darstellt, bestätigt sie doch die Annahmen über eine wachsende Wirtschaftsmacht. Kleinere EU-Mitgliedstaaten – vor allem die Niederlande, Belgien und Luxemburg – konnten ihre globale Marktdurchdringung ebenfalls erhöhen (ein Hinweis darauf, daß die deutsche Wirtschaft auch auf ihre regionalen Handelspartner stimulierend gewirkt hat).

Wie hoch ist die deutsche Exportquote, die auf wachsende Marktdurchdringung anderer EU-Mitglieder und nicht auf Handel mit Staaten außerhalb der EU zurückgeht? Und wie schließt Deutschland im Vergleich mit seinen wichtigsten Konkurrenten ab? Um diese Fragen zu klären, haben wir Daten von 1958, als die Freihandelszone der EG noch nicht existierte, mit Zahlen von 1992 verglichen. Die relevanten Daten zu Exporten in die EU-Staaten lassen zwei Tendenzen erkennen: Erstens waren es wiederum die kleineren Länder, die von ihrer Zugehörigkeit zur EU erheblich profitierten, abzulesen an zunehmenden Ausfuhren in andere Mitgliedstaaten. Der Zugang zur EG-Freihandelszone ließ ihre Absatzmärkte innerhalb der Gemeinschaft wachsen – allerdings auf Kosten ihrer traditionellen Märkte. Zum Beispiel haben die Beneluxländer ihre Exporte in andere Mitgliedstaaten von etwa 55 Prozent im Jahr 1958 auf 75 Prozent im Jahr 1992 steigern können.[6]

Zweitens war Deutschland, was die wachsenden Exportanteile angeht, der Hauptnutznießer der Freihandelsabkommen. In der Regel beliefen sich die Exporte der Bundesrepublik vor der Vereinigung auf über 30 Prozent ihres Bruttoinlandsprodukts, und damit verzeichnete sie die höchste Quote aller größeren Länder.[7] Trotz Erweiterung der EU stagnierten oder sanken die französischen und italienischen Exporte in die EU im Verhältnis zum Gesamtexportvolumen der beiden Länder, während die Deutschen über 15 Prozent hinzugewinnen konnten.

Dieses Wachstum vollzog sich auf zwei Ebenen. Die weltweiten deutschen Exporte wuchsen zwischen 1972 und 1992 fast doppelt so schnell wie die französischen und italienischen; zudem gelang es Deutschland – im Gegensatz zu seinen Konkurrenten –, die Ausfuhr in die EU zu erhöhen. Zwar haben sich die britischen EU-Exporte in den ersten zehn Jahren nach Großbritanniens Beitritt verdoppelt, aber im Zusammenhang gesehen nimmt sich diese Leistung als nicht so eindrucksvoll aus, wie sie zunächst erscheint – besonders im Vergleich mit den deutschen Steigerungsraten. Es war zu erwarten, daß die Verlagerung der britischen Aktivitäten von traditionellen Commonwealth-Märkten auf die lange vernachlässigten europäischen Absatzgebiete ein erhebliches Exportwachstum auslösen würde. Im Vergleich mit den deutschen Ausfuhren erfolgte die Verdoppelung der britischen Exporte an EU-Mitglieder von einer viel schmaleren Basis, und sie blieben auch beträchtlich hinter den deutschen zurück (absolut wie prozentual). Außerdem verzeichneten die Deutschen, anders als die Briten, ihre Zuwächse nicht auf neuen, sondern auf weitgehend erschlossenen Märkten.

In summa: Deutschland hat bei den EU-internen Exportzuwächsen im Verlauf von 25 Jahren eine äußerst imposante Leistung vollbracht. Ob sie mit alten oder neuen Konkurrenten zu tun hatten, die Deutschen haben sie global und regional stets weit hinter sich gelassen, in absoluten und in relativen Zahlen. Das war bereits Anfang der siebziger Jahre der Fall, und seitdem ist es ihnen gelungen, ihren Vorsprung in jeder Hinsicht auszubauen. Wenn neue Länder der EU beitraten, importierten sie bald überwiegend deutsche Waren. Mitte der Achtziger dann verfügte die Bundesrepublik über die unangefochtene Exportherrschaft in der EU.

Als Beispiel für die Leistungsfähigkeit seiner Wirtschaft wollen wir Deutschlands Beziehungen zu Österreich – im Zusammenhang mit der EU-Erweiterung des Jahres 1995 – skizzieren. Die Indikatoren belegen ausnahmslos die vollkommene Abhängigkeit Österreichs von der deutschen Wirtschaft. Und Deutschlands Triumphzug durch das österreichische Wirtschaftsgeschehen ging bereits von einer ansehnlichen Basis aus. Diese Dominanz besitzt wahrhaft hegemonialen Charakter, weil die Regierung in Wien ihre Souveränität in bestimmten Schlüsselaspekten einfach abgetreten hat und es vorzieht, deutschen Richtlinien zu folgen. Georg Winckler argumentiert überzeugend, daß besagte Vorherrschaft weder unmittelbares Resultat des deutschen Eigentums an Unternehmen oder Vermögenswerten in Österreich noch eine Funktion deutscher Direktinvestitionen oder Handelsbeziehungen ist. Die Situation stellt sich eher so dar, daß »die direkten ökonomischen Verflechtungen zwischen der BRD und Österreich eine weniger wichtige Rolle dabei spielen, die österreichische Makroökonomie auf dem deutschen Pfad voranzutreiben, als die Entscheidungen der österreichischen Regierung oder der Tarifpartner. Auf pragmatische Weise folgt die österreichische Wirtschaftspolitik den westdeutschen politischen Vorgaben. Über diese wiederum vermittelt sich der Einfluß der bundesdeutschen auf die österreichische Wirtschaft. Als Rechtfertigung für diese Politik wird meist die Sorge um die österreichische Wettbewerbsfähigkeit auf westdeutschen Märkten genannt.«[8] Österreich beruft sich ständig auf die Sachzwänge des Weltmarkts, um seine Wirtschaftspolitik zu verteidigen, doch im Grunde sind damit die Sachzwänge des deutschen Marktes, der deutschen Wirtschaft und Wirtschaftspolitik gemeint.[9]

Vergleichsdaten erhärten diesen Befund. Winckler zeigt, daß das westdeutsche Bruttoinlandsprodukt über Jahrzehnte hin viel enger mit dem österreichischen korrelierte als mit dem Belgiens oder Dänemarks – Länder, die hinsichtlich ihrer Wirtschaftskraft mit Österreich vergleichbar sind und vor allem wie Deutschland seit 1957 zur EWG/EG/EU gehören, wogegen Österreich erst am 1. Januar 1995 beitrat. Die hohe Korrelation der österreichischen und deutschen Bruttoinlandsprodukte verweist auf den außergewöhnlichen wirtschaftlichen Verflechtungsgrad der beiden Länder, der in keinem Aspekt darauf schließen läßt, daß sie formal verschiedenen Handelszonen angehörten.[10]

Am deutlichsten tritt Deutschlands Vorherrschaft über die österreichische Wirtschaft in der Geldpolitik zutage. Es ist keine Übertreibung zu behaupten, daß Österreichs monetäre Strategie seit langem in Frankfurt am Main bestimmt wird. Auch hier ist der Vergleich mit Belgien und Dänemark erhellend. Insgesamt hat die monetäre Kooperation zwischen den Notenbanken der drei kleineren Länder und der Bundesbank seit 1973 beständig zugenommen. Dabei war wiederum die Verflechtung mit Österreich durchweg stärker als mit Belgien und Dänemark. Die deutsche Hegemonie äußert sich weniger in direkter Kontrolle als in der Aufgabenbestimmung für die österreichische Politik, in der Vorgabe des Rahmens der österreichischen Entscheidungsfindung.

Das hat Österreich nicht unbedingt geschadet. Der *Standard* bemerkte treffend, »daß der währungspolitische ›Anschluß‹ dem Lande bisher wesentlich mehr Vorteile als Nachteile gebracht«[11] hat. Österreichs von der Bundesbank geleitete monetäre Politik half dem Land, eine Strategie der »starken Währung« zu verfolgen, die Inflationsrate auf beinahe ebenso niedrigem Niveau zu halten wie die deutsche, und sie machte den Schilling solider als jede andere Währung im Europäischen Währungssystem – und Österreich damit zum attraktiven Kandidaten für die EU-Mitgliedschaft. Bereits 1989 haben Bundeskanzler Kohl und Bundesbankpräsident Karl-Otto Pöhl wiederholt auf Österreichs Bedeutung für das neue Europa hingewiesen. Die österreichischen Erfolge – Währungsstabilität und geringe Inflation – waren wichtige Aktivposten.[12] Was die Erfolgsgeschichte Österreichs wirklich bemerkenswert macht, ist die Tatsache, daß die strikten monetären Vorgaben der Bundesbank das Land nicht davon abhielten, die zweitniedrigste Arbeitslosenzahl der fortgeschrittenen demokratischen Industrieländer zu erzielen. Diese als »Austro-Keynesianismus« bezeichnete Politik kombinierte hohe Haushaltsdefizite, umfangreiche Subventionen für staatliche Industriebetriebe, staatliche Exportförderung und aggres-

sives öffentliches Investitionsverhalten, insbesondere in der Bau-
industrie. Der Austro-Keynesianismus erlebte seine Blütezeit
unter Bruno Kreisky, seine Bedeutung schwand im Zuge der
jüngeren Koalitionspolitik und vor allem der Verwestlichung
Österreichs.[13]

Auch in den Export-/Importziffern kommt die Abhängigkeit
der österreichischen Wirtschaft zum Ausdruck. Zwischen 1955
und 1990 sanken die jährlichen Einfuhren aus der Bundesrepublik nur viermal auf einen Wert von weniger als 40 Prozent des
österreichischen Gesamtimports. Der Trend war ein langsames,
aber stetiges Wachstum: 1988 lag der Anteil bei 44,5 und 1990 bei
46 Prozent.[14] Überwältigende 66 Prozent der österreichischen
Importe aus allen EU-Ländern stammten aus Deutschland. Die
Exporte in die Bundesrepublik betrugen in den Jahren von 1955
bis 1990 zwischen 20 und 35 Prozent des Gesamtexports, wobei
sich die höheren Werte in den achtziger Jahren und 1990 häufen.
Unverkennbar weist dieser Trend aufwärts. Noch vor Österreichs Beitritt zur EU lagen seine Importe aus Deutschland viermal höher als der Gesamtimport aus den Ländern der EFTA
(Europäische Freihandelszone, der Österreich angehörte), und
seine Exporte in die Bundesrepublik betrugen »nur« das Dreifa-
che seiner Ausfuhren an die EFTA-Partner.

Bei den ausländischen Direktinvestitionen in Österreich führt
die Bundesrepublik erwartungsgemäß mit erheblichem Vorsprung. Noch 1961 waren die Vereinigten Staaten mit 27,9 Prozent des direkten ausländischen Gesamtinvestitionsvolumens
der Hauptinvestor.[15] Deutschland rangierte an fünfter Stelle, mit
nur 9,5 Prozent. Gegen Ende des Jahrzehnts hatte sich die Situation drastisch verändert: mit einem Anteil von 27,7 Prozent
nahm Deutschland die Spitzenposition ein, die es von nun an
nicht mehr aufgeben sollte. In den frühen Neunzigern waren
deutsche Investoren offiziell am Nominalkapital von 2.737 österreichischen Unternehmen beteiligt, die USA folgten mit 950,
die Schweiz und Liechtenstein mit 738 Beteiligungen.[16]

In beinahe allen Bereichen des Wirtschaftslebens und nach den meisten üblichen Indikatoren für ökonomische Verflechtung ist Deutschland die »Nummer eins« in Österreich. Ob es sich um Direktinvestitionen, Exporte, Importe, Kapital- und Immobilienbesitz oder Tourismus handelt, Deutschland führt vor allen anderen Ländern. Doch der Nutzen ist nicht gänzlich einseitig verteilt. Der große Erfolg der österreichischen Wirtschaft in den letzten fünfzig Jahren belegt, daß die vollkommene Abhängigkeit von Deutschland Österreich insgesamt gesehen zum Vorteil gereicht hat.

Ein nominaler Test

Die Analyse der Handelsströme soll durch einen ökonometrischen Ansatz ergänzt werden. Wir wollen untersuchen, wie sich Deutschlands Exportzuwächse auf andere Mitglieder der Europäischen Union auswirken. Konkret sind wir daran interessiert, ob die Zunahme der deutschen Exporte einen Anstieg der Wachstumsraten anderer EU-Länder verursacht.
Unsere Ergebnisse zeigen, daß eine Steigerung der deutschen Exporte etwa für die Beneluxländer positive Folgen hat – und zwar rund drei bis sechs Jahre nach dem Anstieg der deutschen Ausfuhren –, während wir einen entsprechenden Effekt auf das britische Exportwachstum nicht feststellen konnten. Kleinere Länder scheinen von ihren Handelsbeziehungen zu Deutschland innerhalb der Europäischen Union tatsächlich zu profitieren. Größeren Ländern hingegen, und hier besonders Großbritannien, erwächst kein Nutzen aus den Exportsteigerungen der deutschen Wirtschaft.[17]

Marktanteile

Bisher spiegeln die Daten nur das Exportwachstum jedes Landes im Verhältnis zu seiner früheren Leistung, da wir die individuelle Entwicklung der einzelnen Länder im Zeitverlauf verglichen haben. Die Feststellung, daß die Bundesrepublik ihren Exportanteil schneller erhöhen konnte als ihre Haupthandelspartner, ist aber für den deutschen Einfluß in der EU noch nicht sonderlich aussagekräftig. Wir müssen sie um einen internationalen Vergleich ergänzen, der darüber Aufschluß gibt, in welchem Ausmaß der EU-Gesamtmarkt von den deutschen Exporten beherrscht wird. Mit einem Marktanteil von über 25 Prozent ist Deutschland der größte europäische Exporteur in andere EU-Länder. Europa ist Deutschlands vorrangige Handelsdomäne. Nach 1989 wuchsen Deutschlands Importe aus Europa um 30 Prozent, und seine Exporte an die EU-Staaten büßten ihre schwindelerregende Höhe von 94 Milliarden DM ein, aber trotzdem hatte es 1991 immer noch einen Überschuß von 21 Milliarden DM im EU-Handel zu verzeichnen.[18]

Tabelle 1 (S. 259) zeigt, daß über ein Viertel aller Exporte in die EU auf das Konto der Bundesrepublik geht. Tabelle 2 (S. 260/61) führt die Exportabhängigkeit der EU-Mitgliedstaaten auf und gibt Aufschluß über die Macht Deutschlands. Sie zeigt, daß die wichtigsten europäischen Handelspartner und Konkurrenten der Deutschen dauerhaft auf die EU-Märkte angewiesen sind. Zugleich läßt sie erkennen, daß die deutsche Abhängigkeit in den neunziger Jahren zurückgegangen ist, obwohl die Bundesrepublik nach wie vor das Exportgeschehen bestimmt. Diese Daten erinnern an Albert O. Hirschmans Analyse: Deutschlands Abhängigkeit von den westeuropäischen Märkten schwindet – da es seinen Handel nach Osten verlagert –, während die der anderen westeuropäischen Länder zunimmt, womit die Bundesrepublik als Lieferant von Investitionsgütern wiederum noch größeren Einfluß gewinnt.[19]

Die EU bleibt also die deutsche Handelsdomäne, doch ihre Bedeutung für Deutschland sinkt, während sie für alle anderen EU-Mitglieder wächst. Die Niederlande sind ein gutes Beispiel für diesen Trend. Sie realisieren gewaltige Überschüsse im EU-Handel und sind stark von der EU abhängig – beinahe 75 Prozent aller Ausfuhren –, weil sie die Überschüsse nur hier erzielen können. Der Wert des Guldens ist an die D-Mark gekoppelt, und Deutschland bleibt für die Niederlande Lieferant wesentlicher Produkte und Beschaffer notwendigen Investitionskapitals. Dadurch übt die Bundesrepublik enormen Einfluß auf das Nachbarland aus.

TABELLE 1

Nationale Marktanteile der Mitgliedstaaten in der EU

(Exporte der einzelnen Länder an andere Mitglieder, ausgedrückt als Prozentanteile am Gesamtvolumen der innergemeinschaftlichen Ausfuhren)

	1980	1985	1989	1992[a]
Deutschland	25,6	29,1	27,8	26,2
Frankreich	16,0	15,3	15,6	16,3
Italien	10,4	8,2	11,7	11,5
Niederlande	14,1	13,5	11,9	11,8
Belgien/Luxemburg	13,2	10,0	10,8	10,3
Großbritannien	13,3	14,2	11,4	11,9
Irland	1,7	1,9	2,3	2,4
Dänemark	2,3	2,9	2,1	2,4
Griechenland	0,6	0,1	0,7	0,7
Spanien	2,8	3,2	4,4	5,1
Portugal	0,7	1,0	1,3	1,5

Quellen
Für 1980 und 1989: David Cameron, »The 1992 Initiative: Causes and Consequences«, in: Alberta M. Sbragia (Hg.), *Euro-Politics: Institutions and Policymaking in the »New« European Community,* Washington 1992; für 1985: IWF, *Direction of Trade Statistics: Yearbook 1990,* Washington 1990; für 1992: OECD, *Monthly Statistics of Foreign Trade,* Reihe A, November 1994.

[a] Angaben für das vereinigte Deutschland.

Die oben aufgeführten Zahlen belegen die regionale Vorherrschaft der Bundesrepublik, vor allem vor dem Hintergrund eines
Freihandelssystems, das ihrer Exportstärke keinerlei Grenzen
durch Protektionismus setzt. Wer würde größeren Schaden nehmen, wenn Deutschland seine Exporttätigkeit einstellte, Deutschland selbst oder die anderen EU-Mitglieder? Auf den ersten
Blick sieht es so aus, als hätten sich die Deutschen durch ihre Ex-
portorientierung abhängig und verletzlich gemacht. Doch die
Abhängigkeit schwindet in dem Maße, wie sie sich nach Osten

TABELLE 2

**Exportabhängigkeit der EU-Mitgliedstaaten
von der Europäischen Union**

(Exporte an EU-Mitglieder, ausgedrückt als Prozentanteil
an der Gesamtausfuhr)

	1960	1965	1972	1979
Deutschland	29,5	35,2	46,9	49,4
Frankreich	29,7	42,3	55,3	52,4
Italien	29,6	40,2	50,3	53,5
Niederlande	45,9	55,7	52,5	73,2
Belgien/Luxemburg	50,5	62,0	73,8	73,4
Großbritannien	15,3	20,0	30,1	49,2
Irland	17,1	12,8	−[a]	77,9
Dänemark	27,7	25,9	41,8	49,3
Griechenland	32,9	37,2	52,5	49,1
Spanien	38,5	36,5	45,3	48,7
Portugal	21,7	20,8	46,9	57,3

Quellen
Für 1960: IWF, *Direction of Trade Annual, 1958–62*, Washington 1962; für 1965: IWF, *Direction of Trade Annual, 1964–68*; für 1972: IWF, *Direction of Trade Statistics Yearbook, 1969–75*;
für 1979: IWF, *Direction of Trade Statistics Yearbook, 1974–80*; für 1984 und 1989: IWF, *Direction of Trade Statistics Yearbook, 1990*; für 1991–94: IWF, *Direction of Trade Statistics Yearbook,
1995*.

[a] Über den Handel der Republik Irland mit der Europäischen Gemeinschaft im Jahr 1972
liegen keine Angaben vor.

orientieren. Darüber hinaus sollte man die Güterstruktur der deutschen Ausfuhren betrachten. 1994 bestanden sie zu ungefähr 20 Prozent aus Investitionsgütern. Bei solchen Produkten läßt sich Deutschland nicht wie bei den Konsumgütern auf Preiskämpfe ein. Den europäischen Ländern bleibt kaum eine andere Wahl, als diese Investitionsgüter zu kaufen, und daher ist es unwahrscheinlich, daß sie deutsche Produkte boykottieren würden.[20] Deutsche Waren sind zu einem unverzichtbaren Bestandteil des Komforts und des Wohlstands in Europa geworden.

	1984	1989	1991	1992	1993	1994
Deutschland	50,0	55,1	50,3	50,1	41,5	41,0
Frankreich	50,7	59,1	61,9	61,5	59,6	59,4
Italien	47,4	56,4	59,2	58,0	53,3	53,5
Niederlande	73,3	75,4	76,7	76,3	72,3	72,6
Belgien/Luxemburg	70,2	73,6	75,3	75,1	72,8	67,3
Großbritannien	53,3	50,7	58,7	56,0	48,0	49,0
Irland	70,1	74,0	74,6	74,8	68,3	67,5
Dänemark	44,7	50,6	54,3	54,8	51,8	49,4
Griechenland	55,0	64,2	63,7	64,8	59,7	54,8
Spanien	51,5	66,9	70,6	71,4	68,2	68,6
Portugal	61,8	71,8	72,7	73,5	75,4	75,2

Der Export von Ideen ist möglicherweise von ebenso großer Bedeutung wie die Ausfuhr von Waren und Dienstleistungen. Und auch hier hat sich Deutschland hervorgetan, indem es die in der EU herrschenden Prinzipien des ökonomischen Austauschs und der offenen Märkte prägte. Trotz einiger skurriler Verlautbarungen britischer Politiker, die Einführung dieser Prinzipien sei Großbritanniens Verdienst, bleibt unbestritten, daß es Deutschlands traditionelle Verteidigung des Freihandels und offener Märkte war, die sich gegen die eher protektionistische Haltung der Franzosen durchgesetzt hat.

Es überrascht nicht, daß in der Debatte, die nach der Vereinigung in der EU einsetzte, gerade die Deutschen eine Erweiterung der Union ihrer Vertiefung vorgezogen haben (vor allem mit Blick auf die osteuropäischen Länder, in denen Deutschland strategische, historische und wirtschaftliche Vorteile vor seinen großen europäischen Partnern genießt). Erweiterung, also die Einbindung zusätzlicher Märkte, steigert die deutschen Exportchancen in einem Ausmaß, das die Vertiefung, sprich stärkere wirtschaftliche Integration, nicht bieten kann. Es überrascht auch nicht, daß die Deutschen diese Auseinandersetzung gewonnen haben, üben sie doch, wie jedermann weiß, wesentlichen Einfluß auf die Entscheidungsträger in Brüssel aus.

Deutsche Finanzkraft und der Wechselkursmechanismus des Europäischen Währungssystems

Die wirtschaftliche Stärke der Bundesrepublik ruht auf zwei Pfeilern: auf der relativen Macht ihrer Währung, deren Position sich durch den allmählich schwindenden amerikanischen Einfluß global und regional verändert, wie auf ihrer Zentralbank als maßgeblicher Institution bei der Festlegung der Zinssätze.[21] Daß die D-Mark als Bollwerk gegen die Inflation erheblich an Be-

deutung gewonnen hat, zeigt ihr Anteil an den Weltwährungsre-
serven, der im Jahr 1975 8,8 Prozent betrug und bis 1989 auf
19,3 Prozent anstieg. Sie wurde zu dieser Zeit nur vom amerikanischen Dollar übertroffen (60,2 Prozent) und rangierte weit vor
dem japanischen Yen (7,9 Prozent).[22] Der drastische Verfall des
Dollars in den Jahren 1994 und 1995 gegenüber der D-Mark und
dem Yen spricht für die Behauptung, es gebe nun drei globale
Reservewährungen anstelle einer einzigen Leitwährung.[23]
Die Bundesbank hat sich zur wichtigsten Bestimmungsgröße der
europäischen Zinssätze entwickelt. Ihren Aktivitäten ist auch zu
verdanken, daß inzwischen ein »D-Mark-Block« existiert, denn
die D-Mark fungiert als Europas Reservewährung.[24] Pessimisten glauben, daß die Bank diese Rolle ganz bewußt angestrebt
hat – im schlimmsten Falle, ohne einen Gedanken an die Folgen
für Deutschlands Nachbarn zu verschwenden, im besten Falle,
weil sie ihren innerstaatlichen Aufgaben nachgekommen ist, für
Preisstabilität und eine ausreichende Geldmenge zu sorgen.[25]
Der Bundesbank, so die Befürchtungen, wäre es ein leichtes,
Deutschlands wirtschaftliche Macht auszuweiten, wenn ihr die
Funktion einer europäischen Zentralbank weiterhin überlassen
bliebe. Einige Kommentatoren behaupten sogar, daß die deutschen Politiker die Europäische Währungsunion nur deshalb
forciert haben, um Deutschland noch größere Einflußmöglichkeiten in Europa zu verschaffen.[26]
Kritiker werfen der Bundesbank vor, daß sie bei der Anhebung
der Zinssätze im Dezember 1991 dem Wohlergehen der europäischen Nachbarstaaten vollkommen gleichgültig gegenüberstand.
Laut *New York Times* sollte diese Maßnahme »der steigenden Inflation in Deutschland Einhalt gebieten und die deutsche Hegemonie über die europäische Währungspolitik festigen«. Nach
Auffassung eines hochrangigen deutschen Bankiers »hat die Bundesbank damit zum Ausdruck gebracht, daß sie ihre Macht und
Unabhängigkeit ohne Rücksicht auf die wirtschaftlichen Bedingungen im übrigen Europa nutzen wird«[27].

Die Optimisten betrachten die Wirtschafts- und Währungsunion als das geeignete Instrument, um die wirtschaftliche Dominanz der Deutschen einzudämmen, weil die deutsche Wirtschaft damit in das größere europäische Geflecht eingebettet wird.[28] Sie bringen auch historische Beweggründe für die Konzentration der Bundesbank auf niedrige Inflation und stabile Zinssätze ins Spiel. Wie ein Experte in der *New York Times* erläuterte:»In Deutschland besteht immer noch ein unerschütterlicher Konsens, daß eine solide Währung nicht nur die Basis für solides Wirtschaftswachstum, sondern auch für eine solide Politik ist. Rückschritte in der Entwicklung der Geldmenge, so glauben sie, führen zu Rückschritten in der Politik: Die Nationalsozialisten kamen an die Macht, nachdem ein verheerender Inflationsschub im Jahre 1923 die deutsche Währung ruiniert hatte. Seit den Anfängen des Wiederaufbaus nach dem Zweiten Weltkrieg waren die führenden deutschen Politiker entschlossen, eine Wiederholung dieser katastrophalen Ereignisse zu verhindern. Die Bundesbank ist das Mittel zu diesem Zweck.«[29] Ob es nun auf engstirnigem Eigeninteresse oder aufgeklärtem Selbsterhaltungstrieb basiert, das deutsche Finanzsystem hat nach Auffassung der Optimisten in der europäischen Wirtschaft eine strukturelle Bedeutung erlangt, die stabilisierend und beruhigend wirkt.

Möglicherweise gibt es keine bessere Illustration für die strukturelle Macht der Bundesrepublik als ihre Rolle beim Wechselkursmechanismus.[30] Dazu ein Kommentar anläßlich der Aufnahme des britischen Pfunds in die Währungsschlange:»Wie ältere Geschwister das so an sich haben, wird die Deutsche Mark mit ihrem neuen kleinen Bruder, dem britischen Pfund, sicher gelegentlich etwas grob umspringen, sie wird aber auch darauf achten, daß niemand anders das tut, da Großbritannien sich nun dem Wechselkursmechanismus des Europäischen Währungssystems angeschlossen hat.«[31]

Eine umfassendere Analyse, die mit der obigen Auffassung übereinstimmt, stammt von C. Randall Henning:»Im allgemeinen hat die in Frankfurt beschlossene Geldpolitik den Wechselkurs-mechanismus bestimmt. Die Mitgliedsländer sind mit ihren monetären Strategien eher auf den Kurs der Bundesbank als auf eine europäische Durchschnittsrichtung eingeschwenkt. Zur Überraschung vieler haben Deutschlands Partner in den achtziger Jahren die D-Mark als den ›nominalen Anker‹ des Systems akzeptiert. Weil Länder wie Frankreich und Italien stark an bestehende Paritäten gebunden waren, entwickelte sich der Wechselkursmechanismus de facto zur D-Mark-Zone. Diese weitete sich auf die Schweiz, Österreich und die skandinavischen Länder aus, die ihre Währungen mit unterschiedlicher Intensität an die Deutsche Mark oder den ECU koppelten, indem sie sich der Geldpolitik der Bundesbank anschlossen. Die Dominanz der D-Mark überdauerte auch die Krise des Wechselkursmechanismus in den Jahren 1992/93, als die meisten Partnerländer trotz Ausdehnung der Bandbreiten weiterhin eine ähnliche Geldpolitik wie die Deutschen verfolgten. Vom deutschen Standpunkt aus war die Fähigkeit, eigene geldpolitische Präferenzen zu verfolgen, der fundamentale Unterschied zwischen dem Europäischen Währungssystem und dem alten Regime von Bretton Woods.«[32] Henning charakterisiert die Einstellung der Bundesbank zur Europäischen Währungsunion mit gemeinsamer Zentralbank und einheitlicher europäischer Währung als »öffentlich reserviert und privat feindselig«. Er kommt zu dem Schluß: »Sollte das Projekt in allen Aspekten realisiert werden, würde es die Dominanz der Bundesbank und der D-Mark innerhalb des Wechselkursmechanismus vollständig durch eine europäische Finanzinstitution und Währung ersetzen, an deren Steuerung die Bundesbank nur geringfügig und indirekt beteiligt wäre. Frankfurt hat jedoch von Anfang an erkannt, daß die EWU für die Regierung vor allem eine politische Entscheidung war.«[33]

Es ist bemerkenswert, daß die Bundesregierung sich überhaupt gewillt zeigte, die Bedingungen des Maastrichter Vertrags zu erfüllen. Sie verlangen von Deutschland nicht weniger, als die

Macht der Bundesbank aufzugeben und die Stärke seiner Währung aufs Spiel zu setzen, weil die D-Mark sich einem Währungspool anschließen muß, der Europäischen Währungseinheit, die am Ende des Jahrhunderts zum Euro werden soll. Viele Deutsche sehen darin »ein Rezept zur Inflationssteigerung statt einer Garantie für wirtschaftliche Stabilität«, so behauptete jedenfalls ein Artikel des *Wall Street Journal*.[34] Die Optimisten sehen Deutschlands Bereitschaft, die Sicherheit der D-Mark den Unwägbarkeiten eines unausgereiften Euro-Konzepts zu opfern, als weiteren Beleg für die anhaltende Loyalität des Landes gegenüber dem gemeinsamen europäischen Projekt.

Was bedeutete die Europäische Währungsunion in der Praxis? Karl-Otto Pöhl, ehemaliger Präsident der Bundesbank, drängte die anderen Länder, die – in seinen Augen akzeptablen – Bedingungen für die Errichtung der EWU und einer europäischen Zentralbank anzuerkennen. Zum Erstaunen vieler Bundesbankmitarbeiter schienen Politiker in ganz Europa bereit, sich auf diese strengen Vorgaben einzulassen. Die Bank skizzierte die notwendigen Voraussetzungen für monetäre Stabilität: niedrige Inflation, geringe Haushaltsdefizite, relativ langfristig festgelegte Zinssätze und eine lange Phase stabiler Wechselkurse im Europäischen Währungssystem. Was die Regeln und die institutionelle Struktur der geplanten Zentralbank betrifft, »empfahl die Bundesbank nicht einfach sich selbst als Modell für die Europäische Zentralbank – trotz häufiger Stellungnahmen zur ›Eurofed‹ –, sondern eine alternative Rechtsgrundlage«.[35]

Es kam zu einer von der Presse vielfach aufgenommenen Debatte zwischen Regierung und Bundesbank über die europäische Währungsunion. Die Bank befürchtete, daß die Integration ihre Unabhängigkeit vom politischen Prozeß untergraben werde. Doch trotz Pöhls Kritik entsprach der Entwurf, der in Maastricht zur Diskussion vorgelegt wurde, eher den Empfehlungen der Regierung als denen der Bundesbank.[36] Die Ergebnisse der Beratungen von Maastricht waren, nach Henning, verblüffend:

»Die Konzessionen der anderen Regierungen in den Verhandlungen zur Währungsunion, die zum Maastrichter Abkommen führten, waren außerordentlich. Vor allem die französische Regierung erwies sich als so flexibel, daß sie sogar die uneingeschränkte Unabhängigkeit der Zentralbank akzeptierte; ein Zeichen für den gewaltigen historischen Wandel der französischen politischen Ökonomie. Der deutschen Regierung und der Bundesbank wurde beinahe jeder wichtige Verhandlungspunkt zugestanden, den sie im monetären Bereich vorgelegt hatten.«[37]
Die deutsche Reaktion bestand wieder einmal darin, den Einsatz zu erhöhen, zunächst durch Verweis auf die »stabilitätspolitische Leistung«, dann durch die Entscheidung der Bundesbank, die Zinssätze unmittelbar nach Maastricht um 0,5 Prozent auf 8 Prozent und im folgenden Juli noch einmal um 0,75 Prozent anzuheben. Diese Erhöhungen lösten Konflikte aus, die schließlich in der Krise des Wechselkursmechanismus kulminierten. Die Währungen fluktuierten heftig; das britische Pfund, der portugiesische Escudo, die spanische Peseta und die italienische Lira wurden allesamt offiziell oder inoffiziell gegenüber der D-Mark abgewertet.[38] Nach der Krise schlug die Bundesbank vor, den Prozeß der Europäischen Währungsunion in zwei Schritten zu vollziehen, nämlich eng mit Deutschland verflochtene Länder, deren Ökonomien als gesund beurteilt wurden, von jenen zu trennen, deren Währungen aufgrund ihrer unzureichenden wirtschaftlichen Leistung abgewertet worden waren. Außerdem pochte die Bundesbank erneut darauf, die künftige europäische Zentralbank in Frankfurt anzusiedeln.[39]
Diese Ereignisse illustrieren zwei widersprüchliche Tendenzen. Zum einen war die Bundesrepublik in der Lage, über ihre Währung Einfluß auf die Politik anderer Länder zu nehmen. Jedesmal wenn die Deutschen eine Forderung stellten, waren alle anderen sofort zu Diensten, obwohl einige der Forderungen für die beteiligten Staaten wirtschaftlich wenig sinnvoll waren, die Krise des Wechselkursmechanismus vorbereiteten und letztlich

den Erholungsprozeß der europäischen Wirtschaft verzögerten.[40] Zum anderen aber zögerten die Deutschen, sich wie eine Großmacht zu verhalten. Teile der politischen Klasse und der Öffentlichkeit wollten die D-Mark gern erhalten. Es widerstrebte ihnen, dieses großartige Symbol des bundesrepublikanischen Erfolgs gegen eine technokratisch entworfene europäische Währung einzutauschen. Die leidenschaftliche Verteidigung der D-Mark führte zum ersten Mal in der Geschichte der Bundesrepublik zu einer ausgeprägt antieuropäischen Stimmung. Deutsche Stabilität und Prosperität sollten ebenso wie der deutsche Nachkriegsstolz nicht auf dem Altar der europäischen Integration geopfert werden.[41] Dieser »D-Mark-Nationalismus« brachte zumindest zeitweise eigenartige Allianzen hervor, von der *Bild*-Zeitung auf der rechten bis zu den beiden führenden sozialdemokratischen Politikern Rudolf Scharping und Gerhard Schröder auf der linken Seite,[42] von stabilitätsorientierten, europafreundlichen Bankiers bis hin zu populistisch auftretenden, nationalistischen Europagegnern. Das Thema sorgte für die erste ernsthafte Herausforderung der bisher tadellos proeuropäischen Haltung der Deutschen in der Nachkriegszeit.

Die Entscheidung, die Zinsen anzuheben und damit letzten Endes eine Reihe von Krisen des Wechselkursmechanismus auszulösen, gibt Hinweise auf die Diskrepanz zwischen bescheiden-zurückhaltender Ideologie und ausgedehnter struktureller Macht.[43] Optimistische Beobachter sehen die Kontrolle, die die Bundesbank über die europäischen Zinssätze ausübt, als notwendig an und als Ausdruck der deutschen Loyalität gegenüber der europäischen Einheit. Den Pessimisten dagegen bereitet die allzu häufige Beschränkung der Bundesbank auf innenpolitische Erfordernisse Sorgen, weil sie stets zu Lasten ihrer Nachbarn geht.[44] Sie fürchten die Kluft zwischen dem, was die Bundesbank tun könnte, und dem, was sie tut – ihre Weigerung, die Führungsrolle zu übernehmen –, wenn größere europäische Interessen auf dem Spiel stehen.[45]

Gewinne und Verluste

Schließlich geht es noch um die Frage, in welchem Maß die anderen EU-Mitglieder in den achtziger Jahren vom freien Handel profitiert haben und ob sich dieses Muster nach der Vereinigung geändert hat. Wer gewinnt und wer verliert durch die Freihandelsabkommen der EU? Sind Gewinne und Verluste ungleich verteilt, wie Tabelle 1 (S. 259) andeutet? Wichtig ist das Ausmaß der ungleichen Verteilung, da begrenzte Verluste durch andere Mittel (beispielsweise durch Nettoeinkünfte aus dem Budget) oder durch außerökonomischen Nutzen kompensiert werden können (wie höhere Sicherheit oder Solidarität in politischen Angelegenheiten). Auf diese Fragen gehen die Tabellen 3 und 4 (S. 270/271 und S. 272) ein.

Liberale lehnen die Handelsbilanz als Indikator meist ab, weil sie als Nullsummenmaß gilt. In einer begrenzten, integrierten Gruppe von Ökonomien wie der EU könnten Überschüsse in der Handelsbilanz eines Landes letztlich nur mit Defiziten eines anderen Landes einhergehen. Trotzdem sind diese Zahlen durchaus nützlich. Da ein Input-Output-Modell, das die ausgleichenden Exporte in Länder außerhalb der EU erfaßt, nicht vorliegt, zeigen sie am deutlichsten, wer von der gegenwärtigen Struktur der Handelsbeziehungen profitiert.

Im Verlauf der achtziger Jahre erzielte die Bundesrepublik durchweg die höchsten Handelsüberschüsse innerhalb der EU. Nach einem kurzen Rückgang infolge der Vereinigung war diese Position Mitte der Neunziger wieder erreicht. Tabelle 4 zeigt das lineare Wachstum der deutschen Handels- und Leistungsbilanzsalden – beneidenswerte Zahlen aus Sicht der anderen europäischen Staaten, vielleicht mit Ausnahme der Niederlande.

Nach imposanten Zuwächsen in den achtziger Jahren sank Deutschlands Gesamthandelsbilanzsaldo von 77,87 Milliarden Dollar im Jahr 1989 auf 23,82 Milliarden Dollar im Jahr 1991. Das Ergebnis der Leistungsbilanz schrumpfte noch drastischer, und zwar zwischen 1989 und 1992 von 57,51 Milliarden Dollar auf minus 22,02 Milliarden Dollar. Neuere Daten weisen auf eine Trendumkehr bei der Handelsbilanz hin, die seit 1992 stetig ansteigt, doch Deutschlands Leistungsbilanz weist immer noch einen Passivsaldo aus.

Drei Faktoren scheinen für diese Entwicklung verantwortlich zu sein. Erstens sank infolge der globalen Rezession des Jahres 1991 die Nachfrage nach deutschen Gütern in Ländern, die zuvor Deutschlands wichtigste Handelspartner waren, insbesondere in Großbritannien und den Vereinigten Staaten. Zweitens erfuhr die D-Mark im Zuge der Neuformierung des Europäischen Währungssystems 1992 eine Aufwertung. Deutsche Exportgüter wurden dadurch teurer und verloren auf internationalen Märk-

TABELLE 3

Salden der Handelsbilanz der EG-Mitglieder mit anderen Mitgliedstaaten (Exporte minus Importe in Mrd. US-Dollar)

	1980	1981	1982	1983	1984	1985	1986	1987
Deutschland	7,5	6,4	11,7	7,4	9,2	10,9	23,9	34,8
Frankreich	−5,0	−5,4	−10,1	−8,4	−7,0	−7,7	−7,8	−9,6
Italien	−5,7	−4,1	−1,9	−0,4	−3,2	−4,8	−3,1	−5,5
Niederlande	10,8	13,5	13,0	13,1	13,8	12,6	12,0	10,9
Belgien/Luxemburg	1,2	0,9	0,5	−0,2	−1,4	−1,5	0,7	1,5
Großbritannien	0,8	−1,0	−3,7	−5,6	−5,9	−4,3	−14,0	−16,6
Irland	−1,6	−2,1	−1,1	−0,2	0,3	0,5	1,3	2,8
Dänemark	−0,9	−0,8	−0,7	−0,2	−0,8	−1,4	−2,0	−0,9
Griechenland	−1,8	−2,6	−2,7	−2,4	−2,0	−2,4	−3,0	−3,6
Spanien	0,2	−0,1	0	0,3	2,3	1,6	−1,2	−5,0
Portugal	−1,5	−2,1	−1,9	−0,8	−0,2	0,1	−0,7	−2,6

Quellen
Für 1980−89: David Cameron, »The 1992 Initiative«, in: Alberta M. Sbragia (Hg.), *Euro-Politics: Institutions and Policymaking in the »New« European Community*, Washington 1992, S. 69; für 1990−94: IWF, *Direction of Trade Statistics Yearbook*, 1995. Hier wird der Begriff »EG« verwendet, weil sich der größere Teil der Daten auf die Europäische Gemeinschaft und nicht auf die Europäische Union bezieht.

ten an Konkurrenzfähigkeit. Drittens fiel ein Teil der Leistungsbilanz, die Dienstleistungen, negativ aus: Die Auslandsinvestitionen erbrachten geringere Nettokapitalerträge, und die Ausgaben deutscher Touristen im Ausland zählen als Import von
Dienstleistungen.[46]
Die Summe, die deutsche Touristen im Ausland ausgaben, stieg
zwischen 1988 und 1993 von 24 auf über 37 Milliarden Dollar,
während Deutschlands Einnahmen im Bereich Tourismus stagnierten (vgl. Tab. 5, S. 274/275). Bemerkenswert ist, daß die
Reiseverkehrsbilanz ein um etwa 27 Milliarden Dollar höheres
Defizit aufweist als die gesamte Leistungsbilanz. Darüber hinaus
verbucht Deutschland einen höheren Betrag für Auslandsreisen
als die beiden nächstplazierten Länder Großbritannien und Ita-

	1988	1989	1990	1991	1992	1993	1994
Deutschland	46,3	50,3	39,1	15,4	21,4	22,9	33,0
Frankreich	−7,1	−8,4	−7,3	0,17	3,2	5,7	5,3
Italien	6,2	−7,3	−4,8	−5,2	−7,8	8,1	7,0
Niederlande	13,2	15,1	22,9	21,5	20,2	27,5	29,5
Belgien/Luxemburg	1,0	3,2	0,7	1,0	0,5	6,6	−21,8
Großbritannien	−26,6	−26,9	−18,9	−3,7	−9,3	−6,5	−6,0
Irland	3,6	4,0	3,9	4,5	6,1	7,7	6,2
Dänemark	0,1	0,9	0,9	1,3	3,6	3,3	2,4
Griechenland	−4,2	−5,4	−7,5	−7,5	−8,4	−6,6	−9,4
Spanien	−7,9	−11,1	−13,6	−15,9	−15,6	−7,5	−5,8
Portugal	−3,7	−3,7	−5,2	−6,4	−8,5	−5,7	−5,7

TABELLE 4

**Salden der Handelsbilanz und der Leistungsbilanz in der
Bundesrepublik Deutschland 1980–1994** (in Mrd. US-Dollar)

	Handelsbilanz	Leistungsbilanz
1980	+10,15	−13,83
1981	+17,44	−3,55
1982	+26,10	+5,11
1983	+22,34	+5,30
1984	+23,10	+9,81
1985	+28,77	+16,42
1986	+56,14	+39,50
1987	+70,53	+45,88
1988	+79,92	+50,64
1989	+77,87	+57,51
1990	+72,38	+46,85
1991	+23,82	−19,44
1992	+32,01	22,02
1993	+43,40	−20,10
1994	+50,80	−20,60

Quelle
Sachverständigenrat, Jahresgutachten 1994/95 und 1995/96.

lien zusammengenommen. Von der Vereinigung bis 1994 gaben
die Deutschen nicht weniger als eine Milliarde Dollar für Waren
und Dienstleistungen allein durch ihre Reisen nach Polen aus.[47]
Die negative Leistungsbilanz bezeugt auch Deutschlands Gewicht in der Europäischen Union. Nachdem die Bundesrepublik 1991 zum ersten Mal einen Passivsaldo in ihrer Bilanz ausge-
wiesen hatte, geriet die EU-Gesamtbilanz ebenfalls in die roten
Zahlen. Und sowie die deutsche Bilanz sich zu erholen begann,
verzeichnete auch die Leistungsbilanz der EU im Jahr 1993 wieder positive Werte.[48]
Wir haben schon festgestellt, daß die kleineren Staaten von dem
derzeitigen Handelssystem zu profitieren scheinen. Zwischen

1980 und 1992 bildete sich ein weiteres Muster für die größeren Staaten heraus: Deutschland erzielte ständig enorme Zuwächse, seine Hauptkonkurrenten – Großbritannien, Frankreich und Italien – erlitten dagegen Einbußen. Während die Ökonomien der kleinen Staaten die deutsche überwiegend ergänzen, stellen die größeren Nachbarn mit ihrer geringeren Spezialisierung eher Rivalen dar. Franzosen, Italiener, Briten und Deutsche sind allesamt in den Industriebereichen Fahrzeugbau, Stahl, Chemie und Pharmazeutika stark vertreten. Kleine Staaten stellen nur selten Produkte dieser Art her, und wenn sie es tun, konzentrieren sie sich im allgemeinen auf Marktnischen. Die drei Hauptkonkurrenten der Bundesrepublik in der EU verlieren bei den derzeitigen Freihandelsabkommen, und die höchsten Verluste muß Großbritannien hinnehmen. Deutschland hat sich durchweg als einziger Nutznießer des Freihandels unter den großen EU-Mitgliedern erwiesen.

Einige der größeren EU-Mitglieder haben sich Freihandelsabkommen mit japanischen und amerikanischen Produzenten dauerhaft verweigert. Die Zahlen belegen, daß sie besser beraten wären, wenn sie sich mehr Sorgen um die innere Konkurrenz durch deutsche Exporte als um die von außen drohenden Wettbewerbsgefahren machen würden. Tatsächlich scheint die einzige Gefahr für Deutschlands regionale Vormachtstellung – abgesehen von einseitigen Entscheidungen der deutschen Produzenten, ihre Ausfuhren auf alternative Märkte wie beispielsweise Osteuropas umzuleiten – von Direktinvestitionen durch japanische und amerikanische Unternehmen auszugehen. Die deutschen Regierungen sind den japanischen Investoren in Europa nicht besonders nachdrücklich entgegengetreten, aber der energische französische Widerstand kam ihnen durchaus zugute. Den Deutschen ist es gelungen, die taktvollen Unbeteiligten zu spielen, ihr Image als entschiedene Verfechter des freien Markts zu pflegen und den Franzosen die Rolle des protektionistischen Buhmanns zu überlassen.

TABELLE 5

Reiseverkehr – Einnahmen und Ausgaben nach Ländern, 1988–1993 (in Mio. US-Dollar)

Einnahmen

	1988	1989	1990	1991	1992	1993
Österreich	10.090	10.717	13.410	13.800	14.526	13.566
Belgien	3.416	3.057	3.718	3.606	4.053	4.071
Dänemark	2.423	2.313	3.322	3.475	3.784	3.052
Finnland	983	1.017	1.170	1.247	1.360	1.239
Frankreich	13.786	16.245	20.185	21.375	25.051	23.410
Deutschland[a]	8.449	8.658	10.493	10.424	11.055	10.509
Griechenland	2.396	1.976	2.587	2.567	3.255	3.293
Irland	997	1.070	1.447	1.511	1.620	1.639
Italien	12.255	11.938	20.016	18.421	21.450	20.521
Niederlande	2.888	3.049	3.636	4.246	5.237	4.690
Portugal	2.402	2.685	3.555	3.710	3.721	4.176
Spanien	16.686	16.174	18.593	19.004	21.181	19.425
Schweden	2.334	2.536	2.916	2.704	3.055	2.650
Großbritannien	10.938	11.293	14.003	13.070	13.932	13.451

Quellen
Alle Länder 1988 und Deutschland 1989: *Market Research Europe*, Dezember 1994, S. xx;
1989–1993: *Market Research Europe*, Dezember 1995, S. xx.

[a] Angaben 1988 und 1989 für Westdeutschland.

An der Autoindustrie läßt sich das gut illustrieren. Die auf acht Jahre festgelegten Einfuhrbeschränkungen für japanische Autos in Europa – 1991 beschlossen und 1993 eingeführt – wurden am aggressivsten von den französischen Herstellern und ihrer Regierung verfochten, während die Briten den heftigsten Widerstand dagegen ausübten. Die Deutschen hatten Gelegenheit, die Frage zu entscheiden, doch obwohl sie beständig den Freihandel propagierten, konnte Japan nie mehr als einen Anteil von 15 Prozent am deutschen Markt gewinnen. Es besteht kein Hinweis auf formale Handelsbarrieren, aber Simon Reich wurde in Inter-

	Ausgaben					
	1988	1989	1990	1991	1992	1993
Österreich	6.307	6.266	7.723	7.392	8.393	8.180
Belgien	4.577	4.254	5.471	5.528	6.603	6.363
Dänemark	3.087	2.932	3.676	3.377	3.779	3.214
Finnland	1.842	2.040	2.740	2.742	2.449	1.617
Frankreich	9.715	10.031	12.424	12.321	13.914	12.805
Deutschland[a]	24.564	23.411	29.509	31.027	36.626	37.514
Griechenland	735	816	1.090	1.015	1.186	1.003
Irland	961	989	1.159	1.125	1.361	1.256
Italien	5.929	6.774	14.045	11.648	16.530	13.053
Niederlande	6.701	6.461	7.376	8.149	9.330	8.974
Portugal	533	583	867	1.024	1.165	1.846
Spanien	2.440	3.080	4.254	4.530	5.542	4.706
Schweden	4.545	4.961	6.134	6.291	6.969	4.464
Großbritannien	14.510	15.344	19.063	17.609	19.850	17.431

views wiederholt mitgeteilt, daß ein informelles Einvernehmen zwischen der Bundesregierung und japanischen Herstellern bestehe. So berichtete ein Gesprächspartner von einem Treffen, in dessen Verlauf die Repräsentanten der japanischen Autoindustrie anboten, deutsche Regierungsmitglieder über ihre Verkaufspläne für die nächsten fünf Jahre zu informieren. Wir wissen nicht, ob diese Geschichte der Wahrheit entspricht, aber sie ist gewiß aufschlußreich und deutet auf ein grundsätzliches Einvernehmen zwischen beiden Ländern.

Es fragt sich, warum Deutschlands Handelspartner in der EU

dieses System so bereitwillig mittragen, wenn es derart nachteilige Effekte für die Handelsbilanzen ihrer Länder mit sich bringt.
Darauf gibt es mindestens zwei mögliche Antworten. Die erste
stimmt insofern mit neoliberalen Auffassungen überein, als sie
auf die überragende Bedeutung von Interessen als verhaltensbe-
stimmenden Faktoren verweist und nach einer materiellen Begründung für die Mitgliedschaft jenseits der Handelsstatistiken
sucht.[49] Die zweite argumentiert aus kultursoziologischer Sicht
und erklärt die Aufrechterhaltung der Handelsbeziehungen mit
dem ideologischen Konsens.

Anerkennung der Regeln oder
Wer trägt die Kosten?

Tabelle 6 (S. 278 f.) enthält die Beiträge zum EU-Haushalt und
die Einkünfte aus EU-Programmen für alle Mitglieder in den
späten achtziger und den frühen neunziger Jahren. Die Zahlen
belegen eindeutig, daß die Bundesrepublik bei weitem die höchsten Beiträge zum Haushalt der EU geleistet hat.

Außerdem lassen sich drei weitere Beobachtungen machen: Erstens haben sich die Deutschen oft über die Höhe ihrer Beiträge
beschwert, vor allem mit Blick – so sehen sie es – auf die Subventionen für einige ihrer größeren europäischen Partner.[50] Wohlwollender zeigten sie sich gegenüber den ärmeren, südlichen
EU-Staaten; oft unterstützten sie deren Anträge etwa auf die
Freigabe projektgebundener Mittel.[51] Die kleineren Länder waren die eigentlichen Nutznießer des EU-Haushalts. Zweitens
milderten die indirekten Effekte der EU-Programme, vor allem
die gemeinsame Agrarpolitik, die Auswirkungen der Handels-
bilanzdefizite in Frankreich und Italien. Aber insgesamt deuten
die Zahlen zu Handel und Haushalt an, daß Franzosen und Italiener immer noch Nettoverlierer waren. Drittens stellten die
Briten fest, daß Großbritannien ab Mitte der achtziger Jahre

nicht mehr von der Mitgliedschaft in der EU profitierte, und höchstwahrscheinlich hatten sie recht. Das britische Defizit im EU-Handel wurde weder durch direkte noch durch indirekte Subventionen aus dem Brüsseler Haushalt ausgeglichen. Großbritannien hat die größten Verluste zu verzeichnen, obwohl es meist die zweithöchsten Beiträge an die EU geleistet hat. Die Struktur ist klar: Die Bundesrepublik zieht den größten Nutzen aus den Handelsbeziehungen innerhalb der EU. Zum Teil gleicht sie ihre immensen Gewinne durch erhebliche Beiträge zum Haushalt aus. Ihre Vorherrschaft wuchs in den achtziger Jahren, und sie wird sich weiter ausdehnen, wenn Deutschland die unmittelbaren Kosten der Vereinigung in den späten neunziger Jahren einigermaßen bewältigt hat. Das EU-System fördert Deutschlands Reichtum und Macht, während es seinen wichtigsten Handelspartnern oft Verluste einbringt.

Osteuropa

Deutschland verfügt über erheblich engere historische, politische und ökonomische Beziehungen zu den osteuropäischen Ländern als alle anderen Staaten Mittel- und Westeuropas. Die Hauptaufgabe der osteuropäischen Politik bestand lange Zeit darin, zwischen der Skylla deutscher und der Charybdis russischer Macht in oft heiklen Manövern hindurchzusteuern. Seit 1989 hat Rußland an Einfluß verloren, könnte aber immer noch für Probleme in der Region sorgen. Die bedingungslose Kapitulation des Deutschen Reichs im Jahr 1945 und die neue Weltordnung, gründend auf den Vereinbarungen von Jalta, machten Rußland zum einzigen politischen Akteur von Gewicht in diesem Teil der Welt. Allerdings nur vorübergehend, denn Deutschlands Präsenz in Osteuropa lebte nach wenigen Jahrzehnten erneut auf: Und zwar nicht durch eine militärische Aggression, sondern in Form von wirtschaftlicher und politischer Zusam-

TABELLE 6

Zum Haushalt der EU 1987–1992: Einnahmen aus Eigenmitteln von den Mitgliedstaaten (Aktiva), getätigte Zahlungen an die Mitgliedstaaten (Passiva) (in Mio. ECU)

| | 1987 | | |
	Aktiva	Passiva	Saldo
Belgien	2488,3	2616,2	−127,9
Luxemburg	207,1	515,6	−308,6
Dänemark	1044,9	1148,3	−103,4
Deutschland	10558,1	6018,4	4539,7
Griechenland	576,8	1761,6	−1184,9
Spanien	1840,5	2239,3	−398,8
Frankreich	8724,8	7628,6	1096,2
Irland	628,9	1393,0	−764,1
Italien	7085,9	5878,0	1207,9
Niederlande	2876,7	3586,9	−710,3
Portugal	416,5	898,9	−482,4
Großbritannien	7123,6	3907,5	3216,1

| | 1989 | | |
	Aktiva	Passiva	Saldo
Belgien	2685,9	2967,0	−281,0
Luxemburg	223,0	604,6	−381,6
Dänemark	1208,4	1224,1	−15,7
Deutschland	12856,2	7166,2	5689,5
Griechenland	851,8	2435,8	−1584,1
Spanien	4165,4	5204,9	−1039,5
Frankreich	10762,5	7508,8	3253,7
Irland	644,9	1824,0	−1179,1
Italien	9976,8	7282,8	2694,0
Niederlande	3469,5	5117,6	−1648,1
Portugal	667,6	1248,1	−580,5
Großbritannien	8155,8	4439,1	3716,7

	1988		
	Aktiva	Passiva	Saldo
Belgien	2815,1	2919,4	−104,4
Luxemburg	310,8	540,5	−229,6
Dänemark	1209,7	1363,2	−153,4
Deutschland	13122,1	7617,1	5505,0
Griechenland	708,3	1844,8	−1136,5
Spanien	2936,9	4208,4	−1271,5
Frankreich	10972,0	8797,2	2174,9
Irland	644,7	1534,4	−889,6
Italien	7613,8	6406,4	1207,3
Niederlande	3481,8	4899,0	−1417,2
Portugal	512,1	1026,9	−514,8
Großbritannien	6901,1	4334,1	2567,1

	1990		
	Aktiva	Passiva	Saldo
Belgien	2694,1	3451,5	−757,4
Luxemburg	252,8	705,2	−452,3
Dänemark	1120,7	1325,1	−204,4
Deutschland	11966,9	7063,6	4903,3
Griechenland	814,7	3141,3	−2326,6
Spanien	4359,9	5772,3	−1412,4
Frankreich	9945,5	7838,7	2106,8
Irland	633,2	2383,9	−1750,7
Italien	8737,6	6840,7	1896,9
Niederlande	3174,2	3969,8	−795,6
Portugal	743,7	1369,3	−625,6
Großbritannien	8194,9	4590,9	3604,0

| | 1991 | | |
	Aktiva	Passiva	Saldo
Belgien	3257,8	4416,3	−1158,5
Luxemburg	238,5	731,9	−493,4
Dänemark	1474,4	1543,0	−68,6
Deutschland	17092,8	8886,2	8206,6
Griechenland	1176,2	3646,0	−2469,8
Spanien	5572,9	7469,6	−1896,7
Frankreich	12816,6	9945,1	2871,5
Irland	747,6	2868,5	−2120,9
Italien	11772,3	8728,6	3043,7
Niederlande	4034,3	3905,9	128,4
Portugal	1046,4	2315,2	−1268,8
Großbritannien	6590,4	5609,1	981,3

| | 1992 | | |
	Aktiva	Passiva	Saldo
Belgien	3379,0	4875,9	−1496,9
Luxemburg	285,2	795,9	−510,7
Dänemark	1584,9	1460,3	124,6
Deutschland	19025,7	9953,5	9072,2
Griechenland	1155,2	4482,2	−3327,0
Spanien	6048,2	8055,0	−2006,9
Frankreich	12860,7	10842,3	2018,4
Irland	759,0	2655,5	−1896,5
Italien	11441,2	9266,1	2175,1
Niederlande	4037,5	3481,2	556,3
Portugal	1272,9	3094,5	−1821,6
Großbritannien	8616,0	5945,8	2670,2

Quellen
Für 1987–1990: Eurostat, *Balance of Payments of the Community Institutions from 1987–1990*, Luxemburg 1993, S. 108–159; für 1991–1992: Eurostat, *Balance of Payments of the Community Institutions from 1991–1992*, Luxemburg 1993, S. 106–131.

menarbeit. Grundpfeiler der bundesdeutschen Aktivität in Osteuropa waren der Osthandel und die Ostpolitik.

Beim Osthandel läßt sich kaum eine Kategorie der Handels- und Geschäftsbeziehungen nennen, in der die Bundesrepublik nicht der wichtigste westliche Vertreter in Osteuropa ist.[52] Deutschland ist Haupthandelspartner sowohl der gesamten früheren Sowjetrepubliken und aller Visegrád-Länder (Ungarn, Tschechische Republik, Slowakei, Polen) als auch der »Zwischenstaaten« Bulgarien, Rumänien, Albanien, Slowenien, Kroatien, Bosnien-Herzegowina, Mazedonien und Jugoslawien (Serbien und Montenegro). Vielleicht noch eindrucksvoller als die Dominanz, die in den Gesamtziffern zum Ausdruck kommt, ist die Tatsache, daß Deutschland auch in allen denkbaren Branchen und Warengruppen als führender Partner jedes dieser Länder auftritt, angefangen bei Automobilen, Elektronik und Produkten der chemischen Industrie über Textilien, landwirtschaftliche Erzeugnisse bis hin zum Kunstgewerbe.

Mit Blick auf die Einzelunternehmen stellt sich die deutsche Überlegenheit noch ausgeprägter dar. Daten zu Unternehmensbeteiligungen und Joint-ventures in Osteuropa belegen den weiten Vorsprung deutscher Firmen vor ihrer Konkurrenz, die vor allem aus Österreich, Italien und in viel geringerem Maß aus den Vereinigten Staaten kommt. Einige der Transaktionen haben Schlagzeilen gemacht, wie der Kauf der tschechischen Skoda-Werke durch die Volkswagen AG, andere blieben unerwähnt, wie die mehr als dreihundert Joint-ventures, die 1989 von deutschen und ungarischen Unternehmen in Ungarn begründet wurden. Der Osthandel verändert die osteuropäischen Ökonomien von Grund auf.

Die Ostpolitik führte zunächst zu einer Verbesserung und im weiteren Verlauf zur Institutionalisierung der Ost-West-Beziehungen der Nachkriegszeit; sie schuf die ideellen und strukturellen Voraussetzungen der Entspannung. Ziel der Entspannungspolitik war die Sicherung friedlicher Beziehungen zwischen Ost und West. Ihre Nachfolgepolitik im neuen Europa setzt höchste Priorität auf die Erhaltung der Stabilität in den östlichen Ländern, verbunden mit Unterstützung für den wirtschaftlichen Reformprozeß.[53] Das kann natürlich als Eigeninteresse der Deutschen gedeutet werden, doch ebenso könnte diese Politik zumindest teilweise einem verbreiteten Schuldgefühl entspringen. Craig Whitney erkennt »den Wunsch, die Sünden der Nationalsozialisten durch hilfreichen Beistand wiedergutzumachen. Sicherlich ist auch Erleichterung im Spiel: Die Deutschen sind der [früheren] Sowjetunion für die Zustimmung zur Wiedervereinigung so dankbar, daß es manchmal den Anschein hat, als gäbe es kaum etwas, das sie nicht zu tun bereit wären.«[54]

Als das *annus mirabilis* von 1989 Europa umgestaltete, galt das deutsche Modell in allen Ländern Osteuropas als begehrteste Option. Die Osteuropäer wollten ein Wirtschaftswunder erleben, nicht nur um allgemeinen Wohlstand zu erlangen, sondern auch, um den Übergang zu einer demokratischen Ordnung zu garantieren. Da die deutsche Nachkriegsordnung in Osteuropa großes Ansehen genoß, kann es nicht verwundern, daß sich viele Länder bei der Errichtung ihrer neuen Gemeinwesen an deutschen Institutionen orientierten. Ungarn, Polen und Rumänen haben Schlüsselelemente des deutschen Wahlsystems übernommen; einige Passagen der tschechischen Verfassung weisen große Ähnlichkeiten mit dem Grundgesetz der Bundesrepublik auf. All das verleiht den Deutschen im Handel mit den osteuropäischen Ländern eine strategisch günstigere Position als ihren westlichen Konkurrenten. Hinzu kommt noch die Vertrautheit der Deutschen mit der osteuropäischen Kultur, so daß eigentlich nur ein Fazit bleibt: »Das Rennen nach Osten werden die Besitzer der Deutschen Mark gewinnen.«[55]

Handelsströme

Deutschland teilt eine lange Geschichte mit vielen Ländern Mittel- und Osteuropas und hat sich oft als Brücke zwischen Ost und West verstanden. Pessimisten befürchten, die deutsche Herrschsucht werde nun, nach der Wiedervereinigung, wiederaufleben, wenn auch in milderer und nicht gewalttätiger Form. Die Deutschen versuchen solche Bedenken zu zerstreuen, indem sie beteuern, daß sie sich dem Handelsstaat und nicht dem Machtstaat verpflichtet fühlen. Der Zweck wirtschaftlicher Betätigung liegt darin, zu Wohlstand zu kommen – ohne weiteren Hintersinn. Bundeskanzler Kohl ist wiederholt darauf eingegangen, daß es der Bundesrepublik in Osteuropa vor allem um die Herstellung politischer Stabilität und wirtschaftlicher Prosperität geht.[56]

Deutschland hat sich intensiv um die Ausweitung der Handelsbeziehungen bemüht. Die EU-Importe aus den osteuropäischen Ländern sind zwischen 1990 und 1992 von 27,248 Milliarden DM auf 38,622 Milliarden DM angestiegen, und von diesem Gesamtimport empfing die Bundesrepublik 1990 46 Prozent (12,633 Milliarden DM) und 1992 über 57 Prozent (22,091 Milliarden DM).

Die deutschen Ausfuhren nach Mittel- und Osteuropa wuchsen noch schneller, in absoluten wie in relativen Zahlen. Der Gesamtexport der EU in diese Länder belief sich 1990 auf 27,726 Milliarden DM, von denen 13,038 Milliarden DM – also 47 Prozent – auf Deutschland entfielen; bis 1992 hatten sich die EU-Exporte auf 43,867 Milliarden DM und der deutsche Anteil auf mehr als 53 Prozent, das heißt 23,360 Milliarden DM, erhöht. Die deutschen Exporte nach Osteuropa erreichten 1992 in etwa das gleiche Volumen wie die Ausfuhren nach Österreich, was die Kosten als enorm erscheinen läßt, doch Deutschland ist eher an einem Marktpotential als an den derzeitigen Absatzziffern interessiert.[57] Angesichts der osteuropäischen Gesamtbevölkerungs-

TABELLE 7

Exporte ausgewählter Länder in mittel- und osteuropäische Staaten (in Mio. US-Dollar)

	1989	1992	1993	1994
Deutschland[a]	6882,0	15430,8	16710,0	22262,4
Frankreich	1156,8	2748,0	2625,6	3516,0
Italien	1542,0	3684,0	4227,6	7028,4
Großbritannien	933,6	1965,6	2163,6	2692,8
Österreich	1624,3	3576,2	3547,1	4852,0
Finnland	263,4	841,9	1058,9	1913,4
Schweiz	829,0	1030,9	1026,4	1779,7
USA	926,4	1872,0	2323,2	2008,8
Japan	577,2	726,0	632,4	613,2

Quellen
Für 1989: OECD, *Monthly Statistics of Foreign Trade*, Reihe A, Januar 1991; für 1992 und 1993: OECD, *Monthly Statistics of Foreign Trade*, Reihe A, Oktober 1994; für 1994: OECD, *Monthly Statistics of Foreign Trade*, Reihe A, Februar 1996.

Die Angaben für 1989 umfassen die Ausfuhren in die europäischen COMECON-Länder außer der UdSSR. Die Angaben für 1992–1994 beziehen sich auf Exporte nach Polen, in die ehemalige Tschechoslowakei, nach Ungarn, Rumänien, Bulgarien und in die baltischen Staaten.

[a] 1989: nur Westdeutschland

zahl von 332 Millionen – den 362 Millionen Einwohnern der EU vergleichbar – könnten diese weitgehend unerschlossenen Märkte demnächst eine ungeheure Nachfrage entwickeln. Zudem verlaufen die durchschnittlichen Einkommenszuwächse in Osteuropa recht verheißungsvoll. Als Ergebnis des zunehmenden Güterverkehrs zwischen 1990 und 1992 kletterte der Anteil des Mittel- und Osteuropahandels am gesamten deutschen Außenhandel von 2 auf 3,5 Prozent. Besonders hohe Steigerungsraten waren in den baltischen Staaten zu verzeichnen.[58]

Der deutsche Vorsprung in der Konkurrenz um Osteuropa ist einfach bestechend. Deutschland und Österreich gehen als die großen Gewinner aus der Öffnung der EU nach Osten hervor.[59]

TABELLE 8

Exporte ausgewählter Länder in die Sowjetunion
bzw. die GUS (in Mio. US-Dollar)

	1989	1992	1993	1994
Deutschland[a]	6146,4	8505,6	9016,8	9271,2
Frankreich	2874,0	2078,4	1860,0	1608,0
Italien	2732,4	2884,8	2107,2	2670,0
Großbritannien	1114,8	799,2	1080,0	1371,6
Österreich	867,2	725,9	655,2	800,9
Finnland	3385,1	746,0	1135,2	1654,8
Schweiz	583,2	273,5	337,2	465,2
USA	4270,8	3625,2	3780,0	3388,8
Japan	3081,6	1191,6	1662,0	1348,8

Quellen
Für 1989: OECD, *Monthly Statistics of Foreign Trade*, Reihe A, Januar 1991; für 1992 und
1993: OECD, *Monthly Statistics of Foreign Trade*, Reihe A, Oktober 1994; für 1994: OECD,
Monthly Statistics of Foreign Trade, Reihe A, Februar 1996.

Die Angaben für 1989 beziehen sich auf Ausfuhren in die UdSSR, für 1992, 1993 und
1994 in die Nachfolgestaaten der Sowjetunion (GUS).

[a] 1989: nur Westdeutschland

Und die Errichtung von Handelsbarrieren sowie Importbe-
schränkungen aufgrund binnenwirtschaftlicher Notwendigkei-
ten auf seiten der osteuropäischen Länder, die darauf ausgelegt
sind, EU-Produkte zu begünstigen, tragen nur weiter zur Konsolidierung der deutschen Position als Hauptlieferant der wichtigsten Handelsgüter bei.[60] Tabelle 7 führt die Exportziffern der
EU-Mitgliedstaaten in die Länder Osteuropas auf. Mehr als die
Rangfolge sagt der Abstand zwischen Deutschland und allen
anderen Ländern aus. In der Tat überstiegen die deutschen Ausfuhren den zusammengerechneten Gesamtexport der nächstfolgenden vier Länder, und das in jedem Jahr, für das Zahlen vorliegen.

Die Nachfolgestaaten der Sowjetunion (GUS) haben die magerste wirtschaftliche Leistung erbracht. Anfang bis Mitte der Neunziger führten wirtschaftliche Unsicherheit und eine Inflationsrate von 300 Prozent zu starken Einbußen im Handel mit den meisten westeuropäischen Ländern.[61] Die Bundesrepublik gehört zu den wenigen Ländern, die ihre Exporte in die GUS-Staaten entgegen dem allgemeinen Abwärtstrend steigern konnten (um ganze 40 Prozent). In strategischer Hinsicht ist die wirklich wichtige bilaterale Handelsbeziehung die zwischen Deutschland und Rußland.[62] Ein im *Economist* erschienener Kommentar erinnerte daran, daß die »russisch-deutsche Geschichte sich nicht in einer Folge gräßlicher Kriege erschöpft, sondern lange Perioden der Handelsbeziehungen, des kulturellen Austauschs und der wechselseitigen Migration umfaßt ... Am Vorabend des Ersten Weltkriegs ging die Hälfte der russischen Exporte nach Deutschland, und fast die Hälfte der deutschen Auslandsinvestitionen wurde in Rußland getätigt.«[63] Es sieht so aus, als wolle die Geschichte sich wiederholen.

Die »Zwischenstaaten« lassen bisher keinen klaren Trend in ihrem Exportverhalten erkennen, aber ein gemeinsames Merkmal weisen sie dennoch auf: Deutschland ist bei weitem ihr wichtigster Handelspartner.

Den größten Teil ihres Osteuropahandels wickelt die Bundesrepublik mit dem ökonomisch prosperierendsten Teil Osteuropas, den Visegrád-Staaten, ab. Sie ist auch für jedes einzelne Gruppenmitglied der wichtigste Handelspartner – abgesehen von der Slowakischen Republik, die mit der Tschechischen Republik in sehr engem Austausch steht. Der Vorsprung der Deutschen in diesen wirtschaftlich starken osteuropäischen Staaten ist besonders eindrucksvoll. Die deutschen Exporte in die Visegrád-Länder erreichen den drei- bis fünffachen Umfang der Exporte Italiens, und der deutsche Anteil am Gesamtexport der EU in die Tschechische Republik beläuft sich auf 65 Prozent, was dort natürlich mitunter die Angst vor wirtschaftlicher Abhängigkeit schürt.[64]

Ausländische Direktinvestitionen und Joint-ventures

Die ökonomische Dominanz der Bundesrepublik kommt auch in den Daten zu den neugegründeten Joint-ventures zum Ausdruck. Die Deutschen haben keinen Augenblick gezögert, die attraktiven Investitionsmöglichkeiten, die sich nach dem Fall der Berliner Mauer boten, wahrzunehmen; ein Vorgang, der durch den dringenden Kapitalbedarf der östlichen Länder noch beschleunigt wurde. Deutschen Firmen wurden osteuropäische Vermögenswerte zu äußerst günstigen Bedingungen angeboten, und sie kauften sie mit einem Eifer, der die offiziellen Zahlen der deutschen Banken Lügen straft, die behaupteten, ihre Investitionen in Osteuropa seien längst nicht so hoch wie allgemein angenommen.[65] Warum diese Geheimniskrämerei? Wir vermuten, daß die deutschen Investoren nicht in den Ruf geraten wollten, von den wirtschaftlichen Problemen gerade jener Völker zu profitieren, die unter den Nationalsozialisten besonders gelitten haben.

An den 1.231 Joint-ventures, die während der ersten drei Monate des Jahres 1990 in Polen registriert wurden, waren deutsche Unternehmen zu über 40 Prozent (506) beteiligt. Schweden folgte mit 112, und Österreich nahm den dritten Rang mit 81 ein.[66] Ein ähnlicher Trend ließ sich in der Tschechoslowakei beobachten. Im Januar 1990 wurden 32 Joint-ventures von tschechoslowakischen und ausländischen Firmen gegründet, an elf davon war die Bundesrepublik, der unangefochtene westliche Marktführer, beteiligt. Die Deutschen handelten früh und schnell: Mitte 1991 waren sie 873 Joint-ventures mit tschechischen Firmen eingegangen, die USA dagegen mit 133.[67] Der deutsche Anteil am ausländischen Direktinvestitionsvolumen für 1991 belief sich auf 86 Prozent.[68] Zur Illustration der unterschiedlichen Größenordnung amerikanischer und deutscher Investitionstätigkeit sei erwähnt, daß Volkswagen Skoda kaufte, während die *New York Times* einen Unternehmer aus Alabama vorstellte, der 40.000 Dollar in den ersten Waschsalon in Prag investiert hatte. Sein Ziel war es, zehn bis fünfzehn weitere zu eröffnen.[69]

In den frühen neunziger Jahren war Deutschland auch Adressat von 19,4 Prozent der tschechischen Exporte und lieferte 20,1 Prozent der in die Tschechische Republik eingeführten Güter.[70] Angesichts dieser regen Geschäftigkeit beginnen die Tschechen die Germanisierung ihres Landes zu befürchten. Ungefähr 800 Millionen Dollar wurden allein 1994 von deutschen Unternehmen in Single- und Joint-ventures investiert, verglichen mit ungefähr 600 Millionen Dollar aus den Vereinigten Staaten und 300 Millionen Dollar aus Frankreich, dem nächstfolgenden EU-Investor. Vier deutsche Firmen zählten zu den zwanzig größten Unternehmen der Tschechischen Republik – ohne das Joint-venture der Volkswagen AG mit Skoda –, und ein Bericht von 1992 behauptete, daß die Auslandsinvestitionen in der Tschechischen Republik zu mehr als 80 Prozent auf deutsche Unternehmen entfielen.[71]

Polen und die Tschechische Republik bemühen sich, die deutschen Investitionen durch stärkeres amerikanisches Engagement auszugleichen. 1993 waren amerikanische Firmen bereits mit einer Milliarde Dollar Investitionsvolumen in Polen vertreten. Trotzdem befand ein Mitglied der polnischen Regierung, daß »es noch immer zu wenig amerikanische Investitionen in unserem Lande gibt. Wir ziehen diese nämlich dem deutschen Kapital vor, besonders seit die deutschen Investitionen in Westpolen gewisse negative historische Assoziationen geweckt haben.«[72]

Die Ungarn sind von solchen Vorbehalten frei. Sie haben zwischen 1989 und 1991 ihre Exporte in die EU verdoppelt und die Ausfuhren in die vormaligen RGW-Länder halbiert. Deutschland war gegen Ende dieser Periode Empfänger von 27,8 Prozent aller ungarischen Exporte und lieferte 23,6 Prozent aller Importe.[73] Ungarn hatte sich schon zu sozialistischen Zeiten durch eine bemerkenswert liberale Wirtschaftsphilosophie und seine Pionierrolle bei der Beschaffung ausländischen Kapitals hervorgetan und weckte daher besonders starkes Interesse im Westen. Allein in der ersten Hälfte des Jahres 1990 wurden ungefähr 1.800 Joint-ventures registriert, im gesamten Jahr 1989 dagegen nur 1.100. Bis zum Frühjahr 1992 waren 3,5 Milliarden Dollar an ausländischen Investitionen nach Ungarn geflossen.[74] Im folgenden Herbst hatte sich die Zahl bereits auf 5,5 Milliarden erhöht.[75] Zu den frühen und mit viel Publizität bedachten Auslandsinvestitionen in Ungarn gehörten die Übernahme von Tungsram durch General Electric und der Verkauf des Kühlgeräteproduzenten Lehel an die schwedische Firma Electrolux. Aber die größten Aktivitäten entfalteten österreichische und deutsche Unternehmen: sie waren zu mehr als einem Drittel an den neuen Joint-ventures beteiligt.[76]

Auch in der ehemaligen Sowjetunion hat Deutschland früh die Führungsrolle übernommen und weit mehr Joint-ventures gegründet als Finnland. Die deutsche Überlegenheit wird noch deutlicher, wenn man das Volumen der Direktinvestitionen betrachtet. Hier besaß die Bundesrepublik mit 110 Millionen Dollar einen erheblichen Vorsprung vor Italien (80 Millionen) und Frankreich (65 Millionen). Zwar galten diese Zahlen nur für April 1989, sie repräsentieren aber einen anhaltenden Trend.[77] Ende 1990 entfielen 12 Prozent aller Joint-ventures in den GUS-Staaten auf Deutschland, das wieder vor Frankreich und Finnland rangierte.[78] Trotz der deutschen Bemühungen verbesserte sich die Situation Rußlands jedoch kaum, da die ausländischen Investoren zunächst von der politischen Unsicherheit und später von Kriminalität und Korruption abgeschreckt wurden.

TABELLE 9 Außenhandel der führenden westlichen Exportländer mit den ost- und mitteleuropäischen Staaten und der früheren Sowjetunion (in Mio. US-Dollar)

Länder	Frankreich			Deutschland		
	Ausfuhr	Einfuhr	Saldo	Ausfuhr	Einfuhr	Saldo
GUS						
1992	8505,6	7857,6	648,0	2078,4	3470,4	−1392,0
1993	9015,6	7414,8	1600,8	1860,0	3049,2	−1189,2
% Veränderung 1992−1993	6,0	−5,6		−10,5	−12,1	
1994	9271,2	9291,6	−20,4	1608,0	3228,0	−1620,0
% Veränderung 1993−1994	2,8	25,3		−13,5	5,9	
Polen						
1992	5293,2	5326,8	−33,6	823,2	658,8	164,4
1993	5864,4	5218,8	645,6	823,2	666,0	157,2
% Veränderung 1992−1993	10,8	−3,3		0	1,1	
1994	6418,8	6276,0	142,8	957,6	812,4	145,2
% Veränderung 1993−1994	9,5	20,3		16,3	22,0	
ehem. Tschechoslowakei						
1992	5304,0	4672,8	631,2	607,2	456,0	151,2
1993	5470,8	4789,2	681,6	565,2	374,4	190,8
% Veränderung 1992−1993	3,1	2,5		−6,9	−17,9	
1994	7244,4	6630,0	614,4	812,4	471,6	340,8
% Veränderung 1993−1994	32,4	38,4		43,7	26,0	
Ungarn						
1992	3007,2	2970,0	37,2	350,4	423,6	−73,2
1993	3116,4	2734,8	381,6	439,2	357,6	81,6
% Veränderung 1992−1993	3,6	−7,9		25,3	−15,6	
1994	3950,4	3358,8	591,6	513,6	403,2	110,4
% Veränderung 1993−1994	26,8	22,8		16,9	12,8	
Rumänien						
1992	853,2	806,4	46,8	571,2	276,0	295,2
1993	1090,8	826,8	264,0	464,4	284,4	180,0
% Veränderung 1992−1993	27,8	2,5		−18,7	3,0	
1994	1246,8	1134,0	112,8	346,8	332,4	14,4
% Veränderung 1993−1994	14,3	37,2		−25,3	16,9	
Bulgarien						
1992	559,2	390,0	169,2	228,0	128,4	99,6
1993	546,0	345,6	200,4	128,4	133,2	−4,8
% Veränderung 1992−1993	−2,4	−11,4		−43,6	3,7	
1994	662,4	460,8	201,6	142,8	157,2	−14,4
% Veränderung 1993−1994	21,3	33,3		11,2	18,0	
ehem. Jugoslawien						
1992	3274,8	3718,8	−444,0	740,4	886,8	−146,4
1993	1378,8	1144,8	234,0	183,6	205,2	−21,6
% Veränderung 1992−1993	−57,9	−69,2		−75,2	−76,9	
1994	1767,6	1200,0	567,6	187,2	174,0	13,2
% Veränderung 1993−1994	28,2	4,8		2,0	−15,2	
Gesamt						
1992	26797,2	25742,4	1054,8	5398,8	6300,0	−901,2
1993	26482,8	22474,8	4008,0	4464,0	5070,0	−606,0
% Veränderung 1992−1993	−1,2	−1,3		−17,3	−19,5	
1994	30561,6	28351,2	2210,4	4568,4	5578,8	−1010,4
% Veränderung 1993−1994	15,4	2,6		2,3	10,0	

Italien			Vereinigte Staaten			Japan		
Ausfuhr	Einfuhr	Saldo	Ausfuhr	Einfuhr	Saldo	Ausfuhr	Einfuhr	Saldo
2884,8	4406,4	−1521,6	3624,0	817,0	2807,0	1191,6	2503,2	−1311,6
2107,2	4374,0	−2266,8	3780,0	2040,0	1740,0	1662,0	2979,6	−1317,6
−26,9	−0,7		11,0	149,6		39,4	19,0	
2670,0	5754,0	−3084,0	3388,8	3752,4	−363,6	1348,8	3673,2	−2324,4
26,7	31,6		−10,3	83,9		−18,8	23,3	
1144,8	890,4	254,4	637,2	374,4	262,8	237,6	158,4	79,2
1398,0	771,6	626,4	916,8	453,6	463,2	151,2	96,0	55,2
22,1	−13,3		43,8	21,1		−36,3	−39,4	
1741,2	907,2	834,0	625,2	651,6	−26,4	114,0	66,0	48,0
24,5	17,6		−31,8	43,7		−24,6	−31,3	
830,4	800,4	30,0	412,8	242,4	170,4	172,8	134,4	38,4
844,8	666,0	178,8	300,0	342,0	−42,0	126,0	111,6	14,4
1,7	−16,8		−27,3	41,0		−27,1	−17,0	
1219,2	1021,2	198,0	339,6	444,0	−104,4	135,6	104,4	31,2
44,3	53,3		13,2	29,8		7,6	−6,5	
814,8	962,4	−147,6	295,2	349,2	−54,0	240,0	126,0	114,0
928,8	712,8	216,0	434,4	400,8	33,6	278,4	115,2	163,2
13,9	−25,9		47,1	14,7		16,0	−8,5	
1161,6	952,8	208,8	308,4	469,2	−160,8	264,0	118,8	145,2
25,1	33,7		−29,0	17,1		−5,2	3,1	
504,0	363,6	140,4	248,4	87,6	160,8	30,0	79,2	−49,2
592,8	429,6	163,2	324,0	69,6	254,4	27,6	69,6	−42,0
17,6	18,1		30,4	−20,5		−8,0	12,1	
862,8	892,8	−30,0	337,2	194,4	142,8	30,0	61,2	−31,2
45,5	108,0		4,1	179,0		8,7	−12,1	
220,8	232,8	−12,0	85,2	79,2	6,0	37,2	43,2	−6,0
223,2	177,6	45,6	115,2	158,4	−43,2	30,0	24,0	6,0
1,0	−23,7		35,2	100,0		−19,3	44,4	
307,2	320,4	−13,2	110,4	212,4	−102,0	19,2	24,0	−4,8
37,6	80,4		−4,2	34,1		−36,0	0,0	
1909,2	2086,8	−177,6	312,0	463,2	−151,2	45,6	49,2	−3,6
939,6	824,4	115,2	130,8	224,4	−93,6	14,4	15,6	−1,2
−50,8	−60,5		−58,1	−51,6		−68,4	−68,3	
1671,6	1033,2	638,4	200,4	201,6	−1,2	10,8	13,2	−2,4
77,9	25,3		53,2	−10,2		−25,0	−15,4	
8308,8	9742,8	−1434,0	5614,8	2413,0	3201,8	1954,8	3093,6	−1138,8
7034,4	7956,0	−921,6	6001,2	3688,8	2312,4	2289,6	3411,6	−1122,0
−15,3	−18,3		6,9	52,9		17,1	10,3	
9633,6	10881,6	−1248,0	5310,0	5925,6	−615,6	1922,8	4060,8	−2138,4
36,9	36,8		−11,5	60,6		−16,0	19,0	

Anerkennung der Regeln oder
Wer trägt die Kosten?

Die deutschen Handelsbilanzen mit allen osteuropäischen Ländern – ausgenommen das frühere Jugoslawien – weisen positive Salden aus, und die Überschüsse wachsen. Ist Deutschland bereit, die Regeln in Osteuropa anzuerkennen, wie es das in Westeuropa durch die Zahlungen an den EU-Haushalt tut? Alles deutet darauf hin: durch Handel, Hilfsprogramme und Investitionen übernimmt Deutschland die Kosten, die mit der ökonomischen Stabilisierung und Liberalisierung in Mittel- und Osteuropa einhergehen.

An direkten Ausgaben hat die Bundesrepublik zwischen 1990 und 1994 eine Summe von 45,42 Milliarden DM für Hilfsprogramme in Mittel- und Osteuropa aufgebracht und außerdem die Privatwirtschaft aufgefordert, dort zu investieren. Die GUS-Staaten empfingen im Zeitraum von 1989 bis 1994 insgesamt 100 Milliarden DM von Deutschland, überwiegend in der Form von Krediten und Exportgarantien.[79] Darüber hinaus wurden 290 Millionen DM Entwicklungshilfe für dieses Gebiet vom Bundesministerium für Wirtschaftliche Zusammenarbeit angekündigt, das bereits zwischen 1990 und 1994 einen Betrag von 600 Millionen DM für niedrig verzinste Kredite und technische Unterstützung bereitgestellt hatte.[80]

Für Zwecke der humanitären Hilfe an die Länder der GUS hat Deutschland zwischen Dezember 1989 und Dezember 1994 3,5 Milliarden Dollar aufgebracht und damit den Löwenanteil des gesamten EU-Hilfsprogramms übernommen. Bitten der Deutschen um vergleichbare Unterstützung der USA trafen wiederholt auf taube Ohren, zunächst in der Bush- und dann in der Clinton-Administration.[81] Es ist nicht zu bestreiten, daß nur die Deutschen, aus welchen Gründen auch immer, sich wahrhaft bemüht haben, die Völker Osteuropas bei ihren wirtschaftlichen Reformen zu unterstützen und damit ihre politische Ordnung zu stabilisieren. Von keiner anderen Großmacht ist in dieser Hinsicht auch nur annähernd so starkes Engagement ausgegangen. Bei Krediten und Kreditgarantien sieht es ähnlich aus, obwohl der deutsche Vorsprung hier nicht so dramatisch ausfällt (20,9 von insgesamt 33,9 Milliarden Dollar).[82] Im Zeitraum von 1989 bis 1994 beliefen sich die Gesamtausgaben der Bundesrepublik zur Unterstützung der Reformen in den GUS-Staaten über bilaterale und multilaterale Institutionen (EU, Europäische Bank für Wiederaufbau und Entwicklung, IWF), einschließlich Auszahlungen und Verpflichtungen, auf 100 Milliarden DM. Der Großteil dieser Gelder wurde in Form von Krediten und Exportgarantien bereitgestellt, und über 15 Prozent flossen in Maßnahmen zur sozialen und ökonomischen Integration der aus Deutschland in die GUS zurückkehrenden Truppen.[83] Zwischen 1990 und 1992 leisteten die EU-Länder insgesamt 75 Prozent der Hilfe für die GUS, und davon entfielen allein 57 Prozent auf Deutschland.[84] Zusätzlich zu seinem unilateralen, direkten Engagement war Deutschland auch an multilateralen und indirekten Leistungen der EU beteiligt. Mit einem Anteil von 28 Prozent an den EU-Hilfsprogrammen für Subventionen, Kredite und humanitäre Hilfe steht es wiederum an der Spitze.[85] Diese Summen, in Form von Transferzahlungen und Krediten, tragen zur Anerkennung der Handelsregeln bei.

Strukturelle Macht am Ende des Jahrhunderts

Militärische Gewalt mag nach wie vor die letztlich entscheidende Form der Machtausübung sein, doch am Ende dieses Jahrhunderts spielt sie in den Beziehungen zwischen den großen Staaten Europas keine Rolle mehr.

Deutschland besitzt immer noch Europas größte Armee, aber nicht sie verleiht ihm Einfluß und Macht, sondern die Vor-

machtstellung seiner Wirtschaft: die Stärke der D-Mark als europäische Richtwährung, die Rolle der Bundesbank, die faktisch
als Zentralbank für ganz Europa dient, Umfang und Einträglich-
keit der deutschen Exporte, das Volumen der deutschen Auslandsinvestitionen, die verschiedenen Formen von »Subventionen« für andere, seien es Beiträge zum EU-Haushalt, Export-
kredite, humanitäre Hilfe oder direkte Kredite. So verwundert
es nicht, daß »der Aufstieg der Mark bereits für Unmut in ganz
Europa sorgt, weil Deutschlands Stärke Arbeitsplätze und Investitionen auf Kosten Spaniens, Frankreichs und anderer Nachbarn anzieht. ›Jeder weiß, daß Deutschland bei der ökonomischen Integration Europas zumindest in finanzieller Hinsicht
den Ton angeben kann‹, sagt David DeRosa, Leiter des Devi-
senhandels des Schweizerischen Bankvereins in New York.«[86]
Vielleicht arbeiten die Deutschen gar nicht planmäßig auf ihre
Vorherrschaft hin, wie viele ihnen es unterstellen. Offensichtlich
verfolgen sie zwei Ziele: die ökonomische und politische Stabilisierung der mittel- und osteuropäischen Länder und die Ver-
meidung eines Inflationsimports. Ohne Zweifel werden die
Deutschen handeln, wenn Instabilität und Inflation drohen,
denn diese haben in der Vergangenheit für Unsicherheit und
Schrecken gesorgt – mit ungeheuren politischen Konsequenzen. Deutschland stellt für die europäische Wirtschaft die Regeln
auf und profitiert unvergleichlich von allen Formen der ökonomischen Aktivität. Im Westen zeigte sich dies vor allem an der
Fähigkeit der Deutschen, die Zukunft der Europäischen Währungsunion zu gestalten, im Osten an den Strategien des Ost-
handels und der Ostpolitik, die das dynamische Wachstum von
Handel und Investitionen vorbereiteten.
Kosten und Nutzen sind klar verteilt. Deutschland erzielt die
höchsten Profite, Deutschland zahlt die höchsten Beiträge – und
per Saldo gewinnt Deutschland. Andere profitieren auch, aber
sie gehören sämtlich zur Gruppe der kleineren Staaten Westeuropas, die nicht in der Lage sind, die ökonomische Dominanz

der Bundesrepublik zu gefährden. Viele Länder konkurrieren erfolglos um deutsche Investitionen und leiden unter der Disziplin, die ihnen die deutsche Geldpolitik auferlegt. Die Staaten in Osteuropa profitieren insgesamt: in bezug auf Währungsstabilität, von deutschen Investitionen und Hilfsprogrammen, von Deutschland als Exportadressat und von den Ausgaben deutscher Touristen. Doch sie zahlen einen doppelten Preis: Erstens wachsen die Importe aus Deutschland schneller als die Exporte dorthin, relativ wie absolut. Zweitens setzen sie sich der Gefahr der, wie es die Tschechen nennen, Germanisierung ihrer Wirtschaft aus: Die spärlichen Auslandsinvestitionen fließen vorwiegend in unqualifizierte Tätigkeiten und bedienen eher lokale Märkte, statt den Export anzukurbeln. Möglicherweise würde ein früher Beitritt zur Europäischen Union viel dazu beitragen, diese Probleme zu lösen.

Die großen Verlierer sind die leistungsstarken Ökonomien Westeuropas. Die Franzosen treibt die Sorge um ihre Landwirtschaft, der Wunsch, die deutsche Macht durch multilaterale Gremien zu bremsen, und der Glaube, daß Frankreich sein verlorenes internationales Prestige zurückgewinnen kann, wenn es die Führungsrolle in einer EU übernimmt, die sich von einem bürokratischen Unterfangen endlich zu einem politischen Projekt wandelt. Dafür nehmen sie die defizitäre Handelsbilanz in Kauf. Sie stecken in einem Dilemma; ihre einzige Alternative, wenn überhaupt eine existiert, liegt darin, die regionale Orientierung aufzugeben und sich dem direkten Wettbewerb mit amerikanischen, japanischen und südostasiatischen Produzenten zu stellen. Innerhalb der EU müssen sie sich nur mit den Deutschen auseinandersetzen und können sich oft hinter sektoralen Absprachen verschanzen, wie sie zum Beispiel in der Stahlindustrie und im Fahrzeugbau bestehen. Im Handel mit Amerikanern und Japanern würde ihnen das auf die Dauer allerdings nicht gelingen.

Das Dilemma der Franzosen ist verständlich, aber daß die Situation der Briten und der Italiener so desolat aussieht, ist schwer zu begreifen. Großbritannien hat im Verlauf der achtziger Jahre dramatische Handelseinbußen erlitten und trotzdem weiterhin die zweithöchsten Nettobeiträge zum EU-Budget geleistet. Auch die Italiener mußten massive Rückgänge des Handelsvolumens hinnehmen. Für beide Länder belaufen sich die Exporte in die EU auf weniger als 15 Prozent ihrer Gesamtausfuhr. Möglicherweise dreht es sich bei ihren Importen vorwiegend um Zwischenerzeugnisse, die sie dann als Fertigprodukte wieder ausführen und so einen Nettoüberschuß erzielen. Doch die Handelsstatistiken der beiden Länder geben darauf keinen Hinweis.

Aus all dem schließen wir, daß die deutsche Position nicht nur stark ist, sondern auch immer stärker wird. Die Neigung der osteuropäischen Staaten, Importe von Nicht-EU-Mitgliedern zu behindern, wird Deutschlands Stellung weiter festigen. Die Vereinigung mag Deutschland hohe Kosten verursacht haben, aber alle Indikatoren verheißen der deutschen Wirtschaft wachsende Prosperität und noch stärkere Dominanz in Europa, im Osten wie im Westen.

12. KAPITEL

Deutsche Kulturpolitik im Ausland

MIT CAROLYN HÖFIG

Gott schütze uns vor Sturm und Wind und vor Deutschen, die
im Ausland sind.   Altes europäisches Sprichwort

In einem euphorischen Augenblick Anfang der sechziger Jahre
glaubte ein Experte die Bundesrepublik reif für eine neue politische Ära unter dem Primat der Kulturpolitik.[1] Die innerdeutsche Grenze war gerade zur dauerhaften Einrichtung aus Beton,
Stacheldraht und Minen geworden, und eine machtorientierte
Außenpolitik schien in Zeiten der transatlantischen Bündnisse
und Interkontinentalraketen überholt. Auf dem Höhepunkt des
Kalten Krieges knüpften sich die Hoffnungen auf eine friedliche
Zukunft an den Gedanken der gegenseitigen Verständigung. In
diesem Punkt, so die allgemeine Auffassung, konnte die Kulturpolitik im Ausland einen wertvollen Beitrag leisten. Während
der nächsten dreißig Jahre entwickelte Westdeutschland einen
kulturpolitischen Apparat, dem verschiedene Aufgaben zuge-
dacht waren: Er sollte sich mit der nationalsozialistischen Vergangenheit auseinandersetzen, die Beziehungen zu den westlichen
Verbündeten pflegen, einen Austausch mit den Entwicklungs-
ländern eröffnen und den Gedanken der Koexistenz im sowjetischen Block fördern.

Als Hilmar Hoffmann, lange Zeit Kulturdezernent der Stadt
Frankfurt, im Juli 1993 sein Amt als Präsident des Goethe-Insti-
tuts antrat, hob er die Kulturpolitik neben der Sicherheits- und
Wirtschaftspolitik als dritte Säule der deutschen Außenpolitik

hervor[2] – eine Formulierung, die Willy Brandt 1967 verwendet hatte. 1995 erläuterte Hagen Graf Lambsdorff, hoher Beamter des Außenministeriums, diese Strategie in Washington und verwies auf die Bedeutung der Kultur für Deutschlands »Brückenfunktion«, die er als unerläßlich für die Konsolidierung eines demokratischen politischen Systems und einer wohlstandsverheißenden Wirtschaftsordnung im neuen Europa bezeichnete.[3] In der Tat beginnt die offizielle Definition der deutschen Kulturpolitik im Ausland mit den Worten: »Auswärtige Kulturpolitik ist neben der Pflege der politischen und der wirtschaftlichen Beziehungen ein integraler Bestandteil der Außenpolitik.«[4] Allerdings scheinen die Deutschen ihre Ansichten über internationale kulturelle Beziehungen seit der Vereinigung revidiert zu haben. Kritiker vermuten, daß die Kulturpolitik nicht länger die dritte Säule der Außenpolitik bildet, sondern eher als Instrument für kurzfristige Initiativen zur Verbesserung des nationalen Images dient.[5] Die Kulturpolitik sieht sich zur Handlangerin der Machtpolitik degradiert. Gegen diese Gefahr haben sich die Kulturpolitiker beinahe seit Gründung der Bundesrepublik gewehrt, und viele ihrer aktuellen Sorgen – Bestrebungen der Regierung, die Vermittlung deutscher Kultur ins Ausland zu kontrollieren sowie stärker politisierte und weniger umstrittene Inhalte zu präsentieren, Streitigkeiten um Förderung beziehungsweise Förderungsentzug für bestimmte Programme – beherrschten schon frühere Debatten. Ohne Zweifel steht das vereinte Deutschland vor bisher unbekannten Herausforderungen, und damit gewinnen auch alte kulturpolitische Konflikte neue Bedeutung.

Offiziell wird die Aufgabe der kulturellen Aktivitäten im Ausland nicht als einseitiger Kulturexport, als Einbahnstraße kultureller Propaganda beschrieben, sondern als »Dialog, Austausch und partnerschaftliche Zusammenarbeit«[6]. Die auswärtige Kulturpolitik erweckt einen seltsam zwiespältigen Eindruck. Einerseits soll sie zentraler Bestandteil der staatlichen Strategie sein, außenpolitische Interessen zu befördern. Andererseits erhebt die Kultur in liberalen Demokratien Anspruch auf Unabhängigkeit. Um außenpolitische Zwecke erfüllen zu können, muß sie von einer zivilen Gesellschaft gefördert und getragen werden. Im Gegensatz zu auswärtiger Wirtschaftspolitik und erst recht zur Sicherheitspolitik entsteht Kulturpolitik *aus* dem Nationalstaat und nicht auf seine Anweisung.

Kultur zeichnet sich durch »Beharrungsvermögen« im Sinne reflexiver Orientierung auf die eigene Vergangenheit und durch ausgeprägten Partikularismus aus. Sie ist eng an Sprache gebunden, die sich wiederum weitgehend mit dem nationalen Kollektiv deckt. Dreißig Jahre lang hat die Balance zwischen den einzigartigen und den universellen Aspekten der deutschen Kultur, durchweg zum Nutzen beider, die Außenpolitik der Bundesrepublik bestimmt. Die auswärtige Kulturpolitik nach der Vereinigung muß an die bisherige Leistung anknüpfen, nämlich die Voraussetzungen für Versöhnung, Zusammenarbeit und Verständnis zwischen Deutschland und seinen Nachbarn zu schaffen.

Das größte und hartnäckigste Hindernis für deutsches Machtstreben liegt im Bereich der Kultur. Denn hier fehlt Deutschland die zur Entwicklung einer hegemonialen Position notwendige Anerkennung seitens der anderen Europäer. Hegemoniale Macht ist eine Form der Herrschaft, die weniger auf Schlachtfeldern als auf Märkten, weniger durch Androhung von Gewalt als über die Attraktivität von Ideen und Werten durchgesetzt wird. Eben in dieser Hinsicht blieb die Sowjetunion den Vereinigten Staaten immer unterlegen. Läßt sich das Ausmaß der amerikanischen Hegemonie besser demonstrieren als mit der unwiderstehlichen Anziehungskraft der amerikanischen Popularkultur? Man muß den Hegemonen nicht lieben, um seine Herrschaft zu akzeptieren. Wir wissen, mit welch widersprüchlichen Gefühlen und Einstellungen den Vereinigten Staaten in Europa und anderen Teilen der Welt begegnet wird.[7] Aber eines der wichtigsten unterscheidenden Elemente der europäischen Nachkriegsgeschichte liegt darin, daß die amerikanische Hegemonie im Westen von vielen Nationen aus freien Stücken akzeptiert wurde, während der sowjetischen Dominanz im Osten alle Anerkennung versagt blieb. Die Sowjets mußten mit Zwang operieren, und daher war ihre Herrschaft immer gefährdet.

Hegemonien beruhen vor allem auf der Stabilität ideologisch-kultureller Macht, hinter der die tatsächliche institutionelle Macht möglicherweise weit zurückbleibt. Folglich zeichnet sich eine Hegemonie auch dadurch aus, daß sie ohne ihre ursprünglichen Mittel weiterbestehen kann. Sie bringt Strukturen hervor, die eine Eigengesetzlichkeit entwickeln. Man kann sich gut vorstellen, daß der Amerikanismus auch ohne die Vereinigten Staaten fortbesteht – sogar gut gedeiht –, weit über die ursprünglichen geographischen Grenzen und politischen Einflußbereiche hinaus.

Ohne kulturelle Macht muß ein dominantes Land, wenn es seine Hegemonie sichern will, auf Gewalt zurückgreifen. Da die Berliner Republik ihre Interessen nicht mit Waffengewalt durchsetzen wird, sind wir der Meinung, daß Deutschland eine Hegesie bleiben und sich nicht zur Hegemonialmacht entwickeln wird, und zwar weitgehend deshalb, weil die deutsche Kultur in den Schlüsselbereichen des öffentlichen und privaten Lebens in Europa nicht zum akzeptierten Standard werden kann.[8]

Deutschland bietet viele attraktive Werte – Verfassungspatriotismus, Mäßigung, Kompromißbereitschaft, wirtschaftlichen Wohlstand und materiellen Komfort –, aber seinen Status als »Modell« hat es vornehmlich durch seine Institutionen erreicht. »Modell Deutschland« war mehr als nur ein Motto der Sozialdemokraten für ihren Bundestagswahlkampf von 1976. Dieser Begriff steht für den Erfolg jenes institutionellen Gefüges, mit dessen Hilfe Deutschland sich zu einem wirtschaftlich prosperierenden und politisch stabilen Land entwickelte. Institutionen sind aber nur in begrenztem Umfang übertragbar, und auch dann nur unter großen Schwierigkeiten, wie sich an den gravierenden Problemen gezeigt hat, die sich aus der Installierung westdeutscher Einrichtungen in der ehemaligen DDR ergaben.[9] Auch Kultur läßt sich nicht einfach so übertragen. Doch nur der Transfer von Institutionen *und* Kultur kann zu einer erfolgreichen Hegemonie führen. Die Institutionen der Mitbestimmung und der sozialen Marktwirtschaft genießen bei den Europäern sicherlich hohes Ansehen, aber die deutsche Kultur begeistert und fasziniert bei weitem nicht so wie die amerikanische.

Auch wenn die Kulturpolitik einen der drei außenpolitischen Stränge darstellt, ist sie weniger auf die Erweiterung deutscher Macht in Europa gerichtet als vielmehr auf die Anerkennung durch andere Völker. Sie speist sich aus den Erinnerungen an eine Vergangenheit, die nicht vergehen will; sie ist ein Teil des brennenden Verlangens, normal zu sein.

Deutsche Kulturpolitik

Vor dem Aufstieg des Nationalstaats konnten sich kulturelle und sprachliche Einflüsse ungehindert über die Grenzen hinweg verbreiten. Mit dem souveränen Staat fand die Kultur, von der nationalen Glorie kündend, Eingang in das Repertoire der Politik. Die deutsche Kulturpolitik hat vier Phasen durchlaufen, was sich auch darin spiegelt, daß die Kulturabteilung des Außenministeriums wiederholt umbenannt wurde.[10] Die Außenpolitiker des Deutschen Reiches verfolgten einen Kurs der »Erhaltung des Deutschtums« im Ausland. Besondere Bedeutung kam dabei der Einrichtung von Schulen in anderen Ländern zu, um »zu verhindern, daß Kinder deutscher Herkunft ihrer Nation entfremdet werden, und um ihnen die Vorzüge der deutschen Sprache, einer deutschen Erziehung und eines deutschen Standpunkts zu gewähren«[11]. So sah der Haushalt des Auswärtigen Amtes für das Jahr 1875 Unterstützung für die deutsche Schule in Konstantinopel vor, und 1879 wurden Schulen in Athen, Kairo, Genua, New York, Rio de Janeiro, Rom, Belgrad und Bukarest gefördert. Ihnen wurden Bibliotheken und andere Einrichtungen angegliedert, die nicht nur die jeweilige deutsche Kolonie unterstützen, sondern auch für die Politik des Kaiserreichs werben sollten. 1906 erhielt das Auswärtige Amt seine erste Kulturabteilung, ein Schulreferat. In den Jahren vor dem Ersten Weltkrieg war man in der Wilhelmstraße dazu übergegangen, Kulturvermittlung unter weltwirtschaftspolitischen Gesichtspunkten zu betreiben. Diese Strategie wurde auch beibehalten, als sich die Reichsregierung bereits mit Kriegsvorbereitungen beschäftigte.[12] Der umfassendere Begriff »auswärtige Kulturpolitik« wurde erst 1912 geprägt.

Die »Abteilung für Deutschtum im Ausland und kulturelle Angelegenheiten« – kurz Kulturabteilung – im Auswärtigen Amt nahm 1920 ihre Arbeit auf, und damit war die zweite kulturpolitische Phase eingeleitet.[13] Noch immer nahmen die wirtschaftlichen Aspekte großen Raum in den ministeriellen Beschlüssen ein, doch obwohl sich die Auffassung »Wer deutsch spricht, kauft auch deutsch« allmählich durchzusetzen begann, stellte die Vermittlung der deutschen Sprache im Ausland ein eher nachrangiges Anliegen dar. Die Auslandsschulen und die Erhaltung des Deutschtums blieben als explizite Aufgaben bestehen, und mit der Aussicht auf eine spätere politische Vereinigung wurde versucht, aus dem Versailler Vertrag Sonderrechte für die deutschen Minderheiten abzuleiten.[14] Viele betrachteten Deutschlands kulturelle Präsenz auf internationaler Ebene als »geistige Waffe«.[15] Mitte der zwanziger Jahre hatte die Weimarer Regierung eine integrierte auswärtige Kulturpolitik entwickelt, die am treffendsten vom damaligen Abgeordneten Theodor Heuss auf den Punkt gebracht wurde: »Mit Politik kann man keine Kultur machen, aber vielleicht kann man mit Kultur Politik machen.« Allmählich begriff man die Notwendigkeit offener Kommunikation, »einer Politik der Kulturwerbung und -präsentation im besten Sinne des Wortes«[16]. In einem ersten Schritt zur Verbesserung der internationalen Beziehungen vereinbarten die Deutschen vor allem mit Frankreich verschiedene Austauschprogramme für Wissenschaftler, kirchliche Gruppen und Jugendorganisationen.[17]

Diese Entwicklung fand im Januar 1933 ihr Ende. Die Nationalsozialisten kehrten zu einem machtpolitischen Konzept der kulturellen Auslandsbeziehungen zurück, dem die progressiven Weimarer Programme natürlich zum Opfer fielen. Trotz der Bemühungen von Goebbels, die auswärtige Kulturpolitik seinem Propagandaministerium einzuverleiben, blieb die internationale Kulturvermittlung Aufgabe des Auswärtigen Amtes, das seine Kulturabteilung in »Kulturpolitische Abteilung« umbenannte. Und die Auslandsorganisation (AO) der NSDAP bezeichnete sich selbst als »Schicksalsgemeinschaft aller Deutschen«[18] – eine extreme Variante der Erhaltung des Deutschtums. Obwohl es der AO nicht gelang, an die Stelle des Auswärtigen Amts zu treten, entwickelte sie rege Aktivitäten auf dem Gebiet der internationalen kulturellen Beziehungen. In den Anfangsjahren des Dritten Reichs konzentrierte sie sich auf Betreuungsprogramme, in deren Rahmen im Ausland lebende Deutsche, vor allem Kinder und junge Mütter, Ferien in Deutschland machen konnten. Nach Kriegsausbruch unterstützte die AO die Wehrmacht in einigen besetzten Ländern, aber vermutlich überschätzt man ihre Bedeutung, wenn man sie als fünfte Kolonne bezeichnet.[19]

Die Nachkriegssituation stellte die junge Bundesrepublik vor klare kulturpolitische Aufgaben: Sie mußte ihre internationalen Beziehungen normalisieren und, wichtiger noch, die innere Demokratisierung vorantreiben. Daher wandte man sich wieder den Weimarer Projekten zu, wenn auch mit Blick auf die gegenwärtigen Erfordernisse. Die vierte Phase begann 1952 mit dem erneuten Einzug einer Kulturabteilung ins Auswärtige Amt. Zu den heutigen Zielen des Auswärtigen Amts gehört die Förderung von »Weltoffenheit und Verständigung«, von »Information, Austausch und Zusammenarbeit«.[20] Im Vergleich zu anderen Bereichen der Außenpolitik erfordern Kulturprogramme im Ausland eine längerfristig angelegte Planung. Folglich ist der auswärtige Kulturapparat weniger abhängig von aktuellen parlamentarischen Entscheidungen und Parteiinteressen als vom Bundesfinanzministerium, das die jährlichen Haushalte zuweist. Die Kulturpolitiker haben die direkten Eingriffe infolge der Budgetierung durch den Bund oft als Gefahr gesehen.[21] Doch die Mittel der Kulturabteilung wurden in den ersten drei Jahrzehnten ihres Bestehens ständig aufgestockt. Sie begann mit einem Verwaltungshaushalt von 2,8 Millionen DM, der bis 1965 auf 171 Millionen angewachsen war und Mitte der siebziger Jahre die sogenannte auswärtige Kulturmilliarde erreicht hatte.[22] Nominal stieg der Etat auch zwischen 1980 und 1982 leicht an, aber Inflation und Wechselkurse verursachten eine reale Verringerung. 1980/81 mußte das Goethe-Institut eine Reihe schmerzhafter Programmkürzungen hinnehmen, und zum ersten Mal plünderte das Finanzministerium die Kassen der Kulturpolitik, um anderen Verpflichtungen nachzukommen. Das Gesamtbudget für die Kultur im Ausland beläuft sich immer noch auf eine zehnstellige Zahl, doch seit Beginn der achtziger Jahre ist es entsprechend der konjunkturellen Lage entweder beträchtlich erhöht oder drastisch gekürzt worden. 1995 etwa sanken die Mittel für die auswärtige Kultur im Vergleich zum Vorjahresetat um ganze zehn Prozent.[23]

Was die innerstaatliche Kulturpolitik betrifft, wird in Artikel 5 des Grundgesetzes lediglich festgestellt, daß die Kultur frei ist. Die Kulturhoheit liegt bei den Bundesländern, und ein Kulturministerium, das die Mittelvergabe auf nationaler Ebene koordiniert, gibt es nicht. Statt dessen ist eine Reihe von Bundesministerien – vor allem das Auswärtige Amt, das Innen- und zunehmend das Bildungsministerium – jeweils dort mit Kulturpolitik befaßt, wo sie sich mit anderen Bereichen überschneidet. In allen Fällen stimmen die Ministerien ihre Politik mit den

Bundesländern, den kommunalen Körperschaften und den verschiedenen unabhängigen Organisationen ab. Insgesamt haben die Ministerien eher eine beratende Funktion: die subsidiären Institutionen besitzen vollkommene Autonomie, und sie alle führen ihre Programme entsprechend durch.

Dieser konsequent dezentrale Ansatz findet sich auch im internationalen Bereich, wo ein dichtes Netz von Organisationen – teils privat, teils öffentlich gefördert – die verschiedenen Aspekte der deutschen Kultur vermittelt. In den frühen Jahren der Bundesrepublik empfanden viele Beobachter den kulturpolitischen Apparat als einen Ad-hoc-Versuch, den tiefsitzenden Zweifeln an der Verwirklichung freier Meinungsäußerung und demokratischer Verwaltung in Deutschland zu begegnen. Einer Reihe von Politikern war das »improvisierte« System ein Dorn im Auge, so daß sie in den späten fünfziger Jahren Theorie und Praxis der auswärtigen Kulturpolitik zu professionalisieren suchten.[24] Als Vorbilder galten den Reformern das quasiunabhängige, nicht der Regierung unterstellte British Council und die Schweizer Organisation Pro Helvetia. Das Auswärtige Amt wandte ein, daß Kulturpolitik ein unverzichtbarer Bestandteil der Außenpolitik sei, und so bestand das »improvisierte« System fort. Mitte der Sechziger, als die Nachfrage nach deutschen Kulturveranstaltungen die Kapazitäten der Kulturabteilung bei weitem überstieg, verwies das Auswärtige Amt voller Stolz auf die Vorteile seines Systems unabhängiger Vertragspartner.[25]

Bis in die frühen Siebziger hatte das Außenministerium den deutschen Schulen im Ausland die Lehrpläne vorgegeben, danach geschah dies in Absprache mit den Landeskultusministerien. Die Durchführung der meisten auswärtigen Kulturinitiativen fällt in die Kompetenz der sogenannten Mittlerorganisationen, wie zum Beispiel Deutscher Akademischer Auslandsdienst, Alexander-von-Humboldt-Stiftung, Carl-Duisberg-Gesellschaft, Inter Nationes, die Stiftungen der politischen Parteien, Deutscher Musikrat und Nationales Olympisches Komitee.

Die größte und wohl bekannteste dieser Organisationen ist das »Goethe-Institut zur Pflege der deutschen Sprache und zur Förderung der internationalen kulturellen Zusammenarbeit e. V.«. Von seiner Zentrale in München aus betreibt es mehr als 150 Kulturinstitute in 78 Ländern, dazu sechzehn Unterrichtsstätten und neun Zweigstellen in Deutschland.[26] Der Bundeshaushalt für das Jahr 1992 wies dem Goethe-Institut 331 Millionen DM zu, im Rechnungsjahr 1994/95 sank die Förderung auf etwa 300 Millionen DM.[27] (Die zirka 160 weiteren im Ausland tätigen Kulturorganisationen teilten sich 1992 einen Subventionsbetrag von ungefähr sieben Millionen DM.) Zwischen Goethe-Institut und Auswärtigem Amt besteht eine Reihe von Vereinbarungen, darunter ein Kooperationsvertrag von 1969 und ein sieben Jahre später abgeschlossener Rahmenvertrag.[28]

Unmittelbar nach Ende des Zweiten Weltkriegs waren die Deutschen vor allem damit beschäftigt, ihre zerbombten Städte und die diskreditierten Institutionen wiederaufzubauen. Als die Bundesrepublik allmählich Form annahm, entsann sich die Regierung der Kulturpolitik, um Deutschlands Ansehen bei seinen Nachbarn und vor allem deren Eliten wiederherzustellen.[29] Bruno E. Werner, von 1950 bis 1952 Kulturattaché der Botschaft in Washington, stellte neiderfüllt fest, daß Charles de Gaulle zwar bei den amerikanischen Politikern für Irritationen sorgte, aber alles Französische sich dank eines Jahrhunderts der sorgfältig gepflegten kulturellen Beziehungen bei den US-Bürgern höchster Beliebtheit erfreue. Als Beleg zitierte er ein Kongreßmitglied: »Jeder Ärger, den wir mit Frankreich haben, jede politische Mißstimmung schlägt bei uns Amerikanern durch einige Tränen der liebenswürdigen Marianne sofort in heftiges Mitleid und Sympathie um.«[30]

In ihrem Bestreben, der auswärtigen Kulturpolitik ein neues Profil zu verleihen, griff die BRD zunächst auf klassische Mittel kultureller Einflußnahme zurück, das heißt, es wurden vorrangig deutsche Schulen im Ausland und akademische Austauschvermittlungen eingerichtet. Allerdings kamen diese Programme erst nach 1955 richtig in Gang. Der Internationalismus löste allmählich das Streben nach nationalen Vorteilen ab, was sich etwa an den leicht paternalistischen Bildungsprojekten der Bundesrepublik zeigte, mit denen sie die soeben in die Unabhängigkeit entlassenen ehemaligen Kolonien bei der Ausbildung ihrer eigenen kulturellen Identität unterstützte.[31] Fortan war die Kulturabteilung nicht mehr nur das berufliche Abstellgleis für Angehörige des Auswärtigen Amtes, sondern zog überaus fähige Mitarbeiter an. Die Reformer der frühen sechziger Jahre wollten mehr, als daß deutsche klassische Musik die Hörer in aller Welt erreichte.

Unter Bundeskanzler Ludwig Erhard erfolgten die ersten wichtigen Schritte in Richtung einer umfassenden auswärtigen Kulturpolitik. Ihr goldenes Zeitalter erlebte sie dann während der sozialliberalen Koalition. 1970 wurde eine Enquetekommission des Bundestages unter dem Vorsitz von Ralf Dahrendorf eingerichtet. Die Regierung antwortete auf den Bericht der Kommission 1977 mit tiefgreifenden Verwaltungsreformen im Auswärtigen Amt.[32] 1980 beteiligten sich 42 Nationen an einem Bonner Symposium mit dem anspruchsvollen Titel *Brücken über Grenzen*, in dessen Verlauf das gesamte Spektrum des kulturpolitischen Potentials diskutiert wurde. Diese Konferenz krönte nach Auffassung damaliger Beobachter die Leistungen der deutschen internationalen Kulturpolitik

Doch bereits 1982 fand der Bericht der Dahrendorf-Kommission nicht mehr den notwendigen Konsens, und das Auswärtige Amt vertagte die Initiativen. Zwar hatten die durchgeführten Maßnahmen die Kompetenzen der verschiedenen Regierungsebenen geklärt und für größeres internationales Engagement der Bundesrepublik gesorgt, aber der Elan, den der »große Wurf für das nächste Jahrtausend« zunächst ausgelöst hatte, erlahmte schon bald.[33]

Die Enquetekommission hatte als vorrangiges Ziel »die Legitimierung der Bundesrepublik als Kulturstaat in einer sich verändernden Welt« formuliert. Darauf erwiderte die Regierung Schmidt/Genscher, daß nur eine »ausgewogene Darstellung der tatsächlichen Verhältnisse« diesen Zweck erfüllen könne.[34] Der Zeitpunkt der Erklärung ist entscheidend, denn die Studentenunruhen von 1968, zunehmend gewalttätige Aktionen und terroristische Anschläge sowie die internationale Debatte um die »Berufsverbote« hatten die Bundesrepublik in den frühen bis mittleren siebziger Jahren in eine Identitätskrise gestürzt.[35] Die Selbstdarstellung im Ausland gestaltete sich zu einem heiklen Unterfangen für Bonn, und auch das Goethe-Institut blieb vom Kampf der Regierung um das internationale Bild der Deutschen nicht verschont.

Selbst Kritiker bescheinigten der Regierung, daß sie große Zurückhaltung übte; das Auswärtige Amt verbot nur wenige Veranstaltungen: 1977 die Präsentation des Chile-Films von Peter Lilienthal in Ottawa, 1978/79 ein geplantes Seminar in Genua über Autonomiebestrebungen in Südtirol und 1979 eine Veranstaltung zur Filmfassung der *Blechtrommel* in Singapur, weil örtliche Regierungsbehörden die Vorführung von unzensierten Filmen nur auf exterritorialem Gebiet und ohne Einladungen erlaubten.[36] Einige Autoren, darunter Günter Grass und Heinrich Böll, sagten Lesungen im Ausland ab, um gegen offizielle Erklärungen zu protestieren, die ihrer Meinung nach die künstlerische Freiheit beeinträchtigten, aber tatsächlich hat Bonn Veranstaltungen mit kritischen Intellektuellen nie unterbunden. Gleichwohl hing das Goethe-Institut sicherlich in hohem Maße von der wohlwollenden Einstellung der Bundesregierung ab.

Deutsche Kulturpolitik
nach der Vereinigung

Vor 1989 sprachen die Kulturpolitiker der Bundesrepublik gerne von der »einheitlichen deutschen Kultur«.[37] Natürlich diente die Bonner Rhetorik politischen Zwecken, warf die DDR doch ein ernsthaftes Problem in den internationalen Kulturbeziehungen auf. Zum einen kamen die deutsch-deutschen Beziehungen über zaghafte Annäherungsversuche nicht hinaus, und diese Atmosphäre schlug sich auch in der Kulturpolitik nieder: Erst am 6. Mai 1986 unterzeichneten die beiden deutschen Staaten ein kulturpolitisches Abkommen. Bis dahin hatten die Bonner Kulturpolitiker den größten Teil ihrer Aktivitäten – von sorgfältig überwachtem Jugendaustausch über die im Lehrplan vorgesehenen Klassenfahrten nach Ostberlin bis hin zum Betrieb von Sendeanlagen, die Fernsehprogramme in die DDR ausstrahlten – als Teil der obligatorischen westlichen Offensive gegen den Osten betrachtet.[38]

Zum anderen entwickelten sich im Ausland widersprüchliche Deutschlandbilder. In Abschnitt 1.6 der Richtlinien des Auswärtigen Amtes zur Kulturpolitik von 1987 heißt es: »Unsere Kulturarbeit im Ausland sucht nicht den Wettbewerb mit der DDR; sie braucht ihn aber auch nicht zu scheuen.«[39] Ohnehin würden die kulturellen Aktivitäten der Bundesrepublik in den meisten Ländern den DDR-Angeboten vorgezogen. Trotzdem, wo immer die DDR ihre Kulturpolitik entfalten wollte, versprach das Auswärtige Amt Gegenmaßnahmen. Nach 1986 stellte die DDR ihre offene Polemik gegen die BRD außerhalb ihrer Grenzen weitgehend ein. Aber noch immer konnten der Vorschlag einer Rechtschreibreform und die Frage des kulturellen Eigentums in beiden deutschen Staaten heftige Reaktionen auf höchster Ebene hervorrufen.

Bis zu einem gewissen Grad entwickelte die Bundesrepublik ihre kulturpolitische Konzeption ausdrücklich, um gegen die politische Teilung des Landes anzugehen. Selbst in der Blütezeit der Bildungshilfe für die Entwicklungsländer wurde das Engagement in Osteuropa nicht eingeschränkt.[40] Hoffmann führt den hohen außenpolitischen Stellenwert der kulturellen Beziehungen auf den Wettkampf der Systeme zurück: »[Die auswärtige Kulturpolitik] sollte der Welt das ›bessere‹, kulturell reichere, demokratische Deutschland präsentieren.«[41] Die Vereinigung stellte einen großen Teil der bisher selbstverständlichen kulturpolitischen Programme der BRD in Frage. Daher hätte es kaum überrascht, wenn der westdeutschen Bürokratie die kulturelle Zusammenarbeit im vereinten Deutschland schwergefallen wäre. Doch nach und nach erwiesen sich die Stärke und die Flexibilität der bundesdeutschen Institutionen. Seltsamerweise hat sich aber auch das Beharrungsvermögen der ostdeutschen Kultur herauskristallisiert.

Die ostdeutsche Kultur ging mehr oder weniger intakt aus der Vereinigung hervor. Obwohl ganze gesellschaftliche Bereiche – Politik, Wirtschaft, Rechtsprechung, Bildung – zwischen dem 9. November 1989 und dem 3. Oktober 1990 zusammenbrachen beziehungsweise neugestaltet wurden, blieb die Kultur unversehrt. Nach Manfred Ackermann lautete die Frage, die deutsche Politiker beschäftigte, »nicht so sehr: Wie ändere ich das kulturelle ›System‹ der ehemaligen DDR?, sondern: Wie erhalte ich in Zeiten radikalen institutionellen und inhaltlichen Wandels die kulturelle ›Substanz‹ und wie verbessere ich die kulturelle Infrastruktur?«[42] Die Kultur war in der Tat eines der wenigen Gebiete, auf denen Ostdeutschland etwas in das vereinte Deutschland einbringen konnte, und zwar etwas spezifisch Deutsches.[43] Schließlich hatte die DDR für sich in Anspruch genommen, das Erbe der »guten Deutschen« zu verwalten, während die Westdeutschen als Nazis galten. In den achtziger Jahren begann in der DDR – im letztlich vergeblichen Bemühen, den ostdeutschen Staat in der deutschen Nationalgeschichte zu verankern – die Wiederentdeckung herausragender Gestalten wie Martin Luther und Friedrich der Große, und es verbreitete sich die Ansicht, daß die DDR der deutschere der beiden Staaten sei: der Ort, an dem deutsche Kultur rein und ursprünglich fortbestand, geschützt vor den verderblichen Auswirkungen westlicher Kommerzialisierung. Sogar in Westdeutschland priesen einige Intellektuelle Ostdeutschland als einzigen Hüter der wahren deutschen Kultur.

Obwohl Ostberlin die kulturellen Aktivitäten zentralisierte, durch ein schwerfälliges Kulturministerium kontrollieren und von oben organisieren ließ, obwohl der Apparat den ideologischen Gehalt der Kultur bestimmte und sein Füllhorn nur über den genehmen Veranstaltungen ausgoß: Es gab ein breites Spektrum an Festspielen und Ausstellungen, Theater- und Konzertkarten waren subventioniert, Bücher billig, und Künstler konnten in den Rang nationaler Helden und Vorbilder aufsteigen. In der DDR hatte die Kultur nicht den gewohnten kommerziellen Charakter, und das allein brachte ihr die Bewunderung manch eines westdeutschen Intellektuellen ein.

Artikel 35 des Einigungsvertrags vom 31. August 1990 spricht den Kulturschaffenden des Ostens ausdrücklich jene Rechte, Privilegien und Fördermittel zu, die auch ihre westlichen Kollegen genießen.[44] Die Vereinigung hat zwar das dezentralisierte System der Kulturverwaltung übertragen, aber den neuen Ländern fehlten die Mittel, ihren kulturellen Pflichten nachzukommen. Experten befürchteten, daß die Kultur den wirtschaftlichen Härten als erstes zum Opfer fallen würde. Offenbar teilte man diese Sorgen in Bonn, denn kurz nach der Vereinigung beschloß die Regierung, eine einmalige »Übergangsfinanzierung zur Erhaltung kultureller Substanz in dem Gebiet der ehemaligen DDR« von 900 Millionen DM bereitzustellen. 300 Millionen flossen in ein »kulturelles Infrastrukturprogramm«, die fünf östlichen Bundesländer und Ostberlin teilten sich die restlichen 600 Millionen.[45]

Wie weit die kulturelle Vereinigung vorangeschritten ist, bleibt unklar. Es gibt Hinweise, daß die gegenseitige Anerkennung der beiden Kulturtraditionen und ihrer Besonderheiten wächst.[46] Ostdeutsche Künstler wie Bernhard Heisig und Werner Tübke haben auch im Westen ihr Publikum gefunden.[47] Auf der anderen Seite verweist die Debatte um Christa Wolfs Verbindungen zum Ministerium für Staatssicherheit auf das anhaltende Gefühl, daß alles, was von »drüben« kommt, auf die Müllkippe der Geschichte gehöre. Offiziell jedoch schreitet die Integration voran, hat die Kultur der DDR ihren Weg in die Identität des vereinten Deutschland gefunden.

Innerhalb der Europäischen Union erschien die Selbstbezogenheit der Kultur zunächst als unüberwindliche Hürde, erwies sich dann aber als grundlegende Stärke der zwischenstaatlichen Beziehungen. Zweifellos sollte mit Hilfe der gemeinsamen Kulturpolitik eine gemeinsame europäische Identität ausgebildet werden, und ebenso zweifellos gibt es sie nicht. Als vorrangiges Ziel nannte Bonn, »Kultur und Zivilisation der Deutschen mit Kultur und Zivilisation der anderen Völker in Verbindung zu bringen, Lehren und Lernen, Geben und Nehmen zwischen den Völkern in partnerschaftlicher Kooperation zu bewirken«[48]. Das Geben und Nehmen zwischen den Völkern mag immer noch Schwächen aufweisen, doch die Europäische Union ruht auf dem Fundament der französisch-deutschen Freundschaft, die dank sorgfältiger Pflege über lange Jahre zu einer sicheren Beziehung gewachsen ist.[49] Das ist eine beachtliche Leistung. Aber ist Westeuropa eine eigenständige kulturelle Einheit? Ist die Europäische Union auch nur ansatzweise mehr als die Summe ihrer Teile? Können wir wirklich von einer europäischen Kultur sprechen, die Europäer im Alltagsleben erfahren?

In den Römischen Verträgen wird Kultur – außer in Artikel 7, in dem es um das Diskriminierungsverbot geht, und in Artikel 36, der »nationales Kulturgut« vom Verbot der Import- und Exportbeschränkungen ausnimmt – nicht erwähnt.[50] Eine Europäische

Kulturkonvention wurde 1954 vereinbart, und der Ausschuß für kulturelle Zusammenarbeit des Europarats fristet seit Mitte der sechziger Jahre ein Schattendasein. Die Dominanz der Wirtschaftsbeziehungen innerhalb der Trias Ökonomie, Politik, Kultur ist derzeit unübersehbar. Die Gründerväter waren zweifellos von der Vision einer integrierten politischen Einheit beseelt, doch der Zusammenschluß der fünfzehn hat sich seit den Zeiten der Europäischen Wirtschaftsgemeinschaft der sechs kaum weiterentwickelt. Trotz des Abkommens über den Europäischen Binnenmarkt von 1992 und der erheblich anspruchsvolleren Maastrichter und Amsterdamer Verträge steckt die politische Integration der Europäischen Union immer noch in den Anfängen.

Dieser Partikularismus spiegelt sich auch in der zeitgenössischen Kultur. Für die Franzosen heißt kontinentale Kultur lediglich, den Einfluß der Amerikaner abzuwenden. Jack Lang, altgedienter Kulturminister der Sozialisten, charakterisiert Politik als »Wirtschaft und Kultur – ein Kampf«.[51] Die Deutschen scheinen ähnlich entschlossen, ihre nationale Kultur zu verteidigen, obwohl sie ihren Antiamerikanismus besser verbergen als die Franzosen. Die vagen Maastrichter Vorgaben für eine europäische Kulturpolitik lassen drei Ziele erkennen: die europäische Kultur vor fremden, insbesondere amerikanischen Einflüssen zu schützen, der Kultur vollständige Bewegungsfreiheit einzuräumen sowie ihre Autonomie und Unabhängigkeit gegenüber der Politik zu garantieren und nationale Bräuche und regionale Eigenheiten zu respektieren und zu fördern. Abgesehen davon, daß diese Zielvorstellungen einander zuwiderlaufen, machen sie eine gesamteuropäische Kulturpolitik schlichtweg unmöglich.

Die Europäische Union fußt auf einer Struktur, die die Ausbildung einer Kollektividentität nicht gerade begünstigt. Alle Einzelstaaten behandeln die Kultur recht unterschiedlich. Wie soll man das halbstaatliche deutsche System mit dem französischen Kulturministerium und dem nominell unabhängigen British

Council vereinbaren? Die Kultur bleibt national oder regional ausgerichtet, und zwar nicht nur in ihren Ausdrucksformen, sondern auch in ihrer institutionellen Förderung. Zudem äußert sich der Partikularismus in der EU in Angelegenheiten der Sprache, die in vieler Hinsicht die erste Vermittlerin der Kultur ist. Niemand schlägt ernsthaft eine gesamteuropäische Sprache vor, und ein solcher Schritt würde auch den Absichten der Mitgliedstaaten eindeutig widersprechen. Zufälligerweise bietet Englisch einen gewissen Ersatz: Es besitzt immer noch die weiteste Verbreitung innerhalb der EU und wird von 42 Prozent der EU-Bürger entweder als Muttersprache oder einigermaßen fließend gesprochen.[52] Französisch, das 29 Prozent beherrschen, behält seinen Status als Verkehrssprache. Seit der Vereinigung hat sich der Anteil der Deutschsprachigen erhöht, und Österreichs Beitritt im Jahr 1995 ließ ihn auf etwa 33 Prozent anwachsen. Allerdings stellt Deutsch nur für 7 Prozent dieser Gruppe nicht die Muttersprache dar, im Vergleich mit 25 Prozent der EU-Bürger, die Englisch, und 13 Prozent, die Französisch als Fremdsprache erlernt haben. Die deutschen Politiker haben die daraus erwachsenden Nachteile erkannt; daher forderte Helmut Kohl im Juni 1996 weitere öffentliche Mittel, um den Deutschunterricht weltweit zu fördern.[53]

Wir sind der Auffassung, daß eine angemessene Kulturpolitik der EU nicht darauf zielen sollte, die nationalen Unterschiede einzuebnen, sondern Toleranz für sie zu wecken. Nach Jahren der rechtlichen und administrativen Winkelzüge ist die Europäische Union endlich bei einer Kulturpolitik angelangt, die der Vielfalt Rechnung trägt. Seit 1987 bestehen umfangreiche multilaterale Austauschprogramme für Schüler, Studenten, Professoren, Lehrer, Auszubildende und Arbeitnehmer der EU- wie der früheren EFTA-Länder und Parallelprojekte, die sich an Osteuropa wenden. Am 1. Januar 1995 waren unter dem Dach dreier übergreifender Programme – Sokrates, Leonardo und Jugend für Europa – etwa ein Dutzend Einzelprogramme zusammengefaßt. Der Austausch sollte überwiegend dazu dienen, die Fremdsprachenkenntnisse der jüngeren Europäer zu fördern, und zwar einerseits über die Weiterbildung von Sprachlehrern, andererseits indem Schüler und Studenten aller Stufen und Semester zu Schulbesuch und Studium im Ausland ermutigt werden. Mit dem Vertrag über die Europäische Union erhielten die vielfältigen Programme allerdings ein einheitliches rechtliches Rahmenwerk in den Artikeln 126 und 127 und die ausdrückliche Aufgabe, die wechselseitige Beziehung zwischen Bildung, Ausbildung, Beschäftigung, sozialer Stabilität und wirtschaftlicher Leistungsfähigkeit zu fördern.

Für die Zeit zwischen 1995 und 1999 hat die EU-Kommission mehr als eine Milliarde ECU für das akademische Austauschprogramm Sokrates, über 800 Millionen ECU für die Leonardo-Projekte zur internationalen Berufsausbildung und ungefähr 157 Millionen ECU für Jugend für Europa III vorgesehen.[54] Die Initiatoren des ERASMUS-Programms hatten sich zum Ziel gesetzt, etwa 10 Prozent der an europäischen Universitäten Immatrikulierten zum Studium im Ausland zu bewegen. Im ersten Jahr, dem akademischen Jahr 1987/88, nutzten rund 3.000 Studenten die Stipendien, im nächsten Jahr war ihre Zahl bereits auf 13.000 angewachsen, und 1994/95 gingen 145.800 Bewerbungen ein.[55] Die Fördermittel sind der Nachfrage entsprechend gestiegen. Ein unerwünschter Effekt stellte sich mit der zunächst ungleichmäßigen Mobilität zwischen den einzelnen EU-Ländern ein. Noch 1991/92 studierten erheblich mehr deutsche Hochschüler im Rahmen des ERASMUS-Programms im Ausland als ausländische Studenten in der Bundesrepublik, wohingegen die britischen Universitäten viel mehr Studenten aus anderen EU-Ländern aufnahmen, als sie selbst auf den Kontinent schickten. Inzwischen haben sich die Zahlen ausgeglichen. Ungefähr 92 Prozent der inzwischen berufstätigen ERASMUS-Absolventen hielten noch drei Jahre nach ihren Auslandssemestern Verbindung zum Gastland; im Durchschnitt unternahmen sie mehr als drei Besuche pro Jahr, und die überwältigende Mehrheit ist entschlossen, ihre guten Kenntnisse der Landessprache zu bewahren. Absolventen der Programme finden »nationale Eigenheiten« keineswegs störend, was das jeweilige Bildungssystem angeht: Deutsche Universitäten gewähren den Studenten viel Freiheit, legen weniger Wert auf regelmäßige Kursteilnahme und konzentrieren sich darauf, Theorien und allgemeine Konzepte zu vermitteln. Dagegen nimmt an französischen Hochschulen das »Abfragen« konkreter Kenntnisse einen höheren Stellenwert ein und rückt die Lehrperson in den Mittelpunkt des Informationsaustauschs. Im allgemeinen werden solche Unterschiede von den Studenten positiv beurteilt, und zumindest auf dieser Ebene scheinen die Europäer dem erwünschten Ziel der »Vielfalt in der Einheit« einen Schritt näher gekommen zu sein.

Eine deutsch-französische Partnerschaft der jüngeren Zeit kann als weiteres Modell für die EU gelten. Mit dem Fernsehsender »arte« haben Deutsche und Franzosen ein bikulturelles Programm geschaffen. Der Sender, von Helmut Kohl und François Mitterrand im April 1991 mit großem Pomp aus der Taufe gehoben, bezeichnet sich selbst als Europäischer Kulturkanal und soll dazu beitragen, »die geistigen Zollschranken niederzureißen«.[56] Offiziell unabhängig, trat der neue Sender als Gemeinschaftsprojekt der französischen und deutschen öffentlich-rechtlichen Fernsehanstalten ins Leben und verbleibt auch in ihrem Rahmen. Noch bevor »arte« am 30. März 1992 auf Sendung ging, hatten sich einige skeptische Stimmen zu Wort gemeldet. Nach Auffassung der Kritiker lag die dominierende Rolle in der »arte«-Partnerschaft bei den Franzosen, die den europäischen Kulturkanal mit Sicherheit in den kommerziellen Sumpf der florierenden Privatsender herabziehen würden. In dieser Auseinandersetzung schimmerten gelegentlich dauerhafte kulturelle Unterschiede, in organisatorischer wie intellektueller Hinsicht, zwischen Frankreich und Deutschland durch. Jedenfalls hat »arte« die Kritik überlebt und die Fallen des Nischenfernsehens vermieden. Der Sender ist ein gutes Omen für den Zusammenhalt der Europäischen Union, obwohl oder gerade weil er das Prinzip der kulturellen Vielfalt verkörpert.

Deutsche Kulturpolitik in Osteuropa

Die alte Bundesrepublik hielt eine Phantompräsenz in Osteuropa aufrecht, denn die offiziellen Beziehungen waren lange Zeit nicht besonders lebendig. 1969 unterzeichnete Jugoslawien ein Kulturabkommen mit Westdeutschland, unter anderem, um seinen unabhängigen Status in Osteuropa zu bekräftigen. Rumänien schloß sich 1973 an.[57] Ein sowjetisch-deutsches Kulturabkommen war der Vereinbarung zwischen Bukarest und Bonn um sechs Wochen vorausgegangen, aber es bestand nur als Formalität, bis Kohl und Gorbatschow Ende 1988 einen umfangreicheren Vertrag abschlossen. Das Abkommen mit Jugoslawien führte zur Eröffnung von Goethe-Instituten in Belgrad (1970) und Zagreb (1971). Ansonsten tat sich von 1949 bis in die jüngste Vergangenheit auf dem Gebiet der kulturellen Beziehungen zum Osten nicht viel.

Als die Schlußakte der Konferenz für Sicherheit und Zusammenarbeit in Europa am 1. August 1975 in Helsinki unterzeichnet wurde, schien ein vielversprechender Schritt getan. Mit dem Abkommen erkannten die westeuropäischen Staaten die Souveränität und die Unverletzlichkeit der Grenzen ihrer östlichen Verhandlungspartner an, weil sie damit einen höheren Grad an Kooperation zu erreichen hofften. Als Folge schloß Bonn in einer ersten Runde mit allen Ostblockstaaten außer der DDR Kulturabkommen ab. Trotz der Hoffnungen auf ein kulturelles Tauwetter entwickelte sich darüber hinaus allerdings wenig, die zehn Jahre nach Helsinki waren »ein Jahrzehnt der Stagnation«.[58] Das KSZE-Kulturforum von 1985 in Budapest setzte der rigiden Ost-West-Trennung ein Ende. Zum ersten Mal trafen sich

Künstler, Schriftsteller, Filmemacher und andere Kulturschaffende, um über ihre Arbeit zu diskutieren, und viele der Teilnehmer sollten ein paar Jahre später in den vordersten Reihen der Reformbewegungen in ihren Ländern kämpfen. So kam es zur Kooperation zwischen Ost und West, noch bevor die Blöcke sich auflösten. Unmittelbar nach dem Ende des Kalten Krieges erlebten die kulturellen Beziehungen zu Deutschland in Ost- und Mittelosteuropa einen rasanten Aufschwung. In Sofia, Prag, Bratislava, Warschau, Krakau, Budapest, Riga, Moskau, Kiew, St. Petersburg und Minsk wurden Goethe-Institute eröffnet, Tallin und Wilna folgten.[59]

Noch immer leben in vielen osteuropäischen Ländern große deutsche Minderheiten, denen sich die Bundesrepublik »moralisch verpflichtet« fühlt.[60] Allerdings wird nun eine Politik verfolgt, die sie erfolgreich in die umgebende Gesellschaft integrieren soll. Die Frage der deutschen Auslandsschulen belegt diese Neuorientierung. Noch 1964 konnten Kulturpolitiker auf die Schulen als »Kern der deutschen auswärtigen Kulturpolitik« und als »Voraussetzung für tiefergehende geistige Beziehungen« verweisen.[61] 1992 stellte das Parlament rund 340 Millionen DM zur Unterstützung von 123 deutschen Schulen im Ausland bereit, die vor allem der Vorbereitung von Deutschen auf weiterführenden Schulbesuch, Studium oder Berufsausbildung dienen sollten. Darüber hinaus nehmen solche Einrichtungen nun neben deutschen auch einheimische Schüler auf. Die Botschaft ist klar: Bewahrt euer Deutschsein, aber lernt mit der euch umgebenden Gesellschaft zurechtzukommen – schließlich lebt ihr in diesem Land.[62]

Vorrangige Aufgabe der deutschen Kulturbotschafter in Osteuropa ist der Sprachunterricht: Weltweit lernen ungefähr 20 Millionen Menschen Deutsch, und mehr als 13 Millionen von ihnen sind Osteuropäer. Über eine Million Ukrainer nehmen an Deutschkursen teil, und Deutsch ist die meistgelehrte Fremdsprache in den Primar- und Sekundarschulen der Tschechischen (mit beinahe 51 Prozent aller Schüler im Jahr 1990/91) und der Slowakischen Republik (40,5 Prozent).[63] Seit der Vereinigung hat Deutsch das Russische als zweite Fremdsprache in Mittel- und Osteuropa abgelöst. Deutsch schließt gegenwärtig rasch zu Englisch auf und hat es in bestimmten Kreisen in Budapest, Prag, Zagreb, Ljubljana und Warschau bereits überholt. Vielleicht wird ihm wieder die Popularität zuteil, die es als *lingua franca* der Region seit dem Ende der Napoleonischen Kriege bis 1945 genoß. Die deutsche Sprache würde sich noch schneller verbreiten, wenn die Deutschen aufhörten, Englisch mit den Osteuropäern zu reden und sich mit ihnen nur noch auf deutsch unterhielten.[64]

Ein kurzer Überblick soll die weite Verbreitung der deutschen Sprache illustrieren. In Bulgarien ist Deutsch die häufigste zweite Fremdsprache, obwohl es dort niemals eine deutschsprachige Minderheit gab. Russisch zählt seit dem Schuljahr 1992/93 nicht mehr zu den Pflichtfächern. Die tschechische Beziehung zur deutschen Kultur geht bis zur Herrschaft der Habsburger zurück, und heute sprechen etwa zwei Millionen Tschechen Deutsch. Nur ein kleiner Überrest der deutschsprachigen Minderheit, ungefähr 60.000 Menschen, lebt immer noch in der Tschechischen Republik, doch die Sprache stirbt unter ihnen langsam aus. Die Gruppe der Karpatendeutschen in der Slowakei umfaßt heute weniger als 6.000 Mitglieder. Trotzdem hat in beiden Ländern das Interesse an der deutschen Sprache zugenommen, vor allem seit Russisch als Pflichtfach an den weiterführenden Schulen entfiel.

In Ungarn ist die sprachliche und kulturelle Präsenz der Deutschen besonders stark ausgeprägt. Schon das sozialistische Ungarn bot früh Möglichkeiten der internationalen kulturellen Zusammenarbeit an, und außerdem zehrt die deutsche Sprache noch von ihrer Rolle aus den Zeiten der österreichisch-ungarischen Doppelmonarchie. Rund 220.000 Menschen deutscher Abstammung leben heute in Ungarn, denen die ungarische Minoritätenpolitik die Entwicklung einer umfassenden deutsch-sprachigen Infrastruktur im Lande ermöglichte, darunter Schulen, Kulturprojekte und Medienangebote. 1990/91 entschieden sich mehr als 200.000 Schüler an Grund- und weiterführenden Schulen für Deutschunterricht, 151.000 wählten Englisch.[65]

Auch Polen hat den obligatorischen Russischunterricht in den achtziger Jahren abgeschafft, doch Deutsch bleibt weiter hinter Russisch und jetzt auch Englisch zurück. 1990/91 lernten nur etwa 9 Prozent der polnischen Primarschüler Deutsch, aber fast 34 Prozent Russisch und mehr als 15 Prozent Englisch. An den weiterführenden Schulen wählten knapp 50 Prozent Deutsch (Russisch 71,1 Prozent und Englisch 59 Prozent). Universitäten und Fachschulen verzeichnen allerdings reges Interesse. Erst 1989 hat die polnische Regierung die Existenz der deutschsprachigen Minderheit im Lande offiziell anerkannt. Nach polnischen Zählungen handelt es sich um etwa 500.000 Menschen, deutsche Schätzungen gehen von bis zu 800.000 Personen aus, die beinahe ausschließlich in Oberschlesien leben.[66]

In Rumänien rangiert Deutsch an vierter Stelle bei den Fremdsprachen, die auf den Lehrplänen der Schulen stehen, und zwar nach Französisch, Englisch und Russisch. Allerdings ist das Interesse an Deutsch stetig gewachsen, seit die Russisch-Pflichtkurse entfielen. Obwohl das Ceauşescu-Regime eine oft gewalttätige Politik der Zwangsrumänisierung betrieb, leben noch etwa 200.000 Bürger deutscher Muttersprache vor allem im Banat und in Siebenbürgen. Nach der Öffnung des Landes zum Westen beschloß die Bundesregierung, mit Billigung der neuen Regierung in Bukarest, ein massives Förderprogramm für kulturelle Einrichtungen wie Schulen und Universitäten, an denen Deutsch gelehrt wird. Besondere Aufmerksamkeit widmet Bonn der Stabilisierung der Verhältnisse in traditionell von Deutschen bewohnten Regionen, weil seit 1990 ein überwältigender Anteil der deutschen Minderheit aus Rumänien in die Bundesrepublik abgewandert ist – 1990 allein 111.150 Personen.[67]

Sogar in den Ländern des ehemaligen Jugoslawien ist Deutsch – nach Englisch und Russisch – noch stark vertreten. Die schrumpfende deutsche Minderheit von insgesamt etwa 8.000 Menschen lebt überwiegend in Kroatien. Obwohl die Kroatiendeutschen selbst das Interesse an der deutschen Sprache rapide verlieren, werden einige deutsche Politiker in Kroatien beinahe wie Heilige verehrt, weil sie sich für die kroatische Unabhängigkeit eingesetzt und versprochen haben, die Bedeutung des Deutschen dort zu stärken. Mit 9 Millionen Deutschlernenden bieten die Länder der früheren Sowjetunion bei weitem das größte Potential für die kulturellen Bemühungen Bonns. Allein in Rußland nehmen 4,2 Millionen Einwohner am Deutschunterricht teil, und in den neuen Republiken mit großen deutschen Minderheiten, wie zum Beispiel Kasachstan, übertrifft das Deutsche sogar Englisch als beliebteste Fremdsprache. Trotz des Streits um die »Beutekunst« aus dem letzten Krieg scheint die Bundesrepublik entschlossen, das Ausmaß und die Intensität ihrer Kulturförderung in der ehemaligen Sowjetunion zu erhalten. Ein hochrangiger Kulturpolitiker des Auswärtigen Amts schrieb: »So dringlich es ist, den ökonomischen Zerfall in Mittel- und Osteuropa aufzuhalten und die sozialen Unterschiede so gut es geht zu verringern, so wenig kann die Lösung der anstehenden großen europäischen Fragen nur von der Politik und der Ökonomie erwartet werden.«[68]

Deutsche Kultur als Macht

»Wir sind wieder wer – ohne recht zu wissen, wer wir sind«, beurteilte Hildegard Hamm-Brücher 1976 die Bundesrepublik.[69] Die Diagnose trifft auch auf das vereinte Deutschland zu. Innerhalb der neuen politischen Ordnung auf dem Kontinent ist Deutschland die dominierende strukturelle Kraft, was den dominierten Beteiligten nicht unbedingt zum Nachteil gereicht.

Zwar wehren sich viele Deutsche gegen diese Tatsache aus einer verständlichen Sehnsucht nach den machtpolitischen Gewißheiten des Kalten Krieges, doch die kulturellen Beziehungen zu Osteuropa widersprechen dem liebgewordenen Bild der Bundesrepublik als bravem Schüler der größeren westlichen Mächte. Der Osten erwartet mit Sicherheit gewisse Führungsqualitäten.[70]

Rund 80 Prozent der Deutschlernenden im Ausland interessieren sich gewiß mehr für einen soliden wirtschaftsdeutschen Wortschatz als für die komplizierten Verschachtelungen Kleistscher Prosa. Deutsch ist in einem großen Teil des früheren Ostblocks die nützlichste Sprache für Handels- und Geschäftsbeziehungen und schenkt darüber hinaus vielen Bürgern der neuen Demokratien Hoffnung auf ein baldiges Leben in Wohlstand. Die ausgeweiteten Kontakte haben den Trend nur verstärkt, und, ob zum Guten oder zum Schlechten, Deutschland liefert das Entwicklungsmodell – demokratisch, international eingebunden, marktwirtschaftlich –, dem die Ost- und die Mittelosteuropäer nacheifern. Natürlich hat das wirtschaftliche Übergewicht auch eine Art sprachliche Gegenreaktion ausgelöst. Östlich der Oder wird der folgende zynische Rat erteilt: »Die Polen sollten Deutsch lernen, damit sie später ihren Kollegen übersetzen können, was der Boß von ihnen will.«[71]

Trotz allem bleibt Englisch, wie in Westeuropa, das eigentliche »Tor zur Welt«. Genau wie in Deutschland stellt die amerikanische Popularkultur alle anderen Konkurrenten in den Schatten. Ein in Ungarn ansässiger amerikanischer Unternehmer bemerkte über den Betreiber des ersten Restaurants der Pizza-Hut-Kette in Budapest: »Er verkauft nicht einfach Pizza, sondern das Tempo und das Glitzern der amerikanischen Kultur.«[72] Wie überall setzt die überwältigende internationale Präsenz der amerikanischen Kultur der deutschen Hegemonie auch in Osteuropa Grenzen. Das vereinte Deutschland steht seinen östlichen Nachbarn gleichsam als nicht voll entwickelter Hegemon gegenüber, zumindest in kultureller Hinsicht. Die Polen mögen durch das deutsche Wirtschaftspotential alarmiert sein, doch die Struktur Europas nach dem Kalten Krieg engt die Möglichkeiten deutscher Einflußnahme im Ausland erheblich ein. Außerdem werben die Deutschen selbst für Offenheit, Zusammenarbeit und Demokratie. Das brave Schulkind des Westens hat sein Examen bestanden.

Allerdings scheint die Kohl-Regierung bestrebt, Deutschlands internationalem Profil wieder einen gewissen machtpolitischen Aspekt zu verleihen.[73] Die Bundesregierung versucht, die kulturellen und sprachlichen Komponenten in der Aufgabenstellung der Goethe-Institute zu entkoppeln und die verbleibenden Programme zu politisieren: damit könnte die auswärtige Kulturpolitik zum »Droschkengaul der Diplomatie und des Handels« erniedrigt werden, wie ein besorgter Kulturpolitiker prognostizierte. Ein Kritiker hielt dem entgegen: »Das Geld wird allzuoft aus dem Fenster geworfen, man denke nur an eine Dichterlesung vor vier alten Jungfern, die einige tausend Mark kostet.«[74] Man kann sich den Ärger der Regierung über eine Lesung im Moskauer Goethe-Institut im Jahr 1991 vorstellen, an der der ostdeutsche Autor Sascha Anderson teilnahm. Anderson wurde später als Informant enttarnt, der die Staatssicherheit der DDR über lange Zeit hinweg mit Berichten über seine Künstlerkollegen versorgt hatte. Sein Auftritt in Moskau, der sicherlich auf Bemühungen zurückging, ein gesamtdeutsches Kulturprogramm in dem neueröffneten Institut vorzustellen, brachte das Goethe-Institut und damit das Auswärtige Amt in den Ruf, Täter des alten DDR-Regimes zu unterstützen.

Die Auseinandersetzung mit den dunklen Seiten der deutschen Vergangenheit stand immer ganz oben auf der Aufgabenliste der Kulturabteilung. In ihrer frühen Phase präsentierte die Bundesrepublik ihr kulturelles Erbe mit all seinen Widersprüchen. Und diese Offenheit hat Deutschland auch gute Dienste geleistet. Kulturpolitik bedeutet mehr als nur Wirtschaft oder Sicherheit.

Die Geschichte der bundesrepublikanischen Kulturpolitik zeigt, daß sie in Zeiten des Umbruchs dazu beitragen kann, den Übergang zu erleichtern. Es mag noch zu früh sein, den Primat der Kulturpolitik zu fordern, aber die deutschen Leistungen auf diesem Gebiet seit 1945 sprechen eindringlich für die Fortführung der gewachsenen kulturellen Beziehungen durch die Berliner Republik.

Trotz ihres Partikularismus verkümmert die Kultur nicht auf der Ebene provinzieller Kuriositäten, sondern hat sich sehr wohl dem internationalen Austausch in einer Ära der wechselseitigen Abhängigkeit geöffnet. Es überrascht nicht, die deutsche Kultur neben den deutschen Handelsbeziehungen in diesem neuen Umfeld florieren zu sehen. Kultur ist ein Instrument der Macht, und ihr Beharrungsvermögen bedeutet lediglich, daß sie andere Strategien als Wirtschaft und Politik verfolgt.[75] Dennoch stehen die europäischen Nachbarländer der deutschen Kultur relativ zurückhaltend gegenüber. Und letztlich werden die begrenzten Ambitionen der Berliner Republik, die warenförmige Natur der neuerlich gefragten deutschen Kultur und die bisher nicht ernsthaft angefochtene Vorherrschaft der amerikanischen Lebensform sie auch vor einer neuen deutschen Hegemonie bewahren.

Das Dilemma der Berliner Republik

Die Deutschen werden uns Auschwitz niemals verzeihen.
Zvi Rex, israelischer Psychoanalytiker

Die Berliner Republik wird im wesentlichen die gleiche Politik wie ihre Bonner Vorgängerin betreiben. Zwar ist die neue Bundesrepublik Deutschland um ein Drittel größer, und ihre Bevölkerung hat 17 Millionen Menschen hinzugewonnen. Doch in seinen qualitativen Merkmalen wird sich dieses neue Gebilde nicht sonderlich von der immens erfolgreichen Republik unterscheiden, die ihr Hauptquartier in einer verschlafenen Universitätsstadt am Rhein aufgeschlagen hatte. So sehen Optimisten die Zukunft der deutschen Politik und Gesellschaft. Wie wir dargelegt haben, läßt sich diese Ansicht mit einer Fülle an überzeugenden Belegen untermauern, und wir teilen den Optimismus auch weitgehend. Angesichts der Stabilität der demokratischen Institutionen und der politischen Kultur der Bonner Republik zählen wir uns sogar zu den zuversichtlichsten Deutern der deutschen Zukunft. Die demokratischen Strukturen des Modells Deutschland sind innenpolitisch wie außenpolitisch so tief verankert, daß die Vorteile der Loyalität zu Europa bei weitem alles übertreffen, was mit Abwendung oder Widerspruch gewonnen werden könnte.

Trotzdem wird sich die Berliner Republik deutlich von ihrer Bonner Vorläuferin unterscheiden. Die epochalen Umstrukturierungen des Weltgeschehens im Gefolge der Jahre 1989 und 1990 werden das Wesen und die Identität Deutschlands einschneidend verändern. Dieser Wandel, so befürchten die Pessimisten, könnte zum Nachteil sowohl der deutschen Demokratie als auch der politischen Stabilität und Autonomie der europäischen Nachbarn verlaufen. Obwohl wir keinerlei Anhaltspunkte für eine solche Entwicklung gefunden haben, fragen wir uns allerdings, ob Optimismus auch dann gerechtfertigt ist, wenn es um das Problem der deutschen Macht geht. Hier, so behaupten wir, bleibt das Selbstverständnis der Deutschen vage. Die Bundesrepublik schwankt zwischen anmaßender Machtausübung, vor allem in wirtschaftlichen Belangen, und dem Widerwillen, diese Macht einzugestehen; in ihrem Verhältnis zur Macht scheint die deutsche Identität so ungewiß und unzureichend definiert, wie sie hinsichtlich der Demokratie kristallklar ist. Die Ähnlichkeit mit dem Verhalten der Vereinigten Staaten in der Zwischenkriegszeit ist verblüffend: befähigt zur Führung, aber nicht bereit dazu.

Das neue Deutschland wird der Demokratie treu bleiben, doch sein Umgang mit der Macht bleibt ungewiß. Die Loyalität gegenüber Europa scheint schwächer zu werden, und in diesem Punkt treffen sich der neoisolationistische Wunsch nach Abwendung auf der Linken und das Streben nach stärkerer internationaler Präsenz auf der Rechten. So wie die wesentliche Leistung der Bonner Republik darin bestand, daß sie die Demokratie auf deutschem Boden institutionell verankert hat, liegt die größte Herausforderung für die Berliner Republik darin, das Problem der angemessenen Machtausübung zu lösen.

Eine offene Debatte über diese Frage wird wohl erst in der Ära nach Kohl stattfinden, doch lassen sich bereits jetzt einige wahrscheinliche Entwicklungen aufzeigen. Es ist zweifelhaft, ob Kohls Nachfolger an der Spitze der größten politischen Partei und mächtigsten konservativen Institution Deutschlands dem Westen im allgemeinen und den Vereinigten Staaten im besonderen mit ebensoviel Sympathie begegnet. Kohls atlantische Orientierung gehört zum kollektiven Gedächtnis einer bestimmten Generation, zu einem Gedächtnis, das in der politischen Klasse der Bonner Republik nicht anders beschaffen sein konnte, in der Berliner Republik aber nur eine der möglichen Optionen darstellt. Darüber hinaus sind wir skeptisch, ob die künftige Führung der CDU sich als so außerordentlich europatreu erweisen wird, wie es diesen Kanzler und die Bonner Republik insgesamt ausgezeichnet hat. Damit sagen wir nicht, daß Kohls Nachfolger eine ähnlich europafeindliche Haltung entwickeln, wie sie viele führende Politiker Großbritanniens an den Tag legen. Doch das neue deutsche Europäertum wird eher Mittel als Zweck sein; die Deutschen werden sich zu guten Europäern entwickeln, um ihre wirtschaftlichen und politischen Interessen zu befördern, und nicht, weil sie diese Identität als moralisch wünschenswert und vielleicht sogar ihrer eigenen nationalen Identität überlegen betrachten. Deutschland hat im europäischen Rahmen stets eigennützige Strategien verfolgt, und diese Tendenz, so vermuten wir, wird sich verstärken.

Die Sozialdemokraten haben eine Zeitlang damit gedroht, ihre Zustimmung zur dritten Phase der europäischen Wirtschafts- und Währungsunion – Maastricht II – zu verweigern, wenn an dem Vertrag nicht bestimmte arbeitsmarkt- und sozialpolitische Nachbesserungen vorgenommen werden. Die Kritik der Sozialdemokraten an der Sozialpolitik und dem mangelnden Schutz der Schwachen in der EU ist nicht neu. Neu ist dagegen ihre Bereitschaft, Barrieren auf dem Weg zur europäischen Einheit zu errichten. Vieles davon kann als Wahlkampfrhetorik verbucht werden. Aber daß auch in der SPD, der traditionell europafreundlichsten Partei Deutschlands, die skeptische Haltung inzwischen so verbreitet ist, markiert eine Zäsur. Vor nicht allzu langer Zeit war das vereinte Europa unantastbar. Den Deutschen erschien eine europäische politische Identität, die mit der deutschen koexistieren und vielleicht eines Tages an deren Stelle treten sollte, als sinnvoll und wünschenswert. Doch nun wird der Konsens allmählich brüchig. »Europa« wird zu einem Mittel, kein in sich wertvolles Ziel. Bisher wagt niemand, sich öffentlich zu derartigen Ansichten ohne Wenn und Aber zu bekennen, doch viele private Diskussionen zeigen, daß die Liebe zwischen Deutschland und Europa sich mehr und mehr als bloße Zweckehe erweist.

Meinungsumfragen bestätigen diesen Umschwung. Die Forschungsgruppe Wahlen hat herausgefunden, daß eine beträchtliche Anzahl der Deutschen sich wünscht, ihre Regierung möge ihre Souveränität in so gut wie allen politischen Fragen behalten. Und eine Mehrheit lehnt es ab, Brüssel Regierungsautorität für Deutschland zu übertragen. Das läßt nur einen Schluß zu: Die Deutschen, einst die überschwenglichsten Europäer auf dem Kontinent, sind im Begriff, auf größere Distanz zur europäischen Vereinigung zu gehen.[1] All das gehört zu einem Veränderungsprozeß, dem konservative Intellektuelle unlängst »fließende Grenzen« bescheinigt haben: alles ist offen und der Neudefinition unterworfen. Auch Tabus sind davon nicht ausgenommen, nicht einmal Auschwitz. Einige höchst einflußreiche Intellektuelle, ausgestattet mit besten Referenzen und Inhaber wichtiger Positionen, versuchen, ganz allmählich den stabilsten Konsens der Bundesrepublik auszuhöhlen: die Auffassung, daß der Nationalsozialismus und insbesondere der Holocaust zu den grauenhaftesten Zeugnissen menschlicher Niedertracht in der Geschichte gehören. Hier sind nicht etwa Historiker am Werk, die zur extremen Rechten gehören, auch keine Neonazis oder Leugner des Holocaust. Es handelt sich vielmehr um Revisionisten, Relativierer, »Historizisten«. Sie bestreiten die Verantwortung der Deutschen für die Vergangenheit nicht, sondern präsentieren neue Interpretationen, entdecken bisher vernachlässigte Details und schaffen damit eine Atmosphäre, in der widersprüchliche Interpretationen des Holocaust ebenso legitim debattiert werden können wie andere Perioden der deutschen Geschichte. Ihre Absicht ist, Auschwitz zu »normalisieren«, es jedem anderen Thema gleichzustellen.

Mit diesen Neuinterpretationen der nationalsozialistischen Vergangenheit wird nichts weniger versucht, als Auschwitz ein für
allemal der Geschichte zu überantworten – und damit das Gedächtnis der Deutschen von seiner schwersten Bürde zu entla-
sten. Ihre Verfechter wehren sich nicht unbedingt gegen Vorhaben wie die Errichtung von Gedenkstätten für die Opfer des
Holocaust, den Bau eines Jüdischen Museums in Berlin oder die
Einführung eines Gedenktages für die Opfer des Nationalsozialismus am 27. Januar – der Tag, an dem Auschwitz 1945 befreit
wurde. Sie begrüßen solche Initiativen sogar, solange sie dazu
dienen, die neue Berliner Republik endlich von der Erblast zu
befreien, die der Bonner Republik Fesseln anlegte.

Um seine Identität, so argumentieren sie, vor allem aber sein
Verhältnis zur Macht zu normalisieren, müsse Deutschland sein
Verhältnis zur Vergangenheit normalisieren. Das bedeute indessen nicht, daß man die Vernichtung des europäischen Judentums
auf irgendeine Weise bestreiten wolle: Wichtig sei nur, daß man
den Holocaust ebenso leidenschaftslos behandle wie die anderen
Aspekte des Nationalsozialismus;[2] nicht geleugnet werden solle
er also, allerdings auch keine besondere Aufmerksamkeit auf sich
ziehen. Die Normalisierung des Holocaust sei eine wesentliche
Grundbedingung für jede Normalisierung der deutschen Geschichte, diese wiederum unerläßliche Voraussetzung für jede
Normalisierung deutscher Macht.

Wenn Revisionisten von der Notwendigkeit sprechen, Deutschland in die Normalität zurückzuführen, dann berühren sie damit
mithin unweigerlich das Thema Macht und nicht das Thema
Demokratie. Tatsächlich können nur wenige Regierungen so be-
wundernswerte Erfolge zu ihren Leistungen rechnen wie die der
alten Bonner Republik, die nicht zuletzt eine stabile Demokratie geschaffen hat. Jetzt ist Berlin gefordert, die zweite, gewisser-
maßen komplementäre Aufgabe zu erfüllen: nämlich Deutschland zu einem normalen Land zu machen und dabei auch seine
Macht zu normalisieren. Kann das gelingen, ohne daß Ausch-

witz zu einem normalen Faktum deutscher Mentalität und Erinnerung wird? Wir fürchten nicht. Sollten sich also die konservativen Intellektuellen und ihre wachsende Anhängerschaft durchsetzen, dann wird die Berliner Republik von einer großen, alles umwälzenden Veränderung bestimmt sein: Von der Erinnerung an Auschwitz befreit, wird ein neues, nicht länger durch institutionelle und kulturelle Beschränkungen an angemessener Machtausübung gehindertes Deutschland entstehen.

In gewisser Weise sind wir, so scheint es, mit diesen Fragen zu den Konstellationen des deutschen »Sonderwegs« zurückgekehrt. Welche Epoche der deutschen Geschichte kann als außergewöhnlich gelten, welche Vergleichsbasis läßt sich nennen? Selbst das nationalsozialistische Deutschland unterschied sich von den westlichen Ländern ja im Grunde vor allem in Hinblick auf eine Staatsform, nicht aber in den Dimensionen der Macht. Was Deutschland von anderen Ländern unterschied, was seine spezifische politische Differenz gegenüber Großbritannien, Frankreich, den USA oder den skandinavischen Ländern ausmachte, das war sein Defizit an Demokratie.

Genau das Gegenteil ließ sich zu Zeiten der Bonner Republik beobachten: Die deutsche »Sonderstellung« erwuchs nicht aus einem Mangel an Demokratie, sondern aus machtpolitischer Zurückhaltung, und wenn die Bonner Republik in irgendeiner Hinsicht außergewöhnlich war, dann durch die Tatsache, daß ihre politische und militärische Macht hinter ihrer wirtschaftlichen Stärke zurückblieb.

Das bestimmt die Ausgangslage der Berliner Republik: Um Macht und Demokratie angemessen zu vereinbaren, muß sie ihr Verhältnis zur Vergangenheit normalisieren, ohne jedoch die Singularität von Auschwitz in Abrede zu stellen, ein Vorgang, innerhalb dessen der Konflikt zweier Kollektivgedächtnisse, zweier Historien zu erwarten ist: der machtpolitische Wahn der Nationalsozialisten wird noch einmal dem Widerwillen der Bonner Republik begegnen, sich ihre Macht einzugestehen.

Der Ausgang dieser Auseinandersetzung wird die politische Identität der Deutschen maßgeblich bestimmen.

Wir wagen eine pessimistische Prognose: Das, was unter dem zynischen, gleichwohl zutreffenden Begriff des »Auschwitz-Bonus« bekannt geworden ist – ein Phänomen, welches die politische Kultur der Bonner Republik kennzeichnete –, wird in der Berliner Republik allmählich schwinden. Die Erinnerung an die nationalsozialistischen Verbrechen wird verblassen, weil die Mechanismen der politischen Legitimation und der kollektiven Identität in Zukunft andere Formen annehmen werden als in der alten Bundesrepublik. Zunehmend historisiert, werden die Untaten der Vergangenheit neue Bedeutungen erhalten, und insbesondere Schuld, Scham und Verantwortlichkeit, unmittelbare emotionale Reaktionen also, werden dabei mehr und mehr rein intellektuellen Formen der Auseinandersetzung weichen.

So wird, wenn unsere Beobachtung zutrifft, daß Opfererfahrung und Opferbewußtsein die politischen Ausdrucksformen des kollektiven Gedächtnisses entscheidend prägen, jede Normalisierung deutscher Macht zugleich zu einer Normalisierung der Vergangenheit führen. Vorbei die Zeit, da der Blick auf Auschwitz die Deutschen gleichsam als Ungeheuer erscheinen ließ, so daß es ihnen selbst unmöglich war, sich als Opfer wahrzunehmen. Daß auch Deutsche Opfer gewesen sein könnten, dieser Gedanke ist angesichts der unfaßlichen Grausamkeit des Holocaust lange illegitim und in politischen Auseinandersetzungen geradezu inakzeptabel gewesen – ein Prozeß, der gewisse Verzerrungen im kollektiven Gedächtnis der Deutschen hinterließ.[3] Mit der Historisierung von Auschwitz wird sich auch das ändern, weshalb die Deutschen – immer vorausgesetzt, man folgt dieser pessimistischen Analyse – bald in der Lage sein werden, ungehindert über die Opferrolle als legitimen Bestandteil ihres kollektiven Gedächtnisses zu sprechen. Sollte damit eine weitere Phase jener anhaltenden und komplexen Zerrissenheit einsetzen, die wir als die deutsche Frage kennen? Auszuschließen ist es nicht. Unser persönliches Dilemma bleibt, daß wir die Normalisierung deutscher Macht begrüßen, nicht hingegen die Normalisierung der deutschen Vergangenheit. Ob das eine ohne das andere zu haben ist, scheint indes zweifelhaft – und genau das ist unsere Sorge. Doch überlassen wir den Leserinnen und Lesern das Urteil darüber, ob diese einschneidenden Veränderungen, wenn sie denn kommen, für die Zukunft der Berliner Republik und ihrer Nachbarn Gutes verheißen oder nicht.

EINLEITUNG **Das jüngste Stadium der deutschen Frage**

1 Siehe Gordon A. Craig, *Deutsche Geschichte 1866–1945. Vom Norddeutschen Bund bis zum Ende des Dritten Reiches*, München 1980.

2 Steven Lukes, *Power. A Radical View*, New York 1974, S. 23. Siehe auch Peter Bachrach und Morton Baratz, *Power and Poverty. Theory and Practice*, New York 1970. Nach Elke Thiel wird diese strukturelle Macht am Verlauf der Verhandlungen zur Europäischen Währungsunion deutlich. Siehe »German Politics with Respect to the European Economic and Monetary Union«, Vortrag am American Institute for Contemporary German Studies v. 18. Mai 1995.

3 Siehe z. B. »Today's Germans: Peaceable, Fearful – and Green«, *Financial Times* v. 4. Januar 1991, und »Germans Favor a Low Profile in World Affairs«, *Financial Times* v. 4. Januar 1991.

4 Siehe z. B. »Bündnis '90/Die Grünen: Von Krise zu Krise«, *Focus* v. 11. Dezember 1995, S. 28–30.

5 Siehe Charles Kindleberger, *The World in Depression 1929–1939*, Berkeley 1973, Kap. 1 und 14.

6 Siehe insbesondere Robert Gilpin, *The Political Economy of International Relations*, Princeton 1987.

7 Zu diesem historischen Vergleich siehe Robert Gilpin, *U. S. Power and the Multinational Corporation. The Political Economy of Foreign Direct Investment*, New York 1975.

8 Siehe Nicos Kotzias, »Die Rolle der Bundesrepublik Deutschland in der neuen Architektur Europas«, in: Caroline Thomas und Klaus-Peter Weiner (Hg.), *Auf dem Weg zur Hegemonialmacht? Die deutsche Außenpolitik nach der Vereinigung*, Köln 1993, S. 111–129. Siehe auch Joseph Nye, *Bound to Lead. The Changing Nature of American Power*, New York 1990. Eine konträre Analyse der »weichen« Macht Deutschlands und Japans findet sich bei Hanns W. Maull, »Germany and Japan: The New Civilian Powers«, *Foreign Affairs* 69 (1990/91), S. 91–106.

9 Siehe als herausragendes Beispiel Robert Gilpin, *War and Change in World Politics*, New York 1981.

10 Zu den überwiegend günstigen Auswirkungen der Integration Europas in die EU siehe Richard Baldwin, »The Growth Effects of 1992«, *Economic Policy* 9 (1989), S. 247–283.

11 Beispiele für diese rechte Position sind Arnulf Baring, *Deutschland, was nun?*, München 1992; Wolfgang Schäuble, »Überlegungen zur europäischen Politik: Positionspapier der CDU/CSU-Bundestagsfraktion vom 1. September 1994«, *Blätter für deutsche und internationale Politik*, Oktober 1994, S. 1271–1280; Hans-Peter Schwarz, *Die Zentralmacht Europas. Deutschlands Rückkehr auf die Weltbühne*, Berlin 1994.

12 Siehe z. B. Lewis E. Lehrman und John Mueller, »The Curse of Being a Reserve Currency«, *Wall Street Journal* v. 4. Januar 1993.

13 Siehe Alexander Gerschenkron, *Bread and Democracy in Germany*, New York 1966; Hans-Ulrich Wehler, *Das deutsche Kaiserreich 1871–1918*, Göttingen 1973; Wolfgang J. Mommsen, *Der autoritäre Nationalstaat. Verfassung, Gesellschaft und Kultur des deutschen Kaiserreiches*, Frankfurt a. M. 1990.

14 Als Beispiel für diese Position siehe Carsten Hefeker, »German Monetary Union, the Bundesbank and the EMS Collapse«, *Banca Nazionale del Lavoro Quarterly Review* (1994), S. 379–398.

15 Siehe Timothy Garton Ash, *Im Namen Europas. Deutschland und der geteilte Kontinent*, München 1993; Gus Fagan, »German Foreign Policy: The Conflict over the Recognition of Croatia and Slovenia 1991«, *Labour Focus on Eastern Europe* 48 (1994), S. 17.

16 Siehe Beverly Crawford, »Domestic Pressures and Multilateral Mistrust: Why Germany Unilaterally Recognized Croatia in 1991«, *German Politics and Society* 13 (1995), S. 1–34. Andere Autoren heben das wirtschaftliche Eigeninteresse Deutschlands bei der Anerkennung Kroatiens und Sloweniens hervor; siehe Fagan, »German Foreign Policy«. Wir schließen uns Crawford an, die beschreibt, wie ein ehrenwerter neowilsonistischer Impuls in die Katastrophe führte.

17 Zu diesem Argument siehe Peter Katzenstein, *Policy and Politics in West Germany. The Growth of a Semi-Sovereign State*, Philadelphia 1987. Katzenstein arbeitet gegenwärtig an einem Projekt über Deutschlands Verhältnis zu den kleineren europäischen Handelspartnern, das den gegenseitigen Nutzen dieser Beziehung unterstreicht.

18 Robert A. Dahl, »The Concept of Power«, *Behavioral Science* 2 (1957).

19 Siehe z. B. Simon Bulmer, *The Domestic Structure of European Community Policy Making in Germany*, New York 1986; Bulmer und William Paterson, *The Federal Republic of Germany and the European Community*, London 1987; Renata Fritsch-Bournazel, *Confronting the German Question. Germans on the East-West Divide*, Oxford 1988; Karl Kaiser und John Roper (Hg.), *British-German Defence Cooperation. Partners within the Alliance*, London 1988.

20 Zur Diskussion über den Kern realistischer Annahmen siehe Joseph Grieco, *Cooperation among Nations: Europe, America, and Non-Tariff Barriers to Trade*, Ithaca 1990, S. 3 f.

21 Siehe Stanley Hoffmann, »An American Social Science: International Relations«, in: ders., *Janus and Minerva. Essays in the Theory and Practice of*

International Relations, Boulder 1987. Es gibt natürlich auch Ausnahmen, aber der allgemeine Trend der realistischen Theorie liegt in der Abwendung von den Binnenfaktoren zugunsten der systemischen Aspekte.

22 Zu den Problemen innerhalb der NATO siehe Christoph Bertram, »Power and the Past: Germany's New International Loneliness«, in: Arnulf Baring (Hg.), *Germany's New Position in Europe: Problems and Perspectives*, Oxford 1994, S. 96 f.

23 Siehe Wolfram Hanrieder, *Deutschland, Europa, Amerika. Die Außenpolitik der Bundesrepublik Deutschland 1949–1989*, Paderborn u. a. 1991.

24 Zur Rolle Deutschlands als Brücke zwischen Ost und West siehe Bertram, »Power and the Past: Germany's New International Loneliness«.

25 John J. Mearsheimer, »Back to the Future: Instability in Europe after the Cold War«, in: Sean Lynn-Jones (Hg.), *The Cold War and After: Prospects for Peace*, Cambridge 1991, S. 174.

26 »Responsibility, Realism: Providing for the Future German Foreign Policy in a World Undergoing a Process of Restructuring«, *Statements and Speeches* 16, New York 1993.

27 Deutschland und Japan haben sich auf unterschiedliche Weise mit ihrer Weltkriegsvergangenheit auseinandergesetzt. Während Auschwitz den Deutschen jeglichen Anspruch auf die Opferrolle verwehrte – wenn auch die Bombardierung Dresdens im Februar 1945 sicherlich zu ebendiesem Zweck benutzt wurde, vor allem von der deutschen Rechten –, war in Japan mit Hiroshima eine andere Situation gegeben. Der »Hiroshima-Effekt« eröffnete den Japanern die Möglichkeit, ihre eigenen Kriegsverbrechen in Asien, insbesondere in China, zu verharmlosen. Bis heute hat es kein japanischer Politiker fertiggebracht, eine Entschuldigung für japanische Kriegsverbrechen auszusprechen, ohne sie in relativierenden Wortnebel zu hüllen. Auch die institutionellen Unterschiede dürfen nicht vernachlässigt werden: Japan wurde mit der amerikanischen Entscheidung, den Kaiser als Staatsoberhaupt zu behalten, ein Festhalten an Vorkriegsstrukturen zugestanden. Kurzum, für das heutige Deutschland ist Auschwitz ein Verbrechen der Deutschen gegen die Menschheit; für die Japaner bedeutet Hiroshima das Verbrechen der Menschheit gegen ihr Land. Siehe Ian Buruma, *Wages of Guilt. Memories of War in Germany and Japan*, New York 1994; Steven D. Wrage, »Germany and Japan Handle History very Differently«, *International Herald Tribune* v. 17. August 1995.

28 Zu den herausragenden Arbeiten in dieser Tradition gehören Irving Janis und Leon Mann, *Decision Making. A Psychological Analysis of Conflict, Choice, and Commitment*, New York 1977; Robert Jervis, *Perception and Misperception in International Politics*, Princeton 1976; Richard Ned Lebow, *Between Peace and War. The Nature of International Crisis*, Baltimore 1981; ders. und Janice Gross Stein, *We All Lost the Cold War*, Princeton 1995; John D. Steinbruner, *The Cybernetic Theory of Decision*, Princeton 1974; Irving Janis,

Groupthink: Psychological Studies of Policy Decisions and Fiascoes, Boston 1982.

29 Siehe Richard Ned Lebow, »General Learning and Conflict Management«, *International Journal 40* (1985), S. 555.

30 Als Beispiel für die Binnenperspektive auf das Verhältnis von Innenpolitik und Außenpolitik im Handelsstaat siehe Christian Hacke, »Deutschland und die neue Weltordnung. Zwischen innenpolitischer Überforderung und außenpolitischen Krisen«, *Aus Politik und Zeitgeschichte 46* (1992), S. 3–16.

31 Wir haben den Begriff Hegesie nicht geprägt; die früheste Verwendung fanden wir bei Kotzias, »Die Rolle der Bundesrepublik«.

32 Stanley Hoffmann, »Reflections on the German Question«, in: *The European Sisyphus. Essays on Europe 1964–1994*, Boulder 1995, S. 264.

33 Maurice Halbwachs, *Das kollektive Gedächtnis*, Stuttgart 1967.

34 Wir stützen uns auf drei Vorträge, die während der Tagung der American Historical Association im Jahr 1995 in Chicago gehalten wurden: Alon Confino, »Collective Memory: A Useful Analytical Tool or a New Historical Catch-Word?«; Susan Crane, »Loss vs. Preservation: The Difference between Historical Memory and Collective Memory«; Elliot Neaman, »Gravediggers of Memory: Young Conservatives and the Nazi Past in Post-Unified Germany«.

35 Zur Bedeutung des kollektiven Gedächtnisses im Zusammenhang mit der Zerstörung des ehemaligen Jugoslawien siehe Laura Silber und Allan Little, *Yugoslavia. Death of a Nation*, New York 1995. Zum kollektiven Gedächtnis als entscheidender Arena für widerstreitende Interpretationen siehe Chris Hedges, »After the Peace. The War against Memory«, *New York Times* v. 14. Januar 1996.

36 Eine vergleichende Darstellung der Opfererfahrung liefert Mark J. Osiel, »Ever Again: Legal Remembrance of Administrative Massacre«, *University of Pennsylvania Law Review* 144 (1995), S. 463–704. Die Bedeutung des Opferbewußtseins in Deutschland untersucht Jane Kramer, *The Politics of Memory. Looking for Germany in the New Germany*, New York 1996.

37 Tony Judt, »The Past Is Another Country. Myth and Memory in Postwar Europe«, *Daedalus* 121 (1992), S. 83–118.

38 Zu Österreich siehe Robert E. Clute, *The International Status of Austria 1938–1955*, Den Haag 1962, zu Frankreich Henri Rousso, *The Vichy Syndrome. History and Memory in France since 1944*, Cambridge 1991.

39 Eine erhellende Diskussion dieses Themas findet sich bei Yael Zerubavel, *Recovered Roots. Collective Memory and the Making of Israeli National Tradition*, Chicago 1995.

1. KAPITEL Europa und die deutsche Frage

1 Siehe z. B. Renata Fritsch-Bournazel, *Das Land in der Mitte. Die Deutschen im europäischen Kräftefeld*, München 1986.

2 Siehe Geoff Eley, *From Unification to Nazism. Reinterpreting the German Past*, Boston 1986; Richard J. Evans, »Wilhelm II's Germany and the Historians«, in: Richard J. Evans (Hg.), *Society and Politics in Wilhelmine Germany*, New York 1978; Fritz Fischer, *Krieg der Illusionen. Die deutsche Politik von 1911–1914*, Düsseldorf 1969; John A. Moses, *The Politics of Illusion. The Fischer Controversy in German Historiography*, New York 1975; Hans-Ulrich Wehler, *Das deutsche Kaiserreich 1871–1918*, Göttingen 1973.

3 Siehe Ralf Dahrendorf, *Gesellschaft und Demokratie in Deutschland*, München 1965.

4 Alan Riding, »Union in Europe Strongly Backed by Danish Voters«, *New York Times* v. 19. Mai 1993, S. A1.

5 Siehe die Diskussion im *Independent* v. 19. Dezember 1991.

6 Zur Umfrage zu Maastricht und dem Wunsch nach Erhalt der D-Mark siehe Peter Gumbel, »German Parliament Moves Closer to Approving Maastricht Treaty«, *Wall Street Journal* v. 9. Oktober 1992, S. A8.

7 Leopold von Ranke war ein prominenter Befürworter sowohl einer frühen, primitiven Form fremdenfeindlicher Realpolitik wie der kriegerischen Natur der preußischen Gesellschaft. Siehe seine *Zwölf Bücher preußischer Geschichte*, 5 Bde., Leipzig 1874; *Völker und Staaten in der neueren Geschichte*, Zürich 1945; *Weltgeschichte*, Leipzig 1883.

8 Volker Berghahn, *Germany and the Approach of War in 1914*, New York 1973, S. 9.

9 Evans, »Wilhelm II's Germany«, S. 19.

10 Siehe Moses, *The Politics of Illusion*, S. 31–41 und 48.

11 Zur Behauptung, daß Vorherrschaft das primäre Ziel war, siehe Fischer, *Krieg der Illusionen*. Zur entgegengesetzten These, daß Deutschland lediglich anstrebte, zum gleichberechtigten Partner der Weltmächte aufzusteigen, siehe Moses, *The Politics of Illusion*.

12 Siehe Alexander Gerschenkron, *Economic Backwardness in Historical Perspective*, Cambridge 1962, S. 23.

13 Siehe Moses, *The Politics of Illusion*, S. xiii, und Fritz Fischer, *Griff nach der Weltmacht. Die Kriegszielpolitik des kaiserlichen Deutschland 1914/18*, Düsseldorf 1984.

14 Zu den Auffassungen Rankes und seiner Nachfolger siehe Moses, *The Politics of Illusion*, S. 1–29.

15 Ibid., S. 31–41 und 48.

16 Eckart Kehr, *Der Primat der Innenpolitik*, Berlin 1965.

17 Siehe Berghahn, *Germany and the Approach of War in 1914*; Geoff Eley, *Reshaping the German Right. Radical Nationalism and Political Change after Bis-*

marck, New Haven 1980; Fischer, *Griff nach der Weltmacht*; Wolfgang Mommsen, »Domestic Factors in German Foreign Policy before 1914«, *Central European History* 6 (1973), S. 3–43; Wehler, *Das deutsche Kaiserreich 1871–1918*.
18 Siehe Alexander Gerschenkron, *Bread and Democracy in Germany*,
    New York 1966, S. 25.
19 Siehe Carl Friedrich und Zbigniew Brzezinski, *Totalitarian Dictatorship and
    Autocracy*, Cambridge 1956; Gerschenkron, *Bread and Democracy*; Juan Linz,
    »Totalitarian and Authoritarian Regimes«, in: Fred Greenstein und Nelson
    Polsby (Hg.), *The Handbook of Political Science*, Bd. 3, Reading 1975;
    Seymour Martin Lipset, *Political Man. The Social Basis of Politics*, New York
    1963; Barrington Moore, jr., *Soziale Ursprünge von Diktatur und Demokratie.
    Die Rolle der Grundbesitzer und Bauern bei der Entstehung der modernen Welt*,
    Frankfurt a. M. 1987.
20 Gerschenkron, *Bread and Democracy*, S. 16 f., 53, 153; David Abraham,
    Collapse of the Weimar Republic, Princeton 1981. Eine andere Auffassung
    vertritt Henry A. Turner, *German Big Business and the Rise of Hitler*, New
    York 1985. Siehe auch die Debatte zwischen Abraham und Gerald
    Feldman, *Central European History* 17 (1984), S. 159–290.
21 Siehe Wehler, *Das deutsche Kaiserreich 1871–1918*.
22 Eine aufschlußreiche Analyse der Folgen von Auschwitz stammt von
    Alexander und Margarethe Mitscherlich, *Die Unfähigkeit zu trauern.
    Grundlagen kollektiven Verhaltens*, München 1967.
23 Eine hervorragende Diskussion der Einstellungen zur Wiedervereinigung
    während der Adenauerzeit liefert Timothy Garton Ash, *Im Namen Europas.
    Deutschland und der geteilte Kontinent*, München 1993, S. 48 ff. Zur amerika-
    nischen Unterstützung für die deutsche Vereinigung siehe Philip Zelikow
    und Condoleezza Rice, *Germany Unified and Europe Transformed. A Study in
    Statecraft*, Cambridge 1995.
24 Zur Entwicklung im einzelnen siehe Bruce Jentleson, *Pipeline Politics.
    The Complex Political Economy of East-West Energy Trade*, Ithaca 1986.
25 Eine jüngere, umfassende Diskussion findet sich in U.S. Congress, Office
    of Technology Assessment, Multinationals and the U.S. Technology Base,
    Washington 1994.
26 Die klassische Formulierung geht zurück auf Mancur Olson, *The Rise and
    Decline of Nations. Economic Growth, Stagflation, and Social Rigidities*, New
    Haven 1982, insbesondere S. 75–77.
27 Siehe dazu den Band *Historikerstreit. Die Dokumentation der Kontroverse um
    die Einzigartigkeit der nationalsozialistischen Judenvernichtung*, München 1987.
    Eine Zusammenfassung der Debatte findet sich bei Norbert Kampe, »Nor-
    malizing the Holocaust? The Recent Historians' Debate in the Federal
    Republic of Germany«, *Holocaust and Genocide Studies* 2 (1987), S. 61–90.
    Eine ausführliche Kritik liefert Charles Maier, *The Unmasterable Past. Hi-
    story, Holocaust, and the German National Identity*, Cambridge 1988.

28 Siehe Lipset, *Political Man.*

29 Zum Modell Deutschland siehe Andrei S. Markovits (Hg.), *The Political Economy of West Germany: Modell Deutschland*, New York 1982.

30 Siehe Norman M. Naimark, *The Russians in Germany. A History of the Soviet Zone of Occupation 1945–49*, Cambridge 1995.

31 Für eine umfassende Diskussion und Bewertung der Reaktion auf Goldha gens Buch in Deutschland siehe Andrei S. Markovits, »Störfall im Endlager der Geschichte: Daniel Goldhagen und seine deutschen Kritiker«, *Blätter für deutsche und internationale Politik* (1996), S. 667–674.

2. KAPITEL Optimisten und Pessimisten

1 Siehe z. B. Flora Lewis, »Bringing In the East«, *Foreign Affairs* 69 (1990), S. 25.

2 Stephen Kinzer, »Germany Now Leading Campaign to Strengthen the European Community«, *New York Times* v. 2. Dezember 1991, S. A3.

3 Siehe Robert Gilpin, *U.S. Power and the Multinational Corporation*, New York 1975, S. 107.

4 Siehe Wolfram Hanrieder, *Deutschland, Europa, Amerika.*

5 Zur These, daß Staaten eher an absoluten als an relativen Gewinnen interessiert sind, siehe Joseph Grieco, *Cooperation among Nations*, Ithaca 1990, bes. S. 10.

6 Ronald Tiersky, »France in the New Europe«, *Foreign Affairs* 71 (1992), S. 145.

7 Siehe John Cole, »Federalism or Barbarism?«, *New Statesman and Society* v. 12. Juni 1992, S. 9.

8 Tiersky, »France in the New Europe«, S. 133

9 Zu den Folgen, die die Erweiterung der Europäischen Union nach sich gezogen hat, siehe Richard E. Baldwin, *Towards an Integrated Europe*, London 1994.

10 Zitiert nach: »Kohl Pledges Global Role for Germany«, *Manchester Guardian Weekly* v. 7. Oktober 1990.

11 Als Beispiel für diese Argumentation siehe Martin Wolf, »Some Myths about Economic Power«, *Financial Times* v. 1. November 1990.

12 Siehe Alexander Gerschenkron, *Bread and Democracy in Germany*, Ithaca 1989.

13 Eine andere Auffassung vertreten z. B. Ralf Dahrendorf, *Gesellschaft und Demokratie in Deutschland*, München 1965, und Simon Reich, *The Fruits of Fascism. Postwar Prosperity in Historical Perspective*, Ithaca 1990.

14 Philip H. Gordon, »The Normalization of German Foreign Policy«, *Orbis* 38 (1994), S. 242. Gordons optimistische Einschätzung bezieht sich auf die »Lernfähigkeit« der Institutionen und der Eliten.

15 Tiersky, »France in the New Europe«, S. 138.
16 Eine Zurückweisung der These, Deutschland sei fähig oder gewillt, die Führung in Europa anzutreten, liefert Michael Kreile, »Übernimmt Deutschland eine Führungsrolle in der Europäischen Gemeinschaft?«, in: Werner Weidenfeld (Hg.), *Was ändert die Einheit?*, Gütersloh 1993.
17 Hanns W. Maull, »Germany and Japan: The New Civilian Powers«, *Foreign Affairs* 69 (1990/1991), S. 97f., 105.
18 Siehe Marc Fisher, *Germany, Germans and the Burdens of History*, New York 1995.
19 Albert Statz, »Zwischen neuer Machtpolitik und Selbstbeschränkung. Deutsche Außenpolitik am Scheideweg«, in: Bruno Schoch, *Deutschlands Einheit und Europas Zukunft*, Frankfurt a. M. 1992, S. 252.
20 Siehe Friedbert Pflüger, *Deutschland driftet. Die Konservative Revolution entdeckt ihre Kinder*, Düsseldorf 1994.
21 Siehe John Ely, »The ›Black-Brown Hazelnut‹ in a Bigger Germany. The Rise of a Radical Right as a Structural Feature«, in: Michael G. Huelshoff, Andrei S. Markovits und Simon Reich (Hg.), *From Bundesrepublik to Deutschland*, Ann Arbor 1993, S. 235–68.
22 Siehe Andrei S. Markovits, Seyla Benhabib und Moishe Postone, »Rainer Werner Fassbinder's ›Garbage, the City and Death‹: Renewed Antagonisms in the Complex Relationship between Jews and Germans in the Federal Republic of Germany«, *New German Critique* 38 (1986), S. 3–27. Siehe auch David B. Morris, »Bitburg Revisited: Germany's Search for Normalcy«, *German Politics and Society* 13 (1995), S. 92–109; Geoffrey Hartman (Hg.), *Bitburg in Moral and Political Perspective*, Bloomington 1986, und Ilya Levkov (Hg.), *Bitburg and Beyond*, New York 1987.
23 Siehe »Die Entdeckung der D-Mark als Wahlkampfthema«, *Süddeutsche Zeitung* v. 31. Oktober 1995.
24 Siehe Ely, »The ›Black-Brown Hazelnut‹ in a Bigger Germany«, S. 235–268.
25 Siehe Jeffrey Herf, *War by Other Means. Soviet Power, West German Resistance, and the Battle of the Euromissiles*, New York 1991.
26 Siehe Andrei S. Markovits und Philip S. Gorski, *Grün schlägt Rot. Die deutsche Linke nach 1945*, Hamburg 1997, S. 423–458.
27 Siehe Alan Cowell, »Memories of Wartime Brutalities Revive Czech-German Animosity«, *New York Times* v. 9. Februar 1996, S. A1, A12.
28 Siehe »Today's Germans: Peaceable, Fearful – and Green« und »Germans Favor Low Profile in World Affairs«, beide *Financial Times* v. 4. Januar 1991.

3. KAPITEL Die Deutschen und Deutschland

1 Siehe Robert Gilpin, *War and Change in World Politics*, Cambridge 1981.

2 Wer über dieses Thema arbeitet, unterteilt Deutschland meist in zwei Gruppen, und zwar entsprechend der hier vorgenommenen Unterscheidung von Bevölkerungsmeinung und Elitenmeinung. Siehe z. B. Charles Doran, »The Superpowers: The United States I«, in: Robert Spencer (Hg.), *Perceptions of the Federal Republic of Germany*, Toronto 1986, S. 65–69.

3 Siehe Chicago Council on Foreign Relations, »American Public Opinion and US Foreign Policy 1995«, hg. von John E. Rielly, Chicago 1995, S. 6.

4 Diese Umfrage der Gallup-Organisation wurde in den Monaten Februar, Juli und September 1990 durchgeführt und ergab jeweils fast unveränderte Prozentanteile der Befürworter und Gegner der Aussage.

5 Siehe Chicago Council on Foreign Relations, »American Public Opinion and US Foreign Policy 1991«, hg. von John E. Rielly, Chicago 1991, S. 21.

6 Siehe Chicago Council on Foreign Relations, »American Public Opinion and US Foreign Policy 1995«, hg. von John E. Rielly, Chicago 1995, S. 22.

7 Siehe den hervorragenden Beitrag von Karin Böhme-Dürr, »Amerikanische Perspektiven: Öffentliche, offizielle und veröffentlichte Deutschlandbilder«, in: Ewald König (Hg.), *Typisch deutsch. Wie uns die ausländische Presse sieht*, München 1996.

8 Zitiert nach: William Safire, »Cap over the Wall«, *New York Times* v. 15. Februar 1996.

9 Siehe Chicago Council on Foreign Relations, »American Public Opinion and US Foreign Policy 1995«, hg. von John E. Rielly, Chicago 1995, S. 7.

10 Alle Zahlen aus: Chicago Council on Foreign Relations, »American Public Opinion and US Foreign Policy 1991«, hg. von John E. Rielly, Chicago 1991, S. 19.

11 Alle Zahlen aus: Chicago Council on Foreign Relations, »American Public Opinion and US Foreign Policy 1995«, hg. von John E. Rielly, Chicago 1995, S. 20. Die Umfrage ließ nicht gerade kleine Länder wie Italien und Spanien außer acht.

12 Siehe Chicago Council on Foreign Relations, »American Public Opinion and US Foreign Policy 1991«, hg. von John E. Rielly, Chicago 1991, S. 22.

13 Siehe Chicago Council on Foreign Relations, »American Public Opinion and US Foreign Policy 1995«, hg. von John E. Rielly, Chicago 1995, S. 25.

14 Siehe ibid., S. 24.

15 Ronald D. Asmus, »Germany in the Eyes of the American Security Elite«, o. O., S. 20.

16 Ibid., S. 6. Siehe auch Marc Fisher, *Germany, Germans and the Burdens of History*, New York 1995.

17 Karin Böhme-Dürr, »In Search of Orientation: How the Past Contributes to Foreign News Construction«, *Communication Review* (erscheint demn.).

18 Ibid.

4. KAPITEL Die Reaktionen der Europäer

1 Ludwig Fleck, zitiert nach: Ingo Kolboom, »Deutschlandbilder der Franzosen: Der Tod des ›Dauerdeutschen‹«, in: Günter Trautmann, *Die häßlichen Deutschen? Deutschland im Spiegel der westlichen und östlichen Nachbarn*, Darmstadt 1991, S. 213.

2 Karl Mannheim, »Das Problem der Generationen«, *Kölner Vierteljahreshefte für Soziologie* 7 (1928/29).

3 Zusätzlich zu den Umfragen aus möglichst vielen einzelnen Ländern haben wir auch europaweite Erhebungen herangezogen, um die Haltung zu Deutschland möglichst genau zu erfassen. Die wichtigsten Befragungen in dieser zweiten Kategorie sind diejenigen, die der *Economist*, die belgische Zeitung *Le Soir*, die französische *Libération* und das Allensbacher Institut für Demoskopie durchführten. Im folgenden die Liste der von uns konsultierten Zeitungen: Österreich: *Der Standard, Die Presse, Kurier, Kronen-Zeitung, Salzburger Nachrichten, Profil, News*. Belgien: *Het Laatste Nieuws, La Libre Belgique, Le Soir*. Dänemark: *Politiken*. Frankreich: *Le Canard Enchaîné, L'Express, L'Humanité, Le Figaro, Le Monde, Le Nouvel Observateur, Le Point, Libération*. Großbritannien: *New Statesman, Economist, Financial Times, Guardian, Independent, Spectator, Times*. Griechenland: *Anti, Avghi, Eleftheros Tipos, Kathimerini, Ta Nea, To Vima*. Ungarn: *Magyar Hírlap, Nepszabadság*. Irland: *Irish Independent, Irish Times*. Italien: *Corriere della Sera, Il Messaggero, La Repubblica, La Stampa, L'Espresso, L'Unità*. Niederlande: *Algemeen Dagblad, De Telegraaf, Het Parool, NRC/Handelsblad*. Portugal: *Correio da Manha, Expresso, Journal de O Dia, O Diàrio*. Spanien: *ABC, Diàrio 16, El País, Ya*. Drei Anthologien haben sich als außerordentlich nützlich für unsere Arbeit erwiesen: Ulrike Liebert und Wolfgang Merkel (Hg.), *Die Politik zur deutschen Einheit. Probleme, Strategien, Kontroversen*, Opladen 1991; Günter Trautmann (Hg.), *Die häßlichen Deutschen? Deutschland im Spiegel der westlichen und östlichen Nachbarn*, Darmstadt 1991; Harold James und Marla Stone (Hg.), *When the Wall Came Down. Reactions to German Unification*, New York 1992.

4 Diese Periodisierung geht zurück auf Andrei S. Markovits, »Die deutsche Frage. Perzeptionen und Politik in der Europäischen Gemeinschaft«, in: Liebert und Merkel, *Politik zur deutschen Einheit*, S. 321–341.

5 Siehe z. B. Lothar Kettenacker, »Englische Spekulationen über die Deutschen«, in: Trautmann, *Die häßlichen Deutschen?*, S. 207.

6 Paul Frank, zitiert nach: Kolboom, »Deutschlandbilder«, S. 228.

7 Gian Enrico Rusconi, zitiert nach: Luigi Vittorio Ferraris, »Die häßlichen Deutschen«, in: Trautmann, *Die häßlichen Deutschen?*, S. 245.

8 Moshe Zimmermann, »›Deutschland‹ als Ersatz für die zerfallenden Feindbilder. Zur Entstehung einer israelischen Schizophrenie«, *Frankfurter Rundschau* v. 29. Juli 1995. Aus dieser Quelle stammen die später aufgeführten Daten zu Israel.

9 Zur Tradition der äußerst feindseligen Haltung der deutschen Linken gegenüber Israel und den offen antiamerikanischen und antiisraelischen Positionen der Friedensbewegung während des Golfkriegs siehe Andrei S.
Markovits und Philip S. Gorski, *Grün schlägt Rot: Die deutsche Linke nach
1945*, Hamburg 1997, bes. S. 208–211.

5. KAPITEL Die europäische Peripherie

1 European Commission, *Eurobarometer* 33 (Juni 1990), S. 38.
2 European Commission, *Eurobarometer* 35 (Juni 1991), S. A 24.
3 Die Serben sind dazu übergegangen, die bosnischen Muslime als »Türken«
zu bezeichnen.
4 European Commission, *Eurobarometer* 33 (Juni 1990), S. 38.
5 European Commission, *Eurobarometer* 35 (Juni 1991), S. A 24.
6 »Portugal e a Europa de hoje«, *Expresso* v. 25. November 1989.
7 »A Grande Alemanha‹ e o realinhamento europeu«, *Expresso* v. 17. Februar
1990.
8 European Commission, *Eurobarometer* 33 (Juni 1990), S. 38.
9 European Commission, *Eurobarometer* 35 (Juni 1991), S. A 24.
10 *El País* v. 22. März 1990.
11 European Commission, *Eurobarometer* 33 (Juni 1990), S. 38.
12 European Commission, *Eurobarometer* 35 (Juni 1991), S. A 24.
13 *Irish Times* v. 15. Februar 1990.

6. KAPITEL Vier kleine Staaten im Norden

1 European Commission, *Eurobarometer* 33 (Juni 1990), S. 38.
2 *Le Soir* v. 6./7. Januar 1990.
3 European Commission, *Eurobarometer* 35 (Juni 1991), S. A 24.
4 Siehe Horst Lademacher, »Der ungleiche Nachbar. Das Bild der Deutschen
in den Niederlanden«, in: Günter Trautmann (Hg.), *Die häßlichen Deutschen? Deutschland im Spiegel der westlichen und östlichen Nachbarn*, Darmstadt
1991, S. 181.
5 Natürlich tendieren die Bevölkerungen kleiner oder schwächerer Staaten
allgemein dazu, die Einwohner der größeren und mächtigeren Länder negativ zu beurteilen.
6 Thomas Rose, »›Schrecklich, überall so unbeliebt zu sein‹«, *Berliner Zeitung*
v. 19. Oktober 1995.
7 Zum Antiamerikanismus in Deutschland siehe Andrei S. Markovits,
»Anti-Americanism and the Struggle for a West German Identity«, in:
Peter H. Merkl (Hg.), *The Federal Republic of Germany at Forty*, New York

1989, S. 35–54, Andrei S. Markovits und Andreas Hess, »Terra incognita Oder mit dem Westen über den Westen hinausdenken«, in: *Blätter für deutsche und internationale Politik* (1992), S. 99–105.

8   Lutsen B. Jansen, *Bekend en onbemind: Het beeld van Duitsland en Duitsers onder jongeren van vijftien tot negentien jaar,* Clingedael 1993. Zitiert nach: Hans Süssmuth, »Deutschlandbilder im Ausland: Wahrnehmungsmuster und Imagebildung«, in: ders. (Hg.), *Deutschlandbilder in Polen und Rußland, in der Tschechoslowakei und in Ungarn,* Baden-Baden 1993, S. 13f. Siehe auch Martin van Traa, »Wohlbekannt, aber ungeliebt? Der deutsche Nachbar aus niederländischer Sicht«, *Europa-Archiv* 49 (1994), S. 491–498.

9   »Sudden death is Duitse specialiteit«, *Algemeen Dagblad* v. 15. August 1996. Die Firma Bayer – die einst zur I.G. Farben gehörte, einem Unternehmen, das an den nationalsozialistischen Verbrechen beteiligt war und vor allem als Hersteller des Gases Zyklon B traurige Berühmtheit erlangte – zog diese Parole ihrer Werbekampagne in Guatemala hastig zurück.

10   European Commission, *Eurobarometer* 33 (Juni 1990), S. 38.

11   European Commission, *Eurobarometer* 35 (Juni 1991), S. A 24.

12   *NRC/Handelsblad* v. 8. Dezember 1989.

13   *NRC/Handelsblad* v. 2. Dezember 1989.

14   Alan Cowell, »After 50 Years, a German-Dutch Military Partnership«, *New York Times* v. 12. September 1995.

15   Diese Episode diskutiert Dorothee Heisenberg, »Loud and Clear: Germany's EMU Agenda-Setting after Maastricht«, Beitrag zur Tenth International Conference of Europeanists, Chicago, 14.–17. März 1996, S. 2. Die *Financial Times* berichtete am 26. Oktober 1994 über das geheime Memorandum.

16   Eine ausgezeichnete Diskussion dieses Themas findet sich bei Bernd Henningsen, »›Der Deutsche wird nie ein guter Däne‹. Zum Bild der Deutschen in Dänemark«, in: Trautmann, *Die häßlichen Deutschen?,* S. 167–180.

17   European Commission, *Eurobarometer* 33 (Juni 1990), S. 38.

18   Henningsen, »›Der Deutsche wird nie ein guter Däne‹«, S. 176.

19   Zitiert nach Trautmann, *Die häßlichen Deutschen?,* S. 179.

20   Ibid., S. 177.

21   European Commission, *Eurobarometer* 35 (Juni 1991) S. A 24.

22   Trautmann, *Die häßlichen Deutschen?,* S. 169.

23   Zu dieser Charakterisierung siehe Günter Trautmann, »Die häßlichen Deutschen? Die Deutschen im Spiegel der westlichen und östlichen Nachbarn«, in: Trautmann (Hg.), *Die häßlichen Deutschen?,* S. 17.

7. KAPITEL Österreich

1 Hans Heinz Fabris, »Medienkolonie – na und?«, in: Margit Scherb und Inge Morawetz (Hg.), *In deutscher Hand? Österreich und sein großer Nachbar*, Wien 1990, S. 55.

2 Hans Heinz Fabris, »Media Relations between Austria and the Federal Republic of Germany«, in: Harald von Riekhoff und Hanspeter Neuhold (Hg.), *Unequal Partners. A Comparative Analysis of Relations between Austria and the Federal Republic of Germany and between Canada and the United States*, Boulder 1993, S. 243–246.

3 Ibid., S. 250.

4 Ibid., S. 253.

5 Zum österreichischen Versuch, sich von der nationalsozialistischen Vergangenheit zu entschulden, siehe die Ausführungen von Rudolf Burger während des Symposiums »Österreich und Deutschland in Europa«, Frankfurt a. M., 4. Mai 1995.

6 Siehe Ernst Bruckmüller, *Österreichbewußtsein im Wandel. Identität und Selbstverständnis in den 90er Jahren*, Wien 1994, S. 134–136.

7 Ibid., S. 26.

8 Ibid., S. 150. Die Ungarn rangieren, von den Deutschen abgesehen, in der Beliebtheitsskala der Österreicher mit erheblichem Abstand vor allen anderen Nachbarn.

8. KAPITEL Die postkommunistische Welt

1 Siehe Jerzy Holzer, »Der widerliche Schwabe, der brutale Preuße …«, in: Günter Trautmann (Hg.), *Die häßlichen Deutschen? Deutschland im Spiegel der westlichen und östlichen Nachbarn*, Darmstadt 1991.

2 Zur Gesetzgebung von 1913 siehe Rogers Brubaker, *Citizenship and Nationhood in France and Germany*, Cambridge 1992. Zum Begriff »polnische Wirtschaft« siehe Hans-Adolf Jacobsen, »Polen und Deutsche. Kontinuität und Wandel gegenseitiger Bilder im 20. Jahrhundert«, in: Hans Süssmuth (Hg.), *Deutschlandbilder in Polen und Rußland, in der Tschechoslowakei und Ungarn*, Baden-Baden 1993, S. 157.

3 Grzegorz Ekiert, »The Return of the German Minority to Poland«, *German Politics and Society* 26 (1992), S. 92.

4 Zur Vertreibung der Deutschen aus Polen und der Tschechoslowakei siehe A. M. de Zayas, *Nemesis at Potsdam*, Lincoln 1988.

5 Siehe Klaus Ziemer, »Können Polen und Deutsche Freunde sein? Polnische Befürchtungen bei der Vereinigung Deutschlands«, in: Trautmann, *Die häßlichen Deutschen?*, S. 90.

6 Zitiert nach Dieter Bingen, »Oder-Neiße-Grenze«, in: Ewa Kobylinska,

Andreas Lawaty und Rüdiger Stephan (Hg.), *Deutsche und Polen. 100 Schlüsselbegriffe*, München 1992, S. 410.

7 Siehe Ludwig Mehlhorn, »Die Sprachlosigkeit zwischen Polen und der DDR. Eine Hypothek«, in: Kobylinska, Lawaty und Stephan, *Deutsche und Polen*, S. 522–528.

8 Siehe Ziemer, »Können Polen und Deutsche Freunde sein?«, S. 96.

9 Siehe »Furcht, Neid und Respekt«, *Der Spiegel* v. 2. September 1991, S. 49.

10 Siehe European Commission, *Eurobarometer* 34 (Dezember 1990), S. A 47.

11 Siehe Michael Ludwig, *Polen und die deutsche Frage*, Bonn 1991, S. 22–25.

12 Ibid., S. 27 u. 39.

13 Ibid., S. 140.

14 »Furcht, Neid und Respekt«, *Der Spiegel* v. 2. September 1991, S. 48.

15 Ibid., S. 49 u. 57.

16 Ibid., S. 55.

17 Siehe Jacobsen, »Polen und Deutsche«, S. 153.

18 Siehe »Deutsche bei den Polen am Ende der Beliebtheitsskala«, *Frankfurter Allgemeine Zeitung* v. 31. Juli 1995, S. 8.

19 Zu den wirtschaftlichen und kulturellen Beziehungen zwischen Polen und Deutschland siehe Patricia Davis, »Polish-German Relations in the New Europe. From Sensitivity to Vulnerability«, Beitrag zur 19th Annual Conference of the German Studies Association, Chicago 1995.

20 European Commission, *Central and Eastern Eurobarometer* (März 1994), Anhang, Abb. 10.

21 European Commission, *Central and Eastern Eurobarometer* (März 1995), Anhang, Abb. 9.

22 Die Umfrageergebnisse beziehen sich bis zur Gründung der tschechischen und der slowakischen Republik am 1. Januar 1993 auf die Tschechoslowakei. Spätere Daten gelten nur für die Tschechische Republik.

23 Siehe Jan Kren, »Deutschlandbilder bei den Tschechen«, in: Süssmuth, *Deutschlandbilder in Polen und Rußland*, S. 224f.

24 Siehe Ferdinand Seibt, *Deutschland und die Tschechen. Geschichte einer Nachbarschaft in der Mitte Europas*, München 1993, S. 322f., 348.

25 Ibid., S. 350. Siehe Alan Cowell, »Memories of Wartime Brutalities Revive Czech-German Animosity«, *New York Times* v. 9. Februar 1996.

26 Kren, »Deutschlandbilder«, S. 228.

27 Ibid., S. 229.

28 Seibt, *Deutschland und die Tschechen*, S. 403.

29 Zitiert nach: »One Germany Is No Threat, Says Czechs' Leader«, *Daily Telegraph* v. 3. Januar 1990, S. 10.

30 European Commission, *Eurobarometer* 33 (Juni 1990), S. 38.

31 European Commission, *Eurobarometer* 34 (Dezember 1990), S. A 47.

32 Seibt, *Deutschland und die Tschechen*, S. 404.

33 Kren, »Deutschlandbilder«, S. 230f.

34 Berthold Kohler, »Gefürchtet und bewundert: Was die Tschechen über die Deutschen denken«, *Frankfurter Allgemeine Zeitung* v. 17. Juli 1995.

35 So Václav Havel in einem Interview mit der *Süddeutschen Zeitung* v. 13. April 1993.

36 »Neuer Spuk um altes Gespenst«, *Süddeutsche Zeitung* v. 8. Februar 1996.

37 »Tschechien – wieder ein strategisches Bollwerk?« *Süddeutsche Zeitung* v. 27. Februar 1996.

38 *Magyar Hírlap* v. 16. Mai 1990.

39 European Commission, *Eurobarometer* 34 (Dezember 1990), S. A 47.

40 Siehe József László, »Das Deutschlandbild in Ungarn«, in: Süssmuth, *Deutschlandbilder in Polen und Rußland*, S. 267.

41 Ibid., S. 267–269.

42 *Népszabadság* v. 5. Mai 1990.

43 Zitiert nach: Kathrin Sitzler, »Das aktuelle Deutschlandbild der Ungarn«, in: Süssmuth, *Deutschlandbilder in Polen und Rußland*, S. 279.

44 Ibid., S. 282 u. 277.

45 European Commission, *Central and Eastern Eurobarometer* (März 1995), Anhang, Abb. 9.

9. KAPITEL Die großen Staaten

1 European Commission, *Eurobarometer* 33 (Juni 1990), S. 38.

2 European Commission, *Eurobarometer* 35 (Juni 1991) S. A 24.

3 Siehe »Mayhem«, *Economist* v. 19. September 1992, S. 15f.; »A Ghastly Game of Dominoes«, *Economist* v. 19. September 1992, S. 89f.

4 Siehe Robert Graham, »Italians Upset at Waigel's Remarks«, und Lionel Barber, »EMU Turmoil Hits EU's Majorca Summit«, *Financial Times* v. 22. September 1995, S. 2, sowie »Europe's Dream of Common Currency. A German Warning Shot«, *New York Times* v. 22. September 1995, S. A 13.

5 Siehe Elisabeth Geffers und Michael Strübel, »Die ›häßlichen‹ Deutschen aus italienischer Sicht«, in: Günter Trautmann (I Ig.), *Die häßlichen Deutschen? Deutschland im Spiegel der westlichen und östlichen Nachbarn*, Darmstadt 1991, S. 259.

6 Ibid., S. 254.

7 *Corriere* v. 28. Dezember 1989.

8 *Corriere* v. 1. Januar 1990.

9 *Corriere* v. 20. März 1990.

10 *Corriere* v. 12. November 1989.

11 *Corriere* v. 14. Februar 1990.

12 *New York Times* v. 20. Februar 1990.

13 *Canard Enchaîné* v. 14. Februar 1990.

14 European Commission, *Eurobarometer* 33 (Juni 1990), S. 38.

15 European Commission, *Eurobarometer* 35 (Juni 1991), S. A 24.
16 *Le Monde* v. 10. Februar 1990.
17 *Le Monde* v. 16. Februar 1990.
18 Zitiert nach: *Le Monde* v. 23. Februar 1990.
19 *Le Monde* v. 21. Februar 1990.
20 *Le Monde* v. 21. März 1990.
21 *Le Monde* v. 24. März 1990.
22 *Le Monde* v. 27. März 1990.
23 *Figaro* v. 24. März 1990.
24 *Figaro* v. 30. März 1990.
25 *Figaro* v. 9. und 19. Februar 1990.
26 *Figaro* v. 27. Februar 1990.
27 *Figaro* v. 15. März 1990.
28 Nathaniel C. Nash, »Leader Calls Cutbacks Vital for French Role in Europe«, *New York Times* v. 8. Dezember 1995.
29 Siehe Nicholas Pyke, »Ginger v. the Red Baron«, *Times Educational Supplement* v. 6. Dezember 1991, S. 10. Das Goethe-Institut und das British Council veröffentlichten später gemeinsam den Band *How Do We See Each Other? Stereotypes of England and Germany in the Children's and Youth Literature of Both Countries*, München 1993.
30 »Michel und John Bull auf neuen Wegen«, *Süddeutsche Zeitung* v. 10. August 1995.
31 Zitiert nach: Timothy Garton Ash, »The Chequers Affair«, *New York Review of Books* v. 27. September 1990.
32 Zitiert nach: »Michel und John Bull auf neuen Wegen«, *Süddeutsche Zeitung* v. 10. August 1995.
33 European Commission, *Eurobarometer* 33 (Juni 1990), S. 38.
34 *Spectator* v. 14. Juli 1990.
35 Ibid.
36 Ein großer Teil der Öffentlichkeit begrüßte die deutsche Vereinigung. Als sie im Frühjahr 1991 befragt wurden, antworteten 10 Prozent der britischen Teilnehmer, daß ein vereintes Deutschland sie mit großer Hoffnung für die Zukunft Großbritanniens erfülle, 43 Prozent äußerten ziemliche Hoffnungen, 26 Prozent ziemliche Bedenken, 7 Prozent große Bedenken, und 14 Prozent konnten die Frage nicht beantworten. Siehe European Commission, *Eurobarometer* 35 (Juni 1991), S. A 24.

10. KAPITEL **Deutsche Soldaten im Ausland**

1 Siehe Andrei S. Markovits und Philip S. Gorski, *Grün schlägt Rot. Die deutsche Linke nach 1945*, Hamburg 1997, S. 208–211.
2 Dieter Deiseroth, »Die Bundesrepublik – Transitstelle für US-Mi-

litäreinsätze außerhalb des NATO-Gebietes? Anmerkungen zum ›War-time-Host-Nation-Support-Abkommen‹ zwischen den USA und der Bundesrepublik Deutschland vom 15. April 1982«, *Kritische Justiz* 4 (1985), S. 412–434.

3 Siehe Jeffrey Herf, *War by Any Other Means. Soviet Power, West German Resistance and the Battle of the Euromissiles*, New York 1991; Markovits und Gorski, *Grün schlägt Rot.*

4 Thomas Giegerich, »The German Contribution to the Protection of Shipping in the Persian Gulf: Staying out for Political or Constitutional Reasons?«, *Zeitschrift für ausländisches öffentliches Recht und Völkerrecht* 1 (1989), S. 1–40.

5 Oskar Hoffmann, *Deutsche Blauhelme bei UN-Missionen. Politische Hintergründe und rechtliche Aspekte*, München 1993, S. 82f.

6 Eine Aufstellung der Bundeswehrengagements im Rahmen von UN-Missionen und humanitären Einsätzen seit 1991 findet sich bei Karen Donfried, *German Foreign Policy: Regional Priorities and Global Debuts*, Washington 1995, S. 16.

7 Ibid., S. 86; siehe auch Caroline Thomas und Klaus-Peter Weiner, »Neuer Interventionismus. Die deutsche Außenpolitik nach der Vereinigung«, in: Caroline Thomas und Klaus-Peter Weiner (Hg.), *Auf dem Weg zur Hegemonialmacht? Die deutsche Außenpolitik nach der Vereinigung*, Köln 1993, S. 150f.

8 Siehe Hoffmann, *Deutsche Blauhelme*, S. 89.

9 Siehe *Grundgesetz für die Bundesrepublik Deutschland*, München, o. J.

10 Eine hervorragende Darstellung der Entscheidungen des Bundesverfassungsgerichts liefert Manfred H. Wiegandt, »Germany's International Integration: The Rulings of the German Federal Constitutional Court on the Maastricht Treaty and the Out-of-Area Deployment of German Troops«, *American University Journal of International Law and Policy* 10 (1995), S. 889–916.

11 Hoffmann, *Deutsche Blauhelme*, S. 76.

12 Volker Rühe, »Zukunftsaufgaben deutscher Sicherheitspolitik«, *Europäische Sicherheit*, (1992), S. 421–426.

13 Michael Jach und Klaus Schrotthofer, »Bundeswehr: Start ins Ungewisse«, *Focus* v. 3. Juli 1995, S. 20–23.

14 Siehe »Bundestag stimmt Einsatz von ›Tornados‹ zu. Kinkel: Es geht um die Glaubwürdigkeit Deutschlands«, *Süddeutsche Zeitung* v. 1./2. Juli 1995.

15 Eine Beschreibung der einzelnen Schritte zur Anerkennung Kroatiens und Sloweniens sowie der Schlüsselrolle der Grünen findet sich bei Beverly Crawford, »German Foreign Policy and European Political Cooperation: The Diplomatic Recognition of Croatia in 1991«, *German Politics and Society* 1 (1995), S. 1–34.

16 Joschka Fischer, »Die Katastrophe in Bosnien und die Konsequenzen für unsere Partei Bündnis '90/Die Grünen: Ein Brief an die Bundestagsfrak-

tion und an die Partei«, in gekürzter Fassung veröffentlicht unter dem Titel »Wir müssen für den militärischen Schutz der UN-Zonen sein«, *Frankfurter Rundschau* v. 2. August 1995.

17 Joschka Fischer, »Auf der Flucht vor der Wirklichkeit«, Brief v. 27. November 1995.

18 Siehe Ronald D. Asmus, *Germany's Geopolitical Maturation. Public Opinion and Security Policy in 1994*, Santa Monica 1995, S. 42. Das Zitat stammt aus »Today's Germans: Peaceable, Fearful – and Green«, *Financial Times* v. 4. Januar 1991.

11. KAPITEL   Deutsche Wirtschaftsmacht in Europa

1 Hans-Peter Schwarz, *Die gezähmten Deutschen. Von der Machtbesessenheit zur Machtvergessenheit*, Stuttgart 1985, S. 116 f.

2 Susan Strange, *States and Markets*, London 1994, S. 24 f.

3 Rick Atkinson, »Germans Invest in East Europe but Curb Image of Empire«, *Washington Post* v. 17. April 1994, S. A 25, A 30.

4 Siehe Robert Gilpin, *War and Change in World Politics*, Cambridge 1981, S. 42 f.; Stephen D. Krasner, »State Power and the Structure of International Trade«, *World Politics* (1976), S. 317–347.

5 Sachverständigenrat zur Begutachtung der gesamtwirtschaftlichen Entwicklung, »Den Aufschwung sichern – Arbeitsplätze schaffen«, Jahresgutachten 1994/95, Stuttgart 1994, S. 317 u. 324.

6 *European Economy* 3 (1994), S. 155.

7 W. R. Smyser, *The Economy of a United Germany*, New York 1992, S. 4.

8 Georg Winckler, »The Impact of the Economy of the FRG on the Economy of Austria«, in: Harald von Riekhoff und Hanspeter Neuhold (Hg.), *Unequal Partners: A Comparative Analysis of Relations between Austria and the Federal Republic of Germany and between Canada and the United States*, Boulder 1993, S. 158. Alle Beiträge wurden vor der deutschen Vereinigung verfaßt und beziehen sich daher auf Westdeutschland.

9 Margit Scherb, »Wir und die westeuropäische Hegemonialmacht: Die Beziehungen zwischen Österreich und der Bundesrepublik Deutschland in den Bereichen Währung, Außenhandel und Direktinvestitionen«, in: dies. und Inge Morawetz (Hg.), *In deutscher Hand? Österreich und sein großer Nachbar*, Wien 1990, S. 55.

10 Winckler zitiert eine Studie, die zu dem Ergebnis kommt, daß ungefähr 60 Prozent des Bruttoinlandsprodukts und der Konsumtion in Österreich vom Bruttoinlandsprodukt und der Konsumtion der BRD »verursacht« werden. Siehe »Impact of the Economy«, S. 157.

11 Zitiert nach: Scherb, »Wir und die westeuropäische Hegemonialmacht«, S. 56.

12 Ibid., S. 35 u. 56.

13 Siehe Robert Holzmann und Georg Winckler, »Austrian Economic Policy: Some Theoretical and Critical Remarks on Austro-Keynesianism«, *Empirica* 10 (1983), S. 183–203. Siehe auch Hans Seidel, »Social Partnership and Austro Keynesianism«, in: Günter Bischof und Anton Pelinka (Hg.), *Contemporary Austrian Studies* 4 (1995), S. 94–118.

14 D. Mark Schultz, »Austrian-EC Trade Relations: Evolution toward Integration«, in: von Riekhoff und Neuhold, *Unequal Partners*, S. 171; Daten ab 1985 stammen aus persönlichen Mitteilungen von Ökonomen der Creditanstalt, einer der führenden österreichischen Banken.

15 Scherb, »Wir und die westeuropäische Hegemonialmacht«, S. 47.

16 Ohne Zweifel ist der bemerkenswerte Anstieg der deutschen Direktinvestitionen in Österreich während der sechziger Jahre in hohem Maße auf die komplizierten Kompensationsvereinbarungen zurückzuführen, die mit Blick auf das deutsche Eigentum aus der nationalsozialistischen Periode getroffen worden sind. Diesen interessanten Aspekt der österreichisch-deutschen Beziehungen untersucht Rosmarie Atzenhofer, »Wie das deutsche Eigentum wieder ›deutsch‹ wurde«, in: Scherb und Morawetz, *In deutscher Hand?*, S. 61–85.

17 Eine mehr geographisch orientierte Analyse der Output-Korrelationen zwischen Deutschland und den Beneluxländern stammt von Tamim Bayoumi und Barry Eichengreen, »Shocking Aspects of European Monetary Integration«, in: Francesco Torres und Francesco Giavazzi (Hg.), *Adjustment and Growth in the European Monetary Union*, Cambridge 1993, S. 193–229.

18 »Will Germany Tow Europe into Trouble?«, *Economist* v. 31. August 1991, S. 53.

19 Albert O. Hirschman, *National Power and the Structure of Foreign Trade*, Berkeley 1945.

20 Zu den entsprechenden Zahlen siehe Sachverständigenrat zur Begutachtung der gesamtwirtschaftlichen Entwicklung, Jahresgutachten 1994/95, Stuttgart 1994, S. 413 f.

21 Mit Blick auf die Rolle der D-Mark ist daher argumentiert worden, daß »Deutschland in Europa heute etwa die gleiche Position einnimmt, wie sie die Vereinigten Staaten im weltweiten Geschehen der fünfziger Jahre innehatten«. Lewis E. Lehrman und John Mueller, »The Curse of Being a Reserve Currency«, *Wall Street Journal* v. 4. Januar 1993. Zu den sich mehrenden Anzeichen der monetären Unabhängigkeit Deutschlands von den Vereinigten Staaten siehe Ferdinand Protzman, »Inflation in Germany Averaged 3.1 % in 1991«, *New York Times* v. 10. Januar 1992; Peter Passell, »Bonn Punches, the Dollar Rolls«, *New York Times* v. 27. August 1992; Tom Buerkle, »Germany Scolds U.S. for Failing to Defend Dollar«, *International Herald Tribune* v. 6. April 1995, S. 1.

22 Reinhard Rhode, »Deutschland: Weltwirtschaftsmacht oder überforderter Euro-Hegemon?«, in: Bruno Schoch (Hg.), *Deutschlands Einheit und Europas Zukunft*, Frankfurt a. M. 1992, S. 214.

23 Siehe z. B. Hinweise der jüngeren Zeit, daß die Bundesbank sich zum Aufkauf von US-Dollars gezwungen sieht, um den Wert des Dollars im Verhältnis zur D-Mark zu stabilisieren. Craig R. Whitney, »Germans Reduce 2 Interest Rates«, *NewYorkTimes* v. 12. Mai 1994, S. A 1.

24 Lewis E. Lehrman und John Mueller, »The Curse of Being a Reserve Currency«, *Wall Street Journal* v. 4. Januar 1993.

25 Zu der ersten Auffassung siehe John Marcom, jr., »Bundesbank über alles«, *Forbes* v. 24. Dezember 1990, S. 36–38, zur letzteren, nicht ganz so pessimistischen Ansicht siehe Roland Leuschel, »Why the Bundesbank Raised Rates«, *Wall Street Journal* v. 15. Januar 1992, S. A 12. Eine neutralere Position nimmt ein: Milton J. Ezrati, »Germany's Hands Are Tied on Rates«, *NewYorkTimes* v. 7. Februar 1993.

26 Siehe Craig R. Whitney, »Kohl Denies Secret Plan to Force European Union«, *NewYorkTimes* v. 25. September 1992.

27 Beide Zitate aus Ferdinand Protzman, »Bundesbank Increases Rates to Highest Level since 1948«, *NewYorkTimes* v. 20. Dezember 1991, S. C 1. Die zweite Aussage stammt von Peter Peitsch, einem Ökonomen der Commerzbank A.G. in Frankfurt.

28 So z. B. Hans-Peter Stihl, Präsident des Deutschen Industrie- und Handelstages; siehe David Marsh, »German Warns on German Influence«, *Financial Times* v. 30. August 1992.

29 Craig R. Whitney, »Bundesbank: Sound Money Bastion«, *NewYorkTimes* v. 22. Oktober 1992, S. C 1. Eine ähnliche Argumentation verfolgt Whitney in seinem Artikel »Germany's Well-Defended Mark«, *NewYorkTimes* v. 23. September 1992, S. A 16.

30 Eine kenntnisreiche Berichterstattung über die deutschen Reaktionen auf die Krise des Wechselkursmechanismus und die Zukunft des Europäischen Währungssystems liefert Craig R. Whitney, »Blaming the Bundesbank«, *New York Times Magazine* v. 17. Oktober 1993, S. 19, 44, 48, 59.

31 Jon Stein, »D-Mark Bullying but Protecting Pound«, *Futures* (1990), S. 24.

32 C. Randall Henning, *Currencies and Policies in the United States, Germany and Japan*, Washington 1994, S. 98f.

33 Ibid., S. 230.

34 Peter Gumbel, »German Parliament Moves Closer to Approving Maastricht Treaty«, *Wall Street Journal* v. 9. Oktober 1993, S. A 8.

35 Henning, *Currencies and Policies*, S. 232.

36 Karl Otto Pöhl, zitiert nach: Dieter Balkhausen, *Gutes Geld und schlechte Politik*, Düsseldorf 1992, S. 177.

37 Henning, *Currencies and Policies*, S. 235. Zur Behauptung, die Bestimmungen des Maastrichter Vertrags spiegelten vor allem den Einfluß der deut-

schen Regierung als des Hauptarchitekten der Europäischen Währungsunion, siehe auch »Made in Germany«, *Economist* v. 2. November 1991,
S. 77.

38 Eine Zusammenfassung bietet »Nightmare on ERM Street, II«, *Economist*
v. 28. November 1992, S. 87f. Siehe auch Craig R. Whitney, »Europeans
Agree to Let Currencies Fluctuate Widely«, *New York Times* v. 2. August
1992, S. A 1; Richard W. Stevenson, »Europeans' Currency System Shaken
as Britain Cuts Free«, *New York Times* v. 17. September 1992.

39 Siehe Peter Marsh, »Tietmeyer Firm on Re-entry to ERM«, *FinancialTimes*
v. 6. Februar 1993; »Bundesbank Says European Bank Must Be in Frankfurt«, *FinancialTimes* v. 30. März 1992, S. 1.

40 Beispiele für diese Argumentation finden sich in »Bundesbank Strikes
Back«, *FinancialTimes* v. 5. November 1990, S. 16; Jonathan Fuerbringer,
»The Bundesbank's One-Two Punch«, *New York Times* v. 22. Dezember
1991; Martin Wolf, »Germany Faces More Pressure to Ease Interest Rates«,
FinancialTimes v. 6. Juli 1993. Die zentrale Bedeutung des deutschen Lom-
bardsatzes betont auch Leslie Gelb, »Love Lombard Rates«, *New York Times*
v. 20. September 1992, S. E 17.

41 Siehe dazu Craig R. Whitney, »Germany Focuses on German Unity; Eu-
ropean Unity Will Wait«, *New York Times* v. 13. Mai 1992, S. A 1; Keith
Rockwell, »EC Monetary Union Set Back by Germany's Policy Fears«,
Journal of Commerce v. 28. Februar 1991, S. 3 A; Charles Bean, »Why EMU's
Critics Are Wrong«, *Financial Times* v. 3. Juli 1992, S. 15.

42 Siehe »Die Entdeckung der D-Mark als Wahlkampfthema«, *Süddeutsche
Zeitung* v. 31. Oktober 1995.

43 Die Bundesbank war nicht nur in der Lage, die Zinssätze anzuheben und
damit eine Rezession auszulösen, es stand auch in ihrem Ermessen, die
Zinsen wieder herabzusetzen, um die Erholung der europäischen Wirt-
schaft einzuleiten – wenn auch aus binnenwirtschaftlichen Gründen. Als
Beispiele für die Berichterstattung der frühen neunziger Jahre siehe
Terence Roth, »Bundesbank May Be Forced to Lower Rates«, *Wall Street
Journal* v. 29. September 1992, S. A 2; »Cutting It Fine«, *Economist* v.
20. März 1993, S. 85; »German Move Triggers Further Rate Cuts«, *Finan-
cialTimes* v. 20. Februar 1994, S. 2; Ferdinand Protzman, »German Central
Bank Lowers Discount Rate«, *New York Times* v. 18. Februar 1994, S. C 2;
Craig R. Whitney, »In Surprise Move, Germans Cut Both Key Interest
Rates«, *New York Times* v. 15. April 1994, S. C 1. Eine stärker »internatio-
nalistisch« begründete, optimistische Interpretation des Verhaltens der
Bundesbank findet sich bei Craig R. Whitney, »A Benign Bundesbank?«,
New York Times v. 17. Mai 1994, S. C 1; Stephen Kinzer, »Bundesbank
Takes Europe View«, *New York Times* v. 20. September 1992, S. C 5.

44 Als Beispiele für die optimistische Sicht siehe Samuel Brittan, »Better
Frankfurt Than Liverpool«, *FinancialTimes* v. 9. Januar 1992, S. 11; »The

Bank They Love to Hate«, *Economist* v. 18. Januar 1992, S. 17 f.; »The Bundesbank Gets a Bashing«, *Economist* v. 5. Dezember 1992, S. 81. Daß die Bundesbank eher aus einer »aufgeklärten« Haltung auf externe Anforderungen reagiert, behauptet Steven Greenhouse, »Bundesbank Gives In«, *NewYork Times* v. 14. September 1992, S. C 2.

45 Siehe z. B. David Marsh, »Germany Cedes the Lead on European Rates«, *Financial Times* v. 8. Januar 1993, S. 2.

46 Sachverständigenrat, Jahresgutachten 1994/95, S. 65, 67, 317.

47 Jane Perlez, »Polish-German Border an Economic Frontier«, *New York Times* v. 14. Mai 1994, S. A 5.

48 *Business Europe* v. 14.–20. November 1994, S. 8.

49 Robert Keohane, *After Hegemony. Cooperation and Discord in the World Political Economy*, Princeton 1984; Andrei S. Markovits und Simon Reich, »Deutschlands neues Gesicht«, Leviathan 1 (1992), S. 15–63.

50 Siehe z. B. David Gardner, »Germany Calls for Check on Britain's EC Rebate«, *Financial Times* v. 11. Februar 1992, S. 18, oder »The Fight for EC Finances«, *Financial Times* v. 12. Mai 1992, S. 18.

51 Siehe David Buchan, »Southern EC States Fight Plan to End Tied Aid«, *Financial Times* v. 6. Mai 1992, S. 6.

52 Für einen allgemeinen Überblick siehe »Deutschland ist größter Geber und zweitgrößter Investor in Osteuropa«, *Deutschland Nachrichten* v. 7. Oktober 1994.

53 So z. B. Außenminister Klaus Kinkel; siehe »Kohl, Visiting Russia, Agrees to Debt Relief«, *New York Times* v. 17. Dezember 1992.

54 Craig R. Whitney, »Germany's East Wing of the Common European Home«, *New York Times* v. 28. Juli 1991, S. E 5.

55 David E. Sanger, »In New Diplomatic Struggles, Money Is an Unreliable Ally«, *New York Times* v. 9. April 1995, Teil 4, S. 1.

56 Siehe z. B. »The Stabilization of Central and Eastern Europe«, *German Information Center* v. April 1994, S. 2.

57 »Germany's Eastern Question«, *Economist* v. 29. Februar 1992, S. 51 f.

58 Alle Zahlen stammen aus »The Stabilization of Central and Eastern Europe«, German Information Center v. April 1994, S. 2.

59 Michael Koop, »Joining the Club: Options for the Integration of Central and Eastern European Countries into the EU«, Beitrag zur Konferenz »Europe's Economy Looks East«, American Institute for Contemporary German Studies, 15.–16. Mai 1995. Dieter Schumacher hat mit »Impact of Increased Division of Labor with Eastern Europe on German Trade« gezeigt, daß das Volumen des deutschen Handels mit den Visegrád-Ländern wuchs und eine zunehmende Arbeitsteilung zwischen den Handelspartnern bewirkte: Deutschland lieferte Produkte mit hoher Wertschöpfung, wie Investitionsgüter, insbesondere aus den Bereichen Maschinenbau, Elektrotechnik und Verkehrstechnik, während die deutschen Einfuhren

aus diesen Ländern eindeutig aus weit arbeitsintensiveren Industrien stammten. Schumacher führt weiter aus, daß der Handel mit Deutschland einen Anteil von je etwa 25 Prozent am gesamten Handelsvolumen der Visegrád-Länder umfaßte, während er umgekehrt für Deutschland nur 7 Prozent des Gesamthandels betrug. Dieses Gefälle scheint die Abhängigkeitsbeziehung zu spiegeln, die Hirschman in *National Power and the Structure of Foreign Trade* beschreibt.

60 Nancy Dunne, David Buchan und Louise Kehoe, »Polish Tariffs Biased to the EC, Says US«, *Financial Times* v. 15. Mai 1992, S. 4.

61 Sachverständigenrat, Jahresgutachten 1994/95, S. 42.

62 »The Stabilization of Central and Eastern Europe«, German Information Center v. April 1994, S. 3.

63 »The Trouble with Kohl and Yeltsin«, *Economist* v. 12. Dezember 1992, S. 56.

64 »Experts Advise Caution on Czech Investments«, *FBIS WEU-95-007*, 11. Januar 1995, S. 20f.

65 Siehe die Kommentare zum Kauf der Skoda-Werke durch die Volkswagen AG bei Richard W. Stevenson, »In a Czech Plant, VW Shows How to Succeed in the East«, *New York Times* v. 22. Juni 1993. In vertraulichen Gesprächen mit einem der Autoren dieses Buches im Herbst 1993 wurden von den Banken Zahlen vorgelegt, die auf sehr begrenzte deutsche Direktinvestitionen in Osteuropa hinwiesen. Deutsche Industrielle, die in der Region investiert hatten, widersprachen dieser Behauptung in späteren Interviews und deuteten an, daß ihren Unternehmen Vermögenswerte in östlichen Ländern zu Nominalpreisen oder sogar umsonst angeboten worden waren, einfach, um die Wirtschaft zu stimulieren. Die Bankenstatistiken gaben nicht den realen Wert der Transaktionen an.

66 *Business Eastern Europe* v. 4. Juni 1990, S. 188.

67 *Privatization Newsletter of Czechoslovakia* 1 (1991), S. 2.

68 James Juracka, »Getting Information on Companies within the Jurisdiction of the Ministry of Industry for the Czech Republic«, *Privatization Newsletter of Czechoslovakia* 1 (1991), S. 7.

69 Burton Bollag, »Welcome to Prague, Boom Town«, *New York Times* v. 21. Oktober 1992.

70 Ariane Genillard und Anthony Robinson, »Czechs Go Globe-Trotting to End Euro-dependency«, *Financial Times* v. 15. Mai 1992, S. 4.

71 »Experts Advise Caution on Czech Investments«, *FBIS WEU-95-007*, 11. Januar 1995, S. 20; »Germany's Eastern Question«, *Economist* v. 29. Februar 1992, S. 51 f.

72 Leszek Miller, Führer der Union der Linken Demokratie, die gerade einen überwältigenden Wahlsieg errungen hatte; zitiert nach: Jane Perlez, »ExCommunists in Poland Try to Reassure Foreign Investors«, *New York Times* v. 22. September 1993.

73 Nicholas Denton und Anthony Robbins, »Hungary: Robust Little Exporter

in Heart of Europe«, *Financial Times* v. 20. Mai 1992, S. 6; Denton, »Poised on the Verge of Recovery«, *Financial Times* v. 17. November 1993, S. 30.

74 Denton und Robbins, »Hungary: Robust Little Exporter in Heart of Europe«, S. 6.

75 »In Search of Full Integration«, *Financial Times* v. 17. November 1993, S. 4.

76 Siehe Nicholas Denton, »Hungary Makes Striking Switch to Privatization«, *Financial Times* v. 9. Oktober 1992, S. 3; *Business Eastern Europe* v. 23. Juli 1990, S. 242.

77 *Commercial Law and Practice Course Handbook Series. A New Look at Doing Business with the Soviet Union*, New York 1989, S. 27.

78 Zahlen nach Peter Marsh, »Marriage Contracts«, *Financial Times* v. 20. September 1991, S. 12.

79 Siehe »German Support for the Reform Process in the Former Soviet Union«, German Information Center (März 1995).

80 Siehe z. B. »The Stabilization of Central and Eastern Europe«, German Information Center (April 1994).

81 Siehe dazu z. B. Quentin Peel und George Graham, »Kohl to Ask US to Step Up Assistance for Moscow«, *Financial Times* v. 26. März 1993; Serge Schmemann, »Who Hails Russia? Nixon, No Less«, *New York Times* v. 19. Februar 1993; Anthony Lewis, »For Want of a Nail«, *New York Times* v. 16. Februar 1992; Steven Greenhouse, »Bush and Kohl Unveil Plan for 7 Nations to Contribute $ 24 billion in Aid for Russia«, *New York Times* v. 2. April 1992, S. A 1.

82 »The Stabilization of Central and Eastern Europe«, German Information Center (April 1994).

83 »German Support for the Reform Process in the Former Soviet Union and the Countries of Central, Southeastern and Eastern Europe«, German Information Center (März 1995).

84 »EC to Participate in Washington Coordinating and Conference«, *European Community News* v. 21. Januar 1992, S. 2.

85 »German Support for the Reform Process in the Former Soviet Union and the Countries of Central, Southeastern and Eastern Europe«, German Information Center (März 1995).

86 David E. Sanger, »In New Diplomatic Struggles, Money Is an Unreliable Ally«, *New York Times* v. 9. April 1995, Teil 4, S. 1.

12. KAPITEL Deutsche Kulturpolitik im Ausland

1 Hellmut Becker, »Außenpolitik und Kulturpolitik«, in: Dieter Braun (Hg.), *Deutsche Kulturpolitik im Ausland*, Bd. 2, München 1966, S. 88–103. Siehe auch Becker, »Kultur – ein Mittel unserer Außenpolitik«, *Süddeutsche Zeitung* v. 23. August 1962.

2 »Hilmar Hoffmann: Kulturpolitik ist die dritte Säule deutscher Außenpolitik«, in: *Deutschland Nachrichten* v. 9. Juli 1993, S. 6.

3 Hagen Graf Lambsdorff, »Foreign Affairs and Cultural Policies: Current
Trends and Initiatives«, Referat bei der Tagung »Foreign Affairs and
Cultural Policies: American and German Strategies after the Cold War«,
American Institute for Contemporary German Studies, Washington,
D.C., 28. April 1995.

4 »Auswärtige Kulturpolitik«, Almanach der Bundesregierung 1993/94,
S. 149–151.

5 Hilmar Hoffmann, »Vorwort«, in: ders. und Kurt-Jürgen Maaß (Hg.),
Freund oder Fratze?, Frankfurt a. M. 1994, S. 7.

6 »Auswärtige Kulturpolitik«, S. 149.

7 Siehe Klaus von Beyme, *Vorbild Amerika? Der Einfluß der amerikanischen
Demokratie in der Welt*, München 1986; Emil-Peter Müller, *Antiamerikanis-
mus in Deutschland: Zwischen Care-Paket und Cruise-Missile*, Köln 1986;
Sebastian Knauer, *Lieben wir die USA? Was die Deutschen über die Amerikaner
denken*, Hamburg 1987; Andrei S. Markovits, »On Anti-Americanism in
West Germany«, *New German Critique* 34 (1985); Josef Joffe, »Europe and
America: The Politics of Resentment«, *Foreign Affairs* 61 (1983).

8 Zur Beziehung von Kultur und Hegemonie siehe Antonio Gramsci,
Gefängnishefte. Kritische Gesamtausgabe, 7 Bde., Hamburg 1991–96;
Zu Politik, Geschichte und Kultur. Ausgewählte Schriften, hg. von Guido
Zamis, Leipzig 1986.

9 Siehe Wade Jacobys glänzende Dissertation *The Politics of Institutional
Transfer: Two Postwar Reconstructions in Germany 1945–1995*, Cambridge 1996.

10 Diese praktische Verbindung von Institutionen und Ideen erwähnt auch
Dieter Sattler in seiner Einleitung zum Jahresbericht 1964 der Kulturabteilung des Auswärtigen Amtes. Nachdruck in: Braun, *Deutsche Kulturpolitik*, S. 147.

11 »Reichshaushalts-Etat für das Jahr 1878/79. Etat für das Auswärtige Amt«.
Zitiert nach: Ruth Emily McMurry und Muna Lee, *The Cultural Approach.
Another Way in International Relations*, Chapel Hill 1947, S. 40 f.

12 Siehe Jürgen Kloosterhuis, »Deutsche auswärtige Kulturpolitik und ihre
Trägergruppen vor dem Ersten Weltkrieg«, in: Kurt Düwell und Werner
Link (Hg.), *Deutsche auswärtige Kulturpolitik seit 1871*. Beiträge zur Ge-
schichte der Kulturpolitik, Bd. 1, Köln und Wien 1981, S. 7–36.

13 Zu Gründung und Zielen der neuen Abteilung siehe Kurt Düwell, »Grün-
dung der kulturpolitischen Abteilung, Auswärtiges Amt 1919/20 als
Neuansatz«, in: Düwell und Link, *Deutsche auswärtige Kulturpolitik*,
S. 44–61.

14 McMurry und Lee schätzen diese Kontinuität aus der Sicht des Jahres 1945
zu hoch ein, siehe *Cultural Approach*, S. 47–63.

15 Zu Karl Haushofer, geopolitischen Strategien und der Deutschen Akade-

mie siehe Hans-Adolf Jacobsen, »Auswärtige Kulturpolitik als ›geistige Waffe‹«, in: Düwell und Link, *Deutsche auswärtige Kulturpolitik*, S. 218–256. Es überrascht kaum, daß Haushofer und sein Begriff auswärtiger Kulturpolitik auch in der nationalsozialistischen Ära einflußreich blieben.

16 Hans Arnold, *Auswärtige Kulturpolitik. Ein Überblick aus deutscher Sicht*, München und Wien 1980, S. 13.

17 Siehe Edwina S. Campbell, *Germany's Past and Europe's Future*, Washington 1989, bes. S. 49–72.

18 Emil Ehrich, »Die Auslands-Organisation der NSDAP«, *Schriften der deutschen Hochschule für Politik* 13 (1927), zitiert nach: McMurry und Lee, *Cultural Approach*, S. 63.

19 Hans-Adolf Jacobsen, *Nationalsozialistische Außenpolitik 1933–1938*, Frankfurt a. M. und Berlin 1968, S. 143 u. 156.

20 Siehe »Zur auswärtigen Kulturpolitik«, Leitsätze des Auswärtigen Amts für die auswärtige Kulturpolitik, in: *40 Jahre Außenpolitik der Bundesrepublik Deutschland*, Stuttgart 1989, S. 230–233.

21 Über die Perspektive des Jahres 1958 informiert Werner Richter, damals Präsident des DAAD; siehe Theodor Steltzer, »Vorschlag zur Bildung einer Körperschaft zur Förderung der deutschen Kulturarbeit im Ausland«, in: Braun, *Deutsche Kulturpolitik*, S. 59–68.

22 Sattler, »Einleitung«, S. 149. Zur Steigerung im einzelnen siehe Becker, »Außenpolitik und Kulturpolitik«, S. 100. Siehe auch Arnold, *Auswärtige Kulturpolitik*, S. 14.

23 »Genscher stellt sich vor Hoffmann«, *Süddeutsche Zeitung* v. 12./13. August 1995, S. 13.

24 Siehe Bruno E. Werner, »Geist, Kunst und Diplomatie«, in: Braun, *Deutsche Kulturpolitik*, S. 50–59.

25 Siehe die Auszüge aus dem Jahresbericht 1964 der Kulturabteilung des Auswärtigen Amtes bei Braun, *Deutsche Kulturpolitik*, S. 158–166.

26 Almanach der Bundesregierung, S. 149. Für das Jahr 1993 werden 152 Goethe-Institute im Ausland genannt.

27 Ibid. Zum Vergleich: Der DAAD erhielt 1992 rund 228 Millionen DM. Siehe auch »Deutsch für die Welt«, *Der Spiegel* v. 5. September 1994, S. 199.

28 Siehe »Die Aufgaben des ›Goethe-Instituts‹«, in: *40 Jahre Außenpolitik*, S. 213 f.; »Rahmenvertrag zwischen der Bundesrepublik Deutschland und dem Goethe-Institut«, in: *40 Jahre Außenpolitik*, S. 337–340.

29 Der damalige Außenminister Gerhard Schröder laut Bundestagsprotokoll v. 11. Dezember 1963. Ähnlich Bundeskanzler Ludwig Erhards Ausführungen zur auswärtigen Kulturpolitik in seiner Regierungserklärung v. 10. November 1965.

30 Werner, »Geist, Kunst«, S. 54.

31 Siehe Winfried Böll, »Die kulturelle Stellung der Bundesrepublik in der Völkergemeinschaft«, Vortrag im Rahmen einer Tagung der Friedrich-

Ebert-Stiftung (24.–26. November 1958). Nachdruck in: Braun, *Deutsche Kulturpolitik*, S. 70–78. Die Bildungshilfe legte im Lauf der Zeit viele ihrer imperialistischen Aspekte ab. Zu ihrer Anfangsphase siehe Becker, »Außenpolitik und Kulturpolitik«, S. 91–94, und Braun, *Deutsche Kulturpolitik*, S. 169–225.

32 Eine umfassende Diskussion der Untersuchung und ihrer Auswirkungen findet sich bei Witte, »Die Enquête-Kommission des Bundestages«, in: Düwell und Link, *Deutsche auswärtige Kulturpolitik*, S. 295–343.

33 Wolfgang Jäger und Jürgen Link, »Republik im Wandel 1974–1982«, in: Karl Dietrich Bracher et al. (Hg.), *Geschichte der Bundesrepublik Deutschland*, Stuttgart 1994, Bd. 5/II, S. 412 f.

34 Hansgert Peisert, *Die auswärtige Kulturpolitik der Bundesrepublik Deutschland*, Stuttgart 1978, S. 356–358.

35 Zu den Berufsverboten in Deutschland siehe Gerard Braunthal, *Political Loyalty and Public Service in West Germany: The 1972 Decree against Radicals and Its Consequences*, Amherst 1990.

36 Siehe Jäger und Link, *Republik im Wandel*, S. 416.

37 Siehe z. B. Paragraph I.6 der Leitsätze von 1970: »Die Betonung dieser Gemeinsamkeiten ist ein Ziel unserer Politik ...«, in: *40 Jahre Außenpolitik*, S. 231. Siehe auch Barthold C. Witte, *Dialog über Grenzen*, Pfullingen 1988, S. 23 f.

38 In diesem Sinne z. B. Bundesminister Heinrich Windelen in einem Vortrag bei der Konrad-Adenauer-Stiftung, 10. April 1984.

39 Zu diesem Zitat und den folgenden Verweisen auf die Richtlinien von 1987 siehe *40 Jahre Außenpolitik*, S. 499.

40 Becker, »Außenpolitik und Kulturpolitik«, S. 91 f.

41 Hoffmann, »Vorwort«, S. 7.

42 Manfred Ackermann, »Der kulturelle Einigungsprozeß. Schwerpunkt: Substanzerhaltung«, *Forum Deutsche Einheit* 7 (1991), S. 5.

43 Ibid., S. 8. Mit den gleichen Unterschieden in Orientierung, Publikum und Kontext – im Westen international, im Osten deutsch – erklärt Ackermann auch, warum »die Mehrzahl der westdeutschen Künstler« die Vereinigung mit Vorbehalten aufnahm, während die ostdeutschen Künstler sie begrüßten.

44 Dieser Artikel regelt auch die Trägerschaft für die bisher zwischen den beiden Staaten aufgeteilten Sammlungen und formuliert das Bewahrungsgebot der kulturellen Substanz in den neuen Bundesländern. Artikel 35 ist abgedruckt und kommentiert im Abschnitt »Dokumentation« bei Ackermann, *Der kulturelle Einigungsprozeß*, S. 54–57.

45 Ibid., S. 24, 57–59.

46 Siehe Friedrich Bischoff, »Kulturfreundlichkeit als Ziel«, *Weltkunst* 11 (1992), S. 1449–1451.

47 »Aufsässig grün«, *Der Spiegel* v. 11. Juli 1994, S. 166 f.

48 Becker, »Kultur – ein Mittel unserer Außenpolitik?«, S. 106.

49 Die französisch-deutsche Annäherung hat eine umfangreiche Literatur hervorgebracht. Zu den kulturellen Aspekten siehe Arnold, *Auswärtige Kulturpolitik*, S. 56–59; Witte, *Dialog über Grenzen*, S. 93–121; Bernard Trouillet, *Das deutsch-französische Verhältnis im Spiegel von Kultur und Sprache*, Weinheim und Basel 1981. Eine nützliche Chronologie liefert *20 Jahre Deutsch-Französische Zusammenarbeit*, Bonn 1983, S. 97–109.

50 Siehe Brigitte Mohr, »Education and Culture«, in: Carl-Christoph Schweitzer und Detlev Karsten (Hg.), *The Federal Republic of Germany and EC Membership Evaluated*, London 1990, S. 232–245. Die Formulierung des Artikels 36 in der jeweiligen Landessprache demonstriert das Problem unterschiedlicher Kulturkonzeptionen in der EU. Die englische Version der Römischen Verträge sieht besonderen Schutz für »national treasures« vor, die französische für »trésors nationaux«. Die deutsche Übersetzung verwendet die allgemeinere Formulierung »nationales Kulturgut«, die der spanischen und der italienischen Variante »patrimonio artistico« näher kommt. Georg Rees, *Kultur und Europäischer Binnenmarkt*, Stuttgart 1991, S. 25.

51 Zitiert nach: Steve Austen und Hajo Cornel, »Vorwort: Kultur-Markt Europa«, in: Internationale kulturelle Stiftung, Kulturpolitische Gesellschaft (Hg.), *Kultur-Markt Europa: Jahrbuch für europäische Kulturpolitik*, Köln 1989, S. 12.

52 European Commission, *Eurobarometer 41*, S. 36f.

53 Siehe »Kohl Backs Language Drive«, *International Herald Tribune* v. 14. Juni 1996.

54 »Bridges of Learning«, in: *Le Magazine* 1, S. 2.

55 Zu 1987/88 siehe Russell Cousins, Ron Hallmark und Ian Pickup, »Inter-University Cooperation and ERASMUS«, *Higher Education Quarterly* 44 (1990), S. 85; zu 1994/95 »ERASMUS and LINGUA (Action II)«, in: *Le Magazine* 1, S. 26.

56 Dieter Stolte, Intendant des ZDF. Zitiert nach: »Kanal für Blinde«, *Der Spiegel* v. 6. Mai 1991, S. 258.

57 Siehe Tabelle 31, »Kulturabkommen«, in: *40 Jahre Außenpolitik*, S. 771–773.

58 Barthold C. Witte, »Alte Bindungen und neue Wege nach Mittel- und Osteuropa«, *Europa-Archiv* 46 (1991), S. 201.

59 Deutscher Bundestag (12. Wahlperiode), »Das Interesse an der deutschen Sprache in den Staaten Mittel-, Südost- und Osteuropas«, Drucksache 12/2780 (10. Juni 1992), S. 4.

60 Deutscher Bundestag (12. Wahlperiode), »Bericht der Bundesregierung zur Verbesserung der kulturellen Lage der Deutschen in Mittel- und Osteuropa«, Drucksache 12/2310 (20. März 1991), S. 1.

61 Heinz Ischreyt, »Deutsche Kulturpolitik«, in: Braun, *Deutsche Kulturpolitik*, S. 22.

62 Almanach der Bundesregierung, S. 150. Siehe auch »Durch Vermittlung

deutscher Lehrer geförderte Schulen im Ausland« (Tabelle 30), in: *40 Jahre Außenpolitik*, S. 765–770, und Witte, *Dialog über Grenzen*, S. 238–249.

63 Deutsches Auswärtiges Amt, »Die deutsche Sprache in Mittel- und Osteuropa«, 1991.

64 »Deutsch im Aufschwung«, in: *Frankfurter Allgemeine Zeitung* v. 29. September 1995.

65 »Das Interesse an der deutschen Sprache«, S. 10.

66 Ibid. und »Verbesserung der kulturellen Lage der Deutschen«, S. 5.

67 »Verbesserung der kulturellen Lage der Deutschen«, S. 6.

68 Witte, »Alte Bindungen und neue Wege«, S. 203.

69 Zitiert nach Jäger und Link, *Republik im Wandel*, S. 414.

70 Ausführliche Darstellung bei Andrei S. Markovits und Simon Reich, »Should Europe Fear the Germans?«, *German Politics and Society* 23 (1991), S. 1–20.

71 Aus dem polnischen Satiremagazin *Nie*, zitiert nach: »Deutsch für die Welt«, S. 201.

72 Peter Rona, Geschäftsführer des First Hungary Investment Fund, über George F. Hemingway. Zitiert nach: Roger Cohen, »Pizza and Persistence Win in Hungary«, *New York Times* v. 5. Mai 1992.

73 Siehe »Kohl ante portas«, *Süddeutsche Zeitung* v. 5./6. August 1995, S. 13.

74 Ischreyt, »Deutsche Kulturpolitik«, S. 18, und Peisert, *Die auswärtige Kulturpolitik*, S. 140.

75 Zur Rolle der deutschen politischen Stiftungen siehe den Beitrag von Ann L. Phillips, »German Political Foundations in East-Central Europe«, vorgelegt beim American Institute for Contemporary German Studies, 28. April 1995.

SCHLUSS **Das Dilemma der Berliner Republik**

1 »Nur eine Minderheit setzt auf Brüssel«, *Süddeutsche Zeitung* v. 16./17. März 1996.

2 Karlheinz Weissmanns neues Buch über den Nationalsozialismus kann als Beispiel für diese »normalisierende« Behandlung des Holocaust gelten. Er präsentiert den Holocaust auf wenigen Seiten, die sich im Stil kaum von seiner Diskussion der nationalsozialistischen Sportpolitik unterscheiden. Siehe Weissmann, *Der Weg in den Abgrund. Deutschland unter Hitler 1933–1945*, Berlin 1995.

3 Eine überzeugende Darstellung, welche Rolle Erinnerungen und Opferbewußtsein in der gegenwärtigen Debatte der Bundesrepublik spielen, liefert Jane Kramer, *The Politics of Memory. Looking for Germany in the New Germany*, New York 1996; s. a. Y. Michael Bodeman (Hg.), *Jews, Germans, Memory: Reconstruction of Jewish Life in Germany*, Ann Arbor 1996.

DANKSAGUNG

Seit Jahrzehnten verfolgen wir die politische Entwicklung Deutschlands mit großer Aufmerksamkeit, und die Idee zu diesem Buch geht auf einen Tagungsbeitrag zurück, den wir als Ausdruck unserer Freundschaft und unseres gemeinsamen Interesses verfaßten. Im Laufe der Zusammenarbeit wuchsen unser gegenseitiger Respekt und unsere Verbundenheit immer mehr. In der Tat ist dies der einzige Aspekt unseres Endproduktes, der uns mit uneingeschränkter Befriedigung erfüllt.

Freunde, Verwandte und Kollegen haben uns mit Rat und Tat unterstützt. Drei Personen möchten wir für ihre unschätzbare Hilfe besonders danken: Gerard Braunthal, Peter Katzenstein und Andrew Moravcsik. Jeder von ihnen hat unsere Arbeit aus einer anderen Perspektive betrachtet, jeder war mit wichtigen Punkten nicht einverstanden, und alle haben das vorliegende Werk unermeßlich bereichert.

Weiterhin sind wir all denen zu Dank verpflichtet, die an den Forschungsarbeiten und an der Niederschrift des Buches beteiligt waren. Den Leistungen von Manik Hinchey, Frank Westermann und Carolyn Höfig wird die Tatsache, daß sie als Mitverfasser einzelner Kapitel auftauchen, kaum gerecht. Vor allem Manik hat weit über ihr Einzelkapitel hinaus an diesem Buch mitgewirkt. Auch die Anregungen, die wir von Andrew Bell-Fialkoff, Viktoria Murphy, Steven Brener und Yoshiko Koda erhalten haben, sollen hier gewürdigt werden. Andrei Markovits möchte dem Program for the Study of Germany and Europe am Minda de Gunzburg Center for European Studies der Harvard University und dem Center for German and European Studies an der University of California, Berkeley, für die gewährte Unterstützung danken. Simon Reich dankt dem Council on Foreign Relations, das die Arbeit an diesem Buch während seiner Zeit als International Affairs Fellow förderte.

Wir haben beide mit vielen Lektoren gearbeitet; es gibt keinen besseren als Roger Haydon. Er hat uns sicher durch das Labyrinth des Produktionsprozesses geleitet und sich zudem in einem Akt wahrhafter Großzügigkeit bereit erklärt, unser Opus in eine lesbare Form zu bringen – dafür sind wir ihm zutiefst dankbar.

In ganz privater Hinsicht verdankt Andrei Markovits alles der Wärme und Liebe, die Irina Markovits, Kelly und Dovi ihm während des ganzen langwierigen Unterfangens entgegengebracht haben. Die Tatsache, daß es Ludwig Markovits, Andys treuestem Anhänger, nicht vergönnt war, dieses Werk mit seiner üblichen Begeisterung und kritischen Großzügigkeit zu lesen, bleibt ein Anlaß tiefer Trauer.

Simon Reich dankt Linda Myers Reich für ihre unermüdliche Ausdauer und für ihre grenzenlose Geduld mit ihm, außerdem Jamie, Melissa und Amanda, den drei wundervollsten Ablenkungen, die ein Vater sich nur wünschen kann. Allerdings haben zwei Menschen diese Reise mit Simon nicht beenden können: sowohl seine Mutter, Elisabeth Reich, wie sein Bruder, Dennis Reich, haben uns unterwegs verlassen. Ihr Abschied hat eine Lücke gerissen, die niemals gefüllt werden kann.

Andrei S. Markovits
Simon Reich

Cambridge, Massachusetts
Pittsburgh, Pennsylvania
im Juni 1996

Wir sind sehr froh, daß unser Buch nun auch dem interessierten deutschen Publikum zugänglich ist. Unser Dank gebührt Gisela Schillings, die mit viel Können und Sprachgefühl die Übersetzung des Buches bewerkstelligte. Auch unserem Lektor Gunnar Schmidt möchten wir innigst danken: für sein aufmerksames Lesen des amerikanischen Originals und vor allem für seine engagierte Lektoratsarbeit, die zu einem regen intellektuellen Dialog zwischen uns wurde. Daß Joschka Fischer das Vorwort zur deutschen Ausgabe schrieb, bedeutet uns viel mehr als wir hier ausdrücken können. Nur eines sei gesagt: Die Präsenz Fischers und von Leuten seiner politischen Gesinnung im öffentlichen Leben der Berliner Republik stimmen uns als Deutschlandkenner, Politikwissenschaftler und amerikanische Juden mit engen europäischen Beziehungen vorsichtig optimistisch, was die zukünftige Rolle Deutschlands in Europa betrifft.

Andrei S. Markovits
Simon Reich

Cambridge, Massachusetts
Pittsburgh, Pennsylvania
im Juni 1998

Die amerikanische Originalausgabe erschien
1997 unter dem Titel ›The German Predicament:
Memory and Power in the New Europe‹
im Verlag Cornell University Press, Ithaca, New York
© 1997 by Cornell University

Deutsche Ausgabe:
© 1998 Alexander Fest Verlag, Berlin

Umschlaggestaltung: Ott + Stein, Berlin
Umschlagreproduktion: CitySatz & Nagel, Berlin
Buchgestaltung: sans serif, Lisa Neuhalfen, Berlin
Druck und Bindung: Clausen & Bosse, Leck
Printed in Germany 1998
ISBN 3-8286-0047-6